Karlheinz Barth

Lernschwächen früh erkennen im Vorschul- und Grundschulalter

5. Auflage

Mit zahlreichen Abbildungen

Ernst Reinhardt Verlag München Basel

Dr. paed. Karlheinz Barth, Dipl.-Psych. priv. Doz., Psychologiestudium an der Universität Heidelberg, Tätigkeit an der Kinder- und Jugendpsychiatrie Weinsberg, Familientherapeutische Zusatzausbildung am Institut für Familientherapie Weinheim, seit vielen Jahren tätig in der Beratung für Kinder, Jugendliche und Erwachsene, Fortbildungen für ErzieherInnen, GrundschullehrerInnen, SonderpädagogInnen.

Bibliografische Information der Deutschen Bibliothek

Die Deutsche Bibliothek verzeichnet diese Publikation in der Deutschen Nationalbibliografie; detaillierte bibliografische Daten sind im Internet über <http://dnb.ddb.de> abrufbar.

    ISBN 10: 3-497-01881-3
    ISBN 13: 978-3-497-01881-9
    5. Auflage

Printed in Germany
Reihenkonzeption Umschlag: Oliver Linke, Augsburg
Satz: Rist Satz & Druck, Ilmmünster
Druck und Bindung: Friedrich Pustet, Regensburg

Ernst Reinhardt Verlag, Kemnatenstr. 46, D-80639 München
Net: www.reinhardt-verlag.de E-Mail: info@reinhardt-verlag.de

Vorwort

Der Anteil der Kinder, die an Beratungsstellen, Frühförderstellen, sozial-pädiatrischen Zentren oder bei Kinderärzten wegen Entwicklungsauf-fälligkeiten und schulischen Lernschwierigkeiten vorgestellt werden, ist beträchtlich. Meist sind diese Kinder bereits wegen der schon seit län-gerer Zeit bestehenden Misserfolge frustriert, entmutigt, zeigen Verhal-tensauffälligkeiten oder soziale Anpassungsschwierigkeiten. Je früher man die besonderen Schwierigkeiten dieser Kinder in ihrer Entwicklung er-kennt, desto effektiver kann man ihnen und ihren Eltern Hilfen bei der Bewältigung ihrer Schwierigkeiten zuteil werden lassen und umso ge-ringer sind die negativen Auswirkungen auf ihre weitere Persönlichkeits-entwicklung.

Viele Kinder, die nach der Einschulung – oft trotz guter Intelligenz – Lernschwierigkeiten bekommen, fallen bereits in ihrer Kindergartenzeit auf. Die Früherkennung und Prävention von schulischen Lernschwierigkeiten muss deshalb schon im Vorschulalter, spätestens aber zu Beginn des schu-lischen Erstunterrichts beginnen. Dies dient aber nicht dem Zweck, die Kin-der zu stigmatisieren oder sie auszusondern. Vielmehr kann durch das recht-zeitige Erkennen von Frühsymptomen vielen Kindern geholfen werden, so dass sie nicht erst in den Teufelskreis von Schulversagen, Schulunlust und einer systematischen Entwertung ihres Selbstwertgefühls geraten. Schuli-sche Lernschwierigkeiten werden in einer ganzheitlich orientierten Sicht-weise als Entwicklungsstörung verstanden.

Das vorliegende Buch soll in anschaulicher und praxisorientierter Wei-se Möglichkeiten der Früherkennung von Entwicklungsauffälligkeiten und schulischen Lernstörungen aufzeigen und ihre Zusammenhänge deutlich machen. Es soll dazu beitragen, beobachtbare Auffälligkeiten von Kindern zu erkennen, diese zu interpretieren und die Lernausgangslage von Schulan-fängern besser beurteilen zu können. Das Buch geht der Frage nach, wel-che Voraussetzungen notwendig sind, damit den Kindern die Aneignung der Kulturtechniken Lesen, Schreiben und Rechnen gelingt, in welchen Ent-wicklungsschritten sich dies vollzieht und wodurch es zu Beeinträchtigun-gen in dieser Entwicklung kommen kann.

Da die umfassende Darstellung von Fördermöglichkeiten unterschiedli-cher Ansätze den Umfang dieses Buches bei weitem sprengen würde, werden geeignete Literaturhinweise an entsprechender Stelle als Orientierungshilfe eingefügt.

Zum Abschluss möchte ich besonders meiner Frau Danielle und meinen Söhnen Alexandre und Anthony für das Verständnis danken, das sie mir während der Erstellung des Manuskriptes entgegenbrachten. Ein besonderer Dank gilt auch Herrn Dirk Füssmann und Frau Claudia Poschmann, die mir bei der Gestaltung des Manuskriptes eine unersetzliche Hilfe waren.

Twisteden, im Oktober 1997   Karlheinz Barth

Inhalt

KAPITEL 1

Vom Kindergarten zur Grundschule
Ein (un-)gelöstes Problem?

1.1 Ist die Schule reif für unsere Kinder?

„Ist die Schule reif für unsere Kinder?" Vielleicht mögen manche von Ihnen beim Lesen dieser Frage ihren Sinnen nicht so richtig trauen, denn uns allen ist die andere Frage, nämlich „Ist das Kind reif für die Schule?" doch sehr viel vertrauter und geläufiger. Aber in der Frage „Ist die Schule reif für unsere Kinder" spiegelt sich eine Entwicklung wider, in der Probleme des Übergangs Kindergarten–Grundschule aufgegriffen und nach neuen Lösungsansätzen gesucht wird. Unser Erziehungs- und Bildungssystem ist neuerdings wieder in Bewegung geraten. Die Debatten entzünden sich an Schulstrukturen und an der Effektivität der Schulen. Im Folgenden möchte ich auf die Hintergründe dieser Entwicklung eingehen.

Lassen Sie mich zunächst zwei Thesen aufstellen:

1. Der Übergang vom Kindergarten zur Grundschule hat in Deutschland bisher noch keine überzeugende Struktur und pädagogische Konzeption gefunden.
2. Viele Kinder versagen in der Grundschule, weil die Ursachen ihrer Lernschwierigkeiten zu spät erkannt werden.

Nun, knapp zwanzig Jahre nachdem die Kultusministerkonferenz die Trennung von Elementar- und Primarbereich mit jeweils eigenständigem Erziehungs- und Bildungsauftrag beschlossen hat, ist der Übergang des Kindes vom Kindergarten zur Grundschule erneut in den Brennpunkt vielfältiger Diskussionen und Kontroversen geraten. Seit Jahrzehnten drängen nämlich ungelöste Probleme des Übergangs auf eine Lösung. In einigen Bundesländern wie z. B. Brandenburg, Bremen, Hessen, Schleswig-Holstein, Rheinland-Pfalz und Nordrhein-Westfalen wird derzeit intensiv über eine konzeptionelle und organisatorische Neugestaltung des Übergangs nachgedacht und in Modellversuchen bereits erprobt. Zu den ungelösten Problemen des Übergangs Kindergarten–Grundschule gehört zweifellos:

1.2 Die Kooperation Kindergarten – Grundschule: Wunsch oder Wirklichkeit?

Durch die Trennung zwischen Kindergarten und Grundschule mit jeweils eigenständigem Bildungsauftrag entstand die Notwendigkeit, zwei relativ unverbundene Bildungsinstitutionen miteinander zu verbinden und den Kindern einen sanften und gleitenden Übergang vom Kindergarten zur Grundschule zu ermöglichen. Um den Kindern einen möglichst bruchlosen Übergang zu ermöglichen, wurden von der Kultusministerkonferenz verschiedene Kooperationsformen vorgeschlagen, u. a.

- die Bildung von Arbeits- und Gesprächskreisen zwischen Erzieherinnen und Grundschullehrern mit dem Ziel, Inhalt und Methoden der jeweils anderen Einrichtung kennenzulernen
- gemeinsame Durchführung von Elternabenden
- Besuch und Hospitationen der schulpflichtigen Kinder vor der Einschulung in ihrer neuen Schule
- gemeinsame Hospitationen von Erzieherinnen und Lehrern
- gemeinsame Fortbildungen.

Das wichtigste Instrument für einen erfolgreichen Einschulungsverlauf sollte dabei die Kooperation zwischen Erzieherinnen und Lehrern sein, weil eine gute sach- und kindbezogene Zusammenarbeit als grundlegend für einen guten Schulstart angesehen wurde. Die Notwendigkeit einer guten Kooperation Kindergarten – Grundschule ist überall unbestritten.

Vergleicht man aber Anspruch und Wirklichkeit, so zeigt sich vielerorts doch ein eher ernüchterndes und enttäuschendes Bild. Mader (1989, 189) analysierte in einer empirischen Studie die Kooperation Kindergarten – Grundschule in Nordrhein-Westfalen. Sein Fazit: „Die Daten zeigen nicht das Bild einer umfassenden, erfolgreich praktizierten Kooperation." Mader spricht gar von einem offenkundigen Misserfolg in der Zusammenarbeit. Seine Ergebnisse zeigen, dass es sich bei den von Erzieherinnen und Lehrerinnen beschriebenen Kontakten nur in den wenigsten Fällen um eine kontinuierliche und gleichberechtigte Zusammenarbeit handelte. Diese aus pädagogischer Sicht eher niederschmetternden Befunde lassen sich sicherlich auch auf andere Bundesländer übertragen. Die Gründe für diese unzureichende Zusammenarbeit sind vielschichtig:

- Die Erlasse der Kultusbehörden hatten vor allem empfehlenden Charakter, da sie weder eine Verpflichtung zur Kooperation zwischen Erzieherinnen und Lehrern enthielten noch die dafür erforderlichen Rahmenbedingungen und Voraussetzungen bereitstellten.
- Häufig sind zwischen beiden Berufsgruppen „Berührungsängste" zu beobachten. Erzieherinnen fühlen sich meist gegenüber Lehrern nicht als gleichwertige Partner. Lehrer sehen aber auch Erzieherinnen oft nicht als kompetente Fachleute an.

– Letztlich ist der offenkundige Misserfolg auch auf die realen Strukturen des Bildungswesens zurückzuführen, bei denen Kindergarten und Grundschule eigenständige Bildungsbereiche mit unterschiedlichen Bildungsaufträgen, Organisationsformen und Methoden sind. Somit besteht die Gefahr, dass jeder mangels institutioneller und pädagogischer Verzahnung nur auf seinen eigenen pädagogischen Bereich fixiert bleibt. Die bisherige Praxis der Zusammenarbeit innerhalb der bestehenden Strukturen im Übergangsbereich erweist sich nach Mader als untaugliches Mittel zur Entschärfung des Einschulungsproblems.

1.3 Ausleseintensive Einschulungspraxis

Zu den ungeklärten Problemen des Übergangs Kindergarten – Grundschule gehört ferner, dass die derzeitigen Einschulungsregelungen sich als sehr ausleseintensiv erweisen und relativ viele Kinder als „nicht schulfähig" vom Schulbesuch zurückgestellt werden und eine entsprechende vorschulische Einrichtung besuchen müssen. Je nach Bundesland und pädagogischem Ansatz gibt es z. B. den Schulkindergarten, die Grundschulförderklasse oder die Vorschule, die die nicht schulfähigen Kinder besuchen müssen. Die Quote der als „nicht schulfähig" definierten Kinder schwankt dabei von Bundesland zu Bundesland erheblich, aber auch von Grundschule zu Grundschule. Der Anteil zurückgestellter Kinder stagniert sei Jahren auf hohem Niveau und liegt derzeit im Bundesdurchschnitt bei ca. 8 bis 12 % eines Jahrgangs, wobei Schleswig-Holstein mit einer Zurückstellungsquote von 16,7 % (im Schuljahr 1993/94) den höchsten Anteil hat, Bayern mit ca. 4,3 % die geringste Zurückstellungsquote aufweist.

Die Höhe der Zurückstellungsquote ist auch abhängig vom Vorhandensein bzw. Nichtvorhandensein einer vorschulischen Einrichtung. Dort, wo entsprechende vorschulische Einrichtungen bestehen, steigen die Zurückstellungszahlen. Mader (1989) spricht von einer „Sogwirkung" des Schulkindergartens. An Grundschulen mit Schulkindergarten werden ca. 16 % der Kinder, ohne Schulkindergarten nur ca. 7 % der Kinder zurückgestellt, d. h., Schulen mit eigenem Schulkindergarten stellen mehr als doppelt so viele Kinder wie andere Grundschulen zurück. „Die unmittelbare Nähe des alternativen Lernangebots Schulkindergarten scheint die Tendenz zu verstärken, sich von Schülern zu trennen, die den Anfangsunterricht erschweren" (Mader 1989, 249). Dabei zeichnen sich Geschlechtsunterschiede ab. Jungen sowie ausländische Kinder sind häufiger von Zurückstellung betroffen. Der Anteil zurückgestellter Jungen an der Gesamtzurückstellungsquote beträgt 60 bis 70 %. Mädchen werden gegenüber Jungen häufiger und vorzeitig (5 %) und selten verspätet (4 %) eingeschult. Diese ausleseintensive Einschulungspraxis besteht schon seit einigen Jahrzehnten und hat sich im Wesentlichen nicht verändert.

1.4 Überalterung der Schulanfänger

Die Folge dieser ausleseintensiven Einschulungspraxis ist, dass deutsche Schulanfänger im Vergleich deutlich später eingeschult werden als ihre Alterskameraden in anderen europäischen Ländern. Während in verschiedenen europäischen Staaten Kinder bereits mit fünf Jahren schulpflichtig sind, liegt das durchschnittliche Einschulungsalter inzwischen in der Bundesrepublik bei sechs Jahren und sieben Monaten. Dagegen ist der Anteil der „Kannkinder", also der Kinder, die in der Zeit vom 01.07. bis 31.12. das sechste Lebensjahr vollenden und die auf Antrag der Eltern vorzeitig eingeschult werden können, in den letzten Jahren eher rückläufig. Der Anteil der Früheinschuler ging ab den 70er Jahren deutlich von knapp 6 % im Jahre 1971 auf 3 % im Jahre 1990 zurück, wobei auch hier die Quoten nach regionalen Gegebenheiten sehr stark variieren. Kinder aus der sozialen Mittelschicht sind bei den „Kannkindern" überrepräsentiert. Die als „nicht schulreif" diagnostizierten Kinder besuchen in der Regel eine schulvorbereitende Einrichtung, z. B. einen Schulkindergarten. Allerdings ist die Einrichtung eines Schulkindergartens auch an die Größe der Schule gebunden. Kleinere Schulen erreichen oft nicht die nötige Schülerzahl, um einen Schulkindergarten einzurichten. So wird manchen Kindern zugemutet, häufig bis zu 20 km in einen Schulkindergarten an einer anderen Schule zu fahren, was für viele eine erhöhte zuzätzliche Belastung bedeutet.

Das hohe Einschulungsalter deutscher Schulkinder hat neuerdings wieder zu einer auflebenden bildungspolitischen Debatte hinsichtlich einer Früheinschulung geführt. Einige Kultusministerien haben angeregt, Kinder wieder vermehrt früher einzuschulen. Die Diskussionen über die Chancen und Risiken einer Früheinschulung werden aber ohne ausreichende empirische Grundlage geführt, da aktuelle Untersuchungen darüber nicht vorliegen. Die Auswirkungen von Früheinschulungen auf den Schulerfolg versuchte eine Studie der Universität Essen „Bildungsforschung/Bildungsplanung" (Bellenberg 1996) zu beantworten. Die Ergebnisse sind recht interessant:

a) Die vorzeitig eingeschulten Kinder unterscheiden sich hinsichtlich ihres Risikos, im Laufe ihrer Schulzeit sitzenzubleiben, deutlich von ihren altersgemäß eingeschulten Klassenkameraden. Von den vorzeitig eingeschulten Schülerinnen und Schülern sind bis Abschluss der zehnten Jahrgangsstufe 30 % mindestens einmal sitzengeblieben. In der Gruppe altersgemäß eingeschulter Kinder dagegen befinden sich nur 18 % Sitzenbleiber. Diese Ergebnisse decken sich mit entsprechenden Studien aus den 60er Jahren, die ebenfalls belegen, dass früh eingeschulte Kinder häufiger als altersgemäß eingeschulte sitzenbleiben.

b) Früheingeschulte haben aber nicht nur eine höhere Wahrscheinlichkeit, während ihrer Pflichtschulzeit sitzenzubleiben, sie wiederholen auch häufiger als regulär Eingeschulte gleich zwei Schuljahre bis Ende ihrer Schulzeit. Mit der vorzeitigen Einschulung steigt sowohl die Wahrscheinlichkeit, überhaupt sitzenzubleiben als auch die Wahrscheinlichkeit, gleich zwei Klassen wiederholen zu müssen.

c) Die Erfahrung des Sitzenbleibens erleben mehr vorzeitig als altersgemäß eingeschulte Kinder bereits frühzeitig in ihrer Schullaufbahn. Die Ergebnisse der Studie belegen, dass vorzeitig eingeschulte Kinder bereits in ihrer Grundschulzeit
vermehrt scheitern. Sie bleiben bereits in ihrer Grundschulzeit zwei- bis dreimal
so häufig sitzen wie altersgemäß eingeschulte Kinder (17 % gegenüber 6 %).

Die Schlussfolgerung dieser Untersuchung ist, dass eine beträchtliche Anzahl vorzeitig eingeschulter Kinder beim Verlassen des Schulsystems nicht
jünger sind als ihre altersgemäß eingeschulten Mitschüler. Zudem haben
sie in ihrer Schulkarriere das Gefühl des Scheiterns erlebt und mussten ihre
Bezugsgruppe wechseln. Es ist zu befürchten, dass bei einer generellen He-
rabsetzung des Einschulungsalters sich krisenhafte Schulkarrieren häufen,
falls die Grundschulen nicht andere pädagogische Konzepte entwickeln.
Dass ein frühes Einschulungsalter dazu führt, dass die Schulabgänger jünger werden, muss aufgrund dieser Ergebnisse doch sehr bezweifelt werden.

1.5 Integration statt Aussonderung

Unser Erziehungs- und Bildungssystem ist aber auch aufgrund eines veränderten Welt- und Menschenbildes, einer veränderten Kindheit und sich
permanent wandelnden ökologischen Lebensbedingungen in Bewegung geraten. Eine zunehmende Bedeutung gewinnen dabei Integrationskonzepte.
Diesen liegt die Kernaussage zugrunde, dass alle Kinder in Kooperation
miteinander auf ihrem jeweiligen Entwicklungsniveau spielen und lernen.
Die Integrationsbewegung wird als eine der neuen sozialen Bewegungen –
neben Emanzipations- bzw. Frauenbewegung, Umweltschutz und Frie-
densbewegung – des letzten Viertels unseres Jahrhunderts bezeichnet. Cha-
rakteristisches Merkmal des Integrationsgedankens ist das gemeinsame Un-
terrichten von behinderten und nichtbehinderten Kindern in Regelschulen,
die Öffnung von Schule und Unterricht für behinderte Kinder.

Durch die Integrationsbewegung werden alte Systeme und Strukturen in
Frage gestellt und durch neu strukturierte und modifizierte Organisationsformen ersetzt. Auf dem Hintergrund dieses Integrationsgedankens ist es
somit nur schwer zu begründen, warum in ein und dieselbe Klasse Kinder
mit Behinderungen (z. B. Körperbehinderung, Lernbehinderung) aufgenommen, auf der anderen Seite aber entwicklungsverzögerte Kinder oder
Kinder mit einem begrenzten Förderbedarf als nicht schulreif abgewiesen
werden und eine schulvorbereitende Einrichtung besuchen müssen. Es
wäre paradox, würde man auf der einen Seite behinderten Kindern den Zugang zur Grundschule ermöglichen, auf der anderen Seite aber den nicht
schulreifen Kindern diesen Zugang verwehren. Es gibt inzwischen vielerorts Modellklassen, in die alle schulpflichtigen Kinder ohne Feststellung
ihrer Schulfähigkeit aufgenommen werden.

1.6 Schützt eine Zurückstellung vor dem Sitzenbleiben?

Nicht schulfähige Kinder werden in der Regel ein Jahr (in Ausnahmefällen auch zwei Jahre) zurückgestellt und besuchen eine schulvorbereitende Einrichtung. Einige wenige verbleiben im Kindergarten oder besuchen sonderschulische Einrichtungen. Mit der Zurückstellung ist die Hoffnung verbunden, dass die Kinder ein Jahr später bessere Startchancen haben, indem sie durch die Verbindung von sozialpädagogischen und unterrichtlichen Lern- und Arbeitsformen zur Schulfähigkeit geführt werden. Diese Hoffnung ist aber nur für einen Teil der Kinder berechtigt. Die Einweisung in eine schulvorbereitende Einrichtung kann sich bei den jüngeren der schulpflichtig gewordenen Kinder relativ günstig auswirken. Je älter die Kinder aber sind, desto weniger lässt eine Zurückstellung das Aufholen von Rückständen erwarten. Die Untersuchung von Tietze und Roßbach (1993) zeigt, dass eine Zurückstellung zwar vor einer Klassenwiederholung in Klasse eins und zwei schützt, allerdings nicht über diese beiden Klassen hinaus. Zurückgestellte Kinder weisen die höchste Wiederholungsquote bis ins vierte Schuljahr auf. Zurückstellungen erscheinen also auch kein Allheilmittel zu sein, um zu verhindern, dass Kinder ein Schuljahr wiederholen müssen. Problematisch sind Zurückstellungen auch deshalb, weil vor dem Schulanfang der Schulweg eines Kindes um ein Jahr verlängert wird, ohne dass unter den Bedingungen des Anfangsunterrichts geprüft werden konnte, ob das Kind nicht vielleicht doch mit ergänzender Unterstützung die Anforderungen des schulischen Erstunterrichts bewältigen könnte. Auf jeden Fall aber sollte eine Ausschulung aus dem laufenden ersten Schuljahr (z. B. nach einer sechswöchigen Beobachtungsphase des Kindes) aus pädagogischen und psychologischen Gründen vermieden werden, da dies ein massives Misserfolgserlebnis für das Kind bedeutet. Die Ausschulung aus dem laufenden Schuljahr führt zudem bei vielen Eltern zu einer ablehnenden und wenig interessierten Haltung gegenüber vorschulischen Einrichtungen.

1.7 Bessere Lernvoraussetzungen durch vorschulische Einrichtungen?

Der Auftrag des Schulkindergartens lautet, die schulpflichtigen, aber noch nicht schulfähigen Kinder so weit zu fördern, dass sie ein Jahr später mit Erfolg die Schule besuchen können. Die Schulkindergartenförderung beinhaltet folgende allgemeine Ziele:

– der Unterrichtsstoff des ersten Schuljahres darf nicht vorweggenommen werden
– das Spiel ist die Grundform der Betätigung
– die für die Grundschule notwendigen Fähigkeiten und Fertigkeiten sollen angeeignet werden
– soziale Verhaltensweisen sollen ausgebildet werden.

Da sich vor allem in den letzten Jahren ein verstärkter Trend zu Zurückstellungen bemerkbar machte, entstand eine erhöhte Nachfrage nach Schul-
kindergartenplätzen, die aber angesichts zunehmender Finanzknappheit
nicht im gleichen Ausmaß eingerichtet werden konnten. Auf Dauer führte
dies dazu, dass angesichts steigender Schülerzahlen viele „nicht schulfähigen" Kinder keinen Platz in einem Schulkindergarten bekommen konnten
und sie deshalb trotz nicht ausreichender Schulfähigkeit in die erste Klasse eingeschult werden mussten. Dies bedeutet eine Ungleichbehandlung im
Vergleich mit den Kindern, die einen Platz in einer vorschulischen För-
dereinrichtung bekommen konnten.

Aber auch aus anderen Gründen sind in den letzten Jahren vorschulische
Einrichtungen verstärkt in die Diskussion bzw. in das Blickfeld der Kritik
geraten, wobei sich die Diskussion hauptsächlich um zwei Fragen dreht,
nämlich:

a) Sind vorschulische Einrichtungen grundsätzlich der richtige Förderplatz
für Kinder oder gibt es nicht bessere pädagogische Lösungen für Kinder
mit unzureichenden Lernvoraussetzungen?

In Schulkindergärten und Förderklassen werden häufig nicht nur Kinder
mit Entwicklungsrückständen eingewiesen, sondern auch sozial deprivier-
te Kinder, verhaltensauffällige Kinder und ausländische Kinder mit meist
nur geringen Deutschkenntnissen. So besteht die Schwierigkeit, dass sich
in den Vorschulklassen schwierige Erziehungsprobleme massieren und die
fördernden Anregungen einer leistungsmäßig heterogenen Lerngruppe nicht
zum Tragen kommen. Erfahrungen in Integrationsklassen haben nämlich
gezeigt, dass das Zusammenleben und -lernen mit anderen altersentsprechend entwickelten Kindern wichtige Entwicklungsanreize gibt und eine
heterogene Lerngruppe gerade für Kinder mit Entwicklungsdefiziten eine
bessere Chance bietet als eine Gruppierung mit überwiegend entwicklungs-
und verhaltensauffälligen Kindern. Zum anderen lassen die Befunde Ma-
ders zur Zurückstellungspraxis von Grundschulen auch die Schlussfolgerung zu, dass die bloße Existenz des Schulkindergartens an einer Grundschule dazu führt, dass Lehrer ihre Kompetenzen hinsichtlich ihrer Fördermöglichkeiten von fraglich schulfähigen Kindern als geringer
einschätzen. Das Vorhandensein eines Schulkindergartens scheint die didaktische Flexibilität von Lehrern zu reduzieren und die Tendenz zur Bildung leistungshomogener Klassen zu verstärken.

b) Wie ist die Effizienz bzw. Effektivität dieser vorschulischen Förderung
im Hinblick auf eine Verbesserung der Lernausgangslage entwicklungsbeeinträchtigter Kinder?

Mit der Zurückstellung eines schulpflichtigen Kindes in den Schulkindergarten ist die Erwartung verknüpft, dass seine Lernvoraussetzungen während

eines Schulkindergartenjahres verbessert werden. Insbesondere sollen dabei das Sprach-, Arbeits- und Sozialverhalten sowie die schulleistungsbezogenen Voraussetzungen für das Lesen- und Schreibenlernen sowie für den Erwerb mathematischer Leistungen gefördert werden. In welchem Ausmaß die Schulkindergartenförderung die in sie gesetzten Erwartungen erfüllen kann, ist empirisch nur wenig überprüft. Jansen (1994) fasst die älteren Untersuchungen der 60er und 70er Jahre zusammen: „Selbst die wenigen empirischen Ergebnisse sprechen nur partiell für eine Förderwirkung" (S. 1). Jansen untersuchte im Rahmen eines Forschungsprojekts den Schulerfolg zurückgestellter Kinder hinsichtlich deren Schriftsprach- und Rechenleistungen mit einer Kontrollgruppe. Er ging insbesondere der Frage nach, ob durch den Besuch des Schulkindergartens die Kinder bessere Voraussetzungen für das Lesen- und Schreibenlernen in den Anfangsunterricht mitbrächten. Seine Ergebnisse zu den Fördereffekten des Schulkindergartens sind nicht gerade ermutigend. Sein Fazit: „Die schulische Schriftsprachentwicklung der Schulkindergartenkinder wird durch den Besuch des Schulkindergartens nicht positiv verändert" (S. 22). Auch für die Rechenleistungen ergibt sich nach Jansen ein ähnliches Ergebnis.

Damit würden nach seiner Untersuchung zwei zentrale Schulleistungsbereiche weder kurz- noch langfristig durch den Besuch des Schulkindergartens positiv beeinflusst werden. Die Untersuchung Jansens macht aber keine Aussage darüber, ob die Ursachen für die mangelnden Fördereffekte mehr in organisatorischen und institutionellen Bedingungen oder in der Art der Förderung zu suchen sind, d. h., die Förderung zu unspezifisch auf den jeweiligen Lernbereich (z. B. Förderung schriftsprachlicher Voraussetzungen) ausgerichtet war.

Kritisch bleibt dieser Untersuchung anzumerken, dass mögliche positive Veränderungen durch den Besuch des Schulkindergartens im Hinblick auf eine Verbesserung des Arbeits- und Sozialverhaltens, der allgemeinen Sprachentwicklung oder der emotionalen Entwicklung nicht untersucht wurden. Gerade diese Bereiche sind aber für die Schulfähigkeit von großer Bedeutung und sind wesentlicher Bestandteil der Schulkindergartenförderung. Andererseits ist aber auch die Frage berechtigt, ob die sozialpädagogischen Kompetenzen der Schulkindergärtnerinnen in der Grundschule nicht noch anders besser eingesetzt werden könnten.

1.8 Veränderte Kindheit, veränderte Familien- und Gesellschaftsstrukturen

Auch angesichts des Wandels von Familienstrukturen, des Wertewandels, veränderter Kindheitsbedingungen (Barth 1993), sich wandelnder ökologischer Lebensbedingungen von Familien und eine Zuwanderung aus anderen Ländern sind Überlegungen zur Verbesserung des Schulanfangs dringend erforderlich. Diese Veränderungen wirken sich auf die Entwicklung der Kinder aus und haben weitreichende Auswirkungen auf die Lernausgangslage bei Schuleintritt. Kindheit in der Postmoderne kann charakterisiert werden durch:

- eine zunehmende Zahl von Einzelkindern. Der Trend zur Ein-Kind-Familie ist ungebrochen
- hohe Scheidungs- und Trennungsraten von Eltern und die damit vielfach verbundenen emotionalen Verlustängste der Kinder
- die steigende Anzahl von Ein-Eltern-Familien bzw. Alleinerziehenden
- die steigende Zahl von Single-Haushalten
- eine Zunahme der außerhäuslichen Berufstätigkeit beider Elternteile
- die zunehmende Anzahl von Familien, die von Armut und Arbeitslosigkeit betroffen sind
- ein von Medien geprägtes Leben, bei dem Fernsehen, Video und Computerspiele häufig Spielpartner und „Babysitter" für viele Kinder sind
- passives Konsumieren, bei dem Erfahrungen und Lebenswirklichkeiten durch Medien gewonnen werden. Das führt leicht zu einer verzerrten Wirklichkeitswahrnehmung.

Der Handlungsraum, in dem Kinder konkrete Umwelterfahrung erwerben können, ist deutlich enger geworden. Vielen Kindern mangelt es an konkreten Bewegungs- und Handlungserfahrungen. Immer mehr ersetzen „Zweiterfahrungen" beispielsweise aus Fernseher oder Video die eigenen Erfahrungen. Nicht mehr selber basteln, sondern zuschauen wie andere basteln. Nicht mehr selbst Tiere beobachten, sondern den Tierexperten beim Beobachten zuschauen vermittelt den Kindern zwar Interessantes, verhindert jedoch eigene Erfahrungen und eigenes Tun. Der Lebensraum und damit der Entwicklungsraum der Kinder ist enger geworden. Die Grundschule kann nicht mehr davon ausgehen, dass alle Kinder mit einem ausreichenden Maß an Bewegungserfahrung eingeschult werden.

Kindheit heute ist auch geprägt durch eine Reizüberflutung, bei der viele Kinder die auf sie einstürzenden Reize nicht mehr adäquat verarbeiten können. Viele Kinder erleben eine Überstimulierung in spezifischen Sinnesbereichen, vor allem im visuellen und auditiven Bereich, dagegen erleben sie in elementaren Sinnesbereichen wie Fühlen, Schmecken, Bewegen oft eine Unterstimulierung. Kindergarten und Grundschule sollten sich der Aufgabe stellen, diese Basiserfahrungen verstärkt in ihr pädagogisches Angebot zu integrieren.

Vermehrter Lärm, Hektik, Umweltverschmutzung und ungesunde Ernährung, eine zunehmende Konsumorientierung, bei dem das Selbstwertgefühl der Kinder über das Tragen von Kleidungsstücken bestimmter Marken definiert wird, sind weitere Hinweise auf eine veränderte Kindheit. Viele Eltern sind zudem in der Erziehung ihrer Kinder stark verunsichert. Es fällt ihnen schwer, ihren Kindern sinnvolle Grenzen zu setzen und die Bedingungen zu schaffen, die für eine gesunde emotionale Entwicklung der Kinder erforderlich sind.

All diese Veränderungen haben zu einer Vergrößerung der Unterschiede bei den Entwicklungs-, Lern- und Verhaltensvoraussetzungen von Schulanfängern geführt. Die Grundschule muss diesem Umstand Rechnung tragen und sich damit auseinandersetzen, dass relativ homogene Lerngruppen nicht mehr zu finden sind und die Kinder mit sehr unterschiedlichen Voraussetzungen in ihrer Konfliktfähigkeit, Konzentrationsfähigkeit, Ausdauer, Belastung und kognitiven Lernvoraussetzung eingeschult werden. Dies bedeutet aber auch, dass die Grundschule ihre Toleranzgrenzen neu überdenken muss. Lernschwierigkeiten und Verhaltensauffälligkeiten von Kindern sind innerhalb dieser großen Bandbreite zu erwarten.

Unter diesen Gesichtspunkten erscheint auch die Frage von Bedeutung, wieviel Leistungs- und Verhaltensabweichung ErzieherInnen und LehrerInnen aufzufangen und auszuhalten vermögen. Kindergarten und Grundschule dürfen allerdings auch nicht zu Institutionen werden, denen man die Verantwortung für den Ausgleich aller möglichen Defizite unserer Gesellschaft aufbürden kann. Es erscheint notwendig, Familien und Eltern in ihren erzieherischen Kompetenzen zu stärken.

Die heterogene Entwicklungsvielfalt der Eingangsklassen stellt zunehmend höhere Anforderungen an Lehrerinnen und Lehrer. Ein rein auf Fertigkeitsvermittlung ausgerichteter Unterricht wird der Vielfalt unterschiedlicher Lern- und Entwicklungsgeschichten von Kindern heutzutage nicht mehr gerecht. Die veränderten Kindheitsbedingungen erfordern letztlich auch eine Reflexion sowohl in der organisatorischen als auch didaktischen Gestaltung des Erstunterrichts. Das Unterrichtsprinzip, dass alle Schüler zur gleichen Zeit mittels der gleichen Methode dieselben Lernziele erreichen sollen, ist längst hinfällig geworden.

1.9 Schulreife – Schulfähigkeit: Vom Wandel eines Begriffs

In den vergangenen vier Jahrzehnten hat sich das Verständnis von Schulfähigkeit grundlegend verändert. Bis in die 60er Jahre hinein vertrat man die Auffassung, dass die Kinder aus sich heraus „heranreifen", d. h., ihre Entwicklung wurde als Ergebnis von Reifeprozessen betrachtet, die relativ unabhängig von Entwicklungsanregungen der sozialen Umwelt, wie z. B. Familie oder Kindergarten, vonstatten geht.

Kern (1951) sah als wesentlichstes Kriterium der Schulreife die „Gliederungsfähigkeit" des Kindes, die seiner Meinung nach mit ca. 6½ Jahren abgeschlossen sei. Unter „Gliederungsfähigkeit" verstand er den Übergang vom globalen Erfassen optischer Gestalten zur klar gegliederten Formwahrnehmung, d. h. der Fähigkeit des Kindes zu differenzierter Formwahrnehmung und -wiedergabe. Schulversagen von Kindern führte er auf eine verfrühte Einschulung zurück. Die These Kerns war, dass man mit der Einschulung so lange warten müsse, bis jedes Kind den erforderlichen Entwicklungspunkt erreicht hätte, dann wäre jedem Kind ein relativ leichtes Durchschreiten der Schullaufbahn möglich und das „Sitzenbleiberelend" sei beseitigt. Die Folge seiner These war, dass 1955 die Kultusministerkonferenz das Mindestalter einzuschulender Kinder von 5,8 Jahren auf 6 Jahre heraufsetzte in der Hoffnung, dass damit die „Sitzenbleiberquote" geringer würde.

Im Laufe der 60er Jahre wurde der Begriff der „Schulreife" zunehmend durch den der „Schulfähigkeit" ersetzt. Maßgeblich dafür war die Ablösung des reifungsorientierten durch ein lernorientiertes Entwicklungskonzept. Dies ging davon aus, dass die Entwicklung eines Kindes stark von der Qualität und Vielfalt seiner Entwicklungsanregungen im vorschulischen Alter beeinflusst wird. Die Schulfähigkeit wurde somit als abhängig von frühkindlichen und vorschulischen Lernerfahrungen gesehen. Die Folge war, dass lange Zeit ein ausgesprochener Förderoptimismus bestand und die Kinder durch eine überwiegend kognitive Frühförderung (z. B. durch Vorschulmappen) besser auf ihren Schulstart vorbereitet werden sollten. Die Schwierigkeiten des Übergangs sollten vor allem dadurch reduziert werden, dass die Kinder durch eine systematisch geplante institutionelle Frühförderung besser auf die Anforderungen der Schule vorbereitet werden sollten.

Die Erwartungen, die in diese Frühförderprogramme gesetzt wurden, haben sich aber nicht erfüllt. Stattdesssen sind sie in heftige Kritik geraten und als zu einseitig und zu kognitiv orientiert abgelehnt worden.

Lange Zeit hinweg wurde Schulfähigkeit definiert als Zusammenwirken kognitiver, motivationaler und sozialer Voraussetzungen des Kindes. Zu den kognitiven Voraussetzungen der Schulfähigkeit zählen u. a. die Fähigkeit zur optischen Differenzierungsfähigkeit, Gedächtnis, Begriffsbildung, sprachliche Situations- und Inhaltserfassung und Mengenerfassung. Zu den motivationalen Voraussetzungen gehören Anstrengungsbereitschaft und Ausdauer, die Fähigkeit zu zielgerichteter Aufmerksamkeit und Selbststeuerung. Als soziale Voraussetzung der Schulfähigkeit gelten u. a. die Fähigkeit zur Einordnung in eine Gruppe, eigene Wünsche und Bedürfnisse zugunsten der Gruppe zurückzustellen, die Fähigkeit zu selbstgesteuertem Arbeiten und die Bereitschaft, sich für die Dauer des Unterrichts von den Eltern trennen zu können. Die traditionelle Sichtweise von Schulfähigkeit ist individuumzentriert, d. h. das Kind muss/soll bestimmte Eigenschaften und Fähigkeiten mitbringen.

Es zeigt sich aber, dass letztlich die Kriterien, die zur Feststellung nicht vorhandener Schulfähigkeit von Eltern, Schulleitern oder Schulärzten herangezogen werden, wenig objektiv sind. Es besteht keine Übereinstimmung darüber, welche einzelnen Bereiche dem Begriff „Schulfähigkeit" zuzuordnen sind und durch welche Methoden die „Schulfähigkeit" eines Kindes letztlich ermittelt werden kann.

Auch Schulreifetests liefern hierzu keine befriedigende Hilfestellung, obwohl sie sich noch nach wie vor großer Beliebtheit erfreuen und der Glaube an ihre Objektivität und Aussagefähigkeit ungebrochen ist. Krapp/Mandel (1977) wiesen die Ineffizienz dieser Verfahren nach, wobei die Hauptkritik sich auf die relativ hohen Fehlklassifikationen der Schulreifetests richtet. Zwar werden 80 % der Kinder richtig beurteilt, aber bei ca. 20 % der Kinder wird die Schulfähigkeit falsch eingeschätzt. Die Schulreifetests lesen in der Regel zu streng aus, d. h., viele Kinder, die das erste Schuljahr bewältigen könnten, werden aufgrund des Testergebnisses wegen „mangelnder Schulfähigkeit" vom Schulbesuch ferngehalten. Bei genauerer Betrachtung der Faktoren, die über die Schulfähigkeit oder Nichtschulfähigkeit eines Kindes entscheiden, stellt sich heraus, dass das Kriterium „Schulfähigkeit" sehr vielschichtig ist und von einer Reihe weiterer Faktoren beeinflusst wird. So konnte Mader (1989) zeigen, dass Zurückstellungen von Kindern nicht allein mit den unzureichenden Lernvoraussetzungen der Kinder zu erklären sind. Die Schulen selbst haben recht unterschiedliche Zurückstellungskriterien entwickelt, bei denen zwar der Entwicklungsstand des Kindes Berücksichtigung findet, aber auch andere, nicht mit dem kindlichen Entwicklungsstand im Zusammenhang stehende Faktoren spielen eine wesentliche Rolle. Dazu gehören:

– der Wunsch der Eltern nach Einschulung oder Zurückstellung
– schulorganisatorische Gründe, wie z. B. die Klassengröße in der Anfangsklasse
– Die Klassenstärke wiederum beeinflusst Einstellungs- und Verhaltensweisen des Klassenlehrers. Mader stellte fest, dass, je größer die Anzahl der Schüler in einer Anfangsklasse ist, desto eher tendieren Lehrer auch dazu, leistungsschwächere Schulanfänger als „nicht schulfähig" zu definieren bzw. den Besuch des Schulkindergartens zu empfehlen. Andererseits kann eine geringe Schülerzahl auch dazu führen, dass auch stärker entwicklungsverzögerte Kinder eingeschult werden, da organisatorische Überlegungen über die Anzahl der zu bildenden Klassen sich in der Feststellung der „Schulfähigkeit" niederschlägt.

Darüber hinaus spielen die Einstellungen der an der Entscheidung beteiligten Personen (Schulärzte, Schulleiter, Eltern, Erzieherinnen), ihre subjektiven Theorien über Schulfähigkeit oder über Fördermöglichkeiten entwicklungsverzögerter Kinder, ihre Leistungsmaßstäbe und -bewertungen eine wichtige Rolle.

Dies zeigt, dass Schulfähigkeit keine feststehende Größe ist, die sich ausschließlich am Entwicklungsstand des Kindes orientiert. Schulfähigkeit ist also kein feststehendes Normmaß, an dem alle Schulanfänger einheitlich gemessen werden können, sondern sie wird in Abhängigkeit von der jeweiligen Schule und Unterrichtskultur definiert. Die Komplexität dieser verschiedenen Einflussgrößen versucht Nickels (1990) ökopsychologisches

Schulfähigkeitsmodell darzustellen. Nach diesem interaktionistischen Ansatz wird die Schulfähigkeit eines Kindes durch vier Teilkomponenten beeinflusst, nämlich durch:

1. Die Teilkomponente „Schule"
– mit ihren „allgemeinen" Anforderungen, z. B. Lehrplänen, Richtlinien für die Leistungsbeurteilungen
– mit ihren speziellen Unterrichtsbedingungen, wie z. B. Unterrichtsstil, Qualität des Unterrichts, die Didaktik des Lernens, Klassengröße.

2. Die Teilkomponente „Schüler" mit ihren individuellen Lernvoraussetzungen, die in
– körperliche Voraussetzung, z. B. Seh- und Hörfähigkeit, Körpergröße, Gesundheitszustand
– kognitive, soziale und motivationale Voraussetzung, wie Mengenerfassung, optische Differenzierungsfähigkeit, Denkfähigkeit, Sprache, Anstrengungsbereitschaft, Verhalten in der Gruppe, eingeteilt werden kann.

3. Die Teilkomponente „Ökologie" im Sinne der
– schulischen Lernumwelt, z. B. materielle und personelle Ausstattung der Schule, Aufnahmekapazitäten
– vorschulische Lernumwelt, z. B. Struktur und pädagogische Konzeptionen der vorschulischen Einrichtungen (z. B. Kindertagesstätten, Waldorfkindergärten, situationsorientierter Ansatz)
– häusliche bzw. familiäre Lernumwelt, z. B. Förderung und Beziehungserfahrungen durch Eltern, soziale Situationen, materielle Ressourcen der Familie.

4. Die Teilkomponente „gesamtgesellschaftlicher Hintergrund"
– mit den allgemeinen Ziel- und Wertvorstellungen, Einstellungen zum Leistungsverhalten, sozialen und ökonomischen Strukturen.

Mangelnde Schulfähigkeit ist nach diesem Modell also nicht mehr allein auf individuelle Schwächen eines Kindes zurückzuführen, sondern liegt auch in einer fehlenden Passung zwischen dem Lernangebot der Schule und dem Entwicklungsstand des Kindes begründet. In diesem System sind die Unterrichtsbedingungen der Eingangsklassen ein flexibles Element, die verändert werden können, damit möglichst viele Kinder schulfähig werden.

Während in der traditionellen Sichtweise die Schulfähigkeit eines Kindes gebunden war an die Fähigkeiten, die das Kind in die Grundschule mitbringen sollte, d. h. eine stark kindzentrierte Betrachtungsweise der Schulfähigkeit dominierte, verschiebt sich der Blickpunkt heute zunehmend auf die Frage, ob die Grundschule das Recht hat, Schulfähigkeit als Eingangsbedingung vorauszusetzen oder ob sie nicht auch in der Pflicht steht, die Schulfähigkeit von Kindern zu entwickeln.

Schulfähigkeit soll also nicht die Voraussetzung der Einschulung sein, sondern das Ergebnis schulischen Lernens. Dies bedeutet, dass Grundschule sich mehr auf die Kinder einstellen muss. Sie muss ihre pädagogischen Kon-

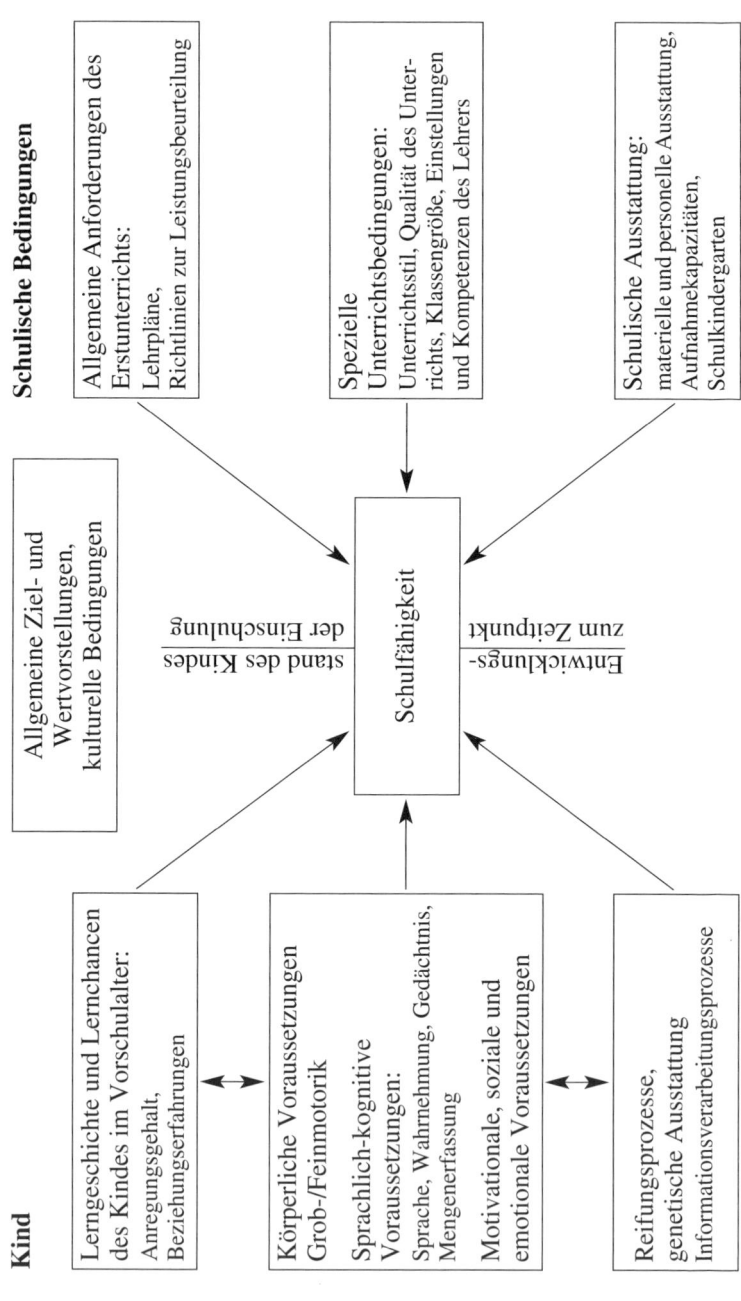

Abb. 1: Schulfähigkeit als Wechselwirkung verschiedener Einflussgrößen (in Anlehnung an Nickel 1990, 221)

zepte und Organisationsstrukturen so verändern, dass sie die Schulfähigkeit der Kinder nicht mehr voraussetzt, sondern Möglichkeiten anbietet, dass Schulfähigkeit durch kindgerechten Unterricht sich entwickeln kann und auch schwächeren Schülern die Möglichkeit zur Teilnahme am Unterricht bietet.

Die relativ hohen Zurückstellungsquoten nicht schulfähiger Kinder widersprechen letztlich auch dem Bildungsauftrag der Grundschule, eine Schule für alle Kinder zu sein. In einer Reihe von Modellversuchen werden deshalb alle schulpflichtigen sowie vorzeitig einzuschulende Kinder in die erste Klasse aufgenommen, ohne ihre Schulfähigkeit oder ihren Entwicklungsstand festzustellen.

So positiv diese Ansätze für viele Kinder sind, so bergen sie aber auch eine Gefahr. Die heute oft gängige Argumentation, jede Diagnose müsse vermieden werden, da sie zur „Aussonderung" führe und damit stigmatisiere, ist kritisch zu hinterfragen. Gerade Kinder mit Entwicklungsauffälligkeiten bedürfen besonderer Aufmerksamkeit und Förderung. Ein grundsätzlicher Verzicht auf die Diagnose des Entwicklungsstandes und der Lernausgangslage bei allen Kindern zu Schulbeginn wird den Kindern nicht gerecht, die aufgrund von Entwicklungsstörungen schulische Lernstörungen entwickeln. Für diese Kinder ist eine frühzeitige Hilfe und Förderung unverzichtbar. Die Diagnose des Entwicklungsstandes dient aber nicht mehr dazu, die Kinder auszusondern, sondern ihren spezifischen und individuellen Förderbedarf festzustellen.

1.10 Lösungsansätze: Konzepte zur Neugestaltung der Schuleingangsphase

In vielen Bundesländern wird derzeit intensiv an einer Neugestaltung eines kindgerechteren Anfangsunterrichts gearbeitet. Es stellt sich die Frage, wie die Schuleingangsphase gestaltet werden muss, dass nach Möglichkeit alle schulpflichtigen Kinder, unabhängig von ihren unterschiedlichen Lernvoraussetzungen, eingeschult werden können und möglichst wenige Kinder zurückgestellt werden müssen. Die Überlegungen zielen dabei auf eine Veränderung

– des Einschulungsverfahrens
– der pädagogischen Konzeptionen
– der Organisationsstrukturen

hin.

Es zeigen sich eine Reihe sehr interessanter Ansätze und Entwicklungen, aber auch eine Reihe neuer, ungelöster bzw. ungeklärter Fragen. Die wesentlichen Konzeptionen werden im Folgenden dargestellt, ohne den Anspruch auf Vollständigkeit zu erheben.

1.11 Integrativer Unterricht

Ziel ist es, so wenig wie möglich Kinder vom Schulbesuch zurückzustellen und nach Möglichkeit alle schulpflichtigen Kinder einzuschulen, d. h., alle Kinder eines Jahrgangs sollen ohne Feststellung ihrer Schulfähigkeit eingeschult werden (besondere medizinische Indikationen ausgenommen). Schulfähigkeit soll nicht die Voraussetzung für den Schuleintritt, sondern das Ergebnis des Anfangsunterrichts sein. Nach einer Empfehlung der Kultusministerkonferenz (1994) soll eine Schulfähigkeitsdiagnostik nur noch bei besonders entwicklungsauffälligen Kindern durchgeführt werden.

Die Schwierigkeiten bei der Bestimmung der „Schulfähigkeit" eines Kindes, die Problematik der Zurückstellung oder des Besuchs einer vorschulischen Einrichtung und der Ausschulung aus dem laufenden Erstunterricht würden sich dadurch weitgehend erübrigen. Die Gefahr, dass Kinder gleich zu Beginn ihrer Schulzeit Misserfolge erleben, würde damit reduziert.

Der Kerngedanke dieses Ansatzes besteht darin, dass die Förderung von entwicklungsverzögerten Kindern integrativ in der Anfangsklasse beginnen soll. Damit fällt auch der sechswöchige Beobachtungszeitraum in der Grundschule, in dem sich die „Schulfähigkeit" von den Kindern herauskristallisieren soll, weg.

Der Verzicht auf Einschulungsuntersuchungen bedeutet aber nicht gleichzeitig auch, dass eine Einschätzung des Lern- und Entwicklungsstandes des Kindes überflüssig würde. Entwicklungsauffällige Kinder bzw. entwicklungsverzögerte Kinder bedürfen besonderer Aufmerksamkeit und Förderung. Gerade bei ihnen ist eine gründliche und gute Diagnostik ihrer Lernausgangslage von besonderer Relevanz. Hierzu können Erzieherinnen wichtige Hilfestellung geben.

Zukünftig soll auch die Integration behinderter Kinder in die Regelschule weiter fortgeführt und erweitert werden. Die Bandbreite der Entwicklungsunterschiede von Kindern zu Schulbeginn wird dadurch erheblich größer.

Diese neuen Ansätze zur Integration betreffen vor allem auch Lehrerinnen und Lehrer, die sich oft gar nicht auf diese neue Aufgabe vorbereitet fühlen und die auch in ihrer Ausbildung keine entsprechenden Fachkompetenzen erwerben konnten. Viele Lehrer und Lehrerinnen gehen trotzdem mit viel Enthusiasmus und Motivation an diese neue Herausforderung heran.

Andererseits lösen die Integrationsbestrebungen aber auch Widerstände und Ängste aus:

– Lehrer argwöhnen, man wolle ihnen mehr Problemkinder aufbürden, um Gelder zu sparen
– sie fühlen sich mit dem täglichen Unterricht genug belastet und können/wollen nicht noch mehr Sonderaufgaben übernehmen

– sie fühlen sich oft fachlich nicht genügend dafür ausgebildet und erleben die vorgesehenen Hilfestellungen als nicht ausreichend
– sie fürchten sich davor, dass die neuen pädagogischen Ansätze in Verbindung mit steigenden Klassengrößen sie letztlich überfordern könnten.

1.12 Flexible Schulbesuchszeit

Der integrative Schulanfang erfordert, dass die Verweildauer von Kindern im Schuleingangsbereich flexibler geregelt wird. Kinder, die mehr Zeit zum Lernen brauchen, wird eine längere Verweildauer im ersten und zweiten Schuljahr ermöglicht. Das erste und zweite Schuljahr, das als pädagogische Einheit gesehen wird, kann in der Regel in zwei, bei Bedarf aber auch in drei Jahren, in Einzelfällen in vier Jahren durchlaufen werden. Dabei soll nach den Vorschlägen der Bildungsplaner hochdifferenziert gearbeitet werden. Bei optimaler Abstimmung zwischen Kind und Schule sollen so keine Probleme wegen mangelnder Schulfähigkeit auftreten. Auch soll die Möglichkeit eines beschleunigten Durchlaufs für besonders befähigte und schnell lernende Kinder erprobt werden. In Einzelfällen können deshalb leistungsstarke Kinder die beiden ersten Grundschuljahre in einem Jahr durchlaufen.

In einigen Modellversuchen werden die Klassen jahrgangsübergreifend geführt, d. h. in der Schulanfangsklasse werden Kinder des ersten und zweiten Schuljahres gemeinsam unterrichtet. Die jahrgangsübergreifende Arbeit wird als Voraussetzung dafür angesehen, dass langsam lernende Kinder länger als zwei Jahre im ersten und zweiten Schuljahr verbleiben können, ohne dass dies von den Kindern als Scheitern erlebt wird.

Darüber hinaus ist in einigen Modellversuchen (z. B. Hessen) die Möglichkeit vorgesehen, dass Kinder an zwei verschiedenen Zeitpunkten eingeschult werden können (halbjährige Einschulung, zusätzlicher Einschulungstermin im Februar). Zwei Einschulungszeitpunkte sollen Eltern und Kindern größere Freiheiten beim Übergang in die Grundschule anbieten.

1.13 Einbindung sozialpädagogischer Fachkräfte in die Grundschule

Durch die Schaffung eines integrativen Schulanfangs, bei dem auf Rückstellungen und Einweisungen in schulvorbereitende Einrichtungen verzichtet wird, wird eine sozialpädagogische Förderung von Schulanfängern nicht überflüssig. Im Gegenteil: die Kompetenzen der SozialpädagogInnen und ErzieherInnen aus den Schulkindergärten und Grundschulförderklassen wird zur Diagnostik und Förderung entwicklungsbeeinträchtigter Kinder dringend benötigt. Im Rahmen der integrativen Bemühung müssen spezielle Fördermaßnahmen für diese Kinder bereitgestellt werden. Vorgesehen ist, dass SozialpädagogInnen des Schulkindergartens gleichberechtigt und in enger Kooperation mit den LehrerInnen der Grundschule zusammenarbeiten. Inhalt und Formen der Kooperation unterscheiden sich in den verschiedenen Modellversuchsschulen. In gemeinsamer Absprache legen die LehrerInnen und SozialpädagogInnen die Aufgabenverteilung fest. Die Aufgaben der SozialpädagogInnen können dabei in den Unterrichtsablauf integriert sein oder als Einzel- oder Kleingruppenarbeit auch in einem speziell dafür eingerichteten Raum durchgeführt werden. Der/die SozialpädagogIn kann gruppenübergreifend (also für mehrere Erstklassen) eingesetzt werden oder aber ist einer Klasse fest zugeteilt. Aufgabe der SozialpädagogInnen in den Eingangsklassen ist die individuelle Förderung von Verhaltens- und Lernauffälligkeiten im Sinne einer ganzheitlichen Förderung, die sich auf den emotionalen, kognitiven und sozialen Lebensbereich des Kindes bezieht. Schwerpunkte der Integrationsarbeit sind dabei:

a) Verbesserung der sozial-emotionalen Kompetenz und Kommunikationsfähigkeit durch: Einübung sozial emotionaler Verhaltensformen, wie z. B. Interaktionsspiele, Partner- und Gruppenarbeit, Vorlesen geeigneter Geschichten und Bilderbücher zur Problembewältigung, Rollenspiele, Puppenspiele, morgendlicher Stuhlkreis. Ziel ist die Entwicklung von Sensibilität für andere und Einfühlungsvermögen in andere.

b) Wahrnehmungsförderung: Förderung der taktilen, kinästhetischen und vestibulären Wahrnehmung, des Körperschemas, der auditiven und visuellen Wahrnehmung, Zeit-, Farb- und Raumwahrnehmung, Sozialwahrnehmung, Förderung der Gesamtkörperkoordinationen, Ruhe- und Entspannungsübungen.

c) Förderung der Motorik durch: Kneten, Falten mit Papier, Fingerspiele, Ballspiele, Bewegungsspiele, Schneiden und Kleben.

In den Anfangsklassen ist eine Zusammenarbeit von LehrerIn und SozialpädagogIn von großer Bedeutung, so dass unter diesen Bedingungen eine differenzierte Förderung der Kinder möglich ist. Dies erfordert besondere Anforderungen an die Fähigkeit zur Teamzusammenarbeit zwischen LehrerIn und SozialpädagogIn. Die Vorteile für die Kinder liegen darin, dass sie vom Repertoire und der Kompetenz des/der SozialpädagogIn zusätzlich profitieren. Die Lernschwierigkeiten von Kindern können früh erkannt werden und Verhaltensauffälligkeiten gezielter aufgefangen werden.

Die Doppelbesetzung erlaubt auch, dass die Klassen geteilt werden können, was für manche Unterrichtsinhalte von Vorteil ist. Durch die Anwesenheit einer zweiten Lehrkraft haben die Erstkläßler einen zusätzlichen Ansprechpartner, was für sie oft eine sehr große Hilfe und Unterstützung ist. Die Aufgabenverteilung und die gemeinsamen Gespräche können auch zur Entlastung der Klassenlehrerin in der Anfangsphase des Unterrichts führen und ermöglichen eine größere Reflexion bezüglich der Unterrichtsgestaltung. Kinder, die durch gesellschaftliche oder familiäre Bedingungen oder durch Entwicklungsverzögerungen mehr beeinträchtigt sind, benötigen diese zeitlichen und personellen Hilfen, damit sie die Chance haben, die schulischen Lerninhalte besser nutzen zu können. Faust-Siehl (1994) warnt deshalb eindrücklich vor dem etwaigen Nebengedanken, wonach durch den integrativen Schulanfang die sozialpädagogische Förderung von Schulanfängern überflüssig würde und sich einsparen ließe.

1.14 Veränderungen des Unterrichts

Durch den Verzicht auf Zurückstellungen werden die Entwicklungsunterschiede, mit denen der Erstklasslehrer konfrontiert wird, größer. Dies stellt Lehrerinnen und Lehrer bei der Gestaltung des Unterrichts methodisch und didaktisch vor erhebliche Probleme. Es stellt sich nämlich die Frage, wie Unterricht und Lernen organisiert werden müssen, dass möglichst alle eingeschulten Kinder mit sehr unterschiedlichen Lernvoraussetzungen mit Spaß und Interesse an die Lernaufgaben herangehen, d. h. sowohl leistungsstarke Kinder nicht unterfordert, leistungsschwächere Kinder aber auch nicht überfordert werden. Der Unterricht muss deshalb so organisiert werden, dass jedes Kind entsprechend seinen Voraussetzungen Lernangebote nutzen kann. Um dieses Ziel zu erreichen, sind didaktische Veränderungen des Anfangsunterrichts erforderlich. Die Kinder müssen mehr Möglichkeiten und Gelegenheit zum selbstständigen Arbeiten erhalten. Gerade entwicklungsbeeinträchtigte Kinder brauchen veränderte Unterrichtsmethoden, in denen durch konkretes Handeln Lerninhalte erlebbar und damit interessant werden. Dies kann geschehen durch:

a) Arbeitsplanunterricht, bei dem die Kinder Aufträge zum Erforschen und Erkundigen nach eigenem Tempo und Rhythmus bekommen. Dazu gehört ein vielfältiges Angebot an Materialien und Inhalten, so dass die Kinder Interessenschwerpunkte bilden können.
b) Freiarbeit und Projektarbeit: Lehrerinnen und Kinder wählen gemeinsam ein Thema aus. Die Kinder sollen dabei aktiv an der Informations- und Materialbeschaffung beteiligt werden. Die Kinder können innerhalb des von ihnen mitbestimmten Themas Interessenschwerpunkte setzen, ihre Arbeit zunehmend selbstständig planen und organisieren und verlässliche und produktive Arbeitsbeziehungen zu ihren Mitschülern aufbauen.
c) Durch Partner-/Gruppenarbeit sollen die Kinder am Modell der Klassengemeinschaft die Bedeutung des Miteinander erleben. Einander vorlesen, sich vorrechnen, sich gegenseitig helfen fördert das Sozialverhalten und die soziale Kompetenz der Kinder.

Die Gestaltung des Unterrichts bei veränderten Eingangsstrukturen stellt eine große Herausforderung an die pädagogischen Fähigkeiten und Kompetenzen des Lehrers dar. Noch aber ist vielfach der Schulalltag durch lehrerzentrierten Frontalunterricht gekennzeichnet. Der Gleichschritt und die Gleichheit der Lerninhalte und Lernziele sind Unterrichtsformen, die der Komplexität und der Heterogenität der heutigen Schulanfänger nicht mehr gerecht werden. Kinder lernen effektiver, wenn sie ihr Lernen aktiv mitgestalten können. Das Lernen mit allen Sinnen und Formen offenen Unterrichts muss Grundlage der Unterrichtsgestaltung werden. Das Arbeiten mit Wochen- und Tagesplänen, Flexibilisierung des Stundenrhythmus, flexible Zeitpläne, projekt- und handlungsorientiertes Arbeiten, selbstgewähltes Lernen, Gruppen-, Einzel-, Partner- und Freiarbeit, das Herstellen neuer Unterrichtsmaterialien und die Entwicklung spezieller Fördermaßnahmen erfordern ein großes Engagement von Lehrern und bedeutet eine zusätzliche Belastung.

Die Entwicklung neuer Methoden und Unterrichtsformen setzt Kreativität und Motivation bei Lehrern voraus. Dies kann nicht „von oben" verordnet werden, sondern muss sich aufgrund eines Prozesses von Einstellungsveränderungen, Auseinandersetzung und Diskussionen innerhalb des jeweiligen Lehrerkollegiums entwickeln. Die Schulen müssen vor Ort ihr pädagogisches Profil finden. Dazu müssen sie die Möglichkeit haben, Lehrpläne im Rahmen der staatlichen Rahmenpläne weitgehend selbst zu entwickeln, zu gestalten und zu erproben. Grundlegende Voraussetzung, wenn Schule gelingen soll, ist, dass die Kinder Zuwendung, Geborgenheit, Anerkennung und Sicherheit erleben und spüren. Die Kinder müssen sich in ihrer Klasse wohl fühlen und in ihren sozialen Beziehungen gut in die Klassengemeinschaft integriert sein. Dies zu erreichen gehört mit zu den pädagogischen Aufgaben der Grundschule und ist langfristig erfolgversprechender als jedes noch so gut gemeinte Trainings- oder Förderprogramm.

1.15 Die Entwicklung neuer Kooperationsstrukturen

Die Vielfalt und Verschiedenartigkeit entwicklungsauffälliger Kinder und die Verschiedenheit der Förderbedürfnisse erfordert auch eine Vielzahl pädagogischer Kompetenzen, die von der einzelnen Erzieherin oder der Lehrerin nicht verlangt werden können.

Integrativer Schulanfang erfordert Teamarbeit: Verschiedene Kompetenzen müssen sich ergänzen und sich gegenseitig unterstützen. Die Vielfalt und Verschiedenartigkeit in den Lernvoraussetzungen der Kinder erfordern die Entwicklung neuer Kooperationsstrukturen: die Zusammenarbeit von Eltern, Lehrern, Erzieherinnen, von Sonderpädagogen, Beratungs- und Frühförderstellen, Kinderärzten und speziellen Fachdiensten stellen eine unverzichtbare Notwendigkeit dar. Dazu müssen die zu einer Vernetzung gehörenden Rahmenbedingungen geschaffen werden.

Die Ansätze zur Neugestaltung der Schuleingangsphase versprechen eine Verbesserung der Übergangsproblematik. Bei allen Reformüberlegungen sollte aber dabei immer das Wohlergehen des Kindes im Mittelpunkt aller Überlegungen sein. Es bleibt abzuwarten, wie die Voraussetzungen für diese reformpädagogischen Bemühungen sich auf Dauer angesichts knapper werdender finanzieller Ressourcen durchsetzen können und nicht zu Minimallösungen schrumpfen, die auf dem Rücken von Kindern, Eltern und Lehrern ausgetragen werden. Letztendlich geht es bei allen reformpädagogischen Bemühungen immer auch um die Beantwortung der Fragen:

– In welchem Ausmaß profitieren die Kinder davon?

– Wie sind die Lernleistungen der Kinder in diesen alternativen Schuleingangsstufen im Vergleich zu traditionellen Klassen?

– Wie viele Kinder überaltern im Prozess dieser neuen Schuleingangsstufe?

KAPITEL 2

Früherkennung schulischer Lernstörungen
Geht das und hilft das den Kindern?

2.1 Ein neuer Lebensabschnitt beginnt

Der Eintritt in das System „Schule" ist wahrscheinlich der aufregendste und empfindlichste Abschnitt in der kindlichen Entwicklung. Schulanfänger kommen in der Regel mit einer hohen Lern- und Leistungsbereitschaft, aber auch mit großen Unterschieden in den Lernvoraussetzungen in die Schule. Fragt man schulpflichtige Kinder im Kindergarten, ob sie sich auf die Schule freuen oder ob sie lieber noch ein Jahr im Kindergarten bleiben möchten, so fällt die Antwort fast immer zugunsten der Schule aus. Sie freuen sich darauf, ein Schulkind zu werden. Die Kinder haben bei Eintritt in die Grundschule schon bestimmte Vorstellungen davon, was sie dort lernen sollen, nämlich: Lesen, Rechnen und Schreiben. Die Vorfreude auf das Lesen-, Schreiben- und Rechnenlernen und dem damit verbundenen Sozialstatus ist bei den meisten Kindern unübersehbar. Sie erhoffen sich von ihrer neuen Rolle einen Zuwachs an Kompetenz und Selbstständigkeit. Mit dem Eintritt in die Grundschule lernen die Kinder aber nicht nur Lesen, Rechnen und Schreiben, sondern sie entwickeln auch zunehmend Vorstellungen über ihre eigene Tüchtigkeit und ihre Fähigkeiten im Vergleich zu ihren Klassenkameraden. Die Wahrnehmung der eigenen Leistungsfähigkeit bei schulischem Lernen steht mit der Entwicklung des Selbstwertgefühls, schulnahen Interessen und Einstellungen in enger Beziehung. Aber auch Eltern setzen große Hoffnungen in das Gelingen dieser Eingangsphase, weil sie die ersten Lernschritte und Erfahrungen ihres Kindes als grundlegend und wesentlich für seine weitere Schullaufbahn ansehen.

Die Mehrzahl der Eltern nimmt an der schulischen Entwicklung ihres Kindes lebhaften Anteil. Mit dem Eintritt in die Grundschule steigen die Erwartungen der Eltern an die Lern- und Leistungsbereitschaft ihres Kindes, denn sie erhoffen sich durch gute schulische Leistungen bessere Lebens- und Berufschancen für ihre Kinder.

Die Erfahrungen, die Kinder vor und in der Eingangsphase in der Grundschule machen, prägen ihre weitere persönliche Entwicklung entscheidend mit (Einsiedler 1988). Erfolge oder Misserfolge des Kindes beim Erlernen der Kulturtechniken Lesen, Rechnen und Rechtschreiben, die Rückmeldungen über Fortschritte in diesen Leistungen durch Lehrer, Eltern oder durch Vergleiche mit Klassenkameraden stärken im positiven Fall sein Selbstbewusstsein, sein Selbstvertrauen und seine Zuversicht in die eigene Leistungsfähigkeit. Bei Misserfolgen entwickelt das Kind Zweifel an seiner Leistungsfähigkeit. Sein Selbstvertrauen, seine Lern- und Lebensfreude wird untergraben und führt unterschwellig zu Schuldgefühlen oder zu der bangen Frage: „Bin ich vielleicht dumm?"

2.2 Lernprobleme schon in der Schultüte?

Während sich für die Mehrzahl der Kinder die erhofften Lernerwartungen erfüllen, gelingt es einigen nicht, mit dem Gros der Klasse Schritt zu halten und die angestrebten Lernziele zu erreichen. Tietze und Roßbach (1993) berichten, dass nahezu jedes fünfte Kind, d. h. 20 % der Kinder bis Ende des vierten Grundschuljahres, mindestens einmal segregiert, d. h. zurückgestellt wird, eine Klasse wiederholen muss oder auf eine Sonderschule überwiesen wird. Etwa 7 % dieser Kinder werden als „nicht schulfähig" zurückgestellt, wobei der Prozentsatz dieser Kinder von Bundesland zu Bundesland, aber auch von Schule zu Schule beträchtlich variiert. 1,8 % der Kinder wiederholen die erste Klasse und 3,3 % die zweite Klasse. Die Klassen drei und vier wiederholen weitere 5 % der Kinder. Zwischen 0,5 % und 1 % der Kinder werden auf eine Sonderschule überwiesen. Diese Zahlen belegen eindrucksvoll, dass der Schwerpunkt des schulischen Versagens der Kinder eindeutig innerhalb der ersten beiden Grundschuljahre liegt.

Betrachten wir aber Kinder mit Lernschwierigkeiten zu Schulbeginn etwas genauer:

In manchen Fällen gelingt es dem Lehrer, gemeinsam mit Eltern und Kind, die schulischen Anfangsschwierigkeiten zu überwinden. Es gibt aber eine Vielzahl von Kindern, die trotz guter Intelligenz Lernstörungen im Erwerb des Lesens, Rechtschreibens oder Rechnens entwickeln und denen es trotz intensiver Bemühungen nicht gelingt, auf Dauer die angestrebten Lernziele zu erreichen. Bei diesen Schwierigkeiten handelt es sich nicht um vorübergehende Erscheinungen, sondern um lang andauernde Schwierigkeiten, von denen immer die Gesamtpersönlichkeit des Kindes betroffen ist. Entwicklungsbeeinträchtigungen und schulische Lernstörungen ziehen vielfältige emotionale und soziale Folgestörungen nach sich. Aus zahlreichen wissenschaftlichen Untersuchungen wissen wir, dass ca. 10 bis 15 % der Kinder isolierte Lese-/Rechtschreibschwierigkeiten entwickeln, wobei ca. 4 bis 6 % der Kinder davon besonders schwer betroffen sind. Auch Breuer und Weuffen (1994) belegen den hohen Anteil von ca. 15 bis 20 % von Kindern, die im Anfangsunterricht beständige Schwierigkeiten beim Lesen- und Schreibenlernen aufweisen. Bei ca. 6 % der Kinder (Lorenz 1993) manifestieren sich ausgeprägte Rechenstörungen. Gaddes (1991) referiert

epidemiologische Studien, denen zufolge in verschiedenen Ländern übereinstimmend nahezu 10 bis 15 % aller Kinder an behandlungsbedürftigen
Lernstörungen leiden.

Die relativ große Anzahl der Kinder, bei denen sich bereits im Anfangsunterricht beständige Lernschwierigkeiten zeigen, müssen uns sehr nach-
denklich stimmen. Sie verweisen auf ungelöste Probleme des Übergangs
Kindergarten – Grundschule sowie des Anfangsunterrichts hin. Bedrückend
sind solche schulischen Misserfolge für viele Kinder und deren Eltern besonders deshalb, weil sie sich vor Schuleintritt scheinbar in keiner Weise
angekündigt haben. Die Tatsache, dass ein Kind in vielen Bereichen als
kreativ und intelligent erlebt wird, aber beim Lesen-, Schreiben- und/oder
Rechnenlernen besondere Schwierigkeiten hat, verwirrt viele Eltern und
löst zwiespältige Gefühle bei ihnen aus. Für viele Eltern kommt deshalb
das schulische Versagen ihres Kindes meist völlig unerwartet.

Entstehen Lernprobleme, sind Kinder und Eltern schockiert. Letztere
fühlen sich hilflos und entwickeln Ängste um die Zukunft ihres Kindes. Besonders die Sorge, dass ihr Kind nicht mit den Lernleistungen der anderen
Kinder Schritt halten kann und sie trotz intensiver Bemühungen das gefor-
derte Lernpensum nicht bewältigen können, lässt viele Eltern verzweifeln.

Aus Sorge und Angst um die Zukunft ihres Kindes reagieren sie deshalb
oft mit emotionalem Druck. Sie schimpfen und machen ihm Vorwürfe, weil
sie glauben, mit Druck die erwarteten Leistungen wieder herbeizaubern zu
können. Oft empfinden Eltern die schlechten Leistungen als eine Art Trotz
oder Ungehorsam des Kindes. Äußerungen wie: „er könnte, wenn er wollte"
oder: „er will nur nicht" sind oft Ausdruck eines tiefen Missverständnisses
über die Ursachen dieser Lernprobleme.

Nicht selten resultieren deshalb aus den unerwartet aufgetretenen Lernproblemen und dem fehlenden Problemverständnis im Elternhaus Bezie-
hungskonflikte zwischen Eltern und Kind (oder auch zwischen Eltern), die
zu einer nachhaltigen Verschlechterung des emotionalen Klimas in der Familie führen und die Lernprobleme des Kindes zusätzlich erschweren. Die
Kinder leiden darunter, die Erwartungen ihrer Eltern zu enttäuschen und
bei ihren Mitschülern als „dumm" oder „leistungsschwach" zu gelten. Die
Sekundärfolgen des längerfristigen Versagens in der Schule bei Lese-,
Rechtschreib- oder Rechenproblemen, die daraus erwachsenden Selbst-
wertprobleme und die Kompensationsversuche des Kindes mit dem Ziel,
sich in seinem sozialen Umfeld dennoch zu behaupten, Anerkennung und
Bestätigung zu bekommen, sind erheblich. Mit den auftretenden Lernschwierigkeiten zerbricht häufig das Selbstbewusstsein des Kindes und infolgedessen indirekt auch das Eingegliedertsein in seine soziale Gruppe.

Als Reaktion auf den ausbleibenden Schulerfolg ziehen sich viele Kinder auf eine resignierende und selbstunsichere Position zurück oder ent-

wickeln Schulängste. Andere wiederum reagieren zunehmend aggressiver, entwickeln psychosomatische Symptome wie Bauchschmerzen, Einnässen, Einkoten, werden zum Klassenclown oder flüchten sich in eine Phantasiewelt. Viele Verhaltensauffälligkeiten entwickeln sich als Folge schulischer Lernstörungen.

Die weit verbreitete Ansicht aber, dass Verhaltensstörungen als Folge schulischer Lernschwierigkeiten entstehen und somit im Wesentlichen als eine Reaktion auf den schulischen Misserfolg zu verstehen sind, ist zwar plausibel und einleuchtend, reicht aber als alleinige Erklärung nicht aus. Von Aster (1996) referiert Untersuchungen, die zeigen, dass Kinder mit Lernstörungen häufig schon zu einem Zeitpunkt vermehrt Verhaltensstörungen zeigen, wo die schulischen Misserfolge noch nicht bedeutsam waren, also vor Schuleintritt. Bereits im Vorschulalter war bei Kindern, bei denen sich später Lese-/Rechtschreibschwierigkeiten entwickelten, vermehrt auffälliges Verhalten zu beobachten, besonders bei Jungen. Diese Verhaltensauffälligkeiten nahmen nach Schuleintritt zwischen dem 7. und 9. Lebensjahr noch deutlich zu. Die am häufigsten festgestellte Auffälligkeit war Hyperaktivität (gesteigerte motorische Unruhe), meist in Verbindung mit aggressiven Verhaltensweisen.

Auch Schydlo (1993) referiert, dass bei ca. 20 % der Kinder mit Lese-/Rechtschreibstörungen hyperaktives Verhalten und Aufmerksamkeitsstörungen (motorische Unruhe, nicht still sitzen bleiben können, leicht ablenkbar, zapplig) bereits seit früher Kindheit und vor Eintritt in die Schule bestand. Verhaltensstörungen sind deshalb nicht nur Folge schulischer Lernschwierigkeiten, sondern es scheint bereits bei vielen Kindern eine bedeutsame Wechselwirkung bei Eintritt in die Grundschule zu bestehen. Die bereits im Vorschulalter bestehenden Auffälligkeiten wie hyperaktives Verhalten und Aufmerksamkeitsstörungen sowie Störungen des Sozialverhaltens erhöhen das Risiko für die Entstehung von Lernschwierigkeiten nach Schuleintritt. Die Folgerung daraus ist, dass viele Schulleistungsstörungen und Verhaltensauffälligkeiten auf gemeinsame Ursachen zurückzuführen sind.

Einen enttäuschten und ratlosen Eindruck machen aber nicht nur Eltern. Auch Lehrer erklären, dass sie alles versucht haben, aber nicht weiter wüssten. Die oft vergebliche Suche nach neuen Lernwegen, die Hilflosigkeit von Eltern und Lehrern und die in ihrem Selbstwertgefühl erschütterten Kinder kennzeichnen die Problematik dieser Situation und verweisen deutlich auf ungelöste Probleme. Oftmals viel zu spät wird – wenn das Kind durch seine Misserfolge und den Reaktionen seiner sozialen Umwelt bereits zusätzlich neurotisiert wurde – nach den „Ursachen" dieser Lernstörungen geforscht.

Beschäftigt man sich mit der Thematik der Früherkennung von Lern- und Entwicklungsstörungen, müssen Antworten auf folgende Fragen gefunden werden:

1. Was versteht man unter Lern- bzw. Entwicklungsstörungen?
2. Welche langfristigen Auswirkungen haben Lernstörungen auf die Entwicklung der Kinder? Diese Frage ist deshalb von allgemeinem Interesse, weil neben der persönlichen Tragweite auch die gesellschaftliche Dimension des Problems von Lernschwierigkeiten im Anfangsunterricht berührt wird.
3. Was sind die Ursachen für diese Lern- und Entwicklungsstörungen, und bestehen Möglichkeiten, Kinder mit schulischen Lernschwierigkeiten bereits im Vorschulalter zu erkennen bzw. „Risikokinder" zu erfassen?
4. Welche diagnostischen Bereiche sind für die Früherkennung von Lernstörungen relevant, und wie ist am sinnvollsten eine Früherkennung zu praktizieren?

Wenden wir uns zunächst der Frage zu, was man unter Lern- bzw. Entwicklungsstörungen versteht.

2.3 Begriffsbestimmung: Lern- bzw. Entwicklungsstörungen

Als lerngestört oder lernschwierig werden häufig Kinder bezeichnet, die in einer Leistungsrangreihe am Ende liegen oder die bestimmte definierte Lernziele verfehlt haben. Von Lernstörungen eines Kindes spricht man im Allgemeinen,

„wenn die Leistung eines Schülers unterhalb der tolerierbaren Abweichungen von verbindlichen institutionellen, sozialen und individuellen Bezugsnormen (Standards, Anforderungen, Erwartungen) liegen oder wenn das Erreichen (bzw. Verfehlen) von Standards mit Belastungen verbunden ist, die zu unerwünschten Nebenwirkungen im Verhalten, Erleben oder in der Persönlichkeitsentwicklung des Lerners führen" (Zielinski 1995, 13).

Diese Definition enthält eine Vielzahl unterschiedlicher Zustandsbilder von Lernbeeinträchtigungen, die weiter differenziert werden müssen. Lernschwierigkeiten können unterschieden werden hinsichtlich

1. ihrer zeitlichen Erstreckung in Lernschwierigkeiten,
   – die nur eine kurze Zeit bestehen und damit vorübergehender Natur sind
   – die lange Zeit andauern oder chronischen Charakter haben.
2. ihres Schweregrades in:
   – Lernbehinderung, die nahezu alle schulrelevanten Lerngebiete umfasst, die langandauernd und schwerwiegend sind bei unterdurchschnittlicher allgemeiner Intelligenz der Kinder
   – partielle Lernstörungen, die sich nur auf einen Teilbereich wie zum Beispiel Lese-/Rechtschreibschwäche oder Rechenschwäche beziehen bei sonst durchschnittlicher allgemeiner Intelligenz des Kindes.

Ein Versuch, Lern- und Entwicklungsstörungen allgemeinverbindlich einzuteilen und zu definieren, wird durch das Klassifikationskonzept ICD-10

Begriffsbestimmung: Lern- bzw. Entwicklungsstörungen 37

der Weltgesundheitsorganisation (Dilling u. a. 1991) angestrebt. In diesem Klassifikationskonzept (F8) werden Entwicklungs- bzw. Lernstörungen eingeteilt in:

A) Tiefgreifende Entwicklungsstörungen: darunter fallen frühkindlicher Autismus und eine Reihe weiterer tiefgreifender Entwicklungsbeeinträchtigungen wie zum Beispiel das Rett-Syndrom, das Asperger-Syndrom.

B) Umschriebene Entwicklungsstörungen: Sie beschreiben Minderleistungen in einzelnen abgegrenzten Entwicklungsbereichen, die nicht durch Defizite der allgemeinen Intelligenz, unzureichender Entwicklungsförderung oder durch Mängel körperlicher und psychischer Gesundheit erklärt werden können. Dazu gehören:

a) Umschriebene Entwicklungsstörungen des Sprechens und der Sprache. Darunter fallen:
   – Expressive Sprachstörungen (Probleme in der Sprachproduktion, z. B. geringer Wortschatz, Artikulationsstörungen, Dysgrammatismus).
   – Rezeptive Sprachstörungen. Sie können als Entwicklungsstörung des Sprachverständnisses verstanden werden (das Kind versteht Begriffe nicht, verwechselt sie mit anderen Begriffen, das Befolgen einer einfachen Anweisung gelingt dem Kind im Vergleich zur Altersgruppe nur unzureichend, das Verständnis von grammatikalischen Strukturen ist im Vergleich zu anderen gleichaltrigen Kindern eingeschränkt).

b) Umschriebene Entwicklungsstörungen schulischer Fertigkeiten, wie z. B. Lese-/Rechtschreibstörungen, isolierte Rechtschreibstörungen, Rechenstörungen und kombinierte Störungen schulischer Fertigkeiten, z. B. Lese-/Rechtschreibschwierigkeiten und Rechenstörungen gleichzeitig.

c) Umschriebene Entwicklungsstörungen der motorischen Funktion, d. h. eine beeinträchtigte Entwicklung der motorischen Koordination: Fein- und Grobmotorik sind nicht altersgemäß, das Laufen, Hüpfen und Treppensteigen werden verspätet erlernt. Das Schleifebinden, das Auf- und Zuknöpfen und das Werfen und Fangen von Bällen gelingt den Kindern deutlich schlechter als gleichaltrigen Kindern.

d) Kombinierte umschriebene Entwicklungsstörungen
   Diesen umschriebenen Entwicklungsstörungen (oft werden sie auch Teilleistungsstörungen genannt) ist gemeinsam, dass sie nicht durch Defizite der allgemeinen Intelligenz, durch unzureichende Entwicklungsförderung oder durch Mängel körperlicher und psychischer Gesundheit erklärt werden können. Weitere gemeinsame Merkmale der umschriebenen Entwicklungsstörungen sind:
   – ein Beginn, der im Kleinkindalter oder in der Kindheit liegt
   – eine Einschränkung der Entwicklung von Funktionen, die mit der Reifung des zentralen Nervensystems verbunden sind
   – ein stetiger Verlauf, wobei zuvor keine Periode einer normalen Entwicklung der betreffenden Funktionen vorliegen darf
   – die umschriebenen Entwicklungsstörungen können mit dem Älterwerden bei einem Teil der betroffenen Kinder sich mehr oder weniger abschwächen oder sogar normalisieren.

Schulische Lernstörungen können somit als Teilaspekt einer Entwicklungsstörung verstanden werden.

Problematisch an der Definition von Lernstörungen der WHO ist die sehr stark kindzentrierte Sichtweise von Lernproblemen. Die Ursachen von Lernstörungen werden in der Person des Kindes gesucht. Mangelnder Lernerfolg ist aber nicht nur einseitig in der Persönlichkeit des Schülers festzumachen, sondern schulischer Erfolg oder Misserfolg ist immer das Produkt mehrerer zusammenwirkender Faktoren, wie z. B. der Qualität des Unterrichts, Einstellungen und Wertmaßstäbe der Lehrperson, Einfluss der Familie, Grad der Unterstützung und Förderung, Leistungsorientierungen, fachliche Kompetenzen der Lehrperson, Zusammenarbeit mit Eltern usw. Lernstörungen sind in aller Regel ein vielfältiges, wechselseitiges Zusammenspiel verschiedener Wirkfaktoren. Die Darstellung all dieser Komponenten würde den Rahmen dieses Buches bei weitem sprengen. Der Schwerpunkt soll hier deshalb in der neuropsychologischen Betrachtungsweise von Lernstörungen liegen. Dies entspricht zwar auch einer kindzentrierten Sichtweise, bedeutet aber nicht, dass die Wichtigkeit der anderen Faktoren geringgeschätzt wird.

2.4 Die langfristige Entwicklung von Kindern mit Lernstörungen

Die langfristigen Auswirkungen von frühen Lernstörungen, speziell von Kindern mit Lese-/Rechtschreibproblemen,wurden in einer prospektiv angelegten epidemiologischen Studie von Esser und Schmidt (1993) eindrucksvoll belegt. Die Ergebnisse wurden aus einer repräsentativen Stichprobe achtjähriger Kinder gewonnen, deren Entwicklung bis ins Erwachsenenalter verfolgt werden konnte. Zusammenfassend zeigen die Daten zum Schulerfolg lese-/rechtschreibschwacher Kinder, dass mit einem günstigen Verlauf nicht gerechnet werden kann:

• Der mittel- und langfristige Schulerfolg von Kindern mit einer Lese-/Rechtschreibschwäche (LRS) ist deutlich schlechter als der vergleichbarer Kinder ohne LRS trotz vergleichbarer Intelligenz. Lediglich 12,5 % der Kinder mit LRS besuchten das Gymnasium gegenüber 40,6 % der Kinder ohne LRS. „Der Schulerfolg entspricht mittel- und langfristig dem von Minderbegabten" (Seite 113).

• Neben schulischen Problemen zeigen lese-/rechtschreibschwache Kinder vermehrt psychische Symptome im Sinne vermehrter Verhaltensauffälligkeiten, was sich über die gesamte Entwicklungszeit nachweisen lässt. Der diagnostische Schwerpunkt der zusätzlichen psychischen Störungen liegt dabei eindeutig im expansiven dissozialen Bereich (aggressives Verhalten, hyperkinetische Symptome, Schule schwänzen, lügen, weglaufen, Nikotin-, Alkohol- und Drogenabusus, Zerstören fremden Eigentums).

• Waren die psychischen Auffälligkeiten der Kinder anfangs eher unspezifisch, so münden viele im jugendlichen Alter in eine dissoziale Entwicklung. In der Gruppe der mit 8 Jahren als lese-/rechtschreibschwach diagnostizierten Schüler waren 25 % bis zum Alter von 18 Jahren delinquent geworden gegenüber 5,3 % ohne Lese-/Rechtschreibprobleme. Im Grundschulalter zeigte sich darüber hinaus eine verstärkte hyperkinetische Symptomatik, für die eine erhöhte Übergangswahrscheinlichkeit zu dissozialen Störungen besteht.

• Lediglich 34 % der Kinder mit LRS zeigen eine Besserungsrate ihrer Lese-/Rechtschreibkompetenz, d. h. die relative Position von Kindern mit umschriebenen Lese-/Rechtschreibproblemen liegt schon relativ früh fest. Dieses Ergebnis wurde auch durch die Befunde anderer Längsschnittstudien (Schneider 1994) belegt, die zeigen, dass bereits Ende der 2. Grundschulklasse eine relativ stabile Leistungsrangreihe der Schüler sich gebildet hat. Die Mehrzahl derjenigen Kinder, die Ende des 2. Schuljahres zu der Gruppe der schlechteren Leser/Rechtschreiber gehörte, war im Vergleich zu ihren Alterskameraden auch im weiteren Schulverlauf in der Gruppe der leistungsschwächeren Leser/Rechtschreiber zu finden, obwohl sie, individuell gesehen, Fortschritte gemacht haben. Unterschiede in den Lese-/Rechtschreibkompetenzen können nach diesen Befunden während der Grundschulzeit weitgehend nicht nivelliert werden. Diese Befunde legen nahe, dass eine erfolgreiche Intervention bei Lese-/Rechtschreibproblemen wohl nur in der frühen Erwerbsphase erwartet werden kann. Auch bei Gaddes (1991) finden sich eindrucksvolle Belege für die ungünstige Prognose lese-/rechtschreibschwacher Kinder.

Der langfristige Verlauf von Rechenstörungen bei Kindern ist weit weniger erforscht als der von Lese-/Rechtschreibstörungen. Die bei v. Aster (1996) referierten Befunde zu den Auswirkungen von Rechenstörungen zeigen, dass Kinder mit einer solchen Problematik ein deutlich erhöhtes Risiko für die Entwicklung eher internalisierter psychischer Störungen, wie z. B. Ängste, sozialer Rückzug oder depressive Verhaltensweisen, aufweisen. Kinder mit Rechenstörungen scheinen im Gegensatz zu Kindern mit Lese-/Rechtschreibproblemen wesentlich anfälliger für die Entwicklung ängstlicher und depressiver Symptome zu sein, während bei Kindern mit Lese-/Rechtschreibschwierigkeiten ein erheblich größeres Risiko für die Entwicklung von Störungen im Sozialverhalten besteht. Die Unterschiedlichkeit in den Ausprägungen psychopathologischer Symptome bei Lese-/Rechtschreibschwierigkeiten und bei Rechenstörungen werden auf spezifische neuropsychologische Funktionsstörungen zurückgeführt, die in Wechselwirkungen mit psychosozialen und familialen Faktoren die Ausprägung der verschiedenartigen Symptome bestimmen.

Darüber hinaus gilt die Erkenntnis als gesichert, dass Jungen ein deutlich höheres Risiko für die Entwicklung von Lese-/Rechtschreibschwierigkeiten aufweisen (Risikofaktor 3:1, das heißt: auf ein Mädchen mit Lese-/Rechtschreibschwierigkeiten kommen drei Jungen). Entgegen allen anderen Entwicklungs- und Reifestörungen ist die Häufigkeit von Rechenstörungen bei Mädchen dagegen größer. Zahlreiche empirische Befunde belegen inzwischen eindrucksvoll, dass Jungen generell ein höheres Risiko für Entwicklungs- und Verhaltensauffälligkeiten aufweisen als Mädchen (Esser et al.

1992). Dies zeigt sich auch durch den überproportionalen Anteil von Jungen als Klientel von Frühförderstellen und Beratungsstellen. Diese Befunde verdeutlichen noch einmal die Notwendigkeit, Konzepte zur Früherkennung und Frühförderung zu entwickeln und zu realisieren. Die Kosten dazu aufzubringen ist nicht allein zum Wohle des einzelnen Kindes geboten, sondern ebenso zum Wohl der Gesellschaft. Die früh aufgewandten Kosten, die die Gemeinschaft zur Früherkennung aufbringen muss, sind wahrscheinlich weitaus geringer als die Folgekosten, die entstehen, wenn Menschen arbeitslos, drogenabhängig oder delinquent werden oder wegen psychischer oder psychosomatischer Erkrankungen eine Klinik aufsuchen müssen.

Die Notwendigkeit einer Früherkennung und damit Frühförderung von Lernstörungen ist unverzichtbar. Früherkennung von Lernstörungen muss bereits im Vorschulalter beginnen, spätestens aber im Anfangsunterricht der Grundschule, damit die Kinder nicht erst in den Teufelskreis von Schulversagen, Schulunlust und den Verlust ihres Selbstwertgefühls geraten. Auch angesichts einer zunehmenden Vielfalt kindlicher Lebenswirklichkeiten, die zur Vergrößerung der Unterschiede bei den Entwicklungs-, Lern- und Verhaltensvoraussetzungen von Schulanfängern führt, sind Überlegungen zur Verbesserung des Schulanfangs dringend erforderlich. Früherkennung von Lernstörungen ist aber auch mit vielen inhaltlichen und methodischen Problemen verbunden. Dabei sind zwei zentrale Fragen zu beantworten:

1. Zu welchem Zeitpunkt ist eine Früherkennung von Lese-/Rechtschreibstörungen und/oder Rechenstörungen einigermaßen sicher?

   a) bereits im Vorschulalter, auch wenn der Lese-/Rechtschreiblernprozess oder die Unterrichtung in Mathematik noch nicht eingesetzt hat, oder

   b) erst in der Grundschule, wenn sich das Kind intensiv mit dem Lerngegenstand auseinandergesetzt hat?

2. Was sind Früherkennungshinweise bzw. Vorläufervariablen/Entwicklungsauffälligkeiten, die eine hinreichend genaue Vorhersage erlauben?

2.5 Früherkennung im Spannungsfeld zwischen Hilfe und Stigmatisierung

Vielleicht mag sich jetzt manche Leserin oder mancher Leser fragen, wie es denn möglich ist, bereits im Kindergarten (oder noch früher) schulische Lernstörungen zu erkennen, denn Lesen, Rechnen und Schreiben lernen die Kinder ja doch erst in der Grundschule. Somit könnten ja schulische Lernstörungen sich erst in der Schule entwickeln und folgerichtig auch erst nach Schulbeginn diagnostiziert werden. Manche mögen einwenden, dass eine Früherkennung auch deshalb nicht möglich sei, da wir ja das Umfeld, die von der Lehrperson praktizierte Unterrichtsmethode, das Lerntempo, mit dem die Lehrperson den Unterricht gestaltet, und die Leistungsstärke der Klasse nicht kennen. Wieder andere beschleicht bei dem Gedanken an eine Früherkennung von Lernstörungen ein starkes Unbehagen, sie befürchten, dass dies zu einer „Verschulung" der Kindergartenpädagogik führen könnte, in dem durch Funktionstrainings oder Vorschulmappen die Kinder „schulfähig" gemacht werden sollen. Vielleicht sehen manche in der Früherkennung auch eine wachsende Gefahr, dass die Zwänge unserer Leistungsgesellschaft in immer stärkerem Ausmaß auch in der Vorschulpädagogik Fuß fassen und die Kinder an einer Norm gemessen werden, die für Schwächere wenig Raum bietet und die zur Folge hat, dass Kinder bereits im Vorschulalter mit Leistungsanforderungen und -druck konfrontiert werden, die ihrer Entfaltung und Entwicklung schaden.

Und werden nicht dadurch, dass man die Ursachen von Lernproblemen in der Person des Kindes sucht, Schule und Unterrichtsformen von jeglicher Verantwortung für das Entstehen von Lernstörungen entbunden, obwohl jeder weiß, dass auch schlecht gestalteter Unterricht Lernstörungen verursachen kann? Zu guter Letzt könnte man gegen eine Früherkennung einwenden, dass durch Hinweise von Erzieherinnen auf Anzeichen von Entwicklungsauffälligkeiten, die irgendwann später etwas mit schulischen Lernstörungen zu tun haben könnten, die Eltern unnötigerweise in Panik und unbegründete Ängste versetzt werden und das Kind danach einer hektischen diagnostischen und therapeutischen Betriebsamkeit ausgesetzt wird, die den Leistungsdruck und die Versagensängste des Kindes und der Eltern noch weiter schüren.

All dies sind ernst zu nehmende und gewichtige Argumente, die den Schutz des Kindes verfolgen. Bedeuten diese Argumente aber, dass man besser auf eine Früherkennung von Lern- und Entwicklungsstörungen verzichten sollte und darauf hofft, dass das Kind vielleicht ein „Spätentwickler" sei, bei dem sich die Auffälligkeiten mit der Zeit „auswachsen?" Leider scheint mir dieser Verzicht auch als zu kurz und an den Interessen des Kindes vorbeigegriffen zu sein, bedenkt man die längerfristigen Folgen von Lernstörungen für die Persönlichkeitsentwicklung des Kindes und seinen weiteren Lebensweg. Ziel der Früherkennung ist es nicht, die Kinder in eine Norm zu pressen oder sie durch Vorschulprogramme „schulfähig" zu machen, sondern die Prozesse zu erkennen, die ihre Entwicklung beeinträchtigen oder verzögern. Früherkennung und Frühförderung sowie begleitende Elternberatungen vor der Einschulung bewahren sicherlich nicht alle Kinder vor schulischen Lernproblemen und können ebenso wenig Lernprobleme völlig verhindern. Doch es ist möglich, den Kindern und ihren Eltern rechtzeitige Hilfestellung bei der Bewältigung ihrer Probleme zu geben. Eine „Heilung" mag es vielleicht nicht geben. Aber die Auswirkungen des Versagens und die emotionale Bewältigung dieser Schwierigkeiten werden für Kinder und Eltern bei frühzeitigem Erkennen weniger schwer sein und damit auch die negativen Folgen auf die Persönlichkeitsentwicklung des Kindes. Früherkennung hat ihre Bedeutung dadurch, dass die kindlichen Entwicklungen in verschiedenen Bereichen genauer beobachtet werden und Erzieherinnen und Lehrer Hinweise interpretieren und Zusammenhänge mit späteren Lernstörungen erkennen können. Die Beratung der Eltern im Hinblick auf die Ursachen von Entwicklungsauffälligkeiten und ihren Fördermöglichkeiten entlastet die Kinder und schafft mehr Verständnis für die besonderen Probleme ihres Kindes.

2.6 Alltagsbeobachtungen interpretieren lernen

Viele Kinder, die innerhalb der ersten beiden Grundschuljahre Lernschwierigkeiten entwickeln, fallen bereits im Kindergarten – oder sogar noch früher – auf. Diese Auffälligkeiten zeigen sich meist nicht in spektakulären Symptomen, sondern in einer Reihe oft kleiner, meist als unbedeutend interpretierter Auffälligkeiten, die aber in der Summe die Entwicklung des Kindes behindern, verzögern und häufig Lernbeeinträchtigungen nach sich ziehen.

Entwicklungsauffälligkeiten, die im vorschulischen Alter zwar vorhanden sind, aber oft wenig Beachtung finden, erweisen sich nach Schuleintritt als Quelle von Misserfolgen in den nun verlangten Anforderungen. Bei vielen Kindern mit schulischen Lernstörungen lassen sich Vorläufersymptome für die später auftretenden Lernbeeinträchtigungen finden. Wenn auch nicht für alle, so lassen sich doch bei einer ganzen Reihe schulischer Lernschwierigkeiten lange vor Schuleintritt Präsymptome finden, die es gilt aufzugreifen, deren Bedeutung zu interpretieren und mögliche Folgen für die Kinder abzuwägen. Es gibt eine Vielzahl von Alltagssituationen, in denen sich Hinweise auf spätere schulische Lernschwierigkeiten zeigen.

Eltern mag vielleicht auffallen, dass sich ihr Kind in manchen Bereichen „anders" entwickelt als andere Kinder seines Alters. Es ist ihnen vielleicht aufgefallen, dass ihr Kind

– relativ spät anfing zu sprechen
– dass es nie gerne malte oder es nie gerne mit Bauklötzen, Legeotechnik oder Fischertechnik spielte
– dass es erst viel später als seine Geschwister Fahrrad fahren gelernt hat
– dass es erst recht spät mit dem Laufen begonnen hat
– dass es als Kleinkind beim Laufen oft viel hingefallen ist („Fallkind")
– dass es Essstörungen hatte, z. B. sich oft erbrochen hat, Trinkschwierigkeiten hatte
– dass es sehr ruhig, bewegungsarm und bewegungsfaul wirkte, also ein „pflegeleichtes" Kind war
– dass es auf Geräusche sehr schreckhaft reagierte

– dass es auf Berührungen oder Raumlageveränderungen (z. B. schaukeln) überempfindlich reagierte

– dass es schon als Kleinkind motorisch sehr unruhig war, kaum ruhig zu halten war

– dass es als Säugling oft viel geschrien hat (langanhaltende schrille Schreiphasen)

– dass es beim Spielen oft von einem Spielzeug zum anderen ging, kein Spiel zu Ende bringen konnte

– dass es beim selbstständigen Anziehen gegenüber Gleichaltrigen mehr Hilfe brauchte

– dass es nicht krabbelte oder nur ganz kurze Zeit

– dass es beim Klettern, Treppensteigen oder beim Laufen auf einer unebenen Fläche plump, tolpatschig oder ängstlich wirkte

– dass es Gegenstände/Personen nicht gut fixieren konnte.

Im Kindergarten mag z. B. der Erzieherin auffallen, dass manche Kinder im Vergleich zu anderen Gleichaltrigen

– einen zugeworfenen Ball schlecht auffangen können

– nicht oder nur sehr unsicher auf einem Bein hüpfen können

– beim Balancieren über dem Balken einer umgedrehten Längsbank sehr unsicher sind und immer wieder herunterfallen

– beim Ausmalen von Bildern oft über die Begrenzungslinien fahren

– einfache Bastelarbeiten nicht planen und durchführen können

– bei Singspielen einen einfachen Klatschrhythmus nicht nachklatschen können

– das Schneiden mit der Schere Schwierigkeiten bereitet

– schnell wieder Farben „vergessen", sich Lieder oder Verse schlecht merken können

– beim Frühstück oft die Milch neben die Tasse schütten oder die Tasse beim Einschütten umwerfen

– sich nur sehr ungern anfassen lassen, Nähe vermeiden oder auch ganz bestimmte Materialien wie z. B. Ton, Fingerfarben, weiche Stoffe vermeiden

– Spielgeräte wie Klettergerüste, Schaukeln, Rutschen meiden

– leicht ablenkbar und wenig ausdauernd sind

– nur sehr ungern malen

– Sprachauffälligkeiten haben, z. B. Lautbildungsschwierigkeiten, verwaschene Aussprache, nicht altersentsprechender Wortschatz

– Wörter im Satz vertauschen, z. B. „ich laufe Straße über"

– emotional sehr wechselhaft und stimmungslabil sind

– Probleme mit dem selbstständigen An- und Ausziehen haben

– das Knöpfen und Schleifebinden trotz intensiven Übens nicht gelingt

- eine Kind- bzw. Menschzeichnung nur sehr ungenau und undifferenziert malen (Kopffüßer, Weglassen wesentlicher Körperteile)
- eine Treppe nicht frei hinauf oder hinunter gehen können oder sich am Geländer festhalten
- noch „ sabbern" (Speichelfluss)
- nicht puzzlen, Konstruktionsspiele vermeiden.

Dem Grundschullehrer einer ersten Klasse fällt beispielsweise auf, dass manche Kinder

- beim Schreiben die Zeilen nicht einhalten können
- beim Abschreiben sehr langsam sind
- die Stifthaltung beim Malen/Schreiben oft sehr verkrampft wirkt
- beim Sport sehr ungelenkig, steif und schlaksig wirken
- gelernte Buchstaben schnell wieder vergessen
- die richtige Stifthaltung noch nicht beherrschen
- noch keinen altersentsprechenden Mengenbegriff entwickelt haben
- wenig ausdauernd sind, schnell ermüden und sich nicht für längere Zeit auf etwas konzentrieren können
- beim Rechnen und Schreiben die Zahlen und Buchstaben verkehrt schreiben (statt 13-31, b-d, p-q, m-w verwechseln)
- bei kleinen Wortdiktaten die Lautfolge der Buchstaben nicht analysieren können
- beim Lesen das Zusammenziehen der Laute zu einem Wort nur schlecht bewältigen können
- zappelig und motorisch unruhig sind und kaum auf dem Stuhl sitzen bleiben können
- den Klassenclown spielen
- bei einer nicht übermäßig lauten Geräuschkulisse trotzdem häufig nach vorne kommen, um nachzufragen, weil sie Anweisungen nicht verstanden haben
- kleine Geschichten nur schwer in ihren räumlichen und zeitlichen Zusammenhängen nacherzählen können
- Handlungsaufträge wieder vergessen
- oft emotional unausgeglichen reagieren, mit Frustrationserlebnissen schlecht zurechtkommen
- die Mitarbeit verweigern
- häufig andere Kinder anrempeln und dadurch immer mehr in eine Außenseiterrolle geraten
- bei Konflikten mit anderen Kindern häufig zu stark zuschlagen, weil sie ihre Kraft nicht richtig dosieren können
- sich durch Reize schnell ablenken lassen.

Es gibt eine Vielzahl von Alltagsbeobachtungen, die Hinweise auf Entwicklungsbeeinträchtigungen bzw. Auffälligkeiten liefern. Diese Früherkennungshinweise werden zwar oft zu Hause, im Kindergarten oder Anfangsunterricht beobachtet, häufig aber als nicht bedeutsam für spätere Schulleistungen interpretiert oder als Marotte bzw. Eigenart des Kindes angesehen. „Er ist eben genauso wie sein Vater früher war" ist eine weit verbreitete Erklärung. Auch Eltern bemerken häufig, dass mit der Entwicklung ihres Kindes „irgendetwas nicht stimmt", können diese Anzeichen jedoch oft nicht richtig interpretieren und sehen diese Symptome auch selten in Verbindung mit der Entwicklung von Schulleistungsschwierigkeiten. Nicht selten werden Eltern auch mit dem Hinweis „das wächst sich aus" oder „er ist eben ein Spätentwickler" beruhigt und in einer Scheinsicherheit belassen. So vergeht oft kostbare Zeit. Wenn das Kind in die Schule kommt, beginnen die Probleme: Jetzt soll es nämlich feinmotorische Fähigkeiten erbringen, zuhören oder etwas behalten können.

Kinder mit Entwicklungsauffälligkeiten im Kindergarten und Anfangsunterricht bedürfen besonderer Aufmerksamkeit. Dies darf aber nicht dazu führen, diese Kinder als „ Mängelwesen" zu sehen. Genauso wichtig ist es, ihre vorhandenen Fähigkeiten und Stärken zu erkennen und gerade auch diese weiter zu fördern und zu entwickeln. Für die Früherkennung gilt es, Antwort auf die Frage zu finden, ob die bestehenden Entwicklungsauffälligkeiten des Kindes seine weitere Entwicklung verzögern bzw. beeinträchtigen. Dazu müssen die Auffälligkeiten des Kindes interpretiert und Prognosen für seine weitere Entwicklung aufgestellt werden. Die Interpretation dieser Alltagsbeobachtungen und der den Entwicklungsauffälligkeiten zugrunde liegenden Problematik erfordert ein fundiertes Hintergrundwissen um entwicklungspsychologische und neuropsychologische Zusammenhänge. Dies erlaubt die Aufstellung erster Annahmen über mögliche Ursachen der Entwicklungsauffälligkeiten, die dann durch entsprechende Fachkräfte diagnostisch genauer abgeklärt werden können. Abbildung 2 zeigt den Verlauf einer integrativen Entwicklungsberatung, bei der mehrere Komponenten zu berücksichtigen sind.

Neben der Diagnostik und Förderung des Kindes kommt der begleitenden Elternberatung eine entscheidende Bedeutung zu. Zeigt ein Kind Entwicklungsauffälligkeiten bzw. Lernstörungen, können sich durch ungünstige Interaktionen zwischen Eltern und Kind die Probleme des Kindes noch weiter verschärfen. Die Feststellung von Entwicklungsauffälligkeiten führt bei vielen Eltern oft zu Schuldgefühlen und der Frage, ob sie in der Erziehung ihres Kindes etwas falsch gemacht haben. Die Situation wird für die Eltern entlastender, wenn sie Informationen über die Ursachen der Entwicklungsverzögerung erhalten und wenn sie aufgeklärt werden, dass Entwicklungsauffälligkeiten oder Lernstörungen nicht durch Erziehungsfehler entstehen (ausgenommen der Fall schwerer Vernachlässigung). Für die

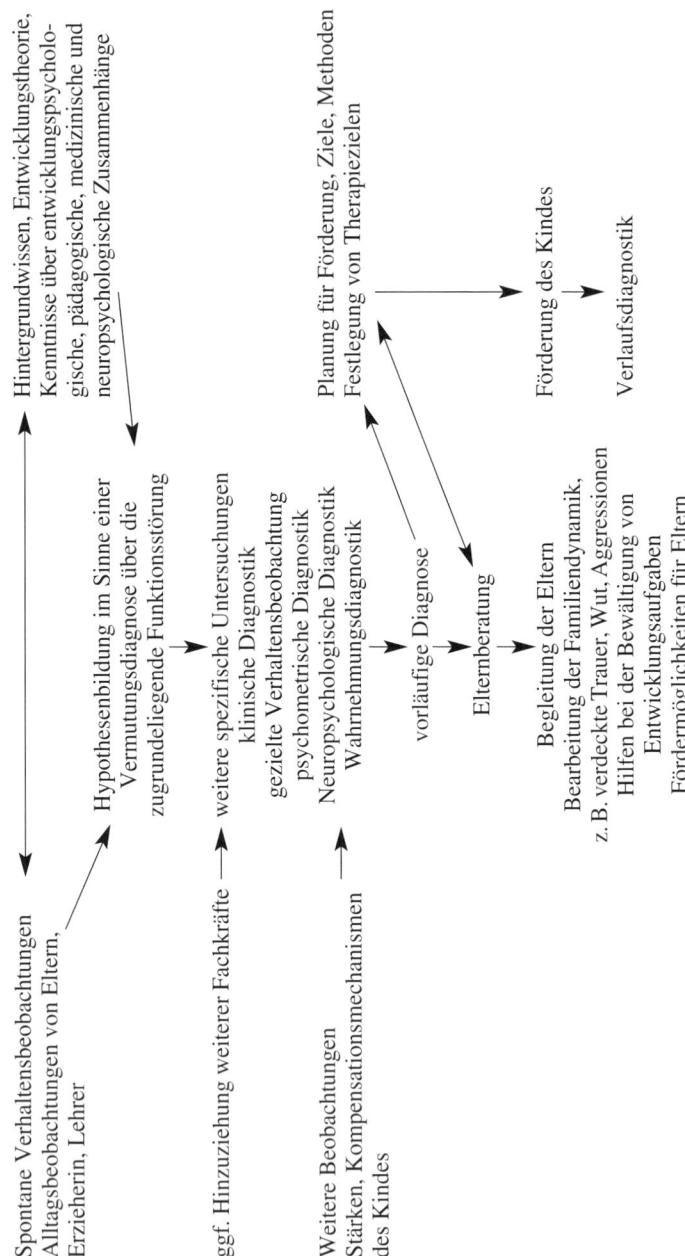

Abb. 2: Integrative Entwicklungsdiagnostik und -beratung

Eltern reduziert sich so die Frage der „Schuld", wenn sie im Zuge der Entwicklungsdiagnostik beraten werden, dass Entwicklungsauffälligkeiten und Schulleistungsprobleme auch durch Schwierigkeiten in der Verarbeitung von Sinnesreizen entstehen können. Zugleich kann man den Eltern Hinweise geben, durch welche Fachkräfte eine spezifische Förderung durchgeführt werden kann und was sie in der Erziehung des Kindes verändern können, um seine Verhaltensstörungen zu reduzieren bzw. um es emotional zu stabilisieren.

Eine verstärkte Früherkennung und Frühförderung von Entwicklungsauffälligkeiten bereits im Vorschulalter könnte auch dazu beitragen, das Auftreten von Langzeitfolgen im Sinne von dissozialen Verhaltensweisen und emotionalen Störungen zu verringern. Erzieherinnen und Grundschullehrer sollten in Beobachtungskriterien geschult sein, mit denen sie Früherkennungshinweise für Lern- und Entwicklungsstörungen erkennen und interpretieren können.

Da die Entwicklungsbandbreite der Kinder aber recht beträchtlich ist, ist es auch für Fachleute oft nicht so ganz einfach zu beurteilen, was denn noch als akzeptable Normvariante anzusehen ist und wo genau behandlungsbedürftige Entwicklungsbeeinträchtigungen anfangen und wie sie sich im einzelnen auswirken. Die Übergänge von normaler zu auffälliger Entwicklung sind fließend. Deshalb ist auch eine gewisse Vorsicht geboten.

Bei den Früherkennungshinweisen handelt es sich um Entwicklungsauffälligkeiten, die zusammen mit einer bestimmten Form des Unterrichts zu Lernstörungen führen können, nicht aber zwangsläufig führen müssen. Es ist manchmal nicht sicher zu beurteilen, welche Entwicklungsauffälligkeiten zu schulischen Lernstörungen führen oder gar in welchem Ausmaß und wie viele aufgrund von Nachreifungsprozessen wieder verschwinden. Trotzdem sollte man sie ernst nehmen. Sie beinhalten einerseits die Chance, Kindern rechtzeitig helfen zu können, aber auch eine gewisse Gefahr, weil wir in unserem Denken dahin tendieren, die Entwicklungsmöglichkeiten dieser Kinder zu eingeengt wahrzunehmen.

Der Umgang mit entwicklungsauffälligen und lerngestörten Kindern beinhaltet immer auch die Auseinandersetzung mit der Frage, inwieweit Abweichungen von der Norm akzeptiert, verstanden und in den Berufsalltag integriert werden können. Fehldiagnosen führen zudem zu einer unnötigen emotionalen Belastung für Kinder und Eltern. So bleibt ein Dilemma der Früherkennung stets unauflöslich bestehen: Helfen und Stigmatisieren liegen nah beieinander. Es stellt sich nicht die Frage, ob Diagnostik im Vorschulalter notwendig ist, sondern wie viel und wozu. (Marx 1990) analysierte Argumente für und gegen den Versuch einer Früherkennung. Sein Fazit: „Die Kosten eines völligen Verzichts auf Früherkennung sind größer als die eventuellen Gefahren einer Fehleinschätzung."

Früherkennungshinweise sollten in der Praxis als Einstieg in sorgfältige weitere Beobachtungen genutzt werden. Selbst wenn sich der Verdacht einer frühzeitigen und vorsorglich gestellten Vermutungsdiagnose nicht bestätigt, ist dies unbedeutender im Vergleich zu den erheblichen Folgen, die eine zu späte Diagnose nach sich ziehen kann. Fördermaßnahmen, wenn sie fachlich fundiert ausgeführt sind, werden in der Regel dem Kind nicht schaden. Dagegen führen Versäumnisse fast immer zu erheblichen Anpassungs- und Verhaltensstörungen des Kindes. Für eine Früherkennung spricht auch, dass es den Kindern sogar Spaß macht, wenn sie im Vorschulalter spielerisch gefördert werden. Aber es ist sehr problematisch, Defizite im 1. und 2. Schuljahr zusätzlich zu dem schon anstrengenden Unterricht im Förderunterricht aufzuholen. Wenn der Satz gilt, dass Kinder unsere Zukunft sind, ist es unsere Aufgabe, uns darüber Gedanken zu machen, wie wir Kindern trotz immer knapper werdender finanzieller Ressourcen helfen können, mit ihren Entwicklungs- und Lernstörungen besser zurechtzukommen. Gerade aber auch angesichts der immer knapper werdenden finanziellen Ressourcen stellt sich die Frage, welcher Stellenwert der Früherkennung von Lernstörungen in unserer Gesellschaft eingeräumt wird.

2.7 Ein interdisziplinäres Kooperationsmodell

Das Erkennen von Entwicklungsauffälligkeiten ist Aufgabe von Kinderärzten, Erzieherinnen und Lehrpersonen des Anfangsunterrichts, weil Eltern oft die durchaus erkennbaren Hinweise nicht deuten können oder diese als Eigentümlichkeit des Kindes interpretieren.

Von daher bieten sich die besten Möglichkeiten zur Früherkennung und Prophylaxe von Lernstörungen

a) Kinderärzten bei den Vorsorgeuntersuchungen, insbesondere bei der U9, bei der es möglich ist, Entwicklungsauffälligkeiten in den Bereichen Wahrnehmung, Grob- und Feinmotorik, Sprachauffälligkeiten noch rechtzeitig vor Schuleintritt zu erfassen und entsprechende Fördermaßnahmen einzuleiten.

Entsprechende heilpädagogische, ergotherapeutische oder logopädische Behandlungen könnten vor der Einschulung die Lernvoraussetzung insgesamt verbessern, wobei die Förderung dort ansetzen soll, wo das Kind Hilfe braucht. Leider ist bei den ärztlichen Vorsorgeuntersuchungen oft nicht der zeitliche Rahmen vorhanden, um eine gründliche und ausführliche Diagnostik machen zu können. Eine nicht unerhebliche Zahl von „Risikokindern" fällt deshalb durch dieses Vorsorgeraster. Ihre Entwicklung wird in den Vorsorgeuntersuchungen als „unauffällig" diagnostiziert, obwohl sie nach Schuleintritt Lernstörungen entwickeln. Dies wirft die grundsätzliche Frage auf, ob sich diese Lernstörungen tatsächlich nicht vorher diagnostisch erfassen lassen oder ob das Nicht-Erkennen dieser „Risikokinder" in den Vorsorgeuntersuchungen auch mit dem verwendeten diagnostischen Instrumentarium zusammenhängt, das möglicherweise nicht besonders geeignet ist, potenziell lerngestörte Kinder zu erfassen. Kinderärzte haben eine hervorragende klinische Ausbildung, in der sie aber nur wenig Wissen über Möglichkeiten der Früherkennung von Lernstörungen vermittelt bekommen. Meines Wissens wird in kaum einer Vorsorgeuntersuchung beispielsweise die auditive Wahrnehmungsverarbeitung oder Merkfähigkeit diagnostisch erfasst, obwohl gerade diese Bereiche für schulische Lernprozesse von fundamentaler Bedeutung sind. Für die kinderärztlichen Vorsorgeuntersuchungen muss deshalb die Frage beantwortet werden, welche Entwicklungsbereiche zur Früherkennung von Lernstörungen diagnostisch besonders relevant sind und welche diagnostischen Verfahren/Screenings geeignet sind, schnell und zuverlässig die möglichen „Risikokinder" zu erfassen.

Da auch nicht alle Eltern die Vorsorgeuntersuchung für die Kinder in Anspruch nehmen, könnten

b) Erzieherinnen im Kindergarten wertvolle Hilfestellungen bei der Früherkennung von Lernstörungen leisten.

Erzieherinnen kommt meines Erachtens bei der Früherkennung eine besondere Bedeutung zu, weil sich ihnen die günstigsten Möglichkeiten bieten. Sie kennen die von ihnen betreuten Kinder zumeist über einen Zeitraum von einem, zwei oder drei Jahren. Sie erleben das Kind in ganz unterschiedlichen Situationen, können Beobachtungen zu seinem Spiel- und Arbeitsverhalten, zu Ausdauer und Konzentrationsfähigkeit, zu Sozialverhalten, Sprachentwicklung und Motorik machen.

Es gibt aber noch eine Reihe weiterer Argumente, die eine Früherkennung von Lernstörungen im Kindergarten sinnvoll erscheinen lässt:

* die Diagnostik eines Kindes im Hinblick auf seine Förderungsbedürftigkeit sollte möglichst nicht auf Grund eines einmaligen Untersuchungstermins erfolgen, sondern auf Grund einer längeren Beobachtungsphase, wie dies am ehesten im Kindergarten möglich ist.
* Erzieherinnen können auch über solche Persönlichkeitseigenschaften Aussagen machen, die durch Tests nicht erfassbar sind. Dies betrifft insbesondere das emotionale und affektive Verhalten sowie das Sozial- und Spielverhalten des Kindes.
* Erzieherinnen kennen viele Kinder und haben deshalb gute Vergleichsmöglichkeiten. Viele diagnostische Informationen lassen sich aus Verhaltensbeobachtungen in Alltagssituationen gewinnen. Die Diagnostik des Kindes findet in der vertrauten Umgebung des Kindergartens statt, mit vertrauten Personen, so dass das Kind nicht in eine künstliche Testsituation gebracht wird. Dadurch hat diese Form der Diagnostik auch für das Kind eher Spiel- denn Prüfungscharakter. Im Kindergarten ist zudem eine längerfristige Beobachtung des Kindes möglich, was eine bessere und genauere Einschätzung erlaubt.

Diese Form der Früherkennung von Entwicklungsauffälligkeiten ermöglicht die Einleitung von Fördermaßnahmen für das Kind vor Schuleintritt.
Eine vertrauensvolle Kooperation Eltern – Erzieherin – LehrerIn hilft Letzteren, das Kind dort abzuholen, wo es in seiner Entwicklung steht. Erzieherinnen können dabei wertvolle Hilfestellungen geben und bereits eingeleitete Fördermaßnahmen können im Rahmen der Möglichkeiten der jeweiligen Grundschule aufgegriffen und fortgeführt werden. Nur unter diesen Voraussetzungen wird es gelingen, dem Kind wirklich zu helfen.
Das Problem besteht allerdings darin, dass viele Erzieherinnen für geeignete Beobachtungskriterien oder gar für die Erstellung einer „Frühdiagnose" (noch) nicht genügend ausgebildet sind. Deshalb wäre durch Fortbildungen eine zunehmende Professionalisierung und Weiterbildung von Erzieherinnen anzustreben, so dass sie in der Lage sind, zuverlässiger Zusammenhänge zwischen Entwicklungsauffälligkeiten und schulischen Lernstörungen erkennen zu können.
Da aber auch nicht alle Kinder einen Kindergarten besuchen, bietet sich

c) Grundschullehrern und Sonderpädagogen von Anfangsklassen eine weitere Möglichkeit der Früherkennung.
Zu Recht wurde in den letzten Jahren auf Grund unterschiedlicher Mängel der meist veralteten Schulreifetests zunehmend auf die Testung der Kinder im Hinblick auf ihre „Schulfähigkeit" verzichtet. Diese Form der Diagnostik entsprach einer „Selektionsdiagnostik", bei der es darum ging, „schulreife" von „nicht schulreifen" Kindern zu trennen. Oft wird aber auch mit dem Argument, dass alle Kinder zu Schulbeginn die „gleichen Startchancen" haben sollten und die Lehrer unvoreingenommen auf die Kinder zugehen sollten, auf eine Diagnostik im Anfangsunterricht verzichtet. Der völlige Verzicht auf frühdiagnostische Verfahren im Anfangsunterricht ist aber problematisch, weil es unter Umständen recht lange dauert, bis ein Lehrer bei heutzutage recht großen Klassen die individuellen Schwierigkeiten eines Kindes herausgefunden hat. Gerade im Anfangsunterricht der Grundschule ist wegen der Bedeutung eines guten Schulstartes bei den Kindern darauf zu achten, auf welchem Entwicklungsstand sie sich befinden. Von daher wird grundsätzlich die Einschulungsdiagnostik nicht überflüssig.
Die Frage ist vielmehr, wie man möglichst gut und zeitökonomisch die Lernausgangslage der Kinder feststellen kann. Es gilt dabei, diese nicht als defizitär zu kategorisieren, sondern im Rahmen einer Förderdiagnostik den jeweiligen Förderbedarf des Kindes zu erkennen und ihm gerecht zu werden. Dies gilt vor allem für diejenigen Kinder, bei denen auf Grund von Beobachtungen von Eltern, Erzieherinnen, Kinderärzten oder anderen Fachdiensten der Verdacht oder die Diagnose von Entwicklungsstörungen geäußert wurde. Die Schuleingangsdiagnostik erhält somit eine neue Zielsetzung:

Nicht Prognosen über „schulfähig" oder „nicht schulfähig" sind gefragt, sondern es sollen die Bereiche erkannt werden, die die weitere Entwicklung des Kindes beeinträchtigen bzw. gefährden, so dass auf Grund einer fundierten Diagnostik angemessene und differenzierte Fördermaßnahmen eingeleitet werden können. Dazu ist wichtig, einschätzen zu können, innerhalb welchen Spielraums und welcher Altersgrenzen bestimmte Fähigkeiten von Kindern erbracht werden können und womit sie überfordert wären. Gerade in der Phase des Schuleingangs werden Grundschule, Eltern und vorschulische Einrichtungen enger zusammenarbeiten müssen mit dem Ziel, frühzeitigem Versagen vorzubeugen und ein erfolgreiches Lernen zu unterstützen.

Unter diesen Gesichtspunkten wäre folgendes Prozessmodell sinnvoll:

1) Erkennen und Interpretieren von Entwicklungsauffälligkeiten im Kindergarten, bei Vorsorgeuntersuchungen und im Anfangsunterricht durch differenzierte Beobachtungen bzw. Diagnostik im Sinne einer förderungsorientierten Diagnostik.

2) Eine rechtzeitige Beratung der Eltern über die beobachteten Entwicklungsauffälligkeiten. In Kindergärten bzw. im Anfangsunterricht sollten die beobachteten Entwicklungsauffälligkeiten im Sinne einer Vermutungsdiagnose mit den Eltern besprochen werden und sie zur genaueren diagnostischen Abklärung an entsprechende Beratungsstellen, Fach- oder Kinderärzte, Förderzentren oder sozialpädiatrische Zentren weiterverwiesen werden. Insbesondere sind andere Fachdienste dann anzusprechen, wenn es dem Lehrer trotz intensiver Förderbemühungen nicht gelingt, ein Kind zu Lernfortschritten zu führen. Eltern schulpflichtiger Kinder haben auch die Möglichkeit, beim jeweiligen Schulamt die Ermittlungen eines „sonderpädagogischen Förderbedarfs" für ihr Kind zu beantragen.

In der Praxis wird es darauf ankommen, ob es gelingt, die regionalen Gegebenheiten zur Vernetzung und zur interdisziplinären Zusammenarbeit zu nutzen. Schwierigkeiten können dadurch entstehen, dass viele Beratungsstellen und Praxen lange Wartezeiten haben und die vorhandenen personellen Kapazitäten bei den Beratungsdiensten nicht ausreichen, um Kinder rechtzeitig zu fördern.

3) Kooperation von Eltern – Kindergarten und Grundschule. Fällt ein schulpflichtiges Kind im Kindergarten in seiner Entwicklung auf, ist ein gemeinsames Gespräch Eltern – Erzieherinnen – Lehrerinnen vor der Einschulung des Kindes hilfreich. Das Wissen um eine Entwicklungsstörung kann dem Lehrer helfen, ein Kind mit seinen Problemen besser zu verstehen. Dabei muss aber die Furcht mancher Eltern berücksichtigt werden, dass damit ihr Kind bereits vor Schulbeginn negativ abgestempelt sein könnte. Die Eltern müssen davon überzeugt werden, dass der Austausch nicht

den Zweck hat, das Kind auszusondern oder abzustempeln, sondern dass der Lehrer bei Kenntnis der Stärken und Schwierigkeiten des Kindes gezielt auf diese eingehen kann. Eltern, Erzieherinnen und Grundschullehrer sollten gleichberechtigt kooperieren, um die Bedingungen für eine günstige Entwicklung des Kindes gemeinsam auszuloten.

4) Übernahme und Integration von individuellen Förderprogrammen in den Schulalltag. Es ist Aufgabe des Schulsystems, allen Kindern mit Lernschwierigkeiten zu helfen, allerdings nach entsprechender Diagnose und mit angemessenen Förderansätzen. Es müssen Konzepte gefunden werden, die den individuellen Förderbedarf der Kinder berücksichtigen und den beruflichen Möglichkeiten des Lehrers sowie den schulischen Möglichkeiten gerecht werden. Da Entwicklungsauffälligkeiten und schulische Lernstörungen immer in enger Wechselwirkung zu familiären Interaktionen gesehen werden müssen, kommt einer begleitenden Elternberatung eine zentrale Bedeutung bei. Kinder mit Lernproblemen, denen es an der elterlichen Unterstützung fehlt, sind besonders benachteiligt. Kindergarten und Grundschule könnten gemeinsam Informationsveranstaltungen für Eltern durchführen, in denen die Ursachen für Lernstörungen oder Entwicklungsauffälligkeiten erläutert werden und Hilfen aufgezeigt werden, wie die aufgetretenen Schwierigkeiten gemeinsam überwunden werden könnten. Die Durchführung von Elternabenden, z. B. zu Themen wie „Entwicklungsauffälligkeiten", „Wahrnehmungsstörungen", „Früherkennung von Lernstörungen", erleichtert Eltern das Verständnis über Entwicklungs- und Lernstörungen von Kindern. Sie bieten die Chance, dass Eltern und Erzieherinnen/Lehrer zukünftig bei entwicklungsauffälligen Kindern besser eine gemeinsame Sichtweise des Problems entwickeln können, weil Eltern durch diese Informationen eher in der Lage sind, die Probleme ihres Kindes zu erkennen.

KAPITEL 3
Entwicklungsauffälligkeiten und schulische Lernstörungen

3.1 Lernstörungen – eine neuropsychologische Betrachtungsweise

Wenden wir uns nun der Frage zu, was denn mögliche Ursachen für Entwicklungs- und Lernstörungen sind. Im Allgemeinen sind die Ursachen für Entwicklungsauffälligkeiten zu lokalisieren

a) in der Umwelt des Kindes, z. B. in deprivierenden Lebens- und Erziehungsbedingungen, die sich in sozialer und emotionaler Vernachlässigung, in gestörten Interaktionen zwischen Eltern und Kind manifestieren. Die Art und Weise, wie das Kind versorgt wird, wie seine Bindungsbedürfnisse befriedigt werden, die Zuwendungsbereitschaft der Eltern, die Form und Art des Spiel- und Lernangebots sind entscheidende Faktoren für die Entwicklungsmöglichkeiten des Kindes.

b) im Kind selbst in Form organischer Ursachen wie Seh- oder Hörbehinderung (z. B. mangelnde Sehstärke, Hörverluste), in psychiatrischen Erkrankungen oder in cerebral bedingten Informationsverarbeitungsstörungen.

c) in unangemessenen Lern- und Unterrichtsformen.

Da die ausführliche Darstellung all dieser Bereiche den Umfang des Buches bei weitem sprengen würde, soll schwerpunktmäßig aufgezeigt werden, welche cerebral bedingten Informationsverarbeitungsstörungen zu kindlichen Entwicklungsauffälligkeiten und Lernstörungen führen können. Diese cerebral bedingten Verarbeitungsstörungen werden in der Literatur mit den Begriffen „Teilleistungsstörungen", „sensorische Integrationsstörungen" oder als „Wahrnehmungsstörungen" beschrieben. Die Darstellung dieses individuumzentrierten Ansatzes schließt aber nicht aus, dass der sozio-ökologische Hintergrund des Schul- und Familiensystems mit berücksichtigt werden muss.

Bei der Erforschung von Lern-, Entwicklungs- und Verhaltensstörungen finden neuropsychologische Ansätze gerade in neuerer Zeit verstärkte Beachtung. Stellvertretend für viele auf diesem Gebiet Tätigen seien hier Johnson/Myklebust (1971), Luria (1992), Gaddes (1991), Graichen (1979), Tarnopol (1981) und Ayres (1979; 1984) genannt. Neuropsychologen gehen davon aus, dass es ein kleines Basis-Set von Fähigkeiten gibt, deren möglichst reibungsloses Funktionieren unsere Entwicklung und unser Lernen im Grunde bestimmen.

Grundlegende These dieser Ansätze ist, dass es keine psychischen Funktionen wie Sprache, Denken, Bewegung und Emotionen gibt, die ohne Tätigkeit des Gehirns ablaufen können. Neuropsychologische Konzepte besagen nichts anderes, als dass dem menschlichen Verhalten und menschlichen Leistungen funktionelle cerebrale Funktionen zugrunde liegen. Mit Hilfe neuropsychologischer Erkenntnisse soll mehr Licht in elementare Lernprozesse gebracht werden. Dies dient dazu, die Schwierigkeiten eines Kindes zu erkennen und mehr darüber zu erfahren, wie Unterricht und Erziehung für Kinder mit besonderem Förderbedarf weiterentwickelt werden können. Auf dieser Grundlage können Entwicklungs- und Lernstörungen besser verstanden werden. Die Berücksichtigung neuropsychologischer Erkenntnisse darf aber nicht dazu führen, Kinder funktionalistisch oder mechanistisch zu sehen.

Als Ursachen von Lern- und Entwicklungsauffälligkeiten werden in neuropsychologischen Konzepten die mangelnde Integration einzelner Sinnesmodalitäten in ein umfassendes funktionales System gesehen. Neuropsychologische Konzepte liefern eine differenzierte Sichtweise und ein tieferes Verständnis von Lern- und Entwicklungsstörungen und bieten gleichzeitig praxisrelevante Hinweise für das therapeutische Vorgehen zur Förderung dieser Kinder. Die mit Begriffen wie „sensorische Integration" (J. Ayres 1984), „Teilleistungsstörungen" (Graichen 1973), „sensorische Integrationsstörungen" (Brand et al. 1988) verbundenen neuropsychologischen und entwicklungspsychologischen Modelle erscheinen deshalb besonders gut geeignet für die differenzierte Analyse der grundlegenden Basisprozesse, die für die Entwicklung komplexer psychischer Funktionen wie Gedächtnis, Sprache, Motorik, Intelligenz, Körperempfinden, Konzentration und Ausdauer, Emotionalität und Selbstvertrauen sowie für die Entwicklung der Kulturtechniken Lesen, Rechnen und Rechtschreiben erforderlich sind.

In diesem Sinne definiert Graichen (1973) das Konzept der Teilleistungsschwäche als „Leistungsminderung einzelner Glieder innerhalb größerer funktionaler Systeme, die zur Bewältigung komplexer Anpassungsaufgaben erforderlich sind". Der Begriff der „Teilleistungsstörungen" bezeichnet also Lern- und Entwicklungsstörungen, die als Folge von Wahrnehmungs- bzw. zentral bedingten Informationsverarbeitungsstörungen auftreten und die sich in vielfältiger Weise auf die Gesamtentwicklung der Kinder in Form von Entwicklungsverzögerungen, Schulleistungsproblemen, emotionalen und sozialen Anpassungsproblemen auswirken.

Teilleistungsstörungen treten bei Kindern aller Altersgruppierungen und aller Intelligenzniveaus auf. Die Bandbreite der Teilleistungsstörungen reicht dabei von relativ stark ausgeprägten Schwächen über „Normalleistungen" bis zu ausgesprochenen Teilleistungsstärken. Häufig werden in der

Literatur an Stelle des Begriffs „Teilleistungsstörungen" auch die Begriffe „sensorische Integrationsstörungen" bzw. „Wahrnehmungsstörungen" verwendet, um den Aspekt des komplexen Zusammenwirkens verschiedener Sinnessysteme und Hirnregionen besonders hervorzuheben. Nach Ayres (1984) ist sensorische Integration „der Prozeß der Aufnahme und Verarbeitung von Sinnesempfindungen und die Organisation von Gedanken und Gefühlen zu sinnvollen und befriedigenden Handlungen auf der Basis sich vervollständigender Hirnfunktionen". Sensorische Integration ist somit ein Prozess, in dem das Gehirn Informationen aus den Rezeptoren der verschiedenen Sinnesbereiche aufnimmt, differenziert, speichert, erkennt, deutet, sortiert, hemmt und eingliedert, um darauf mit einer passenden Reaktion zu antworten. Basis aller Lern- und Entwicklungsprozesse ist somit eine intakte sensorische Integration. Ayres sieht deshalb den Grund für Lern- und Entwicklungsstörungen vor allem in der mangelnden Fähigkeit des Kindes, die Reize aus den verschiedenen Sinneskanälen zu integrieren, d. h. die sinnlichen Reize zu sortieren, zu vergleichen, zu ordnen und zu verarbeiten.

Brand (1988, 27) definiert sensorische Integrationsstörungen „... wenn das zentrale Nervensystem nicht in ausreichendem Maße in der Lage ist, die Fülle der über die Sinne einlaufenden Informationen (sensorischer Input) zu ordnen, zu koordinieren, mit bereits vorhandenen Daten zu vergleichen und daraus eine adaptive Reaktion (motorischer Output) zu organisieren". Als adaptive Reaktion wird eine sinnvolle, exakte und dem Reiz angemessene Reaktion verstanden. Sensorische Integrationsstörungen können als basale Störungen der Lernfähigkeit, als eine Behinderung jeglicher Lernprozesse verstanden werden.

3.2 Der Aufbau unseres Wahrnehmungssystems

Unser Wahrnehmungssystem besteht aus sieben verschiedenen Sinnesbereichen, mit denen wir Informationen aus unserem Körper und der Umwelt aufnehmen und verarbeiten. Dabei unterscheiden wir:

a) Nahsinne, bei denen unmittelbarer Kontakt des Körpers mit der Reizquelle besteht.
b) Fernsinne, bei der die Reizquelle vom Körper entfernt lokalisiert ist.

Zum Bereich der Nahsinne zählen:

– die taktile Wahrnehmung (Tast-und Berührungssinn), die durch Rezeptoren auf der Hautoberfläche erfolgt.
– die kinästhetische Wahrnehmung (Lage- und Bewegungssinn), die durch Rezeptoren in den Sehnen, Muskeln und Gelenken erfolgt.
– die vestibuläre Wahrnehmung (Gleichgewichtssinn), mit ihren Rezeptoren im Innenohr.
– die gustatorische Wahrnehmung (Geschmackssinn), die durch Rezeptoren auf der Zunge erfolgt.

Zum Bereich der Fernsinne gehören:

- die visuelle Wahrnehmung (der Sehsinn), die durch Informationsaufnahme über die Augen vonstatten geht.
- die auditive Wahrnehmung (der Hörsinn), die durch Rezeptoren im Innenohr erfolgt.
- die olfaktorische Wahrnehmung (der Geruchssinn), die über die Nase erfolgt.

Zu den grundlegenden Bedingungen eines Wahrnehmungsprozesses gehören:

- der Reiz (z. B. ein visueller oder auditiver Reiz, ein Geruch).
- der periphere Rezeptor, der die ankommenden Reize in nervöse Impulse transformiert.
- die spezifische Verschlüsselung dieser Reize in elektrische, chemische oder biochemische Prozesse.
- die Weiterleitung dieser Impulse zum zentralen Nervensystem (ZNS) über afferente (aufsteigende) Nervenbahnen.
- die Vernetzung der verschiedenen cerebralen Hirnstrukturen zur integrativen Verarbeitung der einzelnen Sinneswahrnehmungen.
- die zentrale Verarbeitung der Sinneseindrücke, der Vergleich mit bereits Gespeichertem, die Speicherung von Neuem, die Selektion, die Diskrimination, die Klassifikation, die Hemmung und Verstärkung von Reizen.
- die Reaktion auf den Reiz im Sinne einer motorischen Reaktion.

Wahrnehmung ist ein Prozess zunehmender Differenzierung. Die Verarbeitungsmuster werden komplexer, das Kind erhält Informationen über mehrere Sinneskanäle, verarbeitet diese und fügt sie zu einem neuen Ganzen zusammen. Durch Störungen grundlegender Wahrnehmungsprozesse werden auch komplexere Funktionen und Fähigkeiten wie Sprache und Sprechen, räumliches Vorstellungsvermögen, Konzentration, Ausdauer, Gedächtnis, Motorik und nicht zuletzt Lesen, Rechtschreiben und mathematisches Denken beeinträchtigt.

Sensorische Integrationsstörungen wirken sich auf die Gesamtpersönlichkeit des Kindes aus und beeinflussen auch die Entwicklung der Emotionalität, Affektivität, das Sozialverhalten und das Selbstwertgefühl. Wahrnehmungsgestörte Kinder haben deshalb häufig auch Störungen im sozialemotionalen Bereich. Oft ist es sogar so, dass die Verhaltensauffälligkeiten des Kindes von Eltern, Lehrern und Erzieherinnen als das „eigentliche Problem" angesehen werden, da die Integrationsstörungen des Kindes durch Verhaltensstörungen wie z. B. Clownereien, Kontaktschwierigkeiten, Wutanfälle, Verweigerungen oder Weinen überlagert werden. Schydlo (1993) berichtet, dass ca. 50 % der vorgestellten Kinder in einer Kinder- und Jugendpsychiatrie Wahrnehmungsstörungen aufweisen. Neben widrigen familiären Sozialisationsbedingungen zählen Teilleistungs- bzw. Wahrnehmungsstörungen zu den häufigsten Risikofaktoren für spätere psychiatrische Auffälligkeiten (Derichs 1994).

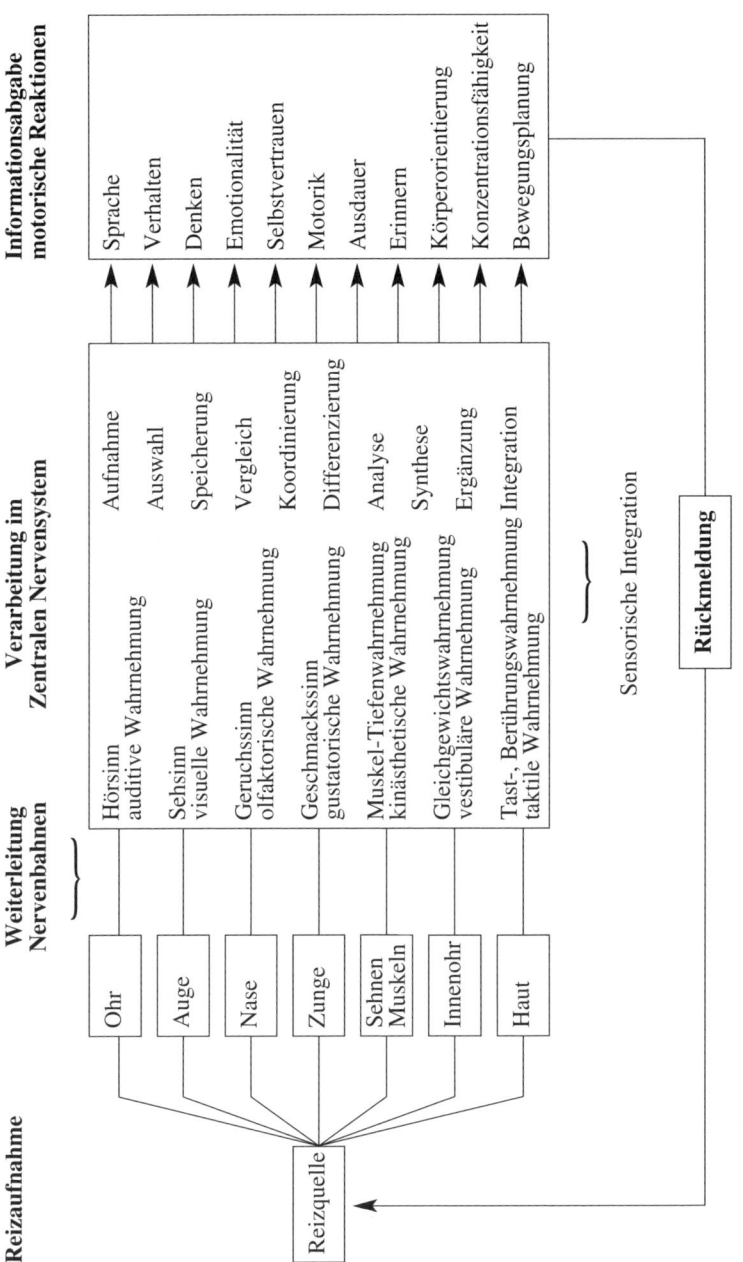

Abb. 3: Schematisches Modell der sensorischen Integration (modifiziert nach Kesper/Hottinger 1994, 39)

Kinder mit Wahrnehmungsstörungen entwickeln aber auch vielfältige Kompensationsmöglichkeiten, um mit ihren Schwierigkeiten besser fertig zu werden:

- auf visueller Ebene suchen sie ständig nach Reizen, schauen viel umher (sog. Guck-Kinder) und suchen sich vermehrt visuelle Stimulationen (z. B. viel Fernsehen, Video).
- auf der auditiven Ebene brauchen sie oft einen gewissen Geräuschpegel, um sich zu stabilisieren. Sie machen viel Lärm und Geräusche, sind aber oft selbst sehr lärmempfindlich.
- auf der motorischen Ebene zeigen sich Kompensationsversuche dadurch, dass die Kinder ständig in Bewegung sind, da ihnen das Sitzenbleiben schwerfällt.
- auf der taktil-kinästhetischen Ebene suchen die Kinder häufig vermehrt Körperkontakt. Andere Kinder verletzen sich an der Haut, um ihren Körper besser zu spüren.
- auf der vestibulären Ebene legen sich die Kinder gerne auf den Boden, um ihr Gleichgewicht zu wahren.
- auf der Sprachebene setzen die Kinder häufig verstärkt Sprache ein, reden und plappern viel, um einer Anforderung auszuweichen.

3.3 Geschlechts- und schichtspezifische Unterschiede

Obwohl Kinder aller Schichten von Wahrnehmungsstörungen betroffen sind, scheinen sozial unterprivilegierte Kinder besonders häufig davon betroffen zu sein. Psychosoziale Risiken scheinen einen bedeutsamen Einfluss auf die Entwicklung von Wahrnehmungsstörungen zu haben. Es gibt inzwischen auch zahlreiche Belege dafür, dass Jungen in ihrer frühkindlichen Entwicklung störanfälliger sind als Mädchen. Sie weisen ein deutlich höheres Entwicklungsrisiko auf. Jungen sind von Wahrnehmungsstörungen besonders häufig betroffen. Im Vergleich zu Mädchen zeigen sie häufiger motorische und sprachliche Entwicklungsauffälligkeiten. Das höhere Entwicklungsrisiko der Jungen zeigt sich auch daran, dass ihr Anteil in Frühförderstellen und Erziehungsberatungsstellen deutlich größer ist. In einer Längsschnittstudie (Esser 1991) konnte nachgewiesen werden, dass der Anteil der Jungen im Alter von acht Jahren sowohl bei dissozialen Störungen wie auch hyperkinetischen Syndromen deutlich über denen der Mädchen liegt.

3.4 Grenzen neuropsychologischer Konzepte

Die Vorstellungen und Kenntnisse über die Wahrnehmungsfähigkeit und die Wahrnehmungsleistungen von Kindern haben sich in den vergangenen zwei bis drei Jahrzehnten dramatisch gewandelt und zur Neufassung von weiten Teilen der Entwicklungspsychologie geführt (Dornes 1994; Stern 1994). Die Vorstellung eines passiven, lediglich mit Reflexen und angeborenen Signalen ausgestatteten unreifen Organismus musste durch die

Säuglingsbeobachtung aufgegeben werden zugunsten einer neuen Sichtweise eines lern- und interaktionsbereiten Säuglings, der aktiv mit allen
Sinnen nach angemessenen strukturierenden Anregungen in seiner Umwelt
sucht und mit seinem Verhalten Einfluss auf seine Umwelt nimmt.
Heute wissen wir, dass Wahrnehmungsleistungen von Säuglingen bereits intrauterin stattfinden. Sehen, Hören, Riechen, Fühlen und Interagie-
ren sind von Geburt an viel weiter entwickelt und differenzierter als bisher
angenommen wurde. Nach neueren Erkenntnissen sind Säuglinge bereits
zu erstaunlichen Wahrnehmungsleistungen fähig. Ein angeborener innerer
Antrieb (Neugier) veranlasst den Säugling zur Auseinandersetzung mit seiner Umwelt. Aus dieser Wechselwirkung zwischen eigenem Antrieb und
den Gegebenheiten der Umwelt entstehen Erfahrungen, die im Gehirn gespeichert werden.

Wahrnehmung darf deshalb nicht verstanden werden als überwiegend
passives Aufnehmen von Reizmustern, sondern ist stattdessen ein aktiver
Such- und Konstruktionsprozess, bei dem Aufmerksamkeitsprozesse eine
bedeutende Rolle spielen. In jedem Moment strömt eine Vielzahl von Sinneseindrücken auf uns ein. Aber schon auf der Rezeptorebene wird gefiltert, welche Informationen an das Gehirn weitergeleitet werden. Dort wird
dann unter dem Einfluss verschiedener Gehirnstrukturen weiter selektiert.
Das Gehirn wählt bestimmte Objekte aus, auf die es seine Aufmerksamkeit richtet, während andere Reize übergangen werden. Es ist deshalb von
Bedeutung, dass man die Verarbeitung von Sinnesreizen nicht als einfa-
ches Reiz-Reaktions-Geschehen versteht.

Die menschliche Wahrnehmung wird in nicht unerheblichem Maße auch
von emotionalen Zuständen und hormonellen Veränderungen des Organismus beeinflusst. Sie können entscheidend unsere Wahrnehmungsfähigkeit
und die Integration von Sinneseindrücken beeinflussen. Die Antriebs-,
Wachheits- und Aufmerksamkeitssteuerung beeinflusst Wahrnehmungsprozesse in starkem Ausmaß.

Kritisch zu hinterfragen ist auch die weitverbreitete Meinung, dass die
motorische Entwicklung entscheidend die kognitive Entwicklung der Kinder mitbestimmt. Der Zusammenhang zwischen motorischer und kognitiver Entwicklung ist nicht so eindeutig, wie es viele Entwicklungsmodelle
annehmen. Es gibt Kinder, die trotz motorischer Behinderung gute kognitive Fähigkeiten entwickeln können. Auf den frühen Entwicklungsstufen
des Kindes spielen sicherlich motorische Prozesse eine wichtige Rolle. Die
bedeutsame Rolle dieser motorischen Funktionen für die kognitive Entwicklung verliert sich aber mit zunehmendem Alter des Kindes. Der Zusammenhang zwischen motorischer und kognitiver Entwicklung scheint deshalb eher für jüngere Kinder zu gelten. Bei älteren Kindern (ab ca. 9 Jahren) lässt sich kein Zusammenhang zwischen motorischer und kognitiver
Entwicklung mehr nachweisen.

3.5 Das Konzept der dynamischen Lokalisation

Lernen und Verhalten sind nicht zerlegbar in einzelne isolierte Wahrnehmungsbereiche. Nur im Zusammenspiel der verschiedenen Wahrnehmungsbereiche lernen die Kinder Bewegung, Sprechen, Denken, Schreiben, Rechnen und soziales Verhalten. Das Zusammenwirken der verschiedenen Wahrnehmungsbereiche zu neuen komplexen Systemen kann als zentrale Fähigkeit des Gehirns betrachtet werden. Lange Zeit standen sich in der zweiten Hälfte des vorigen Jahrhunderts zwei konkurrierende Theorien über die Funktionsweise des Gehirns gegenüber. Die Studien von Broca und Wernicke zur motorischen und sensorischen Aphasie schienen zu belegen, dass komplexe psychische Prozesse wie z. B. das Sprachverständnis oder die Rechenfähigkeit abgrenzbaren Hirnabschnitten zugeordnet werden können. Diese als Lokalisationismus bekannte Theorie führte dazu, dass für fast jede menschliche Fähigkeit ein entsprechendes Zentrum im Gehirn zugeordnet und auf eine Hirnkarte eingetragen wurde.

Im Gegensatz dazu stand das Antilokalisationskonzept, das davon ausging, dass Leistungen vom Gehirn als einem einheitlichen und unteilbaren Ganzen realisiert werden und eine Lokalisation bestimmter Hirnbereiche für spezifische Fähigkeiten bzw. Leistungen nicht möglich ist.

Heute geht man davon aus, dass es keine Struktureinheit des Gehirns gibt, die eine eng begrenzte Funktion hat. Alle geistigen Prozesse können nicht als isolierte Fähigkeiten betrachtet werden, die in bestimmten Bereichen des Gehirns lokalisierbar sind. An der Bewältigung einer komplexen Aufgabe sind vielmehr viele Bereiche des Gehirns beteiligt: bestimmte Gehirnareale haben aber die Rolle von Knotenpunkten, deren reibungsloses Funktionieren für die Bewältigung der Aufgabe wichtige Voraussetzung ist. Dies wird vor allem auch in dem Konzept der „dynamischen Lokalisation" von Luria deutlich. Sein interaktioneller Ansatz besagt im Wesentlichen:

a) dass es zwar Leistungen wie z. B. einfache Hautempfindungen oder Bewegungsakte gibt, die in bestimmten Hirnarealen lokalisierbar sind, dass bei kognitiven Prozessen höherer Ordnungen wie z. B. Sprache und Denkprozesse aber eine Koordination von vielen Teilen des Gehirns erforderlich ist und die daran beteiligten Hirnabschnitte über das ganze Hirn verteilt sind. Es handelt sich um ein dynamisches System gemeinsam arbeitender Hirnregionen, von denen jede eine spezifische Rolle in einem funktionellen System spielt. Höhere geistige Leistungen können also nicht in engen Zonen der Gehirnrinde (Kortex) oder in isolierten Zellgruppen lokalisiert werden.

b) Luria meint ferner, dass höhere geistige Fähigkeiten wie Denken, Lesen, Rechnen und Schreiben sich auf der Grundlage relativ elementarer sensorischer und motorischer Prozesse entwickeln in der Auseinandersetzung mit Personen und Gegenständen des jeweiligen sozialen Umfeldes. Daraus folgert er, dass Störungen relativ elementarer Bausteine zur Unterentwicklung der funktionellen Systeme höherer psychischer Leistungen führen, die darauf aufbauen. So können Störungen der taktil-kinästhetischen oder vestibulären Wahrnehmung zur Beeinträchtigung des Körperempfindens, der Sprachentwicklung und zu schulischen Lernstörungen führen.

c) Weiterhin nimmt er an, dass die Lokalisation bestimmter Fähigkeiten niemals statisch ist. Wahrnehmungen, Erfahrungen und Lernprozesse führen zu strukturellen Veränderungen des Gehirns. Durch Lernen entstehen neue Nervenverbindungen bzw. neuronale Netze, die zur Bildung neuer funktioneller Systeme führen. Das Zentralnervensystem muss sich mit seinen Subsystemen immer wieder neu organisieren. So verändert sich im Laufe der Entwicklung einer Tätigkeit (z. B. des Lesen- und Schreibenlernens) auch die kortikale Organisation dieser Tätigkeit. Die funktionelle Organisation des Gehirns ist bei einem Lese- und Schreibanfänger gänzlich anders als bei einem geübten Leser oder Rechtschreiber. Während bei einem Schulanfänger visuelle, auditive und artikulatorische Funktionen im Vordergrund stehen, kommen beim geübten Leser komplexere sprachliche Verarbeitungssysteme zum Tragen.

Das Gehirn bleibt ein Leben lang plastisch. Es organisiert sich immer wieder neu bzw. organisiert sich um. Die qualitativen Umstrukturierungen führen auch zur Veränderung in der Lokalisation bestimmter Funktionssysteme. Unter diesem Blickwinkel ergibt sich auch eine neue Sichtweise von Wahrnehmungsstörungen. Wahrnehmungsstörungen wären in diesem Sinne eine dynamische Systemstörung, die ihre Ursache darin hat, dass dem Gehirn der Umbau, Aufbau und die Neuorganisation neuer funktioneller Systeme nicht oder nur verzögert gelingt. Erstarrte bzw. wenig flexible Ordnungen in Informationsverarbeitungsprozessen können als Ausdruck von Wahrnehmungsstörungen verstanden werden.

d) Luria führt weiter aus, dass sich aber nicht nur die funktionellen Systeme auf ihren Entwicklungsetappen verändern, sondern dass auch ein und derselben Tätigkeit (z. B. ein Wort schreiben) andere funktionelle Systeme zugrunde liegen können, je nach dem, ob bei dem Kind beim Schreiben beispielsweise eher die phonetische oder visualisierte Umcodierung von Sprache und Schrift im Vordergrund steht.

Nach Luria beeinträchtigt jede Funktionsstörung nicht nur eine, sondern eine Reihe psychologischer Bereiche und Funktionen. Gleiche Grundstörungen können so zu unterschiedlichen Syndromen und Erscheinungsbildern führen. Beispielsweise führen Beeinträchtigungen der taktilen, kinästhetischen oder vestibulären Wahrnehmung nicht nur zu motorischen Entwicklungsauffälligkeiten, sondern häufig auch zu Sprachauffälligkeiten und schulischen Lernstörungen wie Lese-/Rechtschreibstörungen oder Rechenstörungen.

Luria teilt unser Zentralnervensystem im Wesentlichen in drei große funktionale Einheiten ein:

a) die sogenannte Antriebseinheit: sie reguliert den Muskeltonus, Aktivierung, Wachheit und Bewusstheit und wird insbesondere durch den Hirnstamm, Thalamus und das retikuläre System gesteuert.

b) die Aufnahmeeinheit: sie ist insbesondere für die Aufnahme, Verarbeitung (Analyse und Synthese) und Speicherung von Informationen zuständig und wird insbesondere durch Sehrinde, Hörzentren und sensorischen Kortex gesteuert.

c) die sogenannte Programmierungs- und Planungseinheit, die für die Program-
mierung, Ausführung, Regulation und Kontrolle von Tätigkeiten zuständig ist
und die insbesondere durch das Stammhirn, den motorischen Kortex und das
Kleinhirn gesteuert wird.

Nach Luria ist für jede bewusste Tätigkeit das intakte Zusammenwirken
aller drei Hirneinheiten eine notwendige Voraussetzung.

3.6 Funktionsbereiche des Gehirns

Alle Reize, die über die verschiedenen Sinnesbereiche aufgenommen
werden, werden im zentralen Nervensystem (ZNS) verarbeitet. Das ZNS
besteht im Wesentlichen aus folgenden Bereichen:

- dem Rückenmark
- dem Stammhirn mit Zwischenhirn und verlängertem Rückenmark
- dem Kleinhirn
- dem Großhirn (neo cortex) mit Balken und Thalamus.

Die einzelnen Funktionsbereiche des ZNS:

Durch das Rückenmark werden alle Sinneswahrnehmungen des Körpers
dem Gehirn zugeleitet, mit Ausnahme der sensorischen und motorischen
Nervenbahnen im Bereich des Kopfes.

Das Stammhirn enthält wichtige Kerne des autonomen Nervensystems
und reguliert Atmung, Herzschlag, Hormonspiegel. Er wird über taktile,

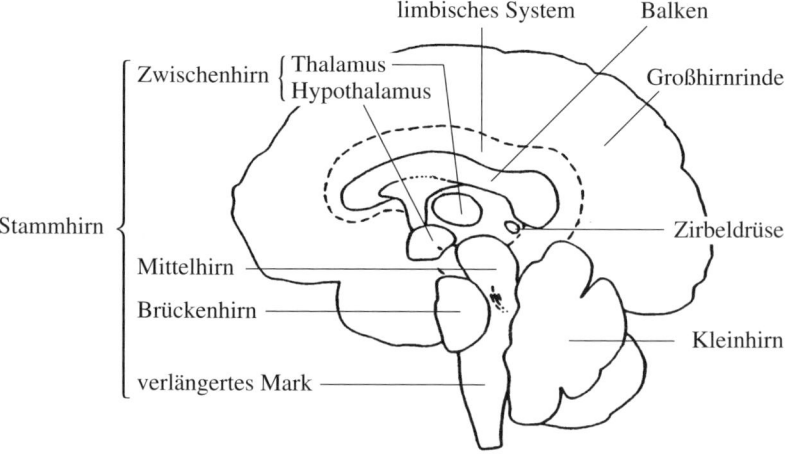

Abb. 4: Schematische Darstellung des Aufbaus des zentralen Nervensystems (aus:
Unser Gehirn – Denken und Fühlen. kosmos bibliothek, Bd. 286. Stuttgart 1975)

kinästhetische und vestibuläre Reize stimuliert und selegiert wichtige von unwichtigen Reizen. **Er ist verantwortlich für die Steuerung der Augenbewegung, für die Regulierung des Muskeltonus und für die Verarbeitung kinästhetischer Informationen aus Sehnen, Muskeln und Gelenken.** Funktionsstörungen des Stammhirns führen zu visuellen Wahrnehmungsstörungen. Das Kleinhirn, dessen wichtigste Aufgabe die sensomotorische Koordination ist, dient vor allem der Koordination der Motorik und der Muskelaktivitäten. Es steuert alle Bewegungen und Bewegungsmuster, reguliert die Erhaltung des Gleichgewichts und stellt einen wichtigen Bereich für die Automatisierung von Bewegungsmustern (z. B. Fahrradfahren) dar. Das Kleinhirn hat enge neuronale Verbindungen:

– zum Vestibulärsystem im Innenohr
– zum Zwischenhirn
– zur Augenmuskulatur
– zum Hör- und Sehsystem des Großhirns.

Funktionsstörungen des Kleinhirns führen oft zu:

– motorischer Ungeschicklichkeit und Körperkoordinationsstörungen
– visuo-motorischen Schwierigkeiten
– Figur-Grund-Störungen.

Die Formatio reticularis besitzt vor allem zwei Funktionen:

1. Sie dient als Informationsfilter und hemmt oder verstärkt Reize, die von den Sinnesrezeptoren aufgenommen wurden. Sie beurteilt ferner die Wichtigkeit von Reizen (beispielsweise Vogelgezwitscher oder Hupen eines Autos).

2. Sie steuert insbesondere die Aktivierung, die selektive Aufmerksamkeitszuwendung und Wachheit und regelt das kortikale Erregungsniveau. Die Informationen aller Sinneskanäle werden über die Formatio reticularis geleitet. Sie hat Verbindung zu den einzelnen Sinnesbereichen, zum limbischen System, zum Kleinhirn und Großhirn. Das vestibuläre System beeinflusst direkt die Formatio reticularis und damit das allgemeine Aktivierungs- bzw. Aufmerksamkeitsverhalten. Dies hat zur Folge, dass durch Bewegungsmöglichkeiten die allgemeine Aufmerksamkeitsspanne größer wird. Zur Aufrechterhaltung der Aufmerksamkeit ist es deshalb sinnvoll, den Kindern immer wieder die Möglichkeit zu Bewegungserfahrungen zu geben. Nach Ayres haben taktil-kinästhetische und vestibuläre Stimulation für das gute Funktionieren des retikulären Systems eine besonders wichtige Bedeutung.

Aus diesen Erkenntnissen lässt sich folgern, dass das Einbeziehen und die Stimulierung taktil-kinästhetischer und vestibulärer Wahrnehmungsprozesse in schulische Lernaktivitäten die Aufmerksamkeit von Kindern fördert und insbesondere aufmerksamkeitsgestörte Kinder davon profitieren. Das Konzept der bewegungsfreudigen Schule (Schule als Bewegungsraum), die den Kindern vielfältige motorische Erfahrungsmöglichkeiten (Schaukeln, Hüpfen, Drehen, Rollen, Springen) bereitstellt, ist somit auch neuropsychologisch begründet.

Funktionsstörungen der Formatio reticularis führen zu:

– Hyperaktivität
– Aufmerksamkeitsstörungen
– Gedächtnis- und Merkfähigkeitsstörungen.

Das Zwischenhirn mit Thalamus und Basalganglien:

Diese Strukturen stellen eine wichtige Schaltstation für die sensorischen Systeme, die zur Gehirnrinde ziehen, dar. Mit Ausnahme des Geruchssinns werden alle Sinnesreize im Thalamus umgeschaltet. Das Zwischenhirn steuert Bewegungen höherer Ebene, z. B. komplexere motorische Handlungen. Auch die Basalganglien sind an der Bewegungskontrolle beteiligt. Der Hypothalamus reguliert den Hormonausstoß sowie wichtige Körperfunktionen wie Schwitzen, Blutdruckregulierung, Schmerz- und Temperaturempfinden. Das Zwischenhirn hat eine enge Verbindung zum limbischen System.

Das limbische System umfasst mehrere Gehirnstrukturen wie z. B. Amygdale, Hippocampus und limbischen Kortex. Es unterscheidet zwischen angenehmen/unangenehmen Reizen und belädt Sinneseindrücke mit Gefühlen bzw. Emotionen. Es dient der Verarbeitung von Gerüchen. Vor allem aber ist diese Hirnstruktur von Bedeutung für die Übertragung neuer Informationen ins Langzeitgedächtnis. Informationen, die vom limbischen System als bedeutsam erkannt wurden, werden über den Thalamus in das Großhirn zur langfristigen Abspeicherung gesandt. Viele Informationen werden zuerst über limbische Hirnstrukturen aufbereitet und gelangen dann zur Abspeicherung in kortikale Regionen. Das limbische System hat eine enge Verbindung

– zur Formatio reticularis
– zum Thalamus
– zur Großhirnrinde.

Durch die enge Verbindung des limbischen Systems zur Großhirnrinde wirkt sich die emotionale Stimmung des Lernenden auf seine Lern- und Behaltensleistungen aus. Lerninhalte werden bei starken Unlustempfindungen oder Ängsten weniger gut im Langzeitgedächtnis gespeichert. Dagegen führt ein emotional positives Lernklima zu besseren Leistungen.

Die Gehirnrinde (Neokortex) besteht aus einer ca. 3 mm dicken Nervensubstanz. Sie ist vor allem zuständig für alle höheren Lernprozesse und steuert das Denk- und Vorstellungsvermögen, die Sprache, Kreativität sowie motorische Fertigkeiten, insbesondere feingesteuerte Bewegungsabläufe. Es gibt verschiedene Rindenabschnitte, die Verbindung zu den Wahrnehmungsorganen haben (z. B. Ohr zu auditivem Kortex, Auge zu visuellem Kortex). Die Sinneseindrücke werden auf bestimmte Regionen der Großhirnrinde geleitet und dort verarbeitet.

3.7 Die Aufgaben der verschiedenen Wahrnehmungsbereiche und ihre Funktionsstörungen

Obwohl alle Wahrnehmungsbereiche eng miteinander verflochten sind und als gemeinsames funktionelles System arbeiten, werden die einzelnen Sinnesbereiche zum besseren Verständnis und der Übersicht halber getrennt dargestellt. Da ein wesentlicher Teil der Wahrnehmungsdiagnostik in der Verhaltensbeobachtung besteht, sollen praktische Beobachtungsmöglichkeiten für die einzelnen Wahrnehmungsstörungen beschrieben werden.

3.7.1 Die taktile Wahrnehmung (Tast- und Berührungswahrnehmung) und ihre Funktionsstörungen

Die Haut ist das größte sensorische Organ des Körpers. Auf ihr befinden sich eine große Anzahl sensorischer Wahrnehmungsrezeptoren (wie z. B. Meissner-Körperchen, die Merkelschen Tastzellen, die Pacini-Körperchen, Haarfollikelrezeptoren), die auf Druck, Berührung, Zug, Vibration, Temperatur reagieren. Die Rezeptoren sind auf der Hautoberfläche unterschiedlich dicht verteilt. Hautregionen mit vielen Tastrezeptoren sind die Fingerkuppen und die Lippen. Die Dichte der Rezeptoren an Oberarm, Oberschenkel und Rücken ist weitaus geringer. Deshalb ist das Tast- und Berührungsempfinden an den Fingerkuppen und Lippen besonders gut ausgeprägt. Das Maß für die Feinheit des Tastsinns ist das räumliche Auflösungsvermögen, das angibt, in welchem Mindestabstand zwei voneinander gleichzeitig aufgesetzte Zirkelspitzen als getrennte Berührungsreize empfunden werden. Das räumliche Auflösungsvermögen der Haut liegt bei ca. 50 bis 70 mm am Rücken und bei 1 bis 2 mm an der Fingerspitze (Schmidt 1973). Durch Berühren der Haut werden in den Rezeptoren Impulse ausgelöst, die in Nervenbahnen über das Rückenmark zum Hirnstamm und von dort zum Thalamus und zu den Körperwahrnehmungsarealen der Großhirnrinde gelangen.

Die taktile Wahrnehmung ist das am frühesten ausgereifte Wahrnehmungssystem. Es entwickelt sich bereits in der achten Schwangerschaftswoche und ist mit ca. 2 ½ Jahren voll ausgebildet. Die taktile Wahrnehmung ermöglicht dem Kind, ein genaues Bild über die Ausdehnung und Grenzen seines Körpers zu entwickeln. Sie liefert Informationen über die Oberflächenbeschaffenheit (Rauheit, Glätte), die Konsistenz (fest, weich, hart) sowie über Proportionen, Maße und geometrische Formen von Materialien und Gegenständen. Die taktile Wahrnehmung ermöglicht, Dinge zu unterscheiden, und trägt somit zur Entwicklung der Formwahrnehmung und Formunterscheidung bei. Mit ca. 3 ½ bis 4 Jahren sind die Kinder in der Lage, Gegenstände, die ihnen vertraut sind (z. B. Ball, Löffel, Schere), durch Abtasten zu erkennen. Mit fünf bis sechs Jahren gelingt den Kindern die Identifizierung abstrakterer Formen (z. B. Viereck, Kreuz, Kreis, Dreieck), die ihnen auf die Handoberfläche gemalt werden.

Darüber hinaus hat die taktile Wahrnehmung auch eine wichtige soziale und emotionale Funktion. Das Neugeborene erfasst in den ersten Lebensmonaten seine Umwelt vorwiegend mit Hilfe des Tastsinns. Über den Tastsinn lernt das Kind, den Berührungen die entsprechende Bedeutung zu geben: Zärtlichkeit, emotionales Wohlbefinden, Wärme und Trost. Das taktile System hat somit einen entscheidenden Anteil am emotionalen Empfinden des Kindes. Dies wiederum ist für die Entwicklung der Lernfähigkeit von fundamentaler Bedeutung.

Eine gut funktionierende taktile Wahrnehmung ist eine wesentliche Voraussetzung dafür, dass Säuglinge und Kinder Körperkontakt als angenehm erleben und so Sicherheit und Geborgenheit empfinden können. Damit das Kind ein genaues Bild über seinen Körper entwickeln kann, müssen Berührungsreize exakt lokalisiert und unterschieden werden können.

Funktionsstörungen des taktilen Systems werden unterschieden in

a) Überempfindlichkeit des taktilen Systems:

Hier werden taktile Reize durch die entsprechenden Filtersysteme des Gehirns nicht genügend gehemmt. Taktile Reize werden zu stark wahrgenommen. Die Folge davon ist, dass Berührungsreize von den Kindern als unangenehm, schmerzhaft, nicht genau lokalisierbar oder schlecht einordbar empfunden werden. Dies erzeugt bei den Kindern ein enormes Missempfinden. Infolgedessen werden taktile Reize abgewehrt (taktile Abwehr). Die Kinder möchten nicht angefasst werden. Selbst mütterliche Zärtlichkeit wird als unangenehm erlebt. Dies führt häufig zur Vermeidung von Körperkontakt und zu Zurückweisungen. Die Kinder wirken wenig zärtlich.

Taktil überempfindliche Kinder vermeiden oft auch die Berührung mit bestimmten Materialien wie Fingerfarben, Ton, Sand oder Creme. Sie gehen nicht gerne barfuß über Gras und Sand. Sie möchten Kleidungsstücke aus bestimmten Materialien (überwiegend weiche Stoffe) nicht tragen und entwickeln oft eine Vorliebe für Stoffe, die sich glatt oder kühl anfühlen. Taktil überempfindliche Kinder vermeiden es auch oft, im Gesicht berührt zu werden (z. B. beim Waschen) und haben häufig eine Abneigung gegen Haarewaschen und Zähneputzen. Sie jammern oft stark bei geringfügigen körperlichen Verletzungen. Die Haut der Kinder reagiert oft sehr empfindlich auf Reizung. Fährt man beispielsweise mit mittlerem Druck des Fingernagels an der Außenseite des Unterarms entlang, reagiert die Haut der Kinder oft mit einer heftigen, lang anhaltenden Rötung. Wird ein taktil überempfindliches Kind irgendwo am Körper berührt und werden diese Reize als zu stark oder als schlecht lokalisierbar erlebt, kann man sich leicht vorstellen, dass das Kind mit Angst reagieren wird. Das Spiel mit anderen Kindern kann zum Problem werden, wenn sie beim Spiel berührt werden. Die ungenaue Reizverarbeitung des taktilen Systems trägt mit dazu bei, dass die Entwicklung des Körperempfindens bei diesen Kinder verzögert verläuft.

Durch die neuronale Verbindung des taktilen Systems mit der auditiven und olfaktorischen Wahrnehmung kann man bei taktil überempfindlichen Kindern oft eine Hyperkinese (starke motorische Unruhe, leicht ablenkbar) oder eine Überreaktion auf Geräusche und Gerüche beobachten. Diese Kinder empfinden oft eine normale Lautstärke als zu laut oder reagieren besonders empfindlich auf Gerüche.

b) Unterempfindlichkeit des taktilen Systems:

Hier werden Berührungsreize durch die Filtersysteme des Gehirns zu stark gehemmt, d. h. Berührungsreize werden nicht intensiv genug empfunden. Der Reiz muss deshalb von großer Intensität sein, damit er wahrgenommen wird. Taktil unterempfindliche Kinder wirken häufig schmerzunempfindlich. Auf Hinfallen oder Stoßen reagieren sie oft so, als ob sie keine Schmerzen empfinden. Sie sind oft auch wenig temperaturempfindlich. Ist das Badewasser zu heiß oder zu kalt, beschweren sie sich nicht. Diese Kinder spüren letztlich ihren eigenen Körper zu wenig. Um ihn besser zu spüren, stimulieren sie sich oft dadurch, dass sie sich selbst verletzen, indem sie sich beißen oder kratzen.

3.7.2 Die kinästhetische Wahrnehmung (Lage- und Bewegungswahrnehmung) und ihre Funktionsstörungen

Unter der kinästhetischen (oder auch propriozeptiven) Wahrnehmung wird das Lage- und Bewegungsempfinden verstanden. Wir sind im Wachzustand jederzeit über die Stellung unserer Glieder zueinander orientiert. Ferner nehmen wir die passiven Bewegungen unserer Gelenke durch von außen einwirkende Kräfte ebenso wahr wie aktive Bewegungen unserer Gelenke mit Hilfe unserer Muskeln. Rezeptoren wie z. B. Muskelspindelrezeptoren, Ruffinirezeptoren, Golgi-Rezeptoren, die an Knochen, Muskeln, Gelenken und Sehnen liegen, reagieren auf Zustandsveränderungen des Bewegungs- und Halteapparats und liefern dem Gehirn Informationen über die Winkelstellung von Gelenken, Gliedern und Körperteilen zueinander.

Darüber hinaus liefert die kinästhetische Wahrnehmung dem Gehirn Informationen über die Richtung und Geschwindigkeit der Bewegung der Gliedmaßen sowie über das Ausmaß an Muskelkraft, das aufgewendet werden muss, um eine Bewegung durchzuführen bzw. gegen einen Widerstand eine Gelenkstellung beizubehalten. Die Wahrnehmung

– über die Stellung der Glieder zueinander
– über die Richtung und Geschwindigkeit der Bewegungen
– über die Kraftdosierung

gehört zu den wesentlichsten Aufgaben der kinästhetischen Wahrnehmung. Die von den zahlreichen Rezeptoren ins Gehirn gelangenden Informationen werden zu einem Gesamteindruck der Stellung der Glieder zueinander verarbeitet. Aus dieser Eigenwahrnehmung entwickelt sich zusammen mit der taktilen und vestibulären Wahrnehmung das Körperschema. Das Kind erfasst die Grenzen des eigenen Körpers und entwickelt eine Vorstellung über den Aufbau seines Körpers, über die Lage und Beziehung der einzelnen Körperteile zueinander und deren Bewegungsmöglichkeiten. Die Stellung der Gelenke zueinander wird weiterhin mit den vom Vestibulärsystem kommenden Informationen über die Stellung des Kopfes im Schwerefeld der Erde zum Gesamteindruck der Stellung des Kopfes, des Rumpfes und der Gliedmaße im Raum verarbeitet.

Taktiles und kinästhetisches Sinnessystem arbeiten eng zusammen. Wenn das Kind über das taktil-kinästhetische System die Lage und Haltung seiner Finger nur diffus wahrnimmt, kann es diese nicht differenziert genug bewegen. Dadurch wird die Handgeschicklichkeit beeinträchtigt. Über die kinästhetische Wahrnehmung des Mundes, später der Hände sowie über die taktile Wahrnehmung erfährt das Kind Form, Größe, Materialbeschaffenheit und Oberflächenstruktur eines Gegenstandes. Schon das Kleinkind untersucht seine Umgebung durch Berührung mit Händen, Mund und Füßen. Durch die wiederholte Erfahrung dieser Empfindungen mit visuellen und auditiven Erfahrungen des gefühlten Gegenstandes lernt das Kind schrittweise, eine zwei- oder dreidimensionale visuelle Wahrnehmung zu entwickeln.

Eine gute kinästhetische Wahrnehmung ist eine notwendige Voraussetzung:

– für das Erlernen und Ausführen von schnellen und flüssigen Handlungsabläufen (z. B. Fahrradfahren, flüssiges Schreiben)
– für die Speicherung bisher gemachter Bewegungsabläufe und deren Automatisierung
– für die Entwicklung der Fähigkeit, Handlungen sinnvoll, zweckmäßig und zielgerichtet zu planen und auszuführen (Bewegungsplanung)
– für die Lautbildung: Um Laute und Sprache zu bilden, muss das Kind genaue Informationen über die Muskelspannung im Mundbereich erhalten. Nur so ist eine lautgerechte Entwicklung der Artikulation möglich

– für die Fähigkeit, schriftliche Symbole (z. B. Buchstaben) in Form motorischer Handlungsabläufe aus dem Gedächtnis abzurufen (Bewegungsgedächtnis). Mit Hilfe der taktil-kinästhetischen Wahrnehmung wird die Buchstabengestalt über das Bewegungsgedächtnis gespeichert und kann auf diesem Weg behalten, vorgestellt und wieder abgerufen werden
– für die Entwicklung der Formwahrnehmung und Formunterscheidung. Die kinästhetische Wahrnehmung ist wichtig für den Aufbau der räumlichen Tastwelt und der Raumvorstellung sowie für die Kontrolle der eigenen Bewegungen.
– Auch die Speichelkontrolle hängt von einer guten kinästhetischen Wahrnehmung des Mundbereiches ab.

Taktile und kinästhetische Wahrnehmung hängen eng mit dem Erlernen des Schreibens zusammen.

Die kinästhetische Wahrnehmung entwickelt sich ebenso wie die taktile Wahrnehmung bereits im Mutterleib ab der 16. Schwangerschaftswoche. Ab dem 3. Schwangerschaftsmonat erfährt der Fötus durch die Bewegung der Mutter das eigene Bewegtwerden. Ab dem 2. Lebensmonat geben die Nackenmuskeln dem Säugling Informationen über die Stellung seines Kopfes zum Körper und über den Raum. Ab dem 4. Lebensmonat beginnt er, aufgrund der zunehmenden Koordinationen der Tast-, Muskel- und Gelenkwahrnehmung und des Sehens, gezielt nach Gegenständen zu greifen und diese zu erforschen.

Ist die kinästhetische Wahrnehmung beeinträchtigt, sind das Empfinden und die Vorstellung über den eigenen Körper, seine Bewegungsmöglichkeiten und der räumlichen Beziehung seiner Gelenke betroffen. Die Kinder haben nur eine unklare Vorstellung von der Stellung ihrer Gelenke und Körperteile zueinander. Daraus resultiert eine unzureichende Bewegungsplanung des ganzen Körpers, einzelner Bereiche oder der Hände und Finger. So entwickelt sich aufgrund kinästhetischer Wahrnehmungsstörungen auch die Fein- und Grobmotorik oft nicht altersgemäß. Die Kinder spüren nur ungenau, wie ihre Finger zusammenarbeiten und wie sie ihre Kraft dosieren müssen. Bei taktil-kinästhetischen Störungen im Mundbereich hat das Kind kein normales Empfinden für die muskuläre Tätigkeit. Es verliert die Fähigkeit zur inneren Artikulation und zur genauen Lautbildung. Kinder mit kinästhetischen Wahrnehmungsstörungen haben deshalb Schwierigkeiten:

– beim Erlernen komplizierter Bewegungsabläufe, wie dies bei vielen grob- und feinmotorischen Aufgaben erforderlich ist (z. B. Fahrradfahren, Schleifenbinden, Schreiben, Malen). Beeinträchtigungen in der Grobmotorik stehen oft in engem Zusammenhang zu Beeinträchtigungen in der Feinmotorik.
– in der Zielgenauigkeit: die Kinder können Begrenzungslinien oft schlecht einhalten. Bei feinen Bewegungen schießen sie oft über das Ziel hinaus oder bremsen zu früh ab (Übermalen von Bildern, beim Schreiben können sie nicht auf der Linie bleiben).

– bei der Lautbildung: Lautbildungs- bzw. Artikulationsstörungen (Stammeln) sind oft Hinweise auf kinästhetische Wahrnehmungsstörungen im Bereich der Mundmotorik. Manche dieser Kinder haben oft auch eine ausdrucksarme Mimik. Sprachentwicklung und die Entwicklung der Feinmotorik hängen eng zusammen. Da die Verarbeitungszentren der Hände und der Sprachmuskulatur dicht beieinander liegen, haben Kinder mit Lautbildungsschwierigkeiten oft auch feinmotorische Probleme. Auch die auditive Wahrnehmungsverarbeitung ist oft davon betroffen, insbesondere die Fähigkeit zur Lautunterscheidung ähnlich klingender Wörter wie z. B. Bären – Beeren.

– im Arbeitstempo: beim Malen, Schreiben, Schneiden oder Abschreiben sind die Kinder oft sehr langsam. Es dauert lange, bis sie ihre Schulsachen aus- und eingepackt haben. Bei Diktaten haben sie es oft schwer, mit dem Tempo der anderen Kinder mitzuhalten.

– in der Stifthaltung: mit ca. 5 bis 5 ½ Jahren hat das Kind in der Regel die richtige Stifthaltung entwickelt. Kinder mit kinästhetischen Wahrnehmungsstörungen halten den Stift, indem sie Mittel- oder Ringfinger noch als Stütze mit einsetzen. Diese Haltung verhindert eine flüssige und dynamische Schreibbewegung aus den Fingern heraus. Oft wirken diese Kinder auch beim Umgang mit Messer und Gabel ungeschickt.

– in der Formwahrnehmung: diese Schwierigkeiten zeigen sich, wenn das Kind Gegenstände unter einem Tuch ertasten oder zuordnen soll (stereognostische Wahrnehmungen) oder in Schwierigkeiten der visuellen Differenzierungsfähigkeit. Die stereognostische Wahrnehmung ist die Fähigkeit, dreidimensionale Dinge taktil-kinästhetisch erkennen zu können. Ist die Formwahrnehmung beeinträchtigt, kann als Folgeerscheinung auch das Erfassen und Behalten von geometrischen Formen (z. B. Buchstaben) den Kindern erhebliche Probleme bereiten. Da die stereognostische Wahrnehmung eng mit der Orientierung im Raum verbunden ist, zeigen die Kinder oft noch Schwierigkeiten im Erkennen von Raumlage-Beziehungen.

– beim Schätzen von Strecken, beim Einordnen von Objekten nach verschiedenen Größen oder bei der Herstellung von Größenbeziehungen.

Zusammen mit der vestibulären Wahrnehmung ist die kinästhetische Wahrnehmung für die Regulierung und Steuerung des Muskeltonus verantwortlich. Der Muskeltonus stellt die Grundspannung der Muskeln dar. Er ermöglicht, sich gegen die Schwerkraft aufzurichten und sich durch das Zusammenspiel von Muskelfasern und -gruppen zu bewegen. Die Muskelspannung wird dabei den äußeren Bedingungen und der Intensität der Bewegung angepasst. Kinder mit Wahrnehmungsstörungen fallen häufig durch Schwierigkeiten in der Muskeltonusregulierung auf. Kinder, die von ihrer Grundspannung einen zu geringen Muskeltonus (Hypotonie) aufbauen, brauchen mehr Energie, um ihren Körper aufrecht zu halten. Sie ermüden deshalb schneller. Hypotone Kinder fallen dadurch auf:

– dass ihre Gelenke oft überbeweglich sind
– dass sie meist ein plumpes Gangbild haben, ihr Rennen wirkt schwerfällig und langsam

– dass sie kaum auf einem Bein hüpfen können
– dass das Aufkommen nach einem Sprung unelastisch, schwerfällig und laut wirkt
– dass keine fließenden Bewegungsübergänge (z. B. beim Treppensteigen) vorhanden sind. Mit 5 bis 6 Jahren gehen diese Kinder oft noch im Nachstellschritt die Treppe hoch bzw. herunter
– dass die Mimik der Kinder oft ausdrucksarm wirkt
– dass der Mund häufig leicht geöffnet ist und/oder die Kinder sabbern
– dass alle Bewegungen, die Schwung und Kraft erfordern (z. B. Ballwerfen, sich auf einem Klettergerüst bewegen), ihnen fast unmöglich ist
– dass sie Probleme mit der Feinmotorik haben. Um genügend Muskelspannung aufzubauen, heben diese Kinder oft das Handgelenk von der Unterlage ab, was zu rascher Ermüdung führt. Deshalb können sie oft auch nicht ausdauernd malen und schreiben
– dass sie sich vor schnellen Bewegungen und schnellen Spielen fürchten
– manche dieser Kinder neigen auch zu Übergewicht.

Zum Schreiben/Malen müssen hypotone Kinder oft viel Druck aus dem Schulter- und Armbereich aufbringen, damit ein sichtbarer Strich zustande kommt. Deshalb bevorzugen diese Kinder oft Filzstifte. Sie klagen über Verkrampfungen, Schmerzen im Schulter-, Arm- und Nackenbereich. Dadurch kommt es auch zu rascher Ermüdung, zu schlechter Schrift und langsamen, unharmonischen Mal- oder Schreibbewegungen. Hypotone Kinder machen kaum Erfahrungen mit schnellen, kräftigen und ausdauernden Bewegungen. Diese Kinder werden aufgrund der Erfahrungen, dass Bewegungen für sie mühsam sind, ängstlich und oft übervorsichtig. Sie vermeiden Bewegungen und wirken deshalb oft antriebsarm oder faul. Zur Kompensation ihrer hypotonen Muskelanspannung bauen viele Kinder oft kurzzeitig einen Hypertonus auf, was wiederum zu rascher Ermüdung und Schmerzen beim Malen und Schreiben führt.

Kinder, die von ihrer Grundspannung einen zu starken Muskeltonus (Hypertonus) aufbauen, wirken in ihren Bewegungen verkrampft und unharmonisch. Sie fallen häufig dadurch auf, dass:
– isolierte Fingerbewegungen, wie z. B. Fingerspiele, Schneiden oder Falten nur schwer möglich sind. Diese Kinder haben oft eine auffallende Stifthaltung. Sie greifen den Stift oft mit allen Fingern oder mit der Faust
– die Beweglichkeit ihrer Gelenke eingeschränkt ist. Eine vollständige Beugung und Streckung der Gelenke ist ihnen nur schwer möglich. Pinzette- und Zangengriff können oft nicht gut dosiert ausgeführt werden
– sie nicht gleichzeitig mit gestreckten Beinen und geradem Rücken auf dem Boden sitzen können (Langsitz), weil ihre Hüftbeweglichkeit eingeschränkt ist
– sie oft keine rhythmischen Bewegungen ausführen können (z. B. Hampelmannsprung)
– sie einen hohen Schreib- und Maldruck haben. Ihre Malstifte brechen wegen zu hohem Krafteinsatz leicht ab
– sie oft aufgrund mangelnder Rumpfbewegungen kaum einen Purzelbaum (Rolle vorwärts) machen können

- bei feinmotorischen Verrichtungen ihre Bewegungen verkrampft, langsam, eckig und nicht fließend verlaufen und sie deshalb oft feinmotorische Tätigkeiten vermeiden
- ihre Schreib- und Malbewegungen nicht aus dem Hand- und Fingergelenk erfolgen, sondern steif aus dem Schultergelenk geführt werden. Sie haften beim Malen/Schreiben oft auf der Stelle, bewegen ihre Finger und Handgelenke kaum und können deshalb nicht exakt malen oder schreiben
- ihnen schnelle dynamische Bewegungen wie Rennen, Hüpfen, Ballspielen und Fangenspielen schwerfallen.

Hypertone Kinder können nicht lockerlassen und verkrampfen zunehmend. Aufgrund der erhöhten Muskelanspannung zeigen diese Kinder schnell Unlust und Ermüdungserscheinungen.

Kinder mit Tonusregulierungsstörungen sind oft in ihrer Laufentwicklung verzögert. Manche Kinder können aber auch deshalb ihre Kraft nicht gut dosieren, weil sie psychisch belastet und dadurch angespannt und verkrampft sind.

3.7.3 Die vestibuläre Wahrnehmung (Gleichgewichtswahrnehmung) und ihre Funktionsstörungen

Das Gleichgewichtsorgan liegt im Vorhof des inneren Ohres neben der Schnecke (Cochlea). Es besteht aus:

- zwei Maculaorganen (Macula utriculi und Macula sacculi), deren Rezeptorzellen auf Schwerkraftveränderungen reagieren. Die Rezeptoren bestehen aus Haarzellen, die in eine gallertartige Masse hineinreichen und die auf Lage- und Haltungsveränderungen reagieren. Die Rezeptoren werden durch Flüssigkeitsbewegungen aus ihrer Ruhestellung ausgelenkt und erzeugen so den Reiz. Das Gehirn gewinnt auf diese Weise Informationen über die Stellung des Kopfes im Raum.
- drei Bogengängen (dem horizontalen, dem vorderen und hinteren Bodengang), deren Rezeptoren auf Drehbeschleunigungen und Fortbewegungen reagieren.

Die Hauptaufgabe der Gleichgewichtswahrnehmung besteht darin, an das Gehirn Informationen über Lage- und Haltungsveränderungen als auch über Dreh- und Fortbewegung des Körpers zu geben. Sie ist für die Aufrechterhaltung des Körpers und für die Orientierung im Raum verantwortlich und sorgt dafür, dass beim Gehen, Laufen und Springen das Gleichgewicht erhalten bleibt. Sie reguliert die Stellung des Kopfes zum Körper und ist eine wesentliche Voraussetzung für eine normale Bewegungsentwicklung. Die Erhaltung des Gleichgewichts erfolgt reflexartig ohne Beteiligung des Bewusstseins.

Das Vestibulärsystem entwickelt sich zwischen dem dritten und siebten Schwangerschaftsmonat. Durch Fremdbewegungen der Mutter und Eigenbewegungen des Kindes im Mutterleib wird die Gleichgewichtswahrnehmung stimuliert. Der Gleichgewichtssinn ist eng mit der taktilen und kinästhetischen Wahrnehmung verbunden. Es stellt eines der wichtigsten Basissysteme dar, denn es hat zentralnervöse Verbindungen zu einer Reihe von Gehirnregionen bzw. Funktionsbereichen des Gehirns, insbesondere zum Kleinhirn, zur Formatio reticularis, dem limbischen System, dem Thalamus und Hypothalamus. Das vestibuläre System ist eng verknüpft mit der Augen- und Nackenmuskulatur sowie dem auditiven Gedächtnis.

Durch die enge Verbindung zu anderen Sinnessystemen, insbesondere der Seh- und Hörverarbeitung, kommt einer gut funktionierenden vestibulären Wahrnehmung besondere Bedeutung zu. Durch Stimulation des vestibulären Systems wird das zentralnervöse Erregungsniveau und damit der Wachheitsgrad beeinflusst. Dreh- und Schaukelbewegungen, Auf- und Abwärtsbewegungen regen die Gehirnfunktionen an, machen uns wacher, so dass es gelingt, die Aufmerksamkeit gezielter auf neue Inhalte zu lenken. Langsame, gleichförmige Gleichgewichtsreize (z. B. Schaukeln) wirken dagegen beruhigend und entspannend.

Störungen der vestibulären Wahrnehmung wirken sich in vielfältiger Weise auf eine Reihe anderer Entwicklungsbereiche aus. Bei Kindern mit Gleichgewichtsproblemen ist neben der Gesamtkörperkoordination oft auch die Augenmuskelkontrolle, die auditive Wahrnehmungsverarbeitung, die visuelle Wahrnehmung und die Auge-Hand-Koordination beeinträchtigt. Auch die Sprachentwicklung dieser Kinder ist oft verzögert. Beeinträchtigungen der Augenmuskelkontrolle führen dazu, dass bewegte Gegenstände nicht gut fixiert werden können. Statt sich gleichmäßig zu bewegen, bleiben die Augen zurück und bewegen sich dann sprunghaft, um den Gegenstand wieder einzufangen. Dadurch wird die Auge-Hand-Koordination beeinträchtigt. Beim Lesen verlieren die Kinder oft die Zeile, überspringen eine Reihe oder lesen die gleiche Reihe noch einmal.

Vestibuläre Störungen führen nicht selten auch zu Störungen des beidäugigen Sehens (binoculares Sehen). Aufgrund mangelnder Augenmuskelkontrolle werden beide Augen motorisch nicht exakt koordiniert. Dadurch entstehen gegensätzliche Informationen, weil der Sehgegenstand nicht punktgleich auf die entsprechenden Stellen der Netzhaut des Auges abgebildet werden kann, so dass Doppelbilder entstehen. Dem Gehirn werden zwei verschiedene Bilder zugeführt, mit denen es nicht viel anzufangen weiß. Störungen des Binocularsehens führen auch zu visuellen Wahrnehmungsstörungen. Die Kinder haben deshalb besondere Schwierigkeiten beim Erlesen eines Lesetextes, der klein und eng gedruckt ist, d. h., wenn größere Anforderungen an die Auflösung der Wortkonturen gestellt werden. Sie ermüden beim Lesen schneller, klagen über brennende und müde Augen oder über Kopfschmerzen. Sie sehen zuweilen doppelt, auch die Schrift verschwimmt vor ihren Augen. Sie verwechseln Buchstaben, die sich bei nicht genauerem Hinsehen gleichen wie T und F, M und N oder lassen beim Lesen am Wortanfang oder Wortende Buchstaben aus. Oft beobachtet man beim Lesen auch Verkreuzungen von Buchstaben in der Wortmitte (die Kinder lesen Bräbel statt Bärbel, Leider statt Lieder).

Für die Regulierung des beidäugigen Sehens spielt aber auch das vegetative Nervensystem eine entscheidende Rolle. Die psychische Verfassung, auf die das vegetative Nervensystem besonders empfindlich reagiert, kann deshalb entscheidend das Lesen- und Schreibenlernen beeinflussen. Als weitere Ursache für eine Beeinträchtigung des Binocularsehens ist auch eine Kurz- oder Weitsichtigkeit eines der beiden Augen in Betracht zu ziehen. Das vestibuläre System wird vor allem auch durch das visuelle Wahrnehmungssystem unterstützt. Optische Fixpunkte helfen, die Körperbewegung einzuordnen und zu kontrollieren. Die vestibuläre Wahrnehmung ist eine notwendige Voraussetzung für das Erfassen von Raumlage-Beziehungen.

Funktionsstörungen des vestibulären Systems lassen sich einteilen in:

a) Unterfunktion des vestibulären Systems

Bei einer Unterfunktion werden die Gleichgewichtsreize zu stark gehemmt, d. h. nur wenige Reize gelangen ins Gehirn. Das Kind sucht deshalb auch Betätigungen und Spiele, die sein Gleichgewichtssystem vermehrt stimulieren, z. B. durch starkes Schaukeln, Hopsen, Springen und Herumwirbeln. Die Kinder wirken motorisch oft sehr unruhig, erscheinen waghalsig und können oft auch Risiken von Tätigkeiten und Handlungen schlecht abschätzen. Vestibulär unterempfindliche Kinder zeigen kaum einen Nystagmus bei Drehbewegungen und auch kaum Schwindelgefühle. Beeinträchtigungen der Gleichgewichtswahrnehmung können dazu führen,

- dass die Kinder beim Balancieren (z. B. über eine umgedrehte Längsbank) Schwierigkeiten haben
- dass sie nur kurze Zeit auf einem Bein stehen können und starke Ausgleichsbewegungen machen müssen, um ihr Gleichgewicht zu halten (mit ca. 4½ und 5 Jahren können die meisten Kinder ca. 5 Sek., mit ca. 6 Jahren 10 bis 12 Sek. auf einem Bein stehen)
- dass sie oft schlecht hinkeln können
- dass sie tolpatschig wirken, oft stolpern oder hinfallen
- dass sie Mühe haben, einen Gegenstand mit den Augen zu fixieren oder zu verfolgen
- dass sie später als andere Kinder Fahrradfahren lernen
- dass sie in Bauchlage Mühe haben, Kopf, Arme und Beine gleichzeitig anzuheben (Fliegerhaltung)
- dass sie gerne toben, sich gerne drehen und hochwerfen lassen und davon nicht genug bekommen können
- dass den Kindern das Behalten von Liedern, Versen, Einmaleins-Aufgaben oder die Buchstabenlaut-Zuordnung schwerfällt
- dass sie Schwierigkeiten in der Lautunterscheidungsfähigkeit haben, d. h. ähnlich klingende Wörter schlecht unterscheiden können

- dass sie Schwierigkeiten in der Auge-Hand-Koordination haben, was sich in Schwierigkeiten beim Ballfangen, im Übermalen von Begrenzungslinien oder beim Einschenken von Flüssigkeit in ein Glas zeigt
- dass sie Schwierigkeiten in der Raumwahrnehmung haben.

Die Verbindung des vestibulären Systems zur Nackenmuskulatur schränkt auch bei Funktionsstörungen das Aufrichten des Kopfes gegen die Schwerkraft ein, so dass zielgerichtete Kopfbewegungen erschwert sind, was sich nachhaltig auf die Aufmerksamkeitssteuerung auswirkt.

b) Überfunktion des vestibulären Systems

Bei einer Überfunktion des vestibulären Systems werden vestibuläre Reize zu wenig gehemmt. Zu viele Reize gelangen bei Bewegungen und Rotation ins Gehirn. Die ungenügende Hemmung dieser Reize löst bei den Kindern Ängste und Unsicherheit vor Bewegungen aus. Die Folge davon ist, dass sich die Kinder nicht gerne bewegen wollen, sie haben dauernde Furcht zu fallen, brauchen ständig die Sicherheit und Nähe der Mutter und klammern sich an diese an. Diese Kinder vermeiden wilde Spiele oder die Nähe von Kindern, wenn diese wild spielen. Beim Turnen verweigern sie oft die Teilnahme. Kinder mit einer Überfunktion des vestibulären Systems fallen dadurch auf, dass

- sie an sportlichen Betätigungen wenig Gefallen finden
- sie ungern auf bewegten Geräten, wie Schaukel, Hüpfball, spielen
- sie das Springen von höheren Flächen (Stühlen, Mauern) oder Klettergerüsten und Sprossenwand vermeiden
- sie sich fürchten, auf Mauern, Balken oder Baumstämmen zu balancieren
- sie den Kopf nicht gerne nach unten halten und nur ungern einen Purzelbaum oder Kopfstand machen
- sie bei Drehbewegungen oft einen deutlichen, langanhaltenden Nystagmus haben
- sie beim Drehen leicht das Gefühl haben, das Gleichgewicht zu verlieren
- sie sich beim Treppensteigen noch stark an das Geländer anklammern
- sie oft sehr unglücklich hinfallen und sich verletzen. Die Folge davon ist, dass Tätigkeiten sofort abgebrochen werden
- sie auch vielfach zu Vermeidungsverhalten und Selbstunterforderung neigen. Die Kinder haben oft die Einstellung: „das kann ich sowieso nicht".

Die mangelnde Körperkontrolle löst große Unsicherheit bei diesen Kindern aus. Sie trauen sich nichts zu. Diese Kinder werden oft auch aufgrund ihrer motorischen Ungeschicklichkeit und ihres geringen Mutes von anderen Kindern gehänselt und geraten so in eine soziale Randstellung. Misserfolge, Kritik und erlebte Schwierigkeiten bei Bewegungsabläufen wirken sich auf das emotionale Befinden der Kinder aus. Sie reagieren deshalb oft mit Rückzug, Verweigerung, Ablehnung, Aggressionen, kaspern oder reden sich um Anforderung herum und halten an bekannten Bewegungsmustern fest.

3.7.4 Entwicklung des Körperschemas

Die Entwicklungstheorien von Ayres und Luria gehen davon aus, dass höhere Lernprozesse sich auf der Basis relativ elementarer Wahrnehmungsprozesse entwickeln und darauf aufbauen. Nach Ayres sind taktile, kinästhetische und vestibuläre Wahrnehmungen die sensomotorischen Grundlagen der Entwicklung. Visuelle und auditive Wahrnehmungsprozesse würden darauf aufbauen. Nach Ayres führen Störungen der taktil-kinästhetischen und vestibulären Wahrnehmung zu:

3.7.5 Körperorientierungsstörungen bzw. Körperschemastörungen

Das Körperschema ist quasi eine „innere Landkarte", die das Kind über jeden Teil seines Körpers, die Beziehung zwischen den Körperteilen und den Bewegungsmöglichkeiten, die jeder einzelne Körperabschnitt hat, entwickelt. Ein Kind mit einem gut entwickelten Körperschema fühlt, was die verschiedenen Teile des eigenen Körpers tun, ohne hinsehen zu müssen. Das Körperschema beinhaltet:

– Wahrnehmen und Empfinden des eigenen Körpers
– Vorstellungen vom eigenen Körper
– Wissen um den eigenen Körper
– Orientierung am eigenen Körper.

Die Wahrnehmung des eigenen Körpers und das auf zahlreichen Bewegungserfahrungen beruhende Wissen um solche Bewegungsmöglichkeiten basieren auf einem gut entwickelten Körperschema, das sich nur entwickeln kann, wenn exakte Informationen der taktil-kinästhetischen und vestibulären Wahrnehmung zur Verfügung stehen. Das Körperschema ermöglicht, vom eigenen Körper als Bezugspunkt aus sich im Raum zu orientieren, ihn zu erfassen und motorische Handlungen zu planen und auszuführen. Körperschemastörungen zeigen sich dadurch, dass

– eine „Menschzeichnung" von den Kindern nicht altersentsprechend gemalt wird
– dass sie beim Malen oder Schreiben die Körpermittellinie nicht überkreuzen können. Die Kinder wechseln beim Malen/Schreiben oft den Stift von der linken in die rechte Hand, wenn sie in der Mitte des Blattes angekommen sind
– dass ihnen das Benennen von Körperteilen schlecht gelingt.

3.7.6 Bewegungsplanungsstörungen (Dyspraxien)

Bewegungsplanung (Praxie) ist die Fähigkeit, sich gedanklich ein Ziel zu setzen, die Handlungsschritte zur Erreichung des Ziels in ihrer Abfolge zu planen und die Handlungsausführungen mit dem Plan zu vergleichen. Die Fähigkeit zum motorischen Planen beruht auf einem differenziert entwickelten Körperschema, d. h., das Kind muss ein Wissen um die Verhält-

Junge 6;0 Jahre

Abb. 5: Nicht altersentsprechendes
Körperschema zweier schulpflichtiger
Kinder   Mädchen 7;3 Jahre

nisse seiner Körperteile zueinander und deren Bewegungsmöglichkeiten
haben. Bewegungsplanung gelingt nur dann, wenn das Kind vor der Planung über die situativen Gegebenheiten seiner Umgebung und über seine
körperlich-motorische Kompetenz orientiert ist. Das Experimentieren und
Erkunden mit Spielzeug und anderen Gegenständen stellt dabei eine wichtige Voraussetzung für die Entwicklung der Bewegungsplanung dar. Das
Kind entwickelt dabei zunehmend durch das Hantieren mit Gegenständen
und Spielzeug und den damit gemachten Bewegungserfahrungen eine Vorstellungsfähigkeit, wie Handlungsabläufe geplant und durchgeführt werden können (z. B. was muss ich tun, wenn ein Ball unter den Schrank ge-
rollt ist und ich ihn wieder haben will? Wie und in welcher Reihenfolge

muss ich meine Kleider anziehen?). Das, was ergriffen wird, wird letztlich auch begriffen. Mit zunehmendem Lebensalter und Erfahrung werden äußere Handlungen verinnerlicht und Denken in inneren Handlungsvollzügen aufgebaut. Das bedeutet, dass das Kind mehr und mehr in der Lage ist, sich den Handlungsablauf gedanklich vorzustellen und die einzelnen Handlungsschritte gedanklich zu planen (z. B. wie muss ich die Legosteine zusammensetzen, damit ein Haus entsteht?).

Bewegungsplanungsstörungen (Dyspraxie) beruhen auf Störungen der sensorischen Integration, die es dem Kind nicht ermöglichen, erfahrungsbedingte motorische Aufgaben zu planen und auszuführen. Trotz intakter organischer Funktionen kann es zweckmäßige Bewegungsabfolgen nicht oder nur eingeschränkt durchführen. Das Grundproblem vieler dyspraktischer Kinder ist die mangelnde Wahrnehmung ihres eigenen Körpers.

Bewegungsplanungsstörungen werden eingeteilt in:

a) Ideatorische Dyspraxie
Hier handelt es sich um eine kognitive Lernstörung hinsichtlich des Behaltens, Sich-Erinnerns und Sich-Vorstellens von Handlungsabläufen. Das Vorstellungsvermögen, der geistige Entwurf, die Idee, wie eine Handlung vollzogen werden kann, ist bereits gestört. Diese Kinder haben z. B. keine Vorstellung davon, wie sie einen Ball unter einem Schrank hervorholen können oder wie sie eine Bildgeschichte in ihrem räumlich-zeitlichen Zusammenhang ordnen können.
b) Ideomotorische Dyspraxie
Hier ist zwar die Vorstellung über den Handlungsablauf vorhanden, den Kindern gelingt aber die Übertragung der Idee in die Handlungsebene nicht. Die Kinder wissen zwar durchaus, was sie ausführen sollen, können aber die Gesamtplanung und Ausführung nicht umsetzen. Es gelingt den Kinder beispielsweise nicht, auf Aufforderung die Backe aufzublasen, Bewegungen oder Körperstellungen zu imitieren, obwohl diese Kinder all diese Handlungen spontan in einem natürlichen Handlungszusammenhang ausführen können. Fordert man sie aber zu diesen Bewegungen auf (z. B. durch Vormachen), misslingt ihnen der Bewegungsablauf.

Bewegungsplanungsstörungen können auch unterschieden werden in

1. Dyspraxien, die einzelne Körperteile betreffen

a) Gesichts- bzw. orale Dyspraxie: die Kinder können mimische Bewegungen nicht nachmachen, z. B. die Zunge nach links/rechts in den Mundwinkel bewegen, Backen aufblasen, Zunge gegen die Backen drücken, einen Kussmund machen, die Zunge bei geschlossenen Lippen vor beiden Zahnreihen herumführen.
b) Handdyspraxie: die Kinder können eine seriale Bewegungsabfolge der Hände (z. B. flache Hand – Faust – flache Hand – Faust) nicht nachmachen. Handdyspraxien zeigen sich auch in Schwierigkeiten der Kinder, Bewegungsfolgen bei Fingerspielen zu imitieren.
c) Körperdyspraxien: den Kindern gelingt es nur schlecht, Gesten und Gebärden (z. B. imaginäres Schneeballwerfen) oder Körperstellungen bzw. Körperbewegungen zu imitieren (z. B. Bewegungsabläufe beim Pantomimen-Spiel).

d) okkulare Dyspraxie: den Kindern gelingt es nicht, einen bewegten Gegenstand mit den Augen zu verfolgen.

2. Dyspraxien, die bestimmte Fähigkeiten betreffen

Das An- und Ausziehen, das Öffnen und Schließen von Reißverschlüssen, das Rückwärtslaufen, das Schleifenbinden, das Knöpfen oder die Planung und Steuerung von Schreibbewegungen ist für die Kinder besonders schwierig.

3. Konstruktive Dyspraxien

Die Vorstellungsfähigkeit von der Planung und Gestaltung, insbesondere bei Bau- und Konstruktionsspielen, ist bei diesen Kindern gemindert. Das Zusammensetzen und Bauen mit Lego- oder Fischertechnik nach einer Vorlage gelingt den Kindern kaum.

Dyspraktische Kinder fallen durch verlangsamte, ungelenkige Bewegungen und nicht zielgerichtetes Handeln auf. Sie wirken umständlich, tolpatschig und schwerfällig. Sie halten oft inne in ihrer Tätigkeit, um nachzudenken, wie es weitergehen soll. Dyspraktische Kinder sind meist nicht sehr bewegungsfreudig. Sie drücken sich oft vor Bewegungsaufgaben, und entsprechend gering ist auch ihr Bewegungsrepertoire. Sie machen oft die Erfahrung, dass sie bei Bewegungsspielen die Letzten sind. Dyspraktische Kinder werden vor allem in drei typischen Situationen auffällig:

– beim Umgang mit Spielmaterial, wo sie die Möglichkeiten des Spielmaterials nur eingeschränkt nutzen können. Sie neigen zu schematischen, sich oft wiederholenden stereotypen Handlungen. Sie spielen immer mit den gleichen wenigen Sachen in derselben Weise. Häufig zerbrechen sie das Spielzeug, weil sie spielen wollen, die Geräte aber nicht handhaben können.

– beim Umgang mit Werkzeugen aller Art, z. B. mit der Schere schneiden, Hämmern, aber auch der Umgang mit Essbesteck bereitet oft große Probleme.

– beim Anziehen: das Binden des Schnürsenkels, das Anziehen von Schuhen oder Kleidungsstücken gelingt ihnen nur unzureichend.

Motorische Anforderungen sind für dyspraktische Kinder beängstigend und bedrohlich. Die Anforderungen der Umwelt wirken verwirrend und hindern die Kinder am neugierigen Entdecken. Die innere Einstellung dieser Kinder ist: „Passivität ist für mich besser als Aktivität, ich kann vieles nicht so gut, ich komme nicht mit." Daraus entstehen eine Reihe von psychischen Folgen für die Kinder, insbesondere was ihr Selbstwertgefühl betrifft. Die Unsicherheit aus dem eigenen Körper wird übertragen auf Unsicherheit in zwischenmenschlichen Beziehungen. Die Kinder entwickeln Scheu und Zurückhaltung vor Sozialkontakten.

Mit der Handlungsplanung ist auch die Sprachentwicklung eines Kindes eng verknüpft. Bei dyspraktischen Kindern findet man deshalb oft auch einen Zusammenhang zu Wortfindungsstörungen. Der schnelle Zugriff auf Gedächtnisinhalte gelingt dyspraktischen Kindern oft nur unzureichend. Die Kinder haben deshalb Schwierigkeiten, Erlebtes zu erzählen. Sie wirken umständlich und suchen oft nach Worten, wenn sie etwas schildern wollen. Dyspraktische Kinder haben oft auch ein gering ausgeprägtes

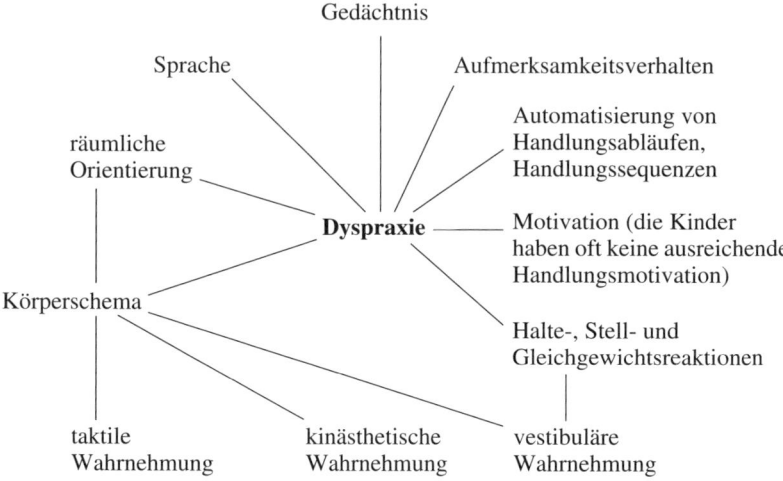

Abb. 6: Bedingungsfaktoren der Dyspraxie

Bewegungsgedächtnis bzw. Schwierigkeiten in der Automatisierung von Bewegungsfolgen. Es fällt ihnen schwer, sich die Koordinationsmuster neu erlernter Bewegungsabfolgen einzuprägen. Die Kinder brauchen oft mehr Wiederholung, bis sie die Bewegungsabläufe gedächtnismäßig abgespeichert haben. Oft gelingen die Ausführungen von zuvor beherrschten Bewegungsmustern nicht mehr, wenn die Kinder gleichzeitig eine zusätzliche Aufgabe durchführen sollen, z. B. wenn sie gleichzeitig die Kurbel einer Kaffeemühle drehen und dabei eine Geschichte erzählen oder ein Lied singen sollen. Kinder, die Handlungen gedanklich schlecht planen können oder sich selbst in Bewegung schlecht vorstellen können, entwickeln oft besondere Schwierigkeiten in der Entwicklung des mathematischen Denkens. Bei der Diagnostik dyspraktischer Kinder gilt deshalb, alle funktionellen Systeme zu überprüfen, d. h. Sprache, Gedächtnis, Körperschema, sowie die verschiedenen Wahrnehmungsbereiche.

3.7.7 Störungen in der Raumwahrnehmung

Das raumwahrnehmungsgestörte Kind kann sich an seinem Körper und im Raum schlecht orientieren:

– es stößt oft an Gegenstände (z. B. Türrahmen) an
– es kann Entfernungen schlecht abschätzen
– beim Lesen lesen manche Kinder rückwärts, z. B. statt „Maus" lesen sie „Saum"
– es kann Puzzlespiele nicht gut zusammensetzen

– selbst in bekannter Umgebung hat es Schwierigkeiten, sich zu orientieren
– es findet schwer von einem Ort zum anderen Ort und verläuft sich leicht
– weil es weiß, dass es sich leicht verirrt, ist es nicht gerne an fremden Plätzen
– es mag oft keine räumlichen Veränderungen von Möbeln/Gegenständen in Wohnung/Kindergarten/Klasse
– es hat Probleme, seine Sachen in Ordnung zu halten oder wiederzufinden
– es fällt dem Kind schwer, mit geschlossenen Augen auf einen zuvor festgelegten Zielpunkt zuzugehen
– Labyrinthaufgaben gelingen nicht oder nur unzureichend.

3.7.8 Die visuelle Wahrnehmung und ihre Funktionsstörungen

Visuelle Wahrnehmung kann verstanden werden als die Fähigkeit, optische Reize aufzunehmen, zu unterscheiden, einzuordnen, zu interpretieren und mit früheren Erfahrungen zu verbinden und entsprechend darauf zu reagieren.

Voraussetzung für eine gute visuelle Wahrnehmung sind:

a) eine intakte Sehfähigkeit
   Wenn kein klares und deutliches Bild auf der Netzhaut des Auges erscheint, kann keine eindeutige visuelle Wahrnehmung im Gehirn stattfinden.
b) eine gute Kopf- und Rumpfkontrolle sowie Augenmuskelkontrolle
   Die visuelle Wahrnehmung entwickelt sich durch die differenzierte Koordination der Augenbewegungen im Zusammenspiel mit vestibulärer und kinästethischer Wahrnehmung. Erst wenn Kopf, Rumpf und Augen stabil gehalten werden können, kann das Kind Gegenstände fixieren und scharf sehen. Wie Befunde aus der Säuglingsforschung zeigen (Dornes 1994), suchen schon Neugeborene aktiv nach Reizen und können verschiedene Reize voneinander unterscheiden:
   – Neugeborene folgen einem sich bewegenden Objekt in ihrem Gesichtsfeld mit ihren Augen
   – sie können Blickkontakt halten
   – von Geburt an können sie verschiedene Farben und auch verschiedene Muster unterscheiden
   – Säuglinge entwickeln bereits Abtastmuster für visuelle Reize. In den ersten vier Lebenswochen werden vor allem die kontrastreichen Übergänge zwischen Haarlinie und Stirn eines Gesichts erforscht. Im zweiten und dritten Lebensmonat verlagert sich die Aufmerksamkeit auf das Gesichtsinnere (z. B. Nase, Mund und Augen)
   – ab dem dritten Monat kann der Säugling die Mutter visuell schon von fremden Personen unterscheiden.

Viele Tätigkeiten wie Malen, Schreiben oder Ballspielen werden unter Mitwirkung der Augen, die die Hand anleiten, erledigt. Es gibt Hinweise darauf, dass es zwei visuelle Systeme gibt:

– das Mittelhirnsystem, das analysiert, wo sich ein Objekt befindet
– die Sehrinde, die interpretiert, um was es sich dabei handelt.

Die visuelle Wahrnehmungsentwicklung ist gegen Ende des siebten Lebensjahres nahezu abgeschlossen. In dieser Zeit entwickelt sich:

– die Fähigkeit, Gemeinsamkeiten und Unterschiede von Gegenständen/Bildern zu erkennen
– das visuelle Vorstellungsvermögen, das ein Denken in Bildern und Handlungsabläufen ermöglicht
– die visuelle Gedächtnisleistung über Mengen, Farben und Orte
– das Erkennen von geordneten Reihenfolgen, z. B. die Fähigkeit, verschiedenfarbige Hütchen in ihrer Reihenfolge zu erkennen und nachzubauen.

Frostig (1974 b) unterscheidet fünf Bereiche der visuellen Wahrnehmung:

a) Visuo-motorische Koordination: Die Auge-Hand-Koordination ist die Fähigkeit, das Sehen und Bewegen des Körpers zu integrieren und zu koordinieren. Sie entwickelt sich ab dem dritten Lebensmonat. An der Fähigkeit, Auge und Hand zu koordinieren, sind mehrere Funktionen beteiligt:
   – das Auge, das ein Ziel anvisiert und von einem Ausgangspunkt zu einem Zielpunkt geführt wird
   – die Hand, die sich dem Auge folgend einer vorgestellten Linie entlang bewegen muss. Dazu bedarf es einer guten taktil-kinästhetischen und vestibulären Wahrnehmungsverarbeitung. Eine gute Auge-Hand-Koordination ist eine notwendige Voraussetzung für handwerkliches Arbeiten, für Basteln, Schreiben, Ballwerfen und -fangen oder für das Einschenken in ein Glas.

b) Figur-Grundunterscheidung: Sie beinhaltet die Fähigkeit, sich jeweils auf den wichtigsten visuellen Reiz zu konzentrieren bzw. einzelne Formen auf zunehmend komplexerem Grund wahrzunehmen. Aus einer Vielzahl auf das Auge einströmender Reize müssen diejenigen ausgewählt werden, die unsere Aufmerksamkeit erregen bzw. die für relevant erachtet werden.

c) Formkonstanzbeachtung: sie beinhaltet die Fähigkeit, geometrische Formen unabhängig von ihrer Größe oder Lage als gleich zu erkennen. Die Wahrnehmung einer geometrischen Figur oder Form muss auch dann vom Kind als konstant wahrgenommen werden, wenn diese in verschiedener Größe oder Lage gezeigt wird. Hier geht es also um das Wiedererkennen geometrischer Gestalten, die in verschiedenen Größen und Positionen zusammen mit anderen geometrischen Figuren dargestellt sind.

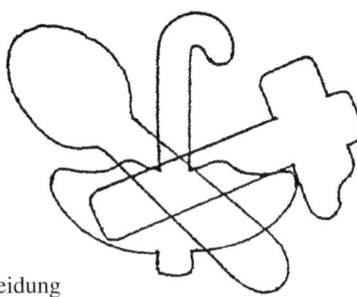

Abb. 7:
Figur-Grundunterscheidung

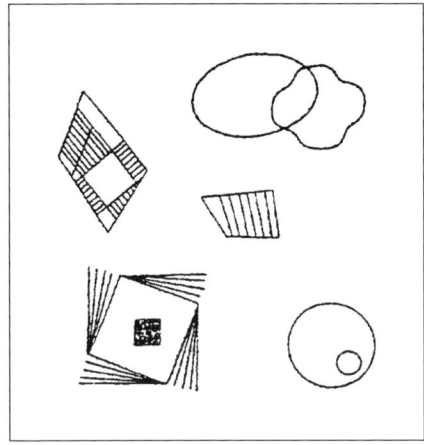

Abb. 8: Das Kind soll unter verschiedenen Formen alle Kreise und Vierecke erkennen (Frostig 1974 b).

d) Erkennen der Lage im Raum: Dies entspricht der Fähigkeit, die Raumlage-Beziehung eines Gegenstandes zum Wahrnehmenden zu erkennen. Gegenstände und Formen werden in ihrer Raumlage in Bezug zur wahrnehmenden Person gesehen. Durch konkrete Erfahrung mit dem eigenen Körper in seiner Stellung im Raum und der räumlichen Beziehung von Dingen in Bezug zum Körper erfasst das Kind intuitiv oben – unten, vorne – hinten, rechts – links, seitlich usw.

Das Raumlageerkennen gewinnt mit dem Eintritt in die Grundschule eine besondere Bedeutung, denn für das Lesen- und Schreibenlernen müssen die Kinder Buchstaben, die sich lediglich in ihrer Raumlage unterscheiden, differenzieren können (wie z. B. b-p, d-q, n-w, M-W). Dazu gehört auch eine differenzierte Formwahrnehmung. Die Kinder müssen geometrische Strukturen, die sich nur in Nuancen unterscheiden, voneinander unter-

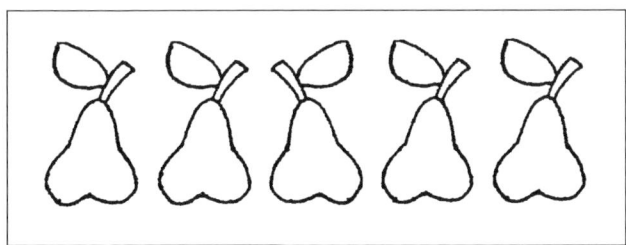

Abb. 9: Das Kind soll die Birne herausfinden, die anders als die anderen aussieht.

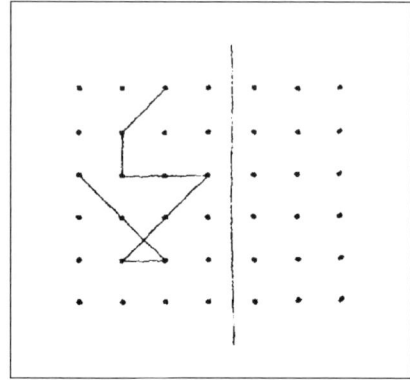

Abb. 10 (Frostig 1974 b)

scheiden können (z. B. bei Spielen wie Differix; Schau-genau). Die Fähigkeit zur differenzierten Formwahrnehmung ist eine wichtige Voraussetzung für das Erlernen des Lesens und Schreibens.

e) Erkennen räumlicher Beziehungen: Dies entspricht der Fähigkeit, zwei oder mehrere Gegenstände in Bezug zu sich selbst oder in Bezug zueinander wahrzunehmen, d. h. in welcher Richtung ein Objekt liegt, in welchem Abstand zu einer Person oder zu einem anderen Objekt. Die räumliche Orientierungsfähigkeit prägt stark das Verhalten und Denken. Vor allem auch die Entwicklung kognitiver Fähigkeiten wie Rechnen, Lesen und Schreiben ist stark vom Erkennen räumlicher Beziehung abhängig. Begriffe wie „vor", „hinter", „drüber", „dazwischen" geben räumliche Beziehungen an.

In Ergänzung zu Frostig sind noch folgende visuelle Wahrnehmungsbereiche relevant:

f) Visuelles Reihen- bzw. Symbolfolgegedächtnis: Darunter versteht man die Fähigkeit, die seriale Anordnung (Reihenfolge) von visuellen Reizen zu behalten und wiederzugeben. Gesehenes erinnern zu können ist eine wichtige Voraussetzung für die kognitive Entwicklung.

g) Visuelle Aufmerksamkeitsspanne: Sie beinhaltet die Fähigkeit, die visuelle Aufmerksamkeit intensiv und gleichbleibend einsetzen zu können. Die Kinder müssen in der Lage sein, ihre visuelle Aufmerksamkeit für einen bestimmten Zeitraum auf einen Gegenstand zu fixieren und sich nicht durch andere Reize ablenken zu lassen.

Funktionsstörungen der visuellen Wahrnehmung

Versuchen Sie, folgenden Satz zu lesen. Dies vermittelt einen Eindruck über die besonderen Schwierigkeiten visuell wahrnehmungsgestörter Kinder:

Dez Lezeu uuq Soqlelqeu zu leqleu qeqöll zu qeu Heuqleulqeqeu qel Gluuqzoqule. Iqle qeqeqoqlzoqe Aulqeqe Izl ez qelül zu zolqeu qeß wöqlloqzl weulqe Soqülel velzeqeu

übersetzt:
Das Lesen und Schreiben zu lehren gehört zu den Hauptaufgaben der Grundschule. Ihre pädagogische Aufgabe ist es, dafür zu sorgen, dass möglichst wenige Schüler versagen.

Funktionsstörungen der visuellen Wahrnehmung kommen selten unabhängig von anderen Integrationsstörungen vor. Sie sind häufig bei Kindern mit einem schlecht ausgebildeten Körperschema zu finden. Kinder mit visuellen Wahrnehmungsstörungen haben deshalb auch oft taktile, kinästhetische oder vestibuläre Integrationsstörungen. Visuelle Wahrnehmungsstörungen können auch durch organische Ursachen entstehen, z. B. durch Linseneintrübung, Hornhautverkrümmung oder Fehlsichtigkeit. Bei Verdacht auf eine visuelle Wahrnehmungsstörung sollte deshalb auch unbedingt eine augenärztliche Untersuchung durchgeführt werden.

a) Störungen der visuo-motorischen (Auge-Hand-)Koordination zeigen sich dadurch, dass:

- die Kinder beim Malen, Schneiden mit der Schere oder beim Schreiben Begrenzungslinien schlecht einhalten können, beim Ausmalen von Bildern malen sie oft über Begrenzungslinien
- das Auffangen eines zugeworfenen Balles aus zwei bis drei Meter Entfernung ihnen schlecht gelingt. Die Kinder greifen oft daneben
- das Auffädeln von Perlen auf eine Lederschnur schlecht gelingt
- sie beim Einschütten von Flüssigkeit in ein Glas oft daneben schütten oder das Glas umwerfen
- sie bei Zielwürfen (z. B. Ball in Papierkorb werfen) sehr ungeschickt wirken
- sie beim Schreiben nicht auf der Linie bleiben können
- sie Zahlen nur schlecht auf der gleichen Linie oder senkrecht untereinander schreiben können
- sie beim Ballprellen Schwierigkeiten haben.

Oft sind Schwierigkeiten der Auge-Hand-Koordination verbunden mit Störungen der Augenmuskelkontrolle, so dass es dem Kind nicht gelingt, einen Gegenstand längere Zeit mit den Augen zu fixieren oder einen bewegten Gegenstand mit den Augen zu verfolgen.

b) Störungen der Figur-Grundunterscheidung zeigen sich dadurch:

- dass die Kinder beim Lesen leicht die Zeile verlieren
- dass das Abschreiben von der Tafel schlecht gelingt
- dass sie beim Sortieren von Murmeln und eckigen Knöpfen aus einer Knopfschachtel Schwierigkeiten haben
- dass sie beim Nachzeichnen (mit unterschiedlichen Farben) von zwei oder drei sich überlappenden Formen Schwierigkeiten haben
- dass sie Aufmerksamkeits- und Konzentrationsstörungen zeigen.

c) Störungen der Formkonstanz-Beachtung zeigen sich dadurch, dass:

- geometrische Formen unterschiedlicher Lage und Größe nicht als identisch erkannt werden
- es das gleiche Wort in der nächsten Reihe nicht wiedererkennt.

d) Störungen des Erkennens der Lage im Raum zeigen sich dadurch, dass:

- Ähnlichkeiten, Details, Unterschiede in Mustern und Zeichnungen schlecht erkannt werden (z. B. bei Spielen mit Differix, Schau-genau)
- oft ähnlich aussehende Buchstaben, wie b-d, p-q, n-u, m-w verwechselt werden oder Zahlen verkehrt geschrieben werden (statt 86 schreibt das Kind 68). Die Kinder haben Schwierigkeiten, den Stellenwert einer Ziffer innerhalb einer Zahl zu erfassen
- Zahlen und Buchstaben auch am Ende des ersten Schuljahres noch spiegelbildlich geschrieben werden
- die Kinder nicht gerne puzzeln
- eine Bildgeschichte gegensinnig (also von rechts nach links) gelegt wird
- beim Lesen auch eine gegensinnige Leserichtung zu beobachten ist. Die Kinder lesen z. B. statt „ein" – „nie" oder statt „nur" – „run"
- beim Rechnen die Umkehroperationen (subtrahieren, dividieren) misslingen, während die Grundrechenoperationen (addieren, multiplizieren) gut bewältigt werden.

e) Störungen im Erfassen räumlicher Beziehungen zeigen sich dadurch, dass die Kinder:

- Abstände schlecht einschätzen können, öfter etwas umstoßen oder sich anstoßen
- Schwierigkeiten haben, Objekte im Raum zu lokalisieren
- die Entfernung eines Gegenstandes vom Betrachter schlecht beurteilen können
- Probleme haben, die Größe eines oder mehrerer Gegenstände abzuschätzen
- unsicher sind im Verstehen von Begriffen wie „auf", „unter", „zwischen", „davor" und deshalb Handlungsaufträge nicht richtig ausführen können (z. B. „leg den kleinen Ball vor/hinter/neben den weißen großen Teddybär")
- Probleme haben, einen Weg von einem Ort zum anderen zu finden
- einfache geometrische Figuren (z. B. mit Holzstäbchen gebaute geometrische Figuren) nicht aus dem Gedächtnis nachbauen können.

f) Störungen des visuellen Symbolfolgegedächtnisses zeigen sich darin, dass:

- die Kinder Schwierigkeiten haben, eine Reihenfolge von 4 bis 5 Bauklötzen unterschiedlicher Farbe aus dem Gedächtnis nachzulegen
- es den Kindern nicht gelingt, die Reihenfolge einfacher Symbole, die z. B. auf kleinen Kärtchen angeordnet sind, aus dem Gedächtnis nachzulegen (z. B. Kreuz – Kreis – Dreieck – Quadrat)
- die Kinder Schwierigkeiten haben, vier Gegenstände (z. B. Kamm, Schlüssel, Radiergummi, Würfel), die unter einem Tuch versteckt sind, sich einzuprägen und den Gegenstand, der danach weggenommen wird, zu benennen.

g) Störungen der visuellen Aufmerksamkeitsspanne zeigen sich dadurch, dass:

– die Kinder durch visuelle Reize sehr schnell abgelenkt sind und sie sich nicht ausdauernd mit einem Lerngegenstand oder mit Spielen beschäftigen können
– eine differenzierte Formwahrnehmung beeinträchtigt ist.

Ein testdiagnostisches Verfahren zur Überprüfung der visuellen Wahrnehmungsfähigkeit bietet der „Frostig-Test zur visuellen Wahrnehmung" (Frostig 1974). Die visuelle Wahrnehmungsfähigkeit verbessert sich mit zunehmendem Lebensalter. Sieben- bis neunjährige Kinder sollten im Frostig-Test mindestens einen Prozentrang von 36 erreichen. Bei über Neunjährigen sollte der Wert nahe einem Prozentrang von 100 liegen. Eine testdiagnostische Möglichkeit zum Erfassen des visuellen Symbolfolgegedächtnisses ist der Untertest „Symbolfolgegedächtnis" des „Psycholinguistischen Entwicklungstests" (Angermaier 1977). Die visuelle Aufmerksamkeitsspanne kann durch den „d 2"-Test von Brickenkamp (1975) erfasst werden.

3.7.9 Die auditive Wahrnehmung und ihre Funktionsstörungen

Auditive Wahrnehmung kann verstanden werden als die Aufnahme von akustischen Reizen und ihre Verarbeitung in Form von Speicherung, Auswahl, Differenzierung, Analyse und Synthese im zentralen Nervensystem. Ein intaktes Gehör und eine gut funktionierende auditive Wahrnehmung sind eine grundlegende Voraussetzung für die Entwicklung der Sprache und der Schriftsprache. Über das auditive System können Töne, Geräusche und Klänge wahrgenommen und unterschieden werden. Es ermöglicht, Entfernungen, Bewegung und Richtung einer Schallquelle einzuschätzen.

Das Hörorgan umfasst das äußere Ohr (Ohrmuschel, Ohrläppchen, Gehörgang), das mittlere Ohr (Gehörknöchelchen und Trommelfell) und das innere Ohr (Schnecke, Bogengänge).

Durch das Ohr werden Schallwellen aufgenommen. Diese Schallwellen versetzen das Trommelfell in Schwingungen, die auf die verschiedenen Gehörknöchelchen übertragen werden. Diese Bewegungen werden auf eine Flüssigkeit im Innenohr übertragen, wobei die Haarzellen der Schnecke diese Bewegungen in elektrische Impulse umwandeln. Diese Impulse ziehen über Hörnerven zum verlängerten Rückenmark in den Hirnstamm, zum Thalamus und zum auditiven Kortex, wo die Reize insbesondere im Bereich des Schläfenlappens verarbeitet werden. Die Rezeptoren, die die akustischen Signale aufnehmen, müssen auf die geringen Zeitunterschiede reagieren, mit denen die Schallwellen auf das Ohr auftreffen. Beim Hören von Sprache und Musik entnimmt unsere zentrale Hörverarbeitung dem ständigen Fluss des heranschwingenden Schalls nur etwa 30mal pro Sekunde gewissermaßen eine Probe, die zum Erkennen eines Lautes bzw. Tones aus-

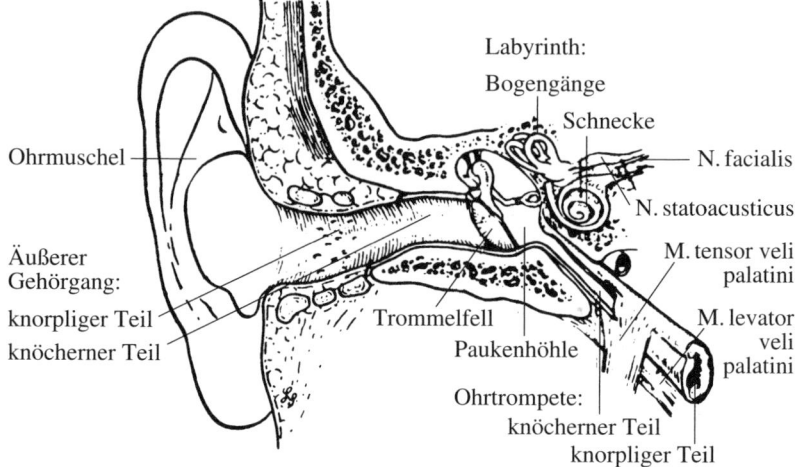

Labyrinth:
Bogengänge
Schnecke
Ohrmuschel
N. facialis
N. statoacusticus
Äußerer
Gehörgang:
M. tensor veli
palatini
knorpliger Teil
knöcherner Teil
Trommelfell
Paukenhöhle
M. levator
veli
palatini
Ohrtrompete:
knöcherner Teil
knorpliger Teil

Abb. 11: Aufbau des Ohrs (aus: H. G. Boenninghaus „Hals-Nasen-Ohrenheilkunde",
Springer, Berlin/Heidelberg 1986)

reicht. Dieser Zeitunterschied wird als „Ordnungsschwelle" bezeichnet. Die
Ordnungsschwelle ist diejenige Zeitspanne, die zwischen zwei Sinnesreizen mindestens verstreichen muss, damit wir sie getrennt wahrnehmen und
in eine zeitliche Reihenfolge, also in eine Ordnung bringen können. In
Deutschland haben sich vor allem Pöppel (1985) und von Steinbüchel (1991)
mit der wissenschaftlichen Erforschung der Ordnungsschwelle beschäftigt.

In jüngster Zeit befasst sich auch Warnke (1995) mit der Messung der
Ordnungsschwelle und deren Zusammenhänge zum verzögerten Aufbau
der Schriftsprache von Kindern. Nach seinen Messungen liegt die durchschnittliche Ordnungsschwelle bei sechsjährigen Kindern bei ca. 60 bis 80
Millisekunden, bei neunjährigen Kindern und Erwachsenen bei ca. 20 bis
40 Millisekunden. Bei von Steinbüchel finden sich etwas höhere Durch-
schnittswerte (ca. 110 msek. bei 6- bis 7-jährigen Kindern). Mit zunehmendem Alter verbessert sich somit auch die Ordnungsschwelle. Es erscheint
gerechtfertigt, die gesunkenen Schwellenwerte als einen Hinweis auf eine
Verfeinerung und Ausdifferenzierung des zeitlichen Auflösungsvermögens
für akustische Reize zu verstehen.

Beim Sprechen braucht man ca. 50 Millisekunden, um den kürzesten Laut
auszusprechen. Eine Ordnungsschwelle von ca. 20 bis 40 Millisekunden
reicht somit aus, um die Lautfolge von Wörtern exakt analysieren zu können. Auch die nur kurz hörbaren Verschluss- bzw. Explosivlaute wie b, d,
g, k, p und t, deren Artikulationszeit bei ca. 50 Millisekunden liegt, ist bei

dieser Ordnungsschwelle möglich. Damit also die in der gesprochenen Sprache enthaltenen Verschlusslaute vom Gehirn verarbeitet werden können, muss die Abtastrate schneller als 50 Millisekunden sein. Warnke (1995) berichtet, dass es bei Kindern beträchtliche Unterschiede hinsichtlich ihrer Ordnungsschwelle gibt. Während „gesunde" neunjährige Kinder eine Ordnungsschwelle im Bereich von 20 bis 40 Millisekunden haben, weisen andere Kinder Ordnungsschwellen von über 150 Millisekunden auf. Dies bedeutet, dass diese Kinder besonders Verschlusslaute aus dem Sprachfluss nicht identifizieren können, was erhebliche negative Auswirkungen auf die Lese- und Rechtschreibentwicklung der Kinder hat. Tallal (1993) fand in ihren Untersuchungen, dass insbesondere Kinder mit Sprachauffälligkeiten eine deutlich erhöhte Ordnungsschwelle aufwiesen. Ihre überaus interessante Schlussfolgerung ist, dass Sprachentwicklungsstörungen *und* Lese-/Rechtschreibschwierigkeiten auf *eine* basale Ursache zurückzuführen sind. Diese basale Ursache liegt ihrer Meinung nach in der Beeinträchtigung der zeitlichen Verarbeitungsfähigkeit für rasch wechselnde akustische Reize begründet.

Ergebnisse aus der Säuglingsforschung

Das auditive System entwickelt sich bereits im Mutterleib. Das Hörorgan wird in der zwölften bis vierzehnten Schwangerschaftswoche angelegt (Ohrmuschel, Gehörgang, Mittelohr und Schnecke). Der Fötus kann bereits im Mutterleib Geräusche wahrnehmen, z. B. den Atemrhythmus, die Stimme der Mutter und Musik. Tiefe Töne erkennt das Kind im Mutterleib besser als hohe. Der Grund dafür ist, dass durch das Fruchtwasser hohe Töne gefiltert werden. Erkenntnisse aus der Säuglingsforschung (Dornes 1994) zeigen, dass

– bereits im Mutterleib akustische Geräusche mit bemerkenswerter Genauigkeit wahrgenommen werden. Ab der 28. Schwangerschaftswoche ist der Fötus imstande zu hören
– unmittelbar nach der Geburt eine ausgeprägte Vorliebe für die mütterliche Stimme besteht
– Neugeborene eine Geschichte, die sie bereits intrauterin gehört haben (durch lautes Vorlesen der Mutter), einer neuen Geschichte vorziehen, auch wenn die Stimmen gleich sind
– einen Monat alte Säuglinge schon verschiedene Lautäußerungen, wie z. B. b, p, ba, ga voneinander unterscheiden können. Für die auditive Wahrnehmung gilt, dass Säuglinge schon sehr früh in der Lage sind, die Vielfalt lautlicher Kontraste der gesprochenen Sprache zu unterscheiden. Die wesentlichen sensorischen Mechanismen, die dieser Unterscheidungsfähigkeit zugrunde liegen, scheinen sich innerhalb des ersten Monats, wenn nicht von Geburt an, zu entwickeln.

Häufige und länger andauernde Mittelohrentzündungen bzw. Paukenergüsse infolge Infektion der oberen Luftwege sind oft Ursachen für Hörbeeinträchtigungen, auditive Wahrnehmungsstörungen und Sprachentwicklungsstörungen. Aus diesem Grund muss man besonders bei den Kindern, die in ihrer Entwicklung viele Erkältungen im Nasenraum hatten, mit auditiven Wahrnehmungsstörungen rechnen. Durch das Ansammeln von Sekreten im Nasenraum kann kein Druckausgleich zwischen Nase und Ohr stattfinden, was die Hörleistung der Kinder mindert und sich ungünstig auf die Verarbeitung von akustischen Reizen auswirkt.

Funktionsstörungen der auditiven Wahrnehmung

Auditive Wahrnehmungsstörungen sind Beeinträchtigungen der Sprach- und Schallverarbeitung. Sie sind aber nicht gleichzusetzen mit schlechtem Hören. Häufig sind die Hörleistungen der Kinder nicht beeinträchtigt, weshalb sie oft auch nicht durch eine routinemäßige kinderärztliche Untersuchung festgestellt werden. Wenn aber das Hören oder die Verarbeitung des Gehörten beeinträchtigt ist, wird sich dies auf den Sprachgebrauch, Sprachbenutzung und auf den Schriftspracherwerb auswirken. Hörverluste von 10 bis 20 dB verzögern die Sprachentwicklung erheblich und führen in der Regel zu auditiven Wahrnehmungsstörungen. Schwerhörigkeit durch Schallleitungsstörungen, Innenohrstörungen usw. führen immer zu einer Einschränkung der auditiven Wahrnehmungsverarbeitung. Deshalb ist bei Verdacht einer auditiven Wahrnehmungsstörung eine audiologisch phoniatrische Untersuchung durch einen Hals-Nasen-Ohren-Arzt indiziert, um organische Ursachen auszuschließen.

Viele Kinder mit schulischen Lernstörungen, insbesondere Lese-/Rechtschreibproblemen, haben auditive Wahrnehmungsstörungen. Selten aber treten die einzelnen auditiven Wahrnehmungsstörungen isoliert auf. Oft sind gleichzeitig mehrere Bereiche der Laut- und Sprachverarbeitung eines Kindes betroffen. Breitenbach (1989) hat eine Reihe auditiver Wahrnehmungsstörungen beschrieben. Sie lassen sich einteilen in:

a) gestörte Schall-Lokalisation

Den Kindern gelingt es nicht, eine Schallquelle im Raum zu lokalisieren oder einer sich bewegenden Schallquelle zu folgen (z. B. beim Spiel „Töpfe schlagen", „Bello, mein Knochen ist weg", einen versteckten Wecker finden). Deshalb fällt es den Kindern schwer, sich in Gruppengesprächen dem jeweiligen Sprecher zuzuwenden. Oft wissen sie nicht, wohin sie sich wenden sollen, wenn sie gerufen werden.

b) nicht altersgemäße Lautdiskriminationsfähigkeit

Die Kinder haben Schwierigkeiten im Erkennen und Unterscheiden von Sprachlauten. Warnke umschreibt dies als mangelnde Wahrnehmungstrennschärfe bzw. phonematische Diskriminationsfähigkeit. Um die Wahrnehmungstrennschärfe zu erfassen, entwickelte er einen Früherkennungstest, bei dem die Kinder ähnlich klingende sinnfreie „Quatschwörter" (wie z. B. EFI-EBI), die mit Hintergrundgeräuschen über Kopfhörer präsentiert werden, nachsprechen sollen. Die Geräuschkulisse soll die akustische Atmosphäre eines Klassenraumes simulieren. Beeinträchtigungen der Lautdiskriminationsfähigkeit führen zu Lese-/Rechtschreibschwierigkeiten und Schwierigkeiten in der Inhaltserfassung von Sätzen oder Texten. Die Schwierigkeiten zeigen sich dadurch, dass:

– ähnlich klingende Wörter wie Nadel-Nagel, Glas-Gras, Bären-Beeren lautlich nicht hinreichend genau unterschieden werden können
– die Kinder ähnlich klingende Wörter beim Diktatschreiben verwechseln
– bei Reimwörtern die beiden klangähnlichen Wörter nicht bzw. schlecht erkannt werden können (z. B. Haus – Maus – Tisch, Nase – Hase – Hut)
– die Kinder oft verwaschen sprechen oder nuscheln. Die Sprachproduktion wird sowohl über die kinästhetische Wahrnehmung der Mundmotorik als auch über das Mithören der eigenen Sprache kontrolliert
– die Kinder auch in Einzelsituationen oft nachfragen.

c) Beeinträchtigungen der Figur-Grundwahrnehmung

Hier handelt es sich um eine Störung der Sprachdiskrimination in geräuscherfüllter Umgebung, z. B. bei Nebengeräuschen, wenn durcheinander gesprochen wird. Die Kinder können Sprache nicht ausreichend von Störgeräuschen unterscheiden. Sie hören die Nebengeräusche genauso laut wie die Sprache. Den Kindern gelingt es somit kaum, wichtige akustische Informationen von Neben- oder Hintergrundgeräuschen zu trennen und aus komplexen Schallereignissen sprachliche Informationen herauszuhören.

Bei einem oft hohen Lärmpegel in Kindergartengruppen oder im Klassenraum wirkt sich diese Beeinträchtigung besonders gravierend aus. Messungen in Schulklassen haben ergeben, dass sich die verschiedenen Störgeräusche wie beispielsweise Stühlerücken, Hantieren mit Büchern, Sprechen mit dem Tischnachbarn usw. zu einem Geräuschpegel von etwa 50 dB addieren, während die Stimme der Lehrperson die Kinder nur mit einem Schallpegel von 65 dB erreicht. Bei diesem geringen Geräuschunterschied muss vor allem das Richtungshören, die Lautdiskriminationsfähigkeit und die Figur-Grundunterscheidung völlig in Ordnung sein. Beeinträchtigungen dieser Wahrnehmungsstörung wirken sich gravierend aus:

– bei einer lauten Geräuschkulisse verstehen die Kinder oft die Anweisung der Erzieherin/Lehrerin nicht
– Informationen in komplexen Gruppensituationen werden häufig nicht oder falsch verstanden
– die Kinder beschweren sich, wenn durcheinander gesprochen wird, weil sie die Stimme der Lehrerin/Erzieherin nicht richtig hören
– in einer großen Gruppe wirken die Kinder gereizt, ziehen sich zurück oder halten sich die Ohren zu
– sie fragen öfter nach
– sie orientieren sich bei Aufträgen oft an anderen Kindern/Mitschülern

- in Einzelsituationen oder Kleingruppen zeigen sie ein deutlich besseres Sprachverständnis
- sie geben Antworten, die sich nicht direkt auf die gestellten Fragen beziehen
- die Kinder haben eine erhöhte Sprechlautstärke, wenn sie mit anderen reden.

Da die Kinder mehr Energie aufbringen müssen, um die Stimme der Erzieherin/Lehrerin aus anderen Nebengeräuschen herauszuhören, ermüden sie schneller, wirken unaufmerksam und unkonzentriert oder stören den Unterricht. Akustische Signale mit Geräuschcharakter werden lauter gehört als von Normalhörenden. Das Kind wirkt geräuschempfindlich. Diese auditive Wahrnehmungsstörung wird auch als zentrale Fehlhörigkeit beschrieben. Vor allem Esser (1994) hat sich intensiv mit der Erforschung der zentralen Fehlhörigkeit und deren Begleitsymptomen befasst. Eine zentrale Fehlhörigkeit kann nur durch eine audiologische Untersuchung abgeklärt werden (z. B. durch den dichotischen Diskriminationstest, Ableitung akustisch evozierter Rindenpotenziale, Stapediusreflexschwellenaudiometrie etc.). Oft haben fehlhörige Kinder zusätzlich eine verminderte auditive Merkfähigkeit, eine verzögerte Sprachentwicklung, sind durch Geräusche leicht ablenkbar, zeigen Lautbildungsschwierigkeiten (Stammeln), Dysgrammatismus, geringen Wortschatz und motorische Koordinationsschwierigkeiten sowie Lese-/Rechtschreibschwierigkeiten.

d) verkürzte Hör-Gedächtnis-Spanne

Eine Beeinträchtigung des auditiven Gedächtnisses führt dazu, dass die Kinder nur begrenzt fähig sind, nacheinander eintreffende akustische Informationen wie zum Beispiel Wörter, Zahlenreihen, mehrsilbige Sätze, einen Klatschrhythmus im auditiven Kurzzeitgedächtnis (Arbeitsgedächtnis) zu speichern und wieder abzurufen. Die seriale Verarbeitung akustischer Reize und Informationen gelingt nicht altersentsprechend. Das Vorhandensein einer solchen Störung führt oft zu schulischen Lernstörungen, da vor allem auditive Gedächtnisleistungen sowohl für die Lese-/Rechtschreibentwicklung als auch für die Durchführung von Rechenoperationen (insbesondere Kopfrechnen) von fundamentaler Wichtigkeit sind. Bei Kindern mit einer eingeschränkten Hör-Gedächtnis-Spanne findet man oft auch Störungen der vestibulären Wahrnehmung. Eine verkürzte Hör-Gedächtnis-Spanne äußert sich insbesondere in folgenden Schwierigkeiten:

- die Kinder können Reime, kleine Geschichten, Lieder, Verse und Farben oder das kleine Einmaleins nur schlecht behalten oder nacherzählen
- sie können Sätze, bestehend aus sechs bis sieben Worten, nicht nachsprechen
- sie können sich Zahlenreihen schlecht merken
- sie sind im Kopfrechnen oft deutlich schlechter als im schriftlichen Rechnen, vor allem bei Aufgaben, wo mehrere Zwischenergebnisse behalten werden müssen
- bei Diktaten kommt es oft zu wiederholtem Nachfragen oder Auslassen von Wörtern

- sie verlieren oft auffallend rasch das Interesse, wenn Geschichten vorgelesen werden
- sie können mehrere miteinander verbundene Handlungsaufträge nicht oder nur unvollständig ausführen
- sie vergessen oft die Hausaufgaben (was natürlich auch viele andere Ursachen haben kann)
- bei Spielen wie z. B. „Kofferpacken" können sie sich schlecht die Reihenfolge der eingepackten Gegenstände merken.

e) Störungen der auditiv-visuellen Integration

Die Kinder haben Schwierigkeiten, visuelle Reize in bedeutsame akustische Information umzusetzen und umgekehrt. Dies zeigt sich vor allem darin, dass:

- die Kinder im Kindergarten schnell die einmal gelernten Farben vergessen. Sie brauchen länger als andere Kinder, um sich die Namen der verschiedenen Farben zu merken und diese zuzuordnen
- die Kinder in der Grundschule Schwierigkeiten haben im Behalten der Phonem-Graphem(Buchstabe-Laut)-Zuordnung. Am Ende des ersten Grundschuljahres haben die Kinder weitgehend die Buchstaben des Alphabets erlernt. Manche Kinder vergessen aber die Buchstaben-Laut-Zuordnung rasch wieder bzw. brauchen mehr Lernzeit. Sie haben Schwierigkeiten, aus dem Gedächtnis einem gehörten Laut den entsprechenden Buchstaben zuzuordnen oder umgekehrt. Der schnelle Zugriff auf sprachliche Gedächtnisinhalte ist beeinträchtigt. Schwierigkeiten in diesem Bereich führen oft zu Lese-/Rechtschreibstörungen.

f) gestörte Lautanalyse und Lautsynthese

Es gelingt den Kindern nur schwer oder gar nicht, Laute aus einem Wort zu analysieren (z. B. „was hört man am Anfang von Igel") oder Silben zu einem Wort zusammenzuziehen. Schwierigkeiten in diesem Bereich führen zu Lese-/Rechtschreibproblemen. Damit Lautanalyse und Lautsynthese gelingen, ist ein intaktes auditives Kurzzeitgedächtnis eine notwendige Voraussetzung. Die Schwierigkeiten der Kinder zeigen sich insbesondere darin, dass

- es ihnen nicht gelingt, An-, End- oder Mittellaute aus einem Gesamtklangbild lautlich zu analysieren bzw. herauszuhören (z. B. Bildkärtchen mit gleichen Anfangslauten aus mehreren Bildkärtchen heraussuchen)
- die komplexe Lautdurchgliederung von Wörtern nicht oder unzureichend gelingt
- das Zusammenziehen von Buchstaben/Silben zu einem Wort nicht gelingt, wie z. B. Fuß-ball-feld, a-l-t (Lautsynthese)
- das Kind nicht altersentsprechend liest. Schwierigkeiten in der Lautanalyse sind oft verbunden mit einer erhöhten Ordnungsschwelle und einer unzureichenden Wahrnehmungstrennschärfe.

g) nicht altersgemäße rhythmisch-melodische Differenzierung

Gehörtes kann aufgrund seiner melodischen oder rhythmischen Struktur nicht voneinander unterschieden werden:

- den Kindern gelingt das Mitklatschen eines Liedes nicht
- die Silbensegmentierung gelingt nicht, das Klatschen oder Klopfen eines Wortes in Silben (z. B. Vo-gel-nest) gelingt nicht
- das rhythmisierte Sprechen von Versen und Reimen gelingt nicht (z. B. Sprechverse wie „Ene-mene-miste, es rappelt in der Kiste …")
- einfache Klatschrhythmen können nicht nachgeklatscht werden.

h) Störung bei der Wahrnehmung emotionaler Inhalte

Die Fähigkeit, einer Musik oder Gesprochenem einen emotionalen Inhalt zu entnehmen, ist nicht altersentsprechend entwickelt:

- den Kindern fällt es schwer, stimmliche Gefühlsäußerung (z. B. Lachen, Weinen, Wut) richtig zu deuten
- die Kinder nehmen Stimmungsveränderungen, die stimmlich ausgedrückt werden (z. B. von lustigem Tonfall zu ernstem Tonfall), nicht wahr
- die Kinder können in Musikstücken keine Stimmungen, keine gefühlsmäßigen Inhalte erkennen, wie z. B. bei lustiger/trauriger Musik.

i) Störung der Wahrnehmungskonstanz

Ein bestimmtes Geräusch, ein Ton oder eine bestimmte Lautfolge kann nicht wiedererkannt werden, wenn es in veränderter Lautstärke, Klangfarbe, Tonhöhe oder gemeinsam mit anderen Tönen, Lauten oder Geräuschen angeboten wird:

- die Kinder erkennen ein vorgegebenes Stichwort (z. B. Hund) aus einem vorgelesenen Text nicht heraus (z. B. sollen die Kinder klatschen, wenn sie ein vorgegebenes Wort in einem Text hören)
- die Kinder können einfache Reime nicht fortsetzen, wie z. B. Haus-Maus-…

j) Störungen der auditiven Aufmerksamkeit

Dies zeigt sich in Schwierigkeiten des Kindes, sich auf wechselnde akustische Signale (z. B. Sprachangebote des Lehrers/Erzieherin) dauerhaft einzustellen. Hinweise dafür sind:

- fehlende Ausdauer bei verbalen Aufgaben
- geringe Mitarbeit im mündlichen Unterricht/Stuhlkreis
- erhöhte Ablenkbarkeit durch Geräusche
- zunehmende Ermüdung und Unruhe im Laufe des Unterrichts/Gruppenalltags.

k) Störungen des Lautheitsempfindens

Bei gestörtem Lautheitsempfinden werden Schallereignisse als zu laut bzw. schmerzhaft und/oder normale Umgangssprache als zu leise empfunden. Hinweise darauf sind:

– dass sich die Kinder bei einem normalen Lärmpegel beschweren, es sei zu laut,
  sich die Ohren zuhalten
– die Kinder beklagen sich darüber, dass zu leise gesprochen wird.

3.8 Die Spezialisierung der Hirnhälften

Jeder Mensch hat zwar ähnliche, von der Funktion her aber unterschiedliche Hirnhälften. Bis zum Alter von etwa zwei Jahren besitzen beide Hirnhälften weitgehende Gleichwertigkeit. Mit zunehmendem Lebensalter des Kindes bzw. Hirnreifung kommt es aber zu einer Spezialisierung der beiden Hirnhälften, die verschiedene Aufgaben übernehmen. Die starke Spezialisierung bei beiden Gehirnhemisphären und das optimale Zusammenwirken dieser sind wesentliche Bedingungen für die Entwicklung intellektueller Funktionen wie z. B. Sprachentwicklung, Denken, Lesen, Schreiben und Rechnen.

Beide Hirnhälften werden durch Nervenfasern (den Balken) miteinander verbunden, so dass ein ständiger Informationsaustausch zwischen beiden Gehirnhälften stattfinden kann. Die Arbeitsteilung und Spezialisierung der beiden Hirnhemisphären kann stark vereinfacht wie folgt beschrieben werden: die linke Hemisphäre ist vor allem für das Sprachverständnis und für die Sprachproduktion und damit für die gesprochene und geschriebene Sprache von erheblicher Bedeutung. Aber auch Gerüche aus der linken Nasenhöhle, die Analyse zeitlicher Abfolgen und analytische zählende Rechenprozesse werden in der linken Hemisphäre verarbeitet. Die linke Gehirnhälfte steuert zudem die gesamte rechte Körperseite.

Die rechte Hälfte ist vor allem an der Verarbeitung räumlicher Beziehungen und visueller Informationen und Zusammenhänge (z. B. Wahrnehmung räumlicher Beziehung, Bild- und Mustererfassung, ganzheitliches Bilderfassen) beteiligt. Aber auch Gerüche aus der rechten Nasenhöhle, die Unterscheidung von Tonqualitäten, Melodieverständnis, Farbwahrnehmung und Konstruktionsvorgänge sind Informationsverarbeitungsprozesse der rechten Hemisphäre. Die rechte Gehirnhälfte steuert die gesamte linke Körperseite.

Die weit verbreitete Auffassung, dass in der linken Hemisphäre die Sprache, in der rechten die nonverbalen Funktionen verarbeitet werden, kann zwar als grobe Orientierung gelten, ist aber zu einfach. Bei nahezu allen Rechtshändern (95 %) und mehr als der Hälfte der Linkshänder (etwa 70 %) sind die Sprachfunktionen tatsächlich in der linken Gehirnhemisphäre lokalisiert. Bei 20 % der Linkshänder wird Sprache von beiden Hemisphären gesteuert, bei etwa 10 % der Linkshänder wird Sprache rechtshemisphärisch gesteuert. Etwa 70 % bis 75 % der Menschen haben bessere Hörleistungen auf dem rechten Ohr. Dies hängt damit zusammen, dass vom rechten Ohr direkte Nervenverbindungen in die linke Gehirnhemisphäre ziehen, in der

Linke Hälfte

• Sprachverständnis
• Sprachproduktion
• Lautanalytische Fähigkeiten:
  Phonologische Analyse,
  Lautsynthese
• Zuordnung von Lauten zu Buchstaben
• Planung und Produktion von
  Handlungsfolgen
• Begriffsbildung
• innere Lesekontrolle
• Kontrolle der lautlichen und inhaltlichen
  Bedeutung
• Wahrnehmung zeitlicher
  Aufeinanderfolgen
• zeitliche Orientierung
• Steuerung der gesamten rechten
  Körperhälfte

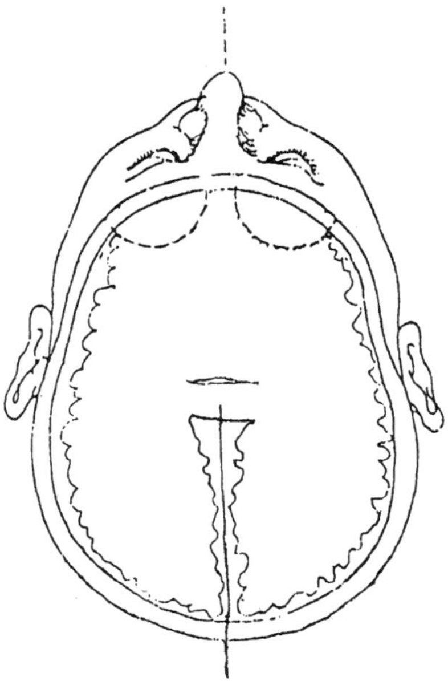

Rechte Hälfte

• visuelle Informationen
• Analyse räumlicher Zusammenhänge
• Raumlage
• visuelle Differenzierungsfähigkeit
• Beachtung von Gestaltmerkmalen
  z. B. an Buchstaben
• räumliche Vorstellung
• Emotion, gefühlhafte Interpretation
  von Eindrücken
• Melodieverständnis, Sprachmelodie
• emotionale Gestik, Mimik
• Farbwahrnehmung
• Steuerung der gesamten linken
  Körperhälfte

In der rechten Hälfte dominiert das Bild

Nervenverbindung zwischen links und rechts

Abb. 12: Die beiden Hälften unseres Gehirns (modifiziert nach G. Dorn „Gehirngerechtes Lernen – Unsere beiden Gehirnhälften".
Studienkreis Bochum 1990)

Sprache verarbeitet wird. Der Schall dagegen, der auf das linke Ohr trifft, erreicht die Sprachverarbeitungszentren erst auf dem Umweg über die rechte Gehirnhälfte und dem Balken, der die beiden Gehirnhälften miteinander verbindet. Dies führt möglicherweise zu einer minimalen Unschärfe des Gehörten. Jeder Denkvorgang schließt aber die Verarbeitungsfunktionen beider Gehirnhälften ein, d. h. auch beim Lesen, Schreiben und Rechnen müssen beide Gehirnhälften gut miteinander zusammenarbeiten, damit diese Leistungen gelingen. So ist die Frage, welche Funktionen in der dominanten und nichtdominanten Gehirnhälfte lokalisiert sind, eigentlich falsch gestellt. Vielmehr stellt sich die Frage, welchen spezifischen Beitrag jede Gehirnhälfte für die Ausführung intellektueller Prozesse leistet.

Da der schulische Unterricht der Grundschule oft auch sehr stark sprachgebunden ist, wird bei den Kindern verstärkt die linke Gehirnhälfte beansprucht. Ein Kind aber, das unter einer linksseitigen Funktionsstörung des Gehirns leidet, wird durch dieses Unterrichtssystems benachteiligt. Dennison (1991) sieht eine der Hauptursachen für Lernstörungen in der nicht optimalen Zusammenarbeit der beiden Gehirnhälften.

Eine schlechte Verbindung zwischen beiden Gehirnhälften verhindert auch, dass die beiden Körperseiten gut miteinander zusammenarbeiten können, so dass daraus Schwierigkeiten in der räumlichen Erfassung resultieren können. In neueren wissenschaftlichen Untersuchungen (z. B. Shaywitz et al. 1995), bei denen bildgebende Verfahren (z. B. Positronen Emissions Tomographie PET) verwendet wurden, ergeben sich interessante Hinweise auf geschlechtsspezifische Unterschiede zwischen Männern und Frauen in der Verarbeitung von Reizen bzw. bei der Lösung von Denkaufgaben. Die Gehirne von Männern und Frauen arbeiten offensichtlich verschieden. Die Ergebnisse zeigen, dass Frauen zur Lösung sprachlicher Aufgaben Sprachzentren aktivieren können, die sich über beide Gehirnhälften erstrecken, während bei Männern nur die linke Gehirnhemisphäre benutzt wurde. Möglicherweise könnte dies eine Erklärung für die bessere Sprachbegabung und das bessere Sprachvermögen von weiblichen Personen sein. Das Fazit dieser Untersuchung ist, dass Männer- und Frauenhirne bestimmte Aufgaben ähnlich lösen, jedoch auf verschiedenen Wegen und in unterschiedlichen Hirnregionen. Die Hirne beider Geschlechter arbeiten anders, aber nicht besser oder schlechter. Es lassen sich aber auch anatomische Unterschiede des Gehirns bei Männern und Frauen feststellen, z. B. ist der Balken, der beide Gehirnhälften miteinander verbindet, bei Frauen dicker als bei Männern. Auch Strukturen des Hippocampus sind bei Frauen anders als bei Männern.

Geschwind und Galaburda (1984) haben die Auswirkungen von Geschlechtshormonen auf die Hirnreifeentwicklung untersucht. Sie nehmen an, dass Geschlechtshormone (z. B. Östrogene, Testosteron) bereits im Mut-

terleib die Gehirnentwicklung des heranreifenden Menschen beeinflussen.
In diesem Zusammenhang ist auch die Frage von großer Bedeutung, inwieweit erheblicher emotionaler Stress, beispielsweise durch extrem starke Ängste der Mütter während der Schwangerschaft, oder erhebliche Partnerkonflikte eine normale Entwicklung und die Funktionen des zentralen Nervensystems beeinträchtigen. Es ist zu vermuten, dass das, was die Mütter durch Ängste und Konflikte an Stresshormonen während ihrer Schwangerschaft aktivieren, einen Einfluss auf die Hirnreifeentwicklung und damit auf die Wahrnehmungsverarbeitung hat.

3.9 Lateralität

Lateralität (Seitigkeit oder Dominanz) bedeutet den bevorzugten Gebrauch einer Körperseite, bessere Leistungen eines paarig angelegten Aufnahmeorgans (z. B. Augen, Ohren) oder eines Ausführungsorgans (z. B. Hände oder Füße), größere Geschicklichkeit oder Kraft einer Körperseite. Lateralität umfasst also das Bevorzugen eines Auges, eines Ohres, einer Hand oder eines Beins.

Die Entwicklung der Lateralität ist für die Entwicklung des Körperschemas, für die Raumwahrnehmung und das Erkennen räumlicher Beziehungen von großer Bedeutung. Bei der Lateralität wird unterschieden in Präferenzdominanz und Leistungsdominanz. Bei der Handpräferenzdominanz beispielsweise wird eine Hand bevorzugt für die Ausführung von Tätigkeiten benutzt. Die Präferenzdominanz der Hand lässt sich beobachten beispielsweise beim Würfeln, sich Kämmen, Hämmern, Zähneputzen, ein Buch aus dem Regal holen, einen Ball mit einer Hand fangen oder werfen, einen Topf mit dem Löffel umrühren, einen Lichtschalter an- oder ausknipsen, einen Kreisel andrehen. Bei der Feststellung der Leistungsdominanz werden Tätigkeiten geprüft, bei denen Genauigkeit bzw. Schnelligkeit eine Rolle spielen (z. B. schnelles Auffädeln von Perlen jeweils mit der rechten und linken Hand). Präferenzdominanz und Leistungsdominanz stimmen bei den meisten Menschen überein.

Lateralität kann als Ausdruck der unterschiedlichen Spezialisierung beider Gehirnhälften betrachtet werden. Sie ist ein positives Zeichen einer vollzogenen Hemisphärendominanz und damit eines abgeschlossenen Hirnreifeprozesses.

Bis zum Alter von etwa 2 Jahren besitzen beide Gehirnhälften weitgehende Gleichwertigkeit, d. h. die Bevorzugung einer Hand ist nicht eindeutig erkennbar. Ab dem 3. bis 4. Lebensjahr kann man jedoch bei vielen Kindern die Bevorzugung einer Hand – meist der rechten – beobachten. Diese Rechtsdominanz kann aber bei einigen Kindern im sechsten und siebten Lebensjahr zeitweise wieder in eine bilaterale Phase übergehen, wo eine eindeutige Händigkeit nicht mehr sicher erkennbar ist. Die Frage, in welchem Alter die Händigkeit stabil festgelegt sein sollte, wird nicht einheitlich beantwortet. Während nach Gaddes (1991) die Händigkeitsentwicklung des Kindes mit ca. 5 Jahren abgeschlossen sein sollte, gehen andere Autoren von einem Alter von 8 bis 9 Jahren aus. Bei den meisten Kindern lässt sich aber schon im Alter von 3 bis 4 Jahren der bevorzugte Gebrauch einer Hand beobachten. Die räumliche Orientierung, insbesondere die Differenzierung von „rechts" und „links" bildet sich in enger Verbindung mit der Entwicklung der dominanten rechten Hand heraus. Kinder, bei denen im ersten Grundschuljahr die rechte Hand noch nicht zur dominanten geworden ist, verwechseln häufig die räumliche Struktur von Buchstaben. Sie schreiben Buchstaben oder Zahlen oft spiegelbildlich.

Im Hinblick auf den dominanten Fuß (Geschicklichkeitsfuß) muss man aber beachten, dass Kinder im Alter von 5 bis 7 Jahren oft noch den geschickteren Fuß als Standbein benutzen, weil sie dadurch Halt und Sicherheit haben und das andere Bein zur Ausführung von Tätigkeiten (z. B. einen Ball treten) benutzen, so dass fälschlicherweise der Eindruck entsteht, dass Geschicklichkeitsfuß und bevorzugte Hand nicht auf derselben Körperseite liegen und man fälschlicherweise eine gekreuzte Lateralität vermutet. Mit ca. 7 bis 8 Jahren wird dann auch der Geschicklichkeitsfuß zur Ausführung von Bewegungen (beispielsweise einen Ball treten) benutzt. Ab etwa 8 Jahren ist der Geschicklichkeitsfuß bei Rechtshändern auch zu 95 % der rechte, bei Linkshändern auch zu 75 % der linke Fuß.

Es gibt aber auch Kinder, bei denen die Gehirnreifung langsamer verläuft. Sie gebrauchen auch im Alter von 6 bis 7 Jahren abwechselnd mal die rechte, mal die linke Hand für die Ausführung von Tätigkeiten wie z. B. Malen. Wenn diese Kinder z. B. einen Strich vom linken Blattrand zum rechten ziehen sollen, nehmen sie den Stift zunächst in die linke Hand, ziehen den Strich bis zur Mitte des Blattes und wechseln dann den Stift in die rechte Hand. Den Kindern gelingt das Überkreuzen der Körpermittellinie nicht. Manche Kinder versuchen dies dadurch zu kompensieren, indem sie ihren Oberkörper ganz nach links beugen, damit sie ihre Körpermittellinie nicht überkreuzen müssen. Beim Malen vermeiden sie, eine waagerechte Linie von links nach rechts zu ziehen. Sie drehen das Blatt und ziehen lieber den Strich von oben nach unten. Wenn die Kinder im Grundschulalter ihre Hand immer noch abwechselnd benutzen, kann dieser auf eine Reifeverzögerung des Gehirns hinweisen. Der Balken, der mit seinen zahlreichen Nervenverbindungen beide Gehirnhälften miteinander verbindet, ist noch nicht ausgereift, so dass der Austausch von Informationen von einer Hirnhälfte zur anderen nur unzureichend und verlangsamt vonstatten geht. In der frühkindlichen Entwicklung sind diese Kinder oft dadurch aufgefallen, dass sie meist nicht gut koordiniert gekrabbelt oder überhaupt nicht gekrabbelt sind.

Aber auch umerzogene Linkshänder (angeborene Linkshändigkeit), die zur bevorzugten Benutzung ihrer rechten Hand trainiert (umerzogen) werden, benutzen abwechselnd noch linke und rechte Hand.

Auch bei genetisch festgelegten Rechtshändern, bei denen während der Geburt die linke Gehirnhälfte geschädigt wurde (z. B. durch Sauerstoffmangel), findet man diese Beidhändigkeit. Aufgrund dieser Schädigungen haben die Kinder Schwierigkeiten, ihre rechte Körperseite zu Geschicklichkeitsleistungen zu gebrauchen. Ihre rechte Hand ist oft kraftloser, zittriger und richtungsunsicherer. Deshalb versuchen sie oft auf die linke Hand auszuweichen (Ersatzhand). Grobmotorische Kraftleistung wie z. B. Ballwerfen werden von diesen Kindern rechts, feinmotorische Leistungen eher mit der linken Hand ausgeführt.

Es gibt aber selbstverständlich auch Kinder, die beide Hände gleich gut benutzen können, was meist genetisch bedingt ist. Der Anteil dieser Kinder – sog. Ambidexter – beträgt ca. 5 bis 10 %.

Darüber hinaus gibt es aber auch Kinder, die eine gekreuzte Lateralität haben. Sie sind z. B. rechtshändig, aber linksfüßig oder rechtshändig und linksäugig. Das Vorhandensein einer gekreuzten Lateralität führt bei manchen Kindern zu einer Seitenunsicherheit bzw. Seitenverwirrung, die sich nachteilig auf die Raumwahrnehmung bzw. Orientierung im Raum auswirkt. Diese Raumlagelabilität geht oft mit einem Verwechseln von „rechts – links, vorn – hinten, oben – unten" einher. Aus neuropsychologischen Untersuchungen ist bekannt, dass bei vielen rechenschwachen Kindern eine gekreuzte Lateralität zu finden ist. Eine gekreuzte Lateralität ist auch häufig bei umerzogenen Linkshändern zu beobachten. Darüber hinaus finden sich Zusammenhänge zwischen Sprach- und Lateralitätsentwicklung. Eine Verzögerung der Sprachentwicklung ist oft verbunden mit einer Verzögerung der Lateralitätsentwicklung.

3.10 Literaturempfehlungen zu Fördermöglichkeiten wahrnehmungsgestörter Kinder

Es gibt inzwischen eine Vielzahl unterschiedlicher Fachliteratur zur Förderung wahrnehmungsgestörter Kinder. Die Vielfältigkeit des Angebots und unterschiedlicher Ansätze darf aber letztlich nicht dazu führen, Kindergarten und Grundschule als Ersatztherapieinstitution zu sehen. Dennoch ist der (berechtigte) Wunsch der Eltern nach der bestmöglichen Förderung für ihr Kind zu berücksichtigen. Lehrer und Erzieherinnen sind letztlich aber keine ausgebildeten Krankengymnasten, Ergotherapeuten oder sonstwelche Therapeuten, die diese Förderung übernehmen könnten. Trotzdem stehen sie vor der Frage, wie sie bei den vorhandenen strukturellen und materiellen Gegebenheiten im Rahmen ihrer Möglichkeiten den entwicklungs- und lernauffälligen Kindern helfen können, mit ihren Problemen besser fertig zu werden. Und selbstverständlich gilt auch, dass in Kindergarten und

Grundschule das Lernen mit allen Sinnen für alle Kinder eine wichtige und notwendige Grundlage für ihre Gesamtentwicklung darstellt.

In diesem Sinne sind die unten aufgeführten Literaturangaben als Hilfestellung und Anregung zu verstehen, ohne dass dabei der Anspruch auf Vollständigkeit erhoben wird.

Beudels, W. et al. (1995)
Bielefeld, E. (2000)
Brand, I., Breitenbach, E. et al. (1988)
Breuer, H., Weuffen, M. (1994)
Bücken, H. (1987)
Dennison, P. E. (1990)
Eggert, D. (1992)
Eggert, D. (1995)
Kesper, G., Hottinger, C. (2002)
Krowatschek, D. (1997)
Linn, M. (2002)
Meier, Chr., Richle, J. (1994)
Pauli, S., Kisch, A. (1993)
Preuschoff, G. (1996)
Seitz, R. (1983)
Zinke-Wolter, P. (1992)

KAPITEL 4

Möglichkeiten der Früherkennung von Lese-/Rechtschreibschwierigkeiten

4.1 Wie Kinder die Schrift entdecken

Bei vielen Kindern beobachten wir bereits lange vor Schuleintritt Neugier und Interesse an der Schrift. Stolz zeigen sie Eltern, Erzieherinnen und Verwandten, wie sie ihren Namen (meist in Druckbuchstaben) oder andere Wörter schreiben können. Die Trennung von Kindergarten und Grundschule mit ihrem jeweils eigenständigen pädagogischen Erziehungs- und Bildungsauftrag (der Kindergarten soll Schule nicht vorwegnehmen) lässt den Eindruck entstehen, dass der Schulbeginn quasi die „Stunde Null" in bezug auf den Beginn des Lesens und Schreibens sei. Viele meinen, dass der Lese- und Schreiblernprozess der Kinder erst mit dem Eintritt in die Grundschule erfolgen würde, nachdem die Lehrer mit einer systematischen Unterrichtung begonnen haben.

Eine Vielzahl von Untersuchungen belegen aber, dass nahezu zwei Drittel aller Schulanfänger Schriftkenntnisse in den Anfangsunterricht der Grundschule mitbringen. Eine repräsentative Untersuchung (Balhorn, Brügelmann 1989) zeigt, dass rund 20 % der Schulanfänger in der Lage sind, einfache Wörter wie z. B. ihren Namen oder „Mama"/„Papa" zu schreiben. 40 % waren Leseanfänger, erkannten einzelne Wörter von Schildern und aus der Werbung und konnten 6 bis 20 Buchstaben benennen. Etwa 40 % waren Nichtleser, kannten nur wenige Buchstaben und erkannten auch keine Wörter. Auch die Untersuchung von Rathenow und Vöge (1980) zeigte, dass nur 6,6 % der Kinder zu Schulbeginn keine Buchstabenkenntnisse hatten, 52,2 % der Kinder kannten 1 bis 10 Buchstaben, 19,3 % kannten 11 bis 20 Buchstaben und 17 % kannten mehr als 21 Buchstaben. Kinder ohne Buchstabenkenntnisse bilden daher zu Schulbeginn eher die Ausnahme.

Schon vor Eintritt in die Grundschule verfügen Kinder über reichhaltige Vorerfahrungen mit der sozialen Funktion der Schrift. Im Vorschulalter schreiben sie Kritzelbriefe an ihre Eltern, malen Straßenbilder für ihre Spielautos, auf denen z. B. „Stop" steht. Die Kinder lernen, dass Schriftzüge (Wörter), die ihnen im Alltag begegnen, eine Bedeutung tragen. Sie erfassen, dass auf dem blauen Schild, wo Papa oder Mama zum Tanken fahren, „ARAL" steht, auf dem gelben Schild, wo die Leute ihre Briefe abgeben „POST" oder auf einer Bonbonpackung „Smarties" steht, ohne dass sie diese Wörter direkt erlesen können. Schon im Vorschulalter lernen die Kinder, dass Schriftzeichen nicht nur grafischer Schmuck sind, sondern dass die Zeichen (Buchstaben) auch eine Bedeutung enthalten. Sie erfahren und erleben, dass man aus Büchern Geschichten vorlesen kann, dass in Briefen Mitteilungen verschickt werden können und andere diese Mitteilungen wieder versprachlichen können. Aus ihren vielfältigen Erfahrungen im Umgang mit Schrift entwickeln viele Kinder schon lange vor Schuleintritt Vermutungen und Hypothesen über den Aufbau und über die Bedeutung der unterschiedlichen Schriftzeichen (Brügelmann 1983). Dies wirft die Frage auf, welche Bedingungen es den Kindern ermöglichen, ohne systematische Anleitung durch Schule und Lehrer Vorformen der Schriftsprache zu entwickeln.

4.2 Kinder sind eigenaktive Lerner

Für das Erlernen der Schriftsprache ist besonders das eigenaktive Verhalten des Kindes, sein Interesse an seiner schriftsprachlichen Umwelt von entscheidender Bedeutung. Die Kinder beobachten ihre Eltern beim Lesen von Zeitungen und Büchern, ihre älteren Geschwister bei der Erledigung der Hausaufgaben und versuchen es ihnen gleichzutun. Durch Lese- und Schreibaktivitäten ihrer sozialen Umwelt entdecken die Kinder, dass man sprachliche Äußerungen mit verschiedenen Buchstaben und durch die Aneinanderreihung von Buchstaben festhalten kann und dass es zwischen diesen grafischen Zeichen und den Lauten bestimmte Zusammenhänge gibt. Sie erkennen z. B., dass das Lautklangbild ihres Namens durch die Aneinanderreihung verschiedener Buchstaben ausgedrückt werden kann. Viele Kinder beginnen schon lange vor Schuleintritt, obwohl sie von ihren Eltern nicht dazu angehalten werden, Buchstaben nachzumalen oder sie fragen beim Vorlesen der Gutenachtgeschichte, wie denn die einzelnen Buchstaben lauten oder wie ein bestimmtes Wort heißt. Sie entwickeln Eigeninitiative und Neugier auf Schrift. Dabei lernen sie nicht nur durch passive Nachahmung, sondern sie rekonstruieren aus ihren Erfahrungen Prinzipien der Buchstabenschrift und wenden diese auf neue Wörter an.

Die Reaktionen von Eltern oder Erzieherinnen auf vorschulische Lese- und Schreibaktivitäten sind sehr unterschiedlich. Manche verfolgen sie mit großem Interesse, manche nehmen sie nur widerstrebend zur Kenntnis. Die Vorstellung, dass ein Kind am Ende seiner Kindergartenzeit schon ein wenig lesen oder schreiben kann, erzeugt bei manchen oft eine größere Besorgnis als die Tatsache, dass ein Kind bei Schuleintritt kein Interesse am Lesen oder Schreiben zeigt. Durch den Grundsatz, dass man Lesen und Schreiben in der Grundschule lernt, reagieren viele Eltern und Erzieherinnen verunsichert, wenn Kinder Lese- oder Schreibwünsche an sie heran-

tragen. Manche Eltern befürchten auch, dass ihr frühlesendes oder -schrei-
bendes Kind in der Grundschule unterfordert oder sich langweilen würde.
Viele Vorschul- und Grundschulpädagogen heben auch warnend den
Zeigefinger vor einer Verfrühung des Lese- und Schreibbeginns und
haben dabei vermutlich die Frühleseprogramme der 60er und 70er Jahre
vor Augen.

Die oftmals berechtigte Sorge vor einer Verschulung der Kindergartenpädagogik birgt andererseits aber auch die Gefahr in sich, die Eigeninitia-
tiven des Kindes als aktive Lerner zu ignorieren, zu übersehen oder gar zu
unterdrücken. Es ist sicherlich nicht Aufgabe der Eltern oder des Kindergartens, den Kindern Lesen oder Schreiben beizubringen. Es ist aber über-
legenswert, ob man den selbst geäußerten Wünschen von Kindern, etwas
schreiben oder lesen zu wollen, aufgreift aus der Überzeugung heraus, dass
man Kinder, die motiviert sind zu lernen, nicht bremsen sollte. Wir wissen
heute, wie wichtig die durch Eigeninitiative des Kindes entstandenen Lese-
und Schreibversuche für den Zugang zur Schrift sind, aber auch, dass die
Entwicklung von Vorformen der Schrift Zeit braucht und bei den Kindern
individuell unterschiedlich ausgeprägt ist.

Junge 6;3 Jahre

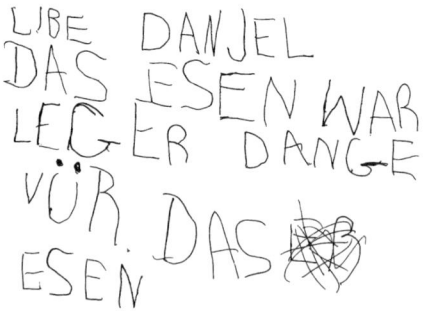

Mädchen 6;2 Jahre, 3 Monate vor
der Einschulung

Abb. 13: Dieses Beispiel verdeutlicht den Unterschied zweier Kinder gleichen
Alters zu Schulbeginn.

Die Lust und Fähigkeit zum Spontanschreiben entwickelt sich bei den Kindern sehr unterschiedlich. Jedes Kind hat sein eigenes Lerntempo und beginnt erst dann zu lesen oder zu schreiben, wenn es sich das auch selbst zutraut. Ihr Lernen vollzieht sich nicht gleichförmig und stetig, sondern in Sprüngen. Welche enormen Leistungen die Kinder mit der Entwicklung des Lesens/Schreibens vollbringen, wird einsichtbar, wenn wir uns vorstellen, ägyptische Hieroglyphen oder chinesische Schriftzeichen entziffern zu müssen. Einen wesentlichen Anteil, um Neugier und Interesse an der Schrift zu erwecken, haben Eltern. Indem sie ihren Kindern Geschichten erzählen, aus Büchern vorlesen oder selbst aktive Leser sind, vermitteln sie ihren Kindern den Wert von Büchern und das Vergnügen am Lesen. Viele Untersuchungen belegen, dass gute Leser fast immer aus Familien kommen, in denen das Gespräch eine große Rolle spielt und in denen viel und gerne gelesen wird.

Am Ende der Kindergartenzeit bzw. zu Schulbeginn sind die Entwicklungsunterschiede der Kinder in ihren Vorstellungen über Schrift enorm groß. Brügelmann (1990) berichtet von Entwicklungsunterschieden von zwei bis drei Jahren.

„Schreiben" bedeutet für verschiedene Vorschulkinder aber nicht dasselbe. Ein Kind versteht unter „Schreiben" eine Handbewegung mit dem Stift, die sich zu einem verbundenen Schriftzug auf dem Papier niederschlägt, die „Kritzellinien". Andere Kinder schreiben schon einzelne Buchstaben nach, die sie auf einer Vorlage sehen oder die sie in ihrem Gedächtnis gespeichert haben. Wieder andere schreiben schon gut lesbare „Briefe", indem sie auf vertraute Buchstaben zurückgreifen, die sie neu kombinieren und damit neue Wörter herstellen.

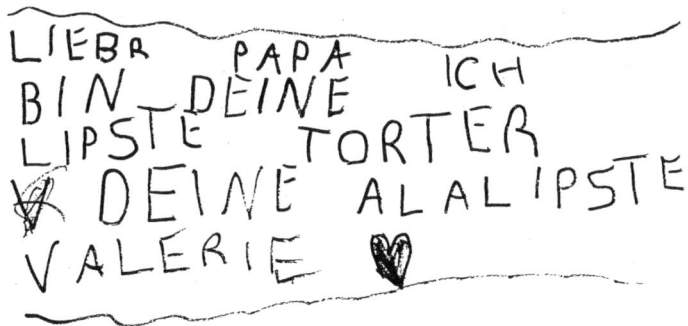

Abb. 14: Schreibversuche eines in der Schriftsprachentwicklung weit fortgeschrittenen Vorschulkindes.

4.3 Entwicklungsstufen der Rechtschreibung

Obwohl es erhebliche individuelle Unterschiede im Lerntempo gibt, mit denen Kinder lesen und schreiben lernen, scheinen sie doch alle bestimmte Entwicklungsstufen des Schriftspracherwerbs zu durchlaufen. Lesen- und Schreibenlernen wird in Form qualitativer Stufen im Rahmen von Entwicklungs- und Prozessmodellen beschrieben (Günter 1986; Scheerer-Neumann 1987; Spitta 1988). Die Entwicklung des Lesen- und Schreibenlernens lässt sich in verschiedenen Phasen darstellen. Diese können als zunächst unzulängliche, aber umfassende Annäherungsversuche an Schrift verstanden werden. Diese Entwicklungsstufen lassen sich wie folgt beschreiben:

1. Kritzelstufe: Vom ziellosen zum gerichteten Kritzeln

Die ersten „Schreibversuche" beginnen Kinder schon recht früh. Bereits im Alter von zwei bis drei Jahren beginnen sie, das Schreiben von Erwachsenen nachzuahmen, sie kritzeln. In diesem Alter ist das Kritzeln noch großflächig, d. h. über das ganze Blatt kreuz und quer verteilt.

Aufgrund von Erfahrungen und eingehenden Beobachtungen von Eltern und älteren Geschwistern entwickeln sie mit ca. drei bis vier Jahren Vorstellungen von Merkmalen der Schrift, etwa, dass unsere Schrift von links nach rechts einer – zumindest gedachten – Linie entlang folgt. Das Kind kritzelt nun linienförmig und es kommt zu Wiederholungen einer Grundform, z. B. regelmäßigem Auf und Ab.

Die graphomotorischen Grundfertigkeiten, die zum Schreiben erforderlich sind, werden durch häufiges Probieren verfeinert und erweitert. Erste Buchstabenformen treten am Ende dieser Phase auf.

Katja 3;5 Jahre

Abb. 15

Abb. 16

2. Von der Linie zur Form

Im Alter von drei bis sechs Jahren experimentieren Kinder mit verschiedenen Grundformen (Gerade, Bogen, offene und geschlossene Linien). Sie suchen durch aktives Probieren ihren Zugang zur Schrift. Dazu gehört das Abmalen, Übermalen, Nachfahren von Buchstaben. Dabei haben die Kinder aber noch nicht den Zusammenhang erfasst, dass bestimmte Buchstaben einem bestimmten Laut zugeordnet sind. Die Kinder haben aber begriffen, dass Schreiben etwas mit Buchstaben und dem Hintereinanderreihen von Buchstaben zu tun hat.

Abb. 17

3. Von der Buchstabenform zur Buchstabenfolge:
   Logografisches Schreiben

Mit 4½ bis 5 Jahren erwerben die Kinder das Wissen, dass Wörter durch Buchstabenfolgen abgebildet werden. In dieser Altersstufe versuchen viele Kinder, bestimmte für sie wichtige Wörter zu schreiben, z. B. ihren eigenen Vornamen oder „Oma", „Mama". Dabei wird dem ganzen gesprochenen Wort eine Buchstabenfolge zugeordnet, d. h. die Kinder prägen sich das Wortbild als Ganzes ein. Dabei bedienen sie sich einer rein visuellen

Strategie. Sie prägen sich mit der Zeit die visuellen Eindrücke der Buchstabenfolge eines Wortes ein und versuchen sie schreibend zu reproduzieren. Zumeist beginnen sie mit dem Versuch, ihren eigenen Vornamen in großen Druckbuchstaben zu schreiben. Manche Kinder erkennen auf dieser Stufe einzelne Schriftzeichen wie beispielsweise den Anfangsbuchstaben ihres Namens oder ganze Wörter wieder („das fängt ja genauso an wie mein Name"). Prägnante charakteristische Details der Buchstaben oder Wörter (z. B. den Anfangsbuchstaben, die Abfolge von großen und kleinen Zeichen) helfen ihnen beim visuellen Wiedererkennen von Wörtern (z. B. „so heiße ich").

In dieser Phase sind die Kinder in der Regel noch nicht in der Lage, die Buchstabenfolge eines Wortes lautlich zu analysieren bzw. Wörter als eine bestimmte Abfolge von Lauteinheiten zu erkennen. Ein besonderes Problem für Kinder dieser Altersstufe stellt dabei noch die Raumlageerfassung einzelner Buchstaben dar, so dass sie oft noch einzelne Buchstaben spiegelbildlich schreiben.

Mit Hilfe der visuellen Strategie sind die Kinder in der Lage, eine begrenzte Anzahl von Wörtern zu lesen und zu schreiben, je nachdem, wie gut die visuelle Speicherung gelingt. Die visuelle Strategie erweist sich jedoch mit zunehmendem Alter als begrenzt. Um möglichst viele Wörter schreiben zu können, später sogar solche, die man vorher nie gesehen hat, müssen die Kinder ihre Strategie verändern. Dies bedeutet nicht, dass die zunächst dominierende Strategie völlig aufgegeben wird, sondern sie wird im weiteren Entwicklungsverlauf in eine neue Strategie integriert.

4. Von der Buchstabenfolge zur lautorientierten Kurzschrift: Halbphonetisches Stadium

Im Alter von 5 bis 6 Jahren gewinnen die Kinder mehr und mehr Einsicht in die Funktion von Buchstaben, die Hinweise auf den Klang von Sprache geben. Die Kinder entwickeln zunehmend die Einsicht, dass Buchstaben vereinbarte Zeichen für bestimmte Sprachlaute sind, d. h. Sprachlaute durch Buchstaben ausgedrückt werden können und umgekehrt. Sie erkennen, dass bestimmten Sprachlauten auch ganz bestimmte Buchstaben fest zugeordnet werden.

Mit zunehmendem Alter entwickelt sich zudem die Fähigkeit, lautliche Einheiten (Phoneme) und ihre Positionen in komplexeren Lautgebilden wahrzunehmen und Wörter lautlich zu analysieren. Die vollständige lautliche Analyse eines Wortklangbildes gelingt aber in dieser Altersstufe nur sehr unvollkommen. Beim Schreiben bilden die Kinder meist nur solche Laute bzw. Buchstaben ab, die sich rein akustisch hervorheben, z. B. durch besondere Betonung. Es kommt zu Wortruinen, bei denen einzelne Laute bzw. Buchstaben eines Wortes nur unvollständig wiedergegeben werden.

Die Kinder schreiben z. B. für Puppe „PP" oder „NS" für Nase. Die bisher vorherrschende rein visuelle Strategie erfährt nun eine notwendige Ergänzung und Unterstützung durch die phonologische Strategie, für die das auditive Wahrnehmungssystem von grundlegender Bedeutung ist. Viele Kinder sind gegen Ende ihrer Kindergartenzeit in der Lage, Anfangsbuchstaben (z. B. Vokale) von Wörtern akustisch zu analysieren. Die Schreibmuster der Kinder zeigen, dass sie bereits Hypothesen über die Lautfolge von Wörtern entwickeln können.

5. Von der lautorientierten Kurzschrift zur Lautschrift: Phonetische bzw. alphabetische Phase

Im Alter von 5 bis 8 Jahren, vor allem durch die systematische Unterrichtung durch Lehrpersonen, sind die Kinder mehr und mehr in der Lage, Wörter in ihre Lautbestandteile zu zerlegen, bzw. die Lautfolge von Wörtern zu analysieren. Unter dem Einfluss einer sich ständig verbessernden auditiven Wahrnehmungsverarbeitung von Sprache verfeinern die Kinder ihre Fähigkeiten zur Abbildung der Lautstruktur von Wörtern. Von fundamentaler Bedeutung ist dabei die Entwicklung der alphabetischen Strategie: Laute sind bestimmten grafischen Zeichen (Buchstaben) fest zugeordnet. Unter Verwendung dieser Strategie sind die Kinder nun in der Lage, Wörter, die sie hören, lautlich zu analysieren und den Lauten auch die entsprechenden Buchstaben zuzuordnen. Aufgrund der verbesserten Lautanalysefähigkeit sind sie nun fähig, die Lautfolge einzelner Wörter zu analysieren, d. h. sie erkennen z. B., dass das Wort „Oma" mit einem „O" beginnt, dann ein „m" folgt und am Ende ein „a" lautlich zu hören ist. Diese Lautanalysefähigkeit wird insbesondere durch den schulischen Unterricht intensiv gefördert. Auch unbekannte Wörter können nun lautlich analysiert und synthetisiert und damit geschrieben und erlesen werden.

Viele Kinder artikulieren anfangs beim Schreiben mit. Diese Mitartikulation hilft ihnen bei der Lautanalyse von Wörtern. Da unsere Schriftsprache aber keine lautgetreue Sprache ist, entspricht das nun so Geschriebene nur selten den Regeln unserer Rechtschreibung. VATA (Vater), SCHBIL (Spiel), VOGL (Vogel), GATN (Garten) sind Beispiele dieser lautgetreuen Verschriftlichung. Entsprechend geben die Kinder beim Abhorchen ihrer eigenen Aussprache mundartliche Sprachmuster beim Schreiben wieder. Auch die Lautsynthese (das Lesen durch Zusammenziehen einzelner Buchstaben) gelingt den Kindern jetzt zunehmend besser, wobei das lautierende Lesen der Schulanfänger oft durch gedehntes Lesen (z. B. „O – Om – Oma") gekennzeichnet ist. Im ersten Schuljahr schreiben manche Kinder auch Sätze, ohne dass die Wortgrenzen erkennbar sind, d. h. ohne zwischen den einzelnen Wörtern einen räumlichen Abstand zu lassen.

In dieser Phase beginnen die Kinder Kleinbuchstaben zu verwenden, wo-

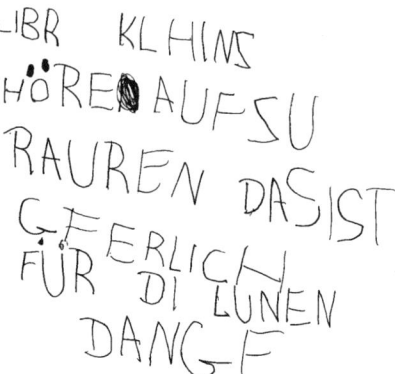

Abb. 18

bei manche dieser Buchstaben beim Schreiben oft noch wegen Schwierigkeiten im Raumlageerkennen vertauscht oder verdreht werden. Insbesondere bereiten dabei Seitenverdrehungen, beispielsweise b-d, u-n, p-q und
spiegelbildliche Schreibweisen den Kindern Schwierigkeiten.

6. Von der Lautschrift zur Beherrschung von Rechtschreibregeln (orthographische Phase)

Über das zunehmende Lesen, durch Rückfragen bei Erwachsenen, durch
Unterrichtsangebote und durch Korrigieren falscher Rechtschreibung passt
das Kind schließlich die lautgetreue Schrift der gängigen Rechtschreibung
an. Diese Phase braucht Zeit. Die Kinder wenden zunehmend die Kon-
ventionen der deutschen Rechtschreibung an, lernen und beachten Rechtschreibregeln und sind mehr und mehr in der Lage, schwierige Wörter aus
ihrem „inneren" Wortgedächtnis – auch visuell – abzurufen.

Mit dem Erwerb der orthografischen Strategie findet der Schriftspracherwerb im engeren Sinne seinen Abschluss. Die Rechtschreibentwicklung
ist am Ende des zweiten Schuljahres aber noch lange nicht abgeschlossen,
denn die Kinder gewinnen auch später neue Einsichten in strukturelle Re-
gelmäßigkeiten der Schrift. Die Vielzahl der im deutschen Sprachraum bestehenden Rechtschreibregeln erschwert für viele Kinder eine orthografisch
richtige Schreibweise. Durch die Rechtschreibreform soll der Schreiblernprozess erleichtert werden, indem Schreibweisen vereinfacht (die
Schreibweise orientiert sich mehr an der Lautfolge des Wortes) und gram-
matikalische bzw. syntaktische Regeln reduziert werden.

Die meisten Kinder durchlaufen diese Entwicklungsstufen relativ unproblematisch. Bei einem nicht unerheblichen Teil der Kinder kommt es
aber zu gravierenden Enwicklungsstörungen des Lese- und Rechtschreib-
lernprozesses, so dass im Folgenden der Frage nachgegangen wird, welche

funktionellen Systeme an der Entwicklung des Lesens und Rechtschreibens beteiligt sind und wie sich Störungen dieser funktionellen Systeme auswirken. Es soll aber nochmals darauf hingewiesen werden, dass Lesen- und Schreibenlernen nicht nur vom Funktionieren bestimmter Fähigkeiten des Kindes abhängt, sondern auch von Vorbildern und alltäglichen Anregungen, die das Kind erlebt.

Familien, in denen Erwachsene und ältere Geschwister einprägsame Modelle für Lesen und Schreiben sind, können den Kindern den Zugang zur Schrift erleichtern. Auch die vorschulische Schreib- und Vorlesekultur des Kindergartens beeinflusst den Schriftspracherwerb. Eine Vorverlegung schulischer Lerninhalte in den Kindergarten oder breit angelegte Frühförderprogramme zum frühen Lesen sind nicht wünschens- und erstrebenswert. Aber auf spontane Fragen des Kindes und sein Interesse an Schrift sollte man mit Zuwendung eingehen und die eigenen aktiven Bemühungen des Kindes unterstützen.

4.4 Was ist überhaupt eine Lese-/Rechtschreibschwäche?

Eine Lese-/Rechtschreibschwäche (LRS) wird nach der Klassifikation der Weltgesundheitsbehörde WHO in der ICD 10 definiert als ausgeprägte Beeinträchtigung der Entwicklung der Lese-/Rechtschreibfähigkeiten (umschriebene Entwicklungsstörung), die nicht

- durch eine intellektuelle Minderbegabung
- durch eine neurologische Erkrankung (z. B. Seh- oder Hörbehinderung)
- durch eine psychiatrische Erkrankung
- durch soziale Deprivation (z. B. Vernachlässigung)
- durch eine Lehrschwäche (falsche/schlechte Unterrichtsplanung)

verursacht ist.

Eine Lese-/Rechtschreibschwäche ist nach dieser Definition eine klassische, an die Entwicklung der Hirnfunktionen gebundene zentralnervös begründete Entwicklungsstörung. Die LRS ist aber keine isolierte Schwäche, sondern steht in vielfältigen, miteinander verknüpften Beziehungen und Zusammenhängen mit anderen Entwicklungsauffälligkeiten.

4.5 Das Zusammenwirken verschiedener Wahrnehmungsbereiche beim Schriftspracherwerb

Schreiben- und Lesenlernen sind sehr komplexe kognitive Fähigkeiten, die sich nur dann gut entwickeln können, wenn die zugrunde liegenden Wahrnehmungssysteme bzw. deren integratives Zusammenwirken zu großen funktionellen Systemen reibungslos vonstatten geht. Für den Schriftspracherwerb kommt insbesondere der Integration auditiver, visueller, vestibulärer und kinästhetischer Wahrnehmungsleistungen eine besondere Bedeutung zu. Vor allem auditive Wahrnehmungsprozesse – insbesondere Sprachverarbeitungsprozesse – sind dabei eminent wichtig. Darüber hinaus sind für die hochkomplexen Umcodierungsprozesse der gesprochenen Sprache in Schrift (Rechtschreiben) Gedächtnisleistungen, motorische Funktionsfähigkeiten und simultane Aufmerksamkeitsleistungen von großer Wichtigkeit. Im einzelnen sind für die Rechtschreibung folgende funktionellen Systeme von besonderer Bedeutung:

a) Lautanalysefähigkeit

Wie die Entwicklungsmodelle zum Schriftspracherwerb zeigen, erfolgt die Rechtschreibung entsprechend der alphabetischen Strategie zunehmend über die Zerlegung des Wortklanges in Laute, denen nach den Regeln der Rechtschreibung entsprechende Buchstaben zugeordnet werden müssen (Buchstaben-Laut-Korrespondenz). Die Fähigkeit zur Lautanalyse entwickeln Kinder bereits im vorschulischen Bereich. Um das vierte bis fünfte Lebensjahr sind die Kinder zunehmend in der Lage, die Silbenstruktur von Wörtern zu erkennen (Gathercole und Baddeley 1993). Dies zeigt sich darin, dass sie einfache Wörter in Silben zerklatschen können (z. B. Fuß-Ball). Auch das Erkennen und Benennen von Reimwörtern (z. B. Haus – Maus) ist in dieser Altersstufe bereits möglich. Erst zu einem späteren Zeitpunkt, ab dem sechsten und siebten Lebensjahr, entwickelt sich mehr und mehr die Fähigkeit, die ganze Lautstruktur eines Wortes zu analysieren. Diese Entwicklung kann beschrieben werden als Prozess zunehmender Differenzierung und Verfeinerung in der Analyse von Lautfolgen.

Die Fähigkeit zur Unterscheidung von größeren Lauteinheiten (z. B. Silben- und Reimwörter erkennen) ist somit eine notwendige Voraussetzung dafür, auch kleinere Lauteinheiten (Phoneme) lautlich unterscheiden zu können. Das Erkennen der Silbenstruktur von Wörtern und die Fähigkeit, Reimwörter zu erkennen bzw. zu bilden, kann als wesentliche Vorläuferfunktion der Lautanalysefähigkeit (Phonem-Segmentationsfähigkeit) betrachtet werden.

Zahlreiche Untersuchungen (Gathercole 1993) belegen inzwischen, dass die Fähigkeit zur Silbensegmentierung und das Reimwörter Erkennen von fundamentaler Bedeutung für die Entwicklung der späteren Lese- und Rechtschreibkompetenz von Kindern sind.

In diesem Zusammenhang ist auch die Entwicklung der Ordnungsschwelle von Kindern von besonderem Interesse. Während die Ordnungsschwelle von gesunden Kindern im Alter von sechs Jahren noch bei ca. 100 – 140 msek. liegt, verbessert sie sich mit zunehmendem Alter, so dass bei neunjährigen Kindern etwa gleiche Ordnungsschwellen (ca. 30 – 40 msek.) wie bei Erwachsenen vorzufinden sind (Veit 1992). Die Verbesserung der

Ordnungsschwelle geht also einher mit der sich verbessernden Fähigkeit, auch kleinere Lauteinheiten voneinander unterscheiden zu können. Es ist anzunehmen, dass mit einer Verbesserung der auditiven Ordnungsschwelle auch eine Verbesserung der Lautanalysefähigkeit einhergeht. Wie Warnke (1995) und Veit (1992) belegen, haben sprachauffällige und LRS-Kinder im Vergleich zu anderen Kindern eine deutlich höhere Ordnungsschwelle. Diese liegt nach der Untersuchung von Veit bei sprachauffälligen sechsjährigen Kindern bei ca. 190 msek., bei neunjährigen immerhin noch bei ca. 70 msek. Dadurch ist es den Kindern auch nur schwer möglich, aus einem Sprachstrom verschiedene Verschluss- oder Explosivlaute wie z. B. b-p, d-t, die nur sehr kurz (ca. 50 msek.) zu hören sind, auch lautlich zu analysieren. Deshalb kommt es bei LRS-Kindern immer wieder beim Auswendigschreiben zur Auslassung einzelner Buchstaben innerhalb eines Wortes. Die Ergebnisse von Veit scheinen ein Beleg dafür zu sein, dass sowohl bei sprachauffälligen als auch bei sprachunauffälligen Kindern zwischen dem 6. und 9. Lebensjahr Entwicklungsprozesse im Bereich der Zeitverarbeitung im Sinne einer Verbesserung der Ordnungsschwelle stattfinden.

Die für das Rechtschreiben erforderliche Lautunterscheidungsfähigkeit wird nicht zuletzt durch schulischen Unterricht zunehmend differenzierter, so dass schließlich das Kind in der Lage ist, das vollständige Klangbild eines Wortes lautlich zu analysieren. Dies erfordert ein hohes Maß an Flexibilität und Aufmerksamkeit. Das Auflösen des gesamten Wortklangbildes in Einzellaute gelingt nur, wenn das Kind bei der Lautanalyse immer wieder von neuem einen Vergleich zwischen dem Gesamtklangbild und der bereits analysierten Lautreihe anstellt. Die zeitliche Folge der Laute muss in ein räumliches Nacheinander der Buchstaben umgesetzt werden. Das Kind muss immer wieder prüfen, wo es gerade bei der Lautanalyse angelangt ist und dabei ständig zwischen Wortklangbild und Einzellaut und zwischen Einzelbuchstaben und Wortbild hin- und herwechseln. Dazu ist ein gut entwickeltes auditives Kurzzeitgedächtnis von enormer Wichtigkeit, das den Kindern erlaubt, Lautsequenzen im Kurzzeitgedächtnis zu speichern. In einer Reihe empirischer Studien wurde nachgewiesen, dass bei vielen Kindern mit einer Lese-/Rechtschreibschwäche auch eine Merkfähigkeitsschwäche für die Verarbeitung serialer auditiver Reize besteht, d. h. diese Kinder eine nicht altersentsprechende Hör-Gedächtnis-Spanne aufweisen. Die Kinder haben Schwierigkeiten, sich Zahlenfolgen oder Unsinnssilben zu merken und wiederzugeben.

Besondere Schwierigkeiten für das korrekte Rechtschreiben durch die phonologische Strategie ergeben sich für die Kinder auch dadurch, dass im normalen Sprachgebrauch bei bestimmten Lautkombinationen einzelne Laute nicht mehr deutlich zu hören sind (z. B. beim Wort „Ofen" hört man umgangssprachlich „Ofn", bei „Garten" – „Gartn"). Derartige Lautverschleifungen erschweren die auditive und kinästhetische Analyse. Andere Laute wiederum erfahren durch die Lautumgebung, in der sie stehen, eine zusätzliche Veränderung, was die Lautanalyse des Wortes ebenfalls erschwert. Das Wort „toben" klingt umgangssprachlich wie „tobm", d. h., das „n" verwandelt sich in ein „m". Eine weitere Schwierigkeit der lautanalytischen Strategie besteht darin, dass zwei Laute oft nicht als Lautfolge, sondern wie ein einziger Laut artikuliert werden (z. B. kl-pl-bl).

Wenn man bedenkt, wie viele stimmlose Laute und Wortverschleifungen in unserer Sprache enthalten sind, wie Wortendungen nicht deutlich ausgesprochen werden, wird verständlich, dass bereits leichte Hörminderungen bzw. auditive Wahrnehmungsstörungen zu Problemen der Lautanalyse führen können. Bei der Umsetzung von Lauten in Buchstaben muss neben der Klangähnlichkeit auch die inhaltliche Ebene (Bedeutung) des Wortes mit berücksichtigt werden. Manche Wörter unterscheiden sich lautlich in der Klangqualität einzelner Buchstaben nicht oder nur sehr geringfügig (z. B. merken – stärken). Um das Wort richtig zu schreiben, muss das Kind auf die Bedeutungsebene wechseln bzw. das Stammwort (stärken – stark) finden. Auch die Groß- oder Kleinschreibung lässt sich nicht aus der Lautanalyse erschließen.

Neben Gedächtnisleistungen sind an dem Umcodierungsprozess von gesprochenen Wörtern in Schrift noch eine Reihe weiterer Wahrnehmungsbereiche und motorischer Fähigkeiten beteiligt:

b) Auditive Diskriminationsfähigkeit

Für die Schreibentwicklung spielt vor allem die auditive Diskriminationsfähigkeit und das Konstanzerleben eine besondere Rolle. Beide Teilprozesse müssen in den Schriftspracherwerb integriert werden, nämlich das Erkennen feiner Klangunterschiede (Lautdiskrimination), aber auch gleichzeitig das Ignorieren solcher Unterschiede. Letzteres ist notwendig, weil die Umcodierung von Lauten in Buchstaben keine 1:1-Zuordnung ist. Unsere Schrift hat zwar 26 Buchstaben, aber ein Sprecher produziert ca. 120 bis 150 unterscheidbare Laute. So hört sich z. B. das O bei „Ofen" und bei „kommen" anders an, oder das a bei „Maß" und „Masse". Zusätzlich erschwerend kommt hinzu, dass Buchstabenkombinationen wie „ch" als „k" oder „ph" als „f" gesprochen werden. Das Kind muss deshalb in der Lage sein, die Lautvielfalt auf Normallaute zu reduzieren (Wahrnehmungskonstanz). Kinder mit Schwierigkeiten in der auditiven Diskrimination nehmen viele Laute nur verschwommen wahr, insbesondere Mitlaute wie b-d, g-k, p-t. Zum einen brauchen sie mehr Zeit und Energie zum Erkennen der Laute, zum anderen erschwert dies das Erlernen der Buchstaben-Lautzuordnung zu Beginn des Lesen- und Schreibenlernens.

c) Kinästhetische Diskriminationsfähigkeit

Parallel zur auditiven Analyse findet auch die artikulatorische bzw. kinästhetische Analyse des Wortklangbildes statt. Bei vielen Kindern im Anfangsunterricht der ersten Klasse kann man beobachten, dass sie beim Schreiben von Wörtern laut oder leise mitartikulieren, was die Fähigkeit zur Lautanalyse unterstützt. Deshalb ist es sinnvoll, Schreibanfängern die Möglichkeit zur Mitartikulation zu ermöglichen.

Sprache und Sprechen erfordern eine komplexe und präzise Ausführung komplizierter Feinbewegungen der Motorik des Sprechapparates. Um Sprachlaute richtig artikulieren zu können, muss das Kind über eine gute kinästhetische Wahrnehmungsfähigkeit bzw. Bewegungsplanung vor allem der Mundmotorik verfügen.

Integrationsstörungen in diesem Bereich führen häufig zu Lautbildungsschwierigkeiten (stammeln). Sind die eigenen Sprechbewegungen fehlerhaft, ist die Lautunterscheidungsfähigkeit beeinträchtigt und es kommt zu Schreibfehlern. Lautbildungs- bzw. Artikulationsschwierigkeiten führen oft zu besonderen Problemen der auditiven Diskriminationsfähigkeit, da kinästhetische und auditive Differenzierungsleistung zwei untrennbare Einheiten darstellen (Breuer und Weuffen 1994).

Eine gut entwickelte Sprachkinästhesie hat maßgeblichen Anteil an der gedächtnismäßigen Speicherung von Lauten und Wörtern. Die sprechmotorischen Leistungen eines Kindes sind aber eng mit der Entwicklung der Grobmotorik verbunden. Nach Breuer und Weuffen haben ca. 12 % der Schulanfänger sprechkinästhetische Schwächen.

Die Kinder müssen ferner in der Lage sein, aus dem ganzen Schwall von Sprachklängen Satz- oder Wortgrenzen herauszuhören bzw. zu segmentieren. Eine notwendige Voraussetzung dafür ist das Erfassen des Sprachrhythmus.

d) Motorische Ausführung
Abruf der Buchstaben aus dem Gedächtnis und motorische Ausführung

Nachdem das Kind das Wort lautlich analysiert hat, muss es den Lauten die entsprechenden Buchstaben zuordnen. Das stellt hohe Anforderungen an das visuell-motorische Bewegungsgedächtnis, da sich die grafische Gestalt einzelner Buchstaben oft nur minimal (z. B. in der Raumlage) unterscheidet. Das Kind muss sich die jeweilige Buchstabenform eines Lautes visuell gut vorstellen können und einen guten Zugriff zu seinem motorischen Gedächtnis haben, um diese Form in eine flüssige Schreibbewegung umzusetzen. Dazu ist eine gut entwickelte Feinmotorik für die Haltung und Führung des Stiftes erforderlich. Zur Speicherung dieser Bewegungsabläufe in das Bewegungsgedächtnis (zur Bewegungsplanung) ist vor allem eine intakte kinästhetische und visuelle Wahrnehmungsentwicklung (optische

Differenzierungsfähigkeit, Erkennen von Raumlagebeziehungen) von grundlegender Bedeutung. Störungen in der kinästhetischen Wahrnehmung der Handmotorik sowie in der Steuerung des Zusammenspiels von Kraft, Muskeltonus und Bewegung erfordern vom Kind eine erhöhte Konzentrations- und Aufmerksamkeitssteuerung. Kinästhetische Wahrnehmungsstörungen führen neben einer krakeligen Schrift auch zu vermehrten Rechtschreibfehlern, da das Arbeitsgedächtnis (Kurzzeitgedächtnis) durch die erforderliche Aufmerksamkeitszuwendung auf motorische Abläufe überlastet wird und gleichzeitig die für die Lautanalyse erforderliche Aufmerksamkeit nicht mehr in ausreichendem Maße aufgebracht werden kann. Motorisch auffällige Kinder haben deshalb oft besondere Schwierigkeiten in der Schriftsprachentwicklung.

An der Entwicklung der Schriftsprachkompetenz wirken alle Sinnessysteme integrativ zusammen. Eine altersgemäß entwickelte Halte-, Stell- und Gleichgewichtsreaktion ist erforderlich, um die zum Schreiben erforderliche Sitzhaltung für längere Zeit einnehmen zu können und um einen ausreichenden Muskeltonus aufzubauen. Eine gut ausgeprägte Feinmotorik und Auge-Hand-Koordination erlauben dem Kind, die vorgegebenen Linien einzuhalten, eine richtige und entspannte Stifthaltung einzunehmen und die Buchstabenformen sauber wiederzugeben. Eine gute Steuerung der Augenmuskulatur ist erforderlich, um Schreibbewegungen fließend und kontinuierlich zu verfolgen. Auch die Fähigkeit zum Überkreuzen der Körpermittellinie ist von Bedeutung, denn dadurch kann das Kind mühelos vom linken Blattrand zum rechten schreiben.

Die auditive Figur-Grund-Erfassung ermöglicht dem Kind, gezielt sprachliche Klanggestalten aufzunehmen und Sprache sowie wichtige Geräusche oder Stimmen aus einer Geräuschkulisse herauszufiltern. Die Entwicklung der Bilateralintegration erleichtert dem Kind, unterschiedliche, aber aufeinander abgestimmte Handbewegungen durchzuführen, wie z. B. das Schreiben mit der dominanten Hand und das Festhalten des Blattes mit der anderen Hand.

Mit zunehmendem Schulbesuch, Übung und Sicherheit schreibt das Kind flüssiger. Die Notwendigkeit, Wörter lautlich analysieren zu müssen, und das langsame Buchstabe für Buchstabe aneinander Schreiben tritt mehr und mehr in den Hintergrund. Nur bei schwierigen, wenig vertrauten Wörtern greift das Kind noch auf diese Strategie zurück. Das Schreiben von Wörtern wird zunehmend automatisierter und das Aneinanderreihen der einzelnen Buchstaben erfolgt flüssig. Die Kinder greifen dazu wieder auf ihre visuelle Strategie zurück. Damit einhergehend verändern sich auch die funktionellen Systeme, die bei einem Kind, das flüssig schreiben kann, völlig anders organisiert sind als bei einem Schreib- und Leseanfänger. Die vielfältigen Lernprozesse führen zu einer qualitativen Umstrukturierung der verschiedenen funktionellen Verarbeitungssysteme des Gehirns, die sich wiederum auf die Entwicklung der Schriftsprache auswirken.

4.6 Das funktionelle System des Leselernprozesses

Beim Lesen müssen Buchstaben, die den Laut eines Wortes ergeben, in ein korrektes Lautmuster (Wort) umgewandelt werden. Dies erfordert die Fähigkeit, die Bedeutung von Buchstaben zu unterscheiden, die Buchstaben in ihre lautlichen Entsprechungen zu übersetzen und diese miteinander zu verbinden. Ebenso wie bei Rechtschreibstörungen können Verzögerungen in der Leseentwicklung bei Kindern entstehen. Gaddes (1991) unterscheidet zwischen primärer und sekundärer Leseverzögerung. Primäre Leseverzögerungen führt er auf neuropsychologische Funktionsstörungen zurück. Bei sekundären Leseverzögerungen sind die potenziellen Fähigkeiten zum Lesenlernen intakt, werden aber nicht ausreichend genutzt. Die Ursachen dafür sieht er in unzureichendem Schulunterricht, in einem emotional ablehnenden Familienklima, in einer emotionalen Zurückweisung oder Vernachlässigung des Kindes begründet. Diese Form der Leseverzögerung entwickelt sich auf der Basis emotionaler Probleme bzw. nicht adäquater Förderung des Kindes.

Auch das Lesenlernen kann verstanden werden als Prozess zunehmender Automatisierung: zu Beginn dieses Prozesses wird das Wort lautierend erfasst, d. h. das Kind beginnt einzelne Buchstaben zu einem Wort zusammenzuziehen (Lautsynthese). Dann wird das so erlesene Wort mit den im lexikalischen Gedächtnis (Wortgedächtnis) vorhandenen Wörtern verglichen. Ist das Wort im lexikalischen Gedächtnis nicht gespeichert, werden verschiedene Varianten der Aussprache und Betonung ausprobiert. Für den Erwerb des Lesens sind vor allem folgende funktionelle Systeme von Bedeutung:

• Das visuelle Erfassen und Unterscheiden von Buchstaben (visuelle Diskriminationsfähigkeit).

• Raumlageerfassen: um sinnerfassend lesen zu können, muss das Kind auch die Raumlage einzelner Buchstaben (b-d, p-q, M-W etc.) beachten.

• Die Formkonstanzbeachtung: unabhängig von ihrer Größe und Form muss das Kind die einzelnen Schriftzeichen sicher identifizieren können.

• Die sichere Zuordnung von Buchstaben zu Lauten (Graphem-phonem-Zuordnung). Dies gelingt nur, wenn die wesentlichen akustischen Unterschiede zwischen den Lauten auditiv wahrgenommen (Lautdiskriminations-Fähigkeit) und gespeichert werden. Um einen entsprechenden Laut zu bilden, muss das kinästhetische Muster jeden Lautes sich im Gedächtnis einprägen und bewusst abrufbar sein. Dazu ist eine gut funktionierende

Mundmotorik von wesentlicher Bedeutung. Um einen Buchstaben lesen zu können, muss eine Verknüpfung des visuell wahrgenommenen Buchstabens mit dem entsprechenden kinästhetischen Lautbild stattgefunden haben. Ist zu Beginn des Leselernprozesses die Buchstaben-Laut-Zuordnung noch nicht sicher, raten die Kinder oft beim Lesen. Der Leseanfänger orientiert sich dabei an bestimmten prägnanten Merkmalen (z. B. Anfangsbuchstabe, Wortlänge, Anfangssilben). Diese Merkmale werden dann mit den im Gedächtnis gespeicherten Wort- und Klangbildern verglichen, so dass es zu Verlesungen oder falschem Lesen des Wortes kommen kann (so lesen die Kinder z. B. statt „Musik" – „Mutter"). Viele Kinder mit Problemen im sicheren Speichern und Abrufen der Buchstaben-Laut-Zuordnung behalten länger als andere Kinder diese Strategie bei, d. h. sie orientieren sich beim Lesen an bestimmten prägnanten Merkmalen und raten den Rest. Frith (1985) beschreibt dies als logografische Strategie.

• Die Lautsynthese: wenn die Kinder die Buchstaben-Lautverbindung abrufen können, beginnen sie, die einzelnen Laute beim lautierenden Lesen aneinanderzureihen. V-Va-Vat-Vater. So entsteht ein Klangbild, das bis zum Entschlüsseln des jeweils nächsten Buchstabens konstant gehalten werden muss. Unabdingbare Voraussetzung dafür ist wiederum ein gut funktionierendes auditives Kurzzeitgedächtnis, das in der Lage ist, die seriale Anordnung der Lautfolge zu speichern. Gelingt diese Gedächtnisleistung nicht, vergisst das Kind die bereits synthetisierte Lautfolge. Die Folge davon ist, dass es oft die Reihenfolge der Laute verändert oder es werden andere Laute als die vorgegebenen lautiert (z. B. Bl…, Blu…, Bum…). Die Kinder haben umso größere Schwierigkeiten, je komplexer das Wort ist, das sie lautlich synthetisieren müssen und je mehr Laute sie in ihrem auditiven Kurzzeitspeicher behalten müssen.

• Bildung von Übergangswahrscheinlichkeiten: schon das Erfassen der ersten Buchstaben führt beim Kind zu Mutmaßungen über den Fortgang und die Bedeutung des Wortes. Synthetisiert das Kind das Wort nicht bis (fast) zu Ende, können Falschlesungen dadurch entstehen, dass es falsche Rückschlüsse auf die weitere Lautfolge macht bzw. das Wort errät.

• Rhythmische Differenzierungsfähigkeit: um das Wort auch sinnvoll lesen und verstehen zu können, müssen die Kinder das Wort in kleinere Einheiten (z. B. in Silben) zergliedern können. Dabei müssen sie sich entscheiden, welche Laute miteinander zu einer Silbe verbunden werden und welche Laute voneinander getrennt werden. Dazu müssen sie die rhythmische Struktur des Wortes erfassen. Ist ihnen die rhythmische Struktur eines Wortes nicht klar, kommt es zu Umstellungen von Lauten und Silben, Buchstaben werden ausgelassen, die Silbentrennung gelingt nicht oder verschiedene Wörter werden zusammengeschrieben (z. B. „Blu-men-to-pfer-de" statt „Blu-men-topf-erde"). Nach Breuer und Weuffen besteht ein enger Zusammenhang zwischen der Fähigkeit zur Rhythmusdifferenzierung und zu Sprachgedächtnisleistungen.

• Melodische Differenzierungsfähigkeit: schließlich muss das Wort mit der richtigen Betonung versehen werden. Solange das Kind auf der Einzellautebene bleibt, hat es keinen Zugang zur richtigen Betonung. Durch den Wechsel auf die gesamte Wortklangebene und über den Vergleich mit bereits gespeicherten Wortklangbildern findet es die richtige Betonung des Wortes. Durch die melodische Akzentuierung durch Tonfall, Tonhöhe und Betonung ist es dem Kind möglich, sprachliche Inhalte besser zu erfassen (z. B. wir rasten mit dem Auto, um zu rasten).

Im weiteren Verlauf der Leseentwicklung kommt es zu zunehmender Automatisierung und Integration oben beschriebener funktioneller Systeme. Die Automatisierung erfordert eine Reihe neuropsychologischer Funktionen, wie

a) höhere Merkfähigkeits- und Gedächtnisleistungen.

b) Ausnutzung von Übergangswahrscheinlichkeiten: bestimmte Buchstabenverbindungen haben eine größere Wahrscheinlichkeit vorzukommen als andere (z. B. Vor- und Nachsilben wie ver-, so-, -keit). Das Kind erfasst beim Lesen zunehmend ganze Silben, Wörter und Satzteile. Dazu ist die Speicherung wahrscheinlicher Buchstabenfolgen und deren schnelle Abrufbarkeit bzw. die Erfassung der visuellen Struktur des Wortes notwendig (visuelles Reihenfolgegedächtnis). Die Speicherung von visuellen Symbolfolgen erfordert auch ein hohes Maß an visueller Aufmerksamkeitszuwendung. Die Kinder lernen, ganze Wörter als ein visuelles Schriftsymbol zu erkennen. Ein geübter Leser kann beispielsweise Wörter aufgrund ihrer allgemeinen Umrisse oder prägnanter Buchstaben sofort erkennen.

c) Schnelle Hypothesenbildung: neben dem visuellen Erfassen der Schrift erfolgt die Sinnerfassung des Wortes. Die Hypothesenbildung über die erwartete Buchstabenabfolge, aber auch über den Inhalt und die Bedeutung des Gelesenen erleichtert den Lesevorgang. Dem Kind gelingt dies besser, wenn es einen schnellen Zugriff zu seinem Wortschatz bzw. Wortgedächtnis hat, d. h. wenn das Wort bereits im Langzeitgedächtnis gespeichert ist. Nur wenn das Kind einem neuen und schwierigen Wort gegenübersteht, muss es auf die Lautsynthese zurückgreifen, während bekannte Wörter durch unmittelbares Erkennen gelesen werden. Dazu benutzt es auch Informationen, die durch umgebene Wörter, Wortverbindungen oder Sätze gegeben werden. Mit zunehmendem Alter und Lesefertigkeit steigt die Anzahl der simultan erfassten Buchstabenfolgen in einem Lesetext, so dass sich auch dadurch die Lesegeschwindigkeit erhöht. Entstellungen bzw. Falschlesungen können dadurch entstehen, dass das Kind Signalbuchstaben aufgrund der Sinnerwartung des Wortes falsch ergänzt.

4.7 Gibt es wirklich „isolierte" Lese-/Rechtschreibschwierigkeiten?

An der Entwicklung des Lese- und Rechtschreibprozesses sind unterschiedliche funktionelle Systeme beteiligt. Deshalb kann man auch nicht von *dem* lese-/rechtschreibschwachen Kind schlechthin sprechen, sondern man muss wegen der Komplexität der hirnorganischen Prozesse und psychischer Funktionen davon ausgegehen, dass wir es mit Kindern zu tun haben, die jeweils ihre ganz individuellen Probleme mit dem Schriftspracherwerb haben. Neuropsychologische Erkenntnisse scheinen zu belegen, dass Dysfunktionen in jedem beliebigen Teil der Großhirnrinde (insbesondere der linken Seite) und überall im Hirnstamm, im Thalamus und Kleinhirn zu einer Beeinträchtigung des Lesens/Schreibens führen können.

Lese-/Rechtschreibeprobleme von Kindern sind meistens eingebettet in eine Vielzahl motorischer, wahrnehmungsbezogener, sprachlicher, emotionaler und sozialer Entwicklungsauffälligkeiten, die teils ursächlichen, teils erhaltenden oder verstärkenden Charakter haben. Schydlo (1993) berichtet über Zusammenhänge zwischen Lese-/Rechtschreibstörungen und anderen Entwicklungsauffälligkeiten. Oft wird zwar von einer „isolierten" Lese-/Rechtschreibschwäche gesprochen. Dies suggeriert, dass es sich dabei um eine isoliert auftretende Lernschwierigkeit handelt. Tatsächlich aber haben viele LRS-Kinder oft noch eine Reihe anderer Entwicklungsauffälligkeiten. Schydlo fand folgende Beziehungen zwischen LRS und anderen Entwicklungsauffälligkeiten bzw. Wahrnehmungsstörungen:

– bei 54 % der LRS-Kinder bestand eine zentrale Fehlhörigkeit (auditive Figur-Grund-Störung)
– 13 % der Kinder wiesen andere Wahrnehmungsstörungen auf
– 14 % hatten auch visuelle Wahrnehmungsstörungen
– bei 47 % der LRS-Kinder fanden sich zusätzliche grobmotorische Störungen
– bei 16 % waren feinmotorische Störungen feststellbar. Beeinträchtigungen der Grob- und Feinmotorik sind eine häufig anzutreffende Kombination mit LRS, vor allem Beeinträchtigungen in der Auge-Hand-Koordination
– bei 9 % bestand eine Linkshändigkeit
– bei 20 % ein hyperkinetisches Syndrom (psychomotorische Unruhe).

In der Fachliteratur finden sich darüber hinaus eine Reihe weiterer Zusammenhänge zwischen LRS und Entwicklungsauffälligkeiten. Dazu zählen:

– Beeinträchtigungen in der auditiven Merkfähigkeit bzw. bei verbal-auditiven Gedächtnisleistungen
– gestörtes Binocularsehen (beidäugiges Sehen). Bei manchen LRS-Kindern ist das Kontrollsystem des beidäugigen Sehens gestört. Bei Vorhandensein einer LRS ist deshalb auch eine augenärztliche Untersuchung angezeigt. Augenstörungen sind oft recht komplex und können sich zeigen in:
a) einem leichten bzw. diskreten Schielwinkel (Störung des Binocularsehens)
b) Weitsichtigkeit

c) Hornhautverkrümmungen mit einhergehender Schwäche der Scharf- und Naheinstellung

Diese Beeinträchtigungen führen zu einer raschen Ermüdbarkeit der Augen durch ständige, übermäßige Akkommodation (Scharf-Einstellung) und Konvergenz (Zusammenführung der Sehachsen auf das Nahbild) und damit zu einer einhergehenden Dauerspannung. Den Kindern gelingt es zeitweise nicht, die Bewegungen der Augen exakt zu koordinieren. LRS-Kinder zeigen oft große Unsicherheit bei dem Treffen eines Blickziels bzw. bei der Fixierung eines Ziels. Während geübte Leser die Wörter in rhythmischer und gleichmäßiger Form mit ihren Augen abtasten, sind die Augenbewegungen von LRS-Kindern oft sehr unrhythmisch: die Kinder überspringen Buchstaben oder verwechseln die Leserichtung.

Weitere Zusammenhänge zwischen LRS und Entwicklungsauffälligkeiten:

– Erhöhte Ordnungsschwelle. Warnke (1995) berichtet, dass LRS-Kinder eine deutlich erhöhte Ordnungsschwelle gegenüber schriftsprachlich unauffälligen Kindern haben.
– Geringe psychische Belastbarkeit und emotionale Stabilität. Die Kinder sind leicht erregbar, wirken affektiv labil.
– Verzögerte Sprachentwicklung, Schwierigkeiten der expressiven und rezeptiven Sprache.
– Taktile Störungen, Berührungsempfindlichkeit (Gaddes 1991, 375).
– Eine gekreuzte Lateralität (z. B. gekreuzte Dominanz von Hand, Fuß, Augen).
– Defizite in der interhemisphärischen Koordination, d. h. in der Zusammenarbeit beider Gehirnhemisphären.
– Ein verringertes visuelles und auditives Verarbeitungstempo. Die Kinder benötigen mehr Zeit, um Unterschiede zwischen optischen-visuellen oder auditiven Reizen zu erkennen.

Man muss deshalb davon ausgehen, dass LRS-Kinder mehrfach beeinträchtigt sind. Aber nicht alle beschriebenen Beeinträchtigungen und Entwicklungsauffälligkeiten müssen bei einem Kind auftreten. Die hier aufgeführten Symptome können beim einzelnen Kind in unterschiedlicher Ausprägung, aber auch in unterschiedlichen Kombinationen auftreten. Es gibt Kinder, die mehrere oder nahezu alle genannten Symptome in geringer Ausprägung haben, so dass sie als einzelne Störung kaum wahrzunehmen sind, in ihren Wechselwirkungen jedoch das Kind als Ganzes auffällig werden lassen. Andere Kinder haben vielleicht nur zwei oder drei der aufgeführten Symptome, davon das eine oder andere in so starker Ausprägung, dass die Entwicklungsauffälligkeiten als solche leicht zu erkennen sind. Häufig vorzufindende Kombinationen mit LRS sind eine beeinträchtigte Fein- bzw. Grobmotorik, eine reduzierte auditive Merkfähigkeit, visuelle Wahrnehmungsstörungen, Aufmerksamkeits- und Konzentrationsstörungen zusammen mit wechselnder Belastbarkeit, d. h. wechselnder Leistungsfähigkeit zu verschiedenen Zeiten. Andererseits gibt es auch viele Kinder, die trotz

LRS einen normal großen Wortschatz oder eine intakte Visuo-Motorik haben. Viele sind auch grobmotorisch nicht besonders auffällig, und nicht alle sprachauffälligen Kinder entwickeln sich auch zu Kindern mit einer LRS. Neuropsychologische Konzepte sind hilfreich zum Verständnis der unterschiedlichen Zusammenhänge zwischen LRS und anderen Entwicklungsauffälligkeiten. Die ursprüngliche Annahme, dass der LRS eine vorwiegend visuelle Wahrnehmungsstörung zugrunde liegt, ist durch die neueren Forschungen gründlich erschüttert worden. Während in den 60er und 70er Jahren vor allem Schwierigkeiten im Bereich der visuellen Wahrnehmungsverarbeitung, speziell der Formdifferenzierungsfähigkeit, der Auge-Hand-Koordination und teilweise noch der visuellen Merkfähigkeit als Ursache für LRS interpretiert wurde, belegen Forschungsergebnisse der letzten Jahre sehr eindrucksvoll, dass eine LRS eher verstanden werden kann als Sprachverarbeitungsstörungen.

Auch für Luria sind Lesen und Schreiben spezielle Aspekte der Sprachverarbeitung. Sobald es zu Störungen der Sprachfunktion kommt, treten oft auch Störungen des Lesens und Rechtschreibens auf. Bei ca. 60 % der lese-/rechtschreibschwachen Kinder lässt sich eine verzögerte bzw. auffällige Sprachentwicklung (z. B. Sprachentwicklungsverzögerung) nachweisen. Das gleichzeitige Vorhandensein von Sprachauffälligkeiten und Störungen der auditiven Wahrnehmung macht die enge wechselseitige Beziehung von Sprache und auditiver Wahrnehmung deutlich. Die gleichen Störungen im Bereich der auditiven Wahrnehmung, die zu einer Sprachentwicklungsstörung führen können, tauchen nach den empirischen Befunden auch im Zusammenhang mit Lese-/Rechtschreibschwierigkeiten wieder auf. Klicpera u. a. (1993) referiert, dass ca. 40 bis 50 % der Kinder einer Sprachheilschule markante Schwächen im Lesen aufweisen, ca. 75 % im Rechtschreiben und 90 % im schriftsprachlichen Ausdruck (z. B. Nacherzählen einer Geschichte). Sprachentwicklungsgestörte Kinder machen viele Rechtschreibfehler, insbesondere bei Wörtern mit komplexer Lautfolge. Dies deutet darauf hin, dass sie Schwierigkeiten bei der Lautanalyse haben. Tallal (1993) fand, dass sprachauffällige Kinder oftmals sehr kurze Sprachlaute meist nicht zu unterscheiden vermögen. Während üblicherweise Kinder Phoneme von nur 40 Millisekunden Dauer erkennen, werden den sprachbehinderten Kindern erst bis zu 300 – 500 Millisekunden andauernde verständlich.

Sprachentwicklungsstörungen, Lese-/Rechtschreibstörungen und Verhaltensauffälligkeiten sind in ihrem gemeinsamen Vorkommen besser erklär- und verstehbar, wenn man neuropsychologische Konzepte heranzieht. Aus ihnen folgt, dass sensorische Integrationsstörungen zu Entwicklungsstörungen der Motorik, der Sprache und der Lese-/Rechtschreibentwicklung führen. Der enge Zusammenhang zwischen auditiver Wahrnehmungsverarbeitung und Lese-/Rechtschreibentwicklung macht plausibel, weshalb die prognostische Validität vieler Schulreifetests unbefriedigend ist. Diese enthalten nämlich in beträchtlichem Umfang lediglich Aufgaben zur Prüfung der visuellen Diskriminationsfähigkeit, aber kaum Aufgaben zur auditiven Wahrnehmungsverarbeitung.

Eine besondere Rolle bei der Entwicklung von Lese-/Rechtschreibschwierigkeiten kommt der unzureichenden Merkfähigkeit für auditive seriale Reize (auditives Arbeitsgedächtnis) zu. Die Fähigkeit, Zahlenreihen nachzusprechen, eine Folge von Silben (z. B. Ko-so-ba-lu) nachzusprechen, d. h. eine Lautfolge im Arbeitsgedächtnis kurzfristig zu behalten und wiederzugeben, scheint von fundamentaler Bedeutung für die Entwicklung der Lese-/Rechtschreibkompetenz zu sein. Empirische Befunde (Gutezeit 1988) belegen eine enge Beziehung zwischen einer verkürzten Hör-Gedächtnisspanne und Lese-/Rechtschreibproblemen. Dagegen ist die Fähigkeit zum Behalten visueller Symbolfolgen bei LRS-Kindern oft nicht beeinträchtigt. Viele LRS-Kinder haben eine gute visuelle Merkfähigkeit und sind z. B. beim Memoryspielen anderen Kindern nicht unterlegen. Kinder mit Beeinträchtigungen der Sprachentwicklung sowie Kinder mit einer verkürzten auditiven Gedächtnisspanne (Merkfähigkeit) sind häufig Risikokinder für eine LRS. Der derzeitige Forschungsstand lässt somit den Schluss zu, dass gleiche Bedingungen und Funktionsstörungen sowohl die Entwicklung der Sprache als auch der Schriftsprache negativ beeinflussen. Häufig sind mehrere und komplexe Grundfunktionen gleichzeitig beeinträchtigt, deren gemeinsames Funktionieren eine wichtige Voraussetzung für die Aneignung von Sprache und Schrift ist.

4.8 Folgen von Lernstörungen

Entwickeln die Kinder nach Schuleintritt Lernstörungen, so entwickeln sich daraus sekundäre pathologische Verhaltensauffälligkeiten, die sich insbesondere im zweiten und dritten Schuljahr und darüber hinaus manifestieren. Sie zeigen sich vor allen Dingen im:

– Lern- und Leistungsbereich in Form von Verweigerungshaltungen. Die Kinder machen im Unterricht nicht mehr mit, verweigern die Hausaufgaben, unterschlagen Hausaufgaben oder Klassenarbeiten. Hefte und Bücher werden in der Schule vergessen. Bei den Hausaufgaben wirken die Kinder ständig abgelenkt, sie arbeiten langsam, sitzen oft mehrere Stunden an den Hausaufgaben und wirken wenig motiviert.
– Im emotionalen Bereich: die Kinder entwickeln Angstsymptome, schulbezogene Versagensängste, depressive Verstimmungen, geringes Selbstwertgefühl, Konzentrations- und Ausdauerschwächen als Folge der schulischen Überforderung. Manche Kinder entwickeln auch psychosomatische Beschwerden, wie Bauch- und Kopfschmerzen, Einnässen, Einkoten, Schwindelgefühle, Ein- und Durchschlafstörungen.

– Im sozialen Bereich: die Eltern klagen, dass ihr Kind zunehmend unruhiger, aggressiver und leicht erregbar ist, mit Freunden und Geschwistern oft viel Streit hat. In sozialen Beziehungen werden die Kinder zunehmend isolierter, werden oft gehänselt, entwickeln sich zum Klassenclown und geraten mehr und mehr in eine Außenseiterrolle.

4.9 Früherkennungshinweise

Die Früherkennung von Kindern mit Lese-/Rechtschreibschwierigkeiten ist mit vielfältigen inhaltlichen und methodischen Problemen verbunden. Dabei stehen zwei zentrale Fragen im Vordergrund:

a) Ab welchem Alter ist eine Früherkennung von LRS einigermaßen sicher? Gibt es Möglichkeiten, bereits im Vorschulalter, wenn der Lese- und Schreibunterricht noch nicht stattgefunden hat, „Risikokinder" zu identifizieren, oder geht dies erst in der Grundschule, wenn das Kind die Gelegenheit hat, durch den schulischen Unterricht sich das Lesen und Rechtschreiben anzueignen.
b) Welche Vorläufervariablen erlauben eine hinreichend genaue Vorhersage?

Im deutschsprachigen Raum haben zur Früherkennung und Frühförderung von „Risikokindern" die Ansätze von Breuer und Weuffen (1986, 1994) große Bedeutung gefunden. Als wesentliche Basisfunktion für den Schriftspracherwerb sehen sie verschiedene Sprachwahrnehmungsleistungen der Kinder (verbo-sensomotorische Fähigkeiten) an, die sie durch die „Differenzierungsprobe" diagnostisch erfassen. Um Lesen und Schreiben zu lernen, müssen die Kinder unterschiedliche Differenzierungsleistungen vollbringen:

1) Optisch-graphomotorische Differenzierung: ist die Fähigkeit zur optischen Differenzierung und zum Erfassen räumlicher Beziehungen. Dies ermöglicht den Kindern, optische Unterschiede der einzelnen Buchstaben präzise zu erfassen und wiederzugeben. Die Diagnostik dieser Fähigkeit erfolgt dadurch, dass die Kinder einfache grafische Zeichen wie z. B. Z, F nachzeichnen sollen.

2) Phonematisch-akustische Differenzierungsfähigkeit: ist die Fähigkeit zur Unterscheidung feiner Lautdifferenzen. Sie ist wichtig für die Sinnentnahme des Wortes und zur Speicherung der Lautstruktur im Gedächtnis. Geprüft wird dies dadurch, dass die Kinder feine Lautunterschiede erkennen sollen (z. B. Nagel – Nadel).

3) Kinästhetisch-artikulatorische Differenzierungsfähigkeit: darunter wird die Fähigkeit zur korrekten Lautbildung verstanden. Eine ungestörte Artikulationsfähigkeit ist eine wichtige Voraussetzung für die gedächtnismäßige Speicherung von Laut-, Wort- oder Satzmustern. Eine gute Sprachar-

tikulation erfordert hohe Anforderungen an das koordinierte Zusammenspiel der Muskeln, vor allem der Mundmotorik (kinästhetische Differenzierungsleistung). Geprüft wird diese Fähigkeit dadurch, dass die Kinder Wörter nachsprechen sollen, die schwierig zu artikulieren sind, wie z. B. Schellfischflosse, Aluminium, Postkutsche.

4) Melodisch-intonatorische Differenzierungsfähigkeit: sie beinhaltet die Fähigkeit, melodische Nuancen der Sprache zu erfassen. Das Kind muss Tonfall, Tonhöhe und Tonführung differenzieren können, um sprachliche Inhalte zu erfassen. Durch die melodische Akzentuierung wird ausgedrückt, ob ein Gedanke besonders wichtig ist oder nicht. Auch Gefühlszustände kommen in melodischen Merkmalen zum Ausdruck. Diagnostiziert wird diese Fähigkeit dadurch, dass das Kind ein kleines Lied (z. B. „Alle meine Entchen") vorsingen soll.

5) Rhythmische Differenzierungsfähigkeit: beinhaltet die Fähigkeit zur Erfassung und Realisierung der rhythmischen Gliederung von Wörtern oder Sätzen. Dies ist eine wichtige Voraussetzung für das Sprachverständnis und für die Speicherung von Wort- und Schriftinhalten. Fehlen Pausen im Sprachfluss, wird oft nicht deutlich, was gemeint ist, und die Sinnentnahme wird dadurch erschwert. Ein Beispiel soll dies verdeutlichen. Die inhaltliche Bedeutung nachstehender Sätze wird durch den Sprechrhythmus bestimmt:

– Die Mutter sagt der Bäcker ist mein Freund.
– Die Mutter sagt, der Bäcker ist mein Freund.
– Die Mutter, sagt der Bäcker, ist mein Freund.

Die Fähigkeit zur rhythmischen Differenzierungsfähigkeit wird erfasst, indem die Kinder Wörter in Silben klatschen sollen, z. B. Pe-ter, Fuß-ball-spiel. Nach Erhebung von Breuer und Weuffen weisen ca. 15 % der Vorschulkinder Defizite in diesen Vorläuferfunktionen des Schriftspracherwerbs auf.

4.10 Neue Ansätze zu Möglichkeiten der Früherkennung

Auf der Basis von neueren Entwicklungsmodellen und Informationsverarbeitungsmodellen sind vor allem in den letzten Jahren in der Bundesrepublik und in skandinavischen Ländern verschiedene Längsschnittstudien durchgeführt worden. Sie haben das Ziel, bereits im Vorschulalter (im letzten Kindergartenjahr) diejenigen relevanten Vorläuferfunktionen des Schriftspracherwerbs herauszufinden, die eine relativ gute Vorhersage für die spätere Lese- und Rechtschreibkompetenz ermöglichen, bzw. die die Identifizierung von Risikokindern ermöglichen (Schneider 1989; 1992; Skowronek und Jansen 1992; Mannhaupt 1994). Grundannahme ist:

a) dass wichtige Vorläuferfunktionen des Schriftspracherwerbs bereits im Vorschulalter vorgefunden werden können.

b) dass alphabetisch orientierte Lese-/Rechtschreibstrategien für den Schriftspracherwerb eine besondere Rolle spielen. Die Studien zeigen übereinstimmend, dass sich als prognostisch bedeutsamste Faktoren metalinguistische Fähigkeiten (phonologische Verarbeitungsprozesse) erweisen.

Die Mitarbeiter der Bielefelder Forschungsgruppe um Skowronek, Jansen und Mannhaupt entwickelten ein Screening-Verfahren zur Früherkennung von Kindern mit Lese-/Rechtschreibschwierigkeiten. Es zeigt sich, dass vor allem drei Bereiche für die Vorhersage der späteren Lese-/Rechtschreibkompetenz von Kindergartenkindern von besonderer Relevanz sind.

1. Die phonologische Bewusstheit

Sie kann verstanden werden als die Fähigkeit, Einsicht in den lautlichen Aufbau der Sprache zu gewinnen bzw. Sprache (Wörter) als aus lautlichen Einheiten bestehend wahrzunehmen und analytisch und synthetisch damit umzugehen. Jansen und Mitarbeiter unterscheiden dabei:

a) Phonologische Bewusstheit in engerem Sinne, dazu gehört die

– Lautanalyse (Anlautbestimmen): die Aufgaben für die Vorschulkinder bestehen darin, dass sie Laute eines Wortes aus einem Wort akustisch analysieren sollen (z. B. „hörst du ein „au" in „Auto"?).
– Lautsynthese (Laute verbinden): ein Wort, das dem Kind gedehnt vorgesprochen wird, soll als Einheit erkannt und nachgesprochen werden (z. B. „F-isch" soll das Kind als „Fisch" lautlich nachsprechen).

b) Phonologische Bewusstheit in weiterem Sinne, dazu gehören

– Silbensegmentierung (Silbentrennung): das Vorschulkind soll drei- oder mehrgliedrige Wörter in Silben klatschen, z. B. Fuß-ball-spiel. Die Fähigkeit zur Silbensegmentierung entwickelt sich bereits um das vierte Lebensjahr.
– Reimpaare erkennen: Wörter müssen vom Kind daraufhin beurteilt werden, ob sie sich reimen (z. B. „Haus – Maus – Hut", welche zwei Wörter klingen ähnlich?).

2. Phonetisches Rekodieren im Kurzzeitgedächtnis

Hier geht es um die Erfassung des auditiven Kurzzeitgedächtnisses. Die Aufgaben bestehen darin, dass die Kinder Pseudowörter (wie beispielsweise „ri-so-lamu") nachsprechen sollen.

3. Rekodiergeschwindigkeit im Lexikon

Hier geht es um die Fähigkeit, möglichst schnell auf gespeicherte Gedächtnisinhalte zurückgreifen zu können. Dieser Bereich wird dadurch überprüft, indem das Kind möglichst schnell die Farbe unfarbig dargestellter Objekte (z. B. Tomate, Zitrone) benennen bzw. die richtige Farbe von Gegenständen nennen soll, die in einer falschen Farbe abgebildet sind. Dies kann als Vorläuferfunktion für die Fähigkeit zum schnellen Abruf der Buchstaben-Lautverbindung verstanden werden.

Ergänzend dazu wird im Bielefelder Screeningverfahren zusätzlich das „Aufmerksamkeitsverhalten für visuelle Symbolfolgen" überprüft. Die Kinder sollen aus vier kurzen, aber visuell ähnlichen Wörtern möglichst schnell ein vorgegebenes Wort heraussuchen. Die Trefferquote dieses Verfahrens ist recht hoch. „Bereits zehn Monate vor der Einschulung können mit dem Screeningverfahren 80,8 % der lese-/rechtschreibschwachen Kinder am Ende des zweiten Schuljahres korrekt klassifiziert werden" (Jansen 1994).

In einer weiterführenden Studie bestätigen Schneider/Näslund (1992) die Bielefelder Ergebnisse. Sie stellen fest, dass die im Kindergarten erhobenen Maße der „phonologischen Bewusstheit" einen beträchtlichen Vorhersagewert für die spätere Lese-/Rechtschreibkompetenz besitzen. Zusätzlich wird die Bedeutung von auditivem Gedächtnis bzw. auditiver Merkfähigkeit sowie von früher schriftsprachlicher Kompetenz (z. B. Buchstabenkenntnis) nachgewiesen. Die Anzahl der Buchstaben, die das Kind bei Schuleintritt kennt und benennen kann, scheint eine gute Vorhersage seiner späteren Lese- und Rechtschreibkompetenzen zu ermöglichen. Schneider stellt die wichtigsten Zusammenhänge für die spätere Lese-/Rechtschreibkompetenz in einem Strukturmodell dar.

Das Strukturmodell verdeutlicht, dass der Einfluss der allgemeinen verbalen Intelligenz auf die Rechtschreibleistung als eher gering anzusetzen ist. Die Entwicklung von Lese-/Rechtschreibschwierigkeiten ist unabhän-

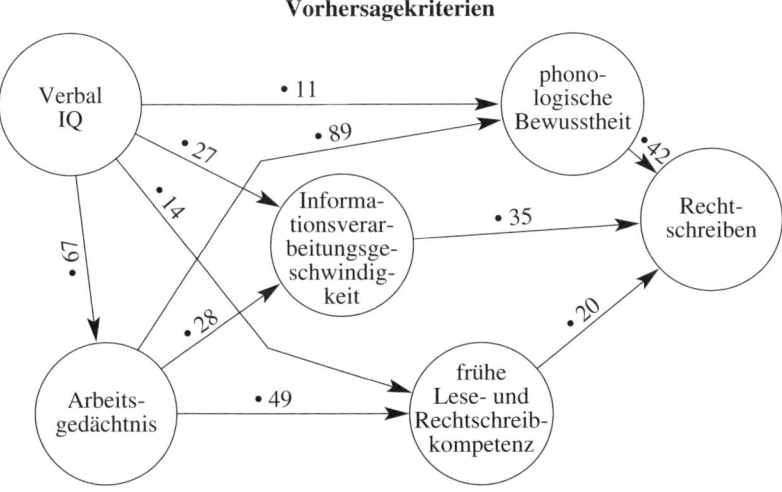

Abb. 19: Strukturmodell (Demetriou et al. 1992, 270)

gig vom Intelligenzniveau. Es gibt hochbegabte, gut und weniger gut begabte LRS-Kinder, die mit ihren Problemen mehr oder weniger auffallen. Aber es gibt auch minderbegabte Kinder, die trotz ihrer Minderbegabung gut lesen und schreiben können. Besonders beeindruckend ist in dem Strukturmodell der sehr hohe Zusammenhang (.89) zwischen dem Arbeitsgedächtnis (auditives Kurzzeitgedächtnis) und der phonologischen Bewusstheit. Dieser Zusammenhang weist nochmals nachdrücklich auf die hohe Bedeutung der auditiven Merkfähigkeit auf phonologische Verarbeitungsprozesse hin. Es ist aber noch nicht klar, ob dieser Zusammenhang kausal zu interpretieren ist, d. h. ob die Fähigkeit, Lautfolgen zu speichern, eine notwendige Voraussetzung für die Entwicklung der phonologischen Bewusstheit ist oder aber ob beide Prozesse (phonologische Bewusstheit und auditives Kurzzeitgedächtnis) als Ausdruck gemeinsamer zugrunde liegender Sprachverarbeitungsprozesse verstanden werden können.

Fasst man die derzeitigen Forschungsergebnisse zu Früherkennungshinweisen bzw. Risikofaktoren hinsichtlich der Entwicklungen von LRS zusammen, so zeigt sich, dass insbesondere Kinder mit nachstehenden Entwicklungsauffälligkeiten zu den „Risikokindern" gehören. Diesen Kindern ist besondere Aufmerksamkeit zu widmen. Kinder mit Auffälligkeiten/ Schwierigkeiten:

- in der phonologischen Bewusstheit
- in der grob- und feinmotorischen Entwicklung bzw. in der Körperkoordination. Hier sind insbesondere die Zusammenhänge zu vestibulären Wahrnehmungsstörungen zu sehen, die wiederum eine eingeschränkte auditive Merkfähigkeit, Schwierigkeiten der Augenmuskelkontrolle, visuelle Wahrnehmungsstörungen und Auge-Hand-Koordinationsstörungen zur Folge haben
- in der Regulierung des Muskeltonus
- in der Sprachentwicklung: rezeptive und expressive Sprachstörungen, Sprachentwicklungsverzögerungen
- im Aufmerksamkeits- und Konzentrationsverhalten: leicht ablenkbare Kinder, hyperaktive Kinder
- im auditiven und visuellen Gedächtnis
- im binokularen Sehen
- in der visuellen Wahrnehmung
- in der Entwicklung der Lateralität
- im Bereich der Ordnungsschwelle
- in der sozial-emotionalen Entwicklung.

Wenn es gelingt, Kinder mit diesen Schwierigkeiten bereits im Kindergarten oder in der ersten Klasse zu erfassen und zu fördern, werden in der Schule erheblich weniger Schülerinnen und Schüler mit ausgeprägten Lese-/Rechtschreibschwierigkeiten zu finden sein.

Spezielle diagnostische Verfahren zur Früherkennung von „Risikokindern" im Lesen und Rechtschreiben

Vorschulalter und Schulanfang

Die Differenzierungsprobe von Breuer und Weuffen: Breuer, H., Weuffen, M. (1994): „Lernschwierigkeiten am Schulanfang". Schuleingangsdiagnostik zur Früherkennung und Frühförderung. Beltz, Weinheim. DPI für 5 – 6-jährige Kinder; DPII für 6 – 7-jährige Kinder

Jansen, H., Mannhaupt, G., Marx, G., Skowronek, H. (2002): Das „Bielefelder Screening zur Früherkennung von Lese-Rechtschreibschwierigkeiten". Hogrefe, Göttingen. Einsetzbar im Vorschulalter 10 Monate und 4 Monate vor der Einschulung

Martschinke, S., Kirschhock, E. M., Frank, A. (2000): Das Nürnberger Erhebungsverfahren zur phonologischen Bewusstheit. „Der Rundgang durch Hörhausen". Auer, Donauwörth. Schulanfang bzw. 1. Klasse

Barth, K. (2000): „Die Diagnostischen Einschätzskalen zur Beurteilung des Entwicklungsstandes und der Schulfähigkeit". Ernst Reinhardt, München. Vorschulalter, Schulanfang

Brunner, M., Schlüter, K. et al. (2001): „Heidelberger Vorschultest zur auditiv-kinästhetischen Sprachverarbeitung". WESTRA, Marktplatz 10, 86637 Wertingen

Dummer-Smoch, L. (2001): Förderdiagnostische Möglichkeiten der Früherkennung von Leselernschwierigkeiten durch Beobachtungsspiele. Dieck Verlag, Heinsberg/Rheinl.

4.11 Fördermöglichkeiten

Die Effekte eines Förderprogramms zur phonologischen Bewusstheit auf den Schriftspracherwerb wurden in einer Studie von Schneider und Reimers (1994) untersucht. An der Studie nahmen insgesamt 371 Kindergartenkinder teil. Das Förderprogramm bestand aus Sprachspielen, die in 6 unterschiedliche Übungseinheiten inhaltlich aufeinander aufbauten. Dazu gehörten:

1. Lauschspiele (Geräusche lauschen, Flüsterspiele), die das Gehör der Kinder für Geräusche in ihrer Umgebung schärfen sollen.
2. Reimspiele (Kinderreime, Abzählreime), die das Bewusstsein vermitteln sollen, dass reimende Wörter etwas gemeinsam haben.
3. Sätze und Wörter (Spiele mit Sätzen und Wörtern, Übungen zu langen/kurzen Wörtern).
4. Analyse und Synthese von Silben (Namen klatschen, Namenball), bei der Silbengrenzen durch Händeklatschen und rhythmisches Sprechen akustisch wahrgenommen werden sollen.
5. Identifizierung von Anlauten.
6. Phonemanalyse und -synthese, bei der Lautgrenzen akustisch verdeutlicht wurden.

Die Ergebnisse dieser Studie belegen, dass eine spielerische Förderung der Lautwahrnehmung und -verarbeitung sowohl kurz- als auch langfristige positive Effekte auf den Schriftspracherwerb von Kindern hat, wobei die Qualität der Förderung für die Langzeitwirkung entscheidend war.

Spezielle Förderprogramme zur Verbesserung der phonologischen Bewusstheit

Küspert, P., Schneider, W. (1999): Hören, Lauschen, Lernen. Sprachspiele für Kinder im Vorschulalter. Vandenhoeck und Ruprecht, Göttingen

Forster, M., Martschinke, S. (2000): Leichter Lesen und Schreiben lernen mit Hexe Susi. Übungen und Spiele zur Förderung der phonologischen Bewusstheit. Auer Verlag, Donauwörth. Förderprogramm mit vielen Kopiervorlagen am Schulanfang

Ministerium für Bildung, Wissenschaft, Forschung und Kultur des Landes Schleswig-Holstein (Hrsg.) (2000): Förderung der phonologischen Bewusstheit zur Vorbeugung von Lese-/Rechtschreibschwierigkeiten. Übungskatalog für den Kindergarten und den Schulanfang. Landesinstitut Schleswig-Holstein für Praxis und Theorie der Schule. Druckerei Joost, Eckernförder Str. 239, 24119 Kronshagen

Christiansen, Ch., Hinrichsen, I., Riedner, N. (2002): Arbeitsblätter zur Förderung der phonologischen Bewusstheit am Schulanfang. Laier und Becker Psychologie, Markgrafenstr. 5, 69234 Dielheim

Feiner, Th. (2002): Silbenland. Thomas Feiner, Hemauer Str. 17, 93047 Regensburg

PC gestützte Förderprogramme

Küspert, P., Roth, E., Schneider, W. (1999): Interaktive Multimedia zur Vorbereitung auf den Schriftspracherwerb: Würzburger Trainingsprogramm zur Phonologischen Bewusstheit und Buchstaben-Laut-Training. Laier und Becker Psychologie, Markgrafenstr. 5, 69234 Dielheim

Dostert, E. (2002): CD-ROM: PHONOlogo. Training der phonologischen Bewusstheit. Medienwerkstatt Mühlacker, Pappelweg 3, 75417 Mühlacker

Förderprogramme bei Lese-Rechtschreibschwierigkeiten

Dummer-Smoch, L. (2002): Mit Phantasie und Fehlerpflaster. Hilfen für Eltern und Lehrer legasthenischer Kinder. 4. Auflage. Ernst Reinhardt, München/Basel

Dummer-Smoch, L., Hackethal, R. (1996): Handbuch zum Kieler Rechtschreibaufbau, Veris, Kiel

Schulte-Körne, G., Mathwig, F. (2001): Das Marburger Rechtschreibtraining. Ein regelgeleitetes Förderprogramm für rechtschreibschwache Schüler. Dr. Winkler, Bochum

Grissemann, H. (1998): Psycholinguistische Lese-/Rechtschreibförderung. Eine Arbeitsmappe zum klinisch-sonderpädagogischen Einsatz. Huber, Bern

Reuter-Lehr, C. (1992): Lautgetreue Rechtschreibförderung. Winkler Verlag, Bochum

PC gestützte Förderprogramme für den Anfangsunterricht

Medienwerkstatt Mühlacker (2002): Schreiblabor 1
Medienwerkstatt Mühlacker, Pappelweg 3, 75417 Mühlacker

Empfehlenswerte weiterführende Literatur

Warnke, A., Hemminger, U., Roth, E., Schneck, St. (2002): Legasthenie. Leitfaden
für die Praxis. Hogrefe, Göttingen

Ein gut aufgebautes Computerprogramm (Audio-Log) zur Förderung auditiver Funktionen (Geräuschspiele, auditive Gedächtnisübungen, Übungen zur Verarbeitung akustischer Sequenzen, Übungen zur phonematischen Diskrimination) für Kinder ab 5 Jahren bieten die SCHUBI-Lernmedien. Audio-Log ist eine umfangreiche Sammlung spielerischer Übungen am PC, die in der Förderung der zentralen auditiven Funktionen eingesetzt werden kann.

Eine ergänzende Unterstützung und Fördermöglichkeit, insbesondere für Kinder mit Sprachentwicklungsauffälligkeiten und Schwierigkeiten im Erlernen der Phonem/Graphem-Zuordnung bieten die Lautgebärden. Über das phonembestimmte Handzeichen- und Manualsystem (Sovak 1987) erfahren die Kinder zum jeweiligen Sprachlaut Wesentliches zur Stellung der Lautbildungsorgane, über Kürze oder Länge eines Lautes, Stimmhaftigkeit oder Stimmlosigkeit, Intensität der Phoneme und rhythmische Gliederung. Über mehrdimensionales Lernen mittels Handzeichen soll den Kindern das Erlernen der Phonem/Graphem-Korrespondenz erleichtert werden. Grobmotorische Arm- und Handbewegungen unterstützen dabei die feinmotorischen Sprechbewegungen. Durch die motorische Unterstützung bei der Artikulation und das Sichtbarmachen der Laute durch optische Unterstützung können Laute schneller und leichter gelernt werden.

4.12 Risikokind: Junge

Der derzeitige Forschungsstand belegt inzwischen sehr eindrucksvoll, dass Jungen ein wesentlich höheres Risiko haben, Lese-/Rechtschreibschwierigkeiten zu bekommen als Mädchen. Schydlo (1993) berichtet, dass in einer Stichprobe von 100 Kindern mit einer Lese-/Rechtschreibschwäche im Alter zwischen sieben und zwölf Jahren (im Durchschnitt neun Jahre) 83 % Jungen und 17 % Mädchen waren. Andere Untersuchungen (Richter 1994; Mannhaupt 1994) zu geschlechtsspezifischen Unterschieden zwischen Jungen und Mädchen zeigen sehr nachdenkenswerte und zum Teil auch – aus pädagogischer Sicht – beängstigende Ergebnisse:

1. Mädchen sind Jungen in Lese-/Rechtschreibleistungen generell überlegen. Vor allem in der oberen Leistungsgruppe sind Mädchen deutlich überrepräsentiert, in der unteren Leistungsgruppe dagegen Jungen.

2. Die Unterschiede zwischen Jungen und Mädchen in der Rechtschreibung zeigen sich bereits in verschiedenen Bereichen und Fähigkeiten schon zum Schulanfang, vor allem in der Anzahl der geschriebenen Wörter, die von Schulanfängern schon zu Schulbeginn geschrieben werden können, in der Fähigkeit zu lautgetreuer Verschriftung oder in der orthografischen Orientierung, z. B. bei der Groß- und Kleinschreibung. Dies ist deshalb von Bedeutung, da es einen Zusammenhang zwischen frühen schriftsprachlichen Fähigkeiten und späteren Lese-/Rechtschreibfähigkeiten gibt.

3. Die Unterschiede in o. g. Bereichen können schon vor Schulbeginn nachgewiesen werden. Der schulische Unterricht kann diese Unterschiede offensichtlich nicht nivellieren. Die bedeutsamen Unterschiede zwischen Jungen und Mädchen sind auch Ende der ersten und zweiten Klasse nachweisbar und bestehen bis Ende der Grundschulzeit bzw. Pflichtschulzeit. Die Unterschiede zwischen Jungen und Mädchen zeigen sich über die gesamte Schulzeit hinweg. Der schulische Unterricht scheint nicht in der Lage zu sein, die Kinder mit schwachen Startbedingungen aufzufangen. Im Gegenteil: die Leistungsunterschiede zwischen Jungen und Mädchen scheinen sich im Verlaufe der Grundschulzeit eher zu verstärken.

4. Die Unterschiede zwischen Jungen und Mädchen sind zwar deutlich, doch überlappen sich die Rechtschreib-Leistungen von Jungen- und Mädchengruppen beträchtlich. Nicht alle Jungen haben größere Schwierigkeiten als Mädchen, sondern nur mehr Jungen als Mädchen.

5. Die Vorteile der Mädchen gegenüber den Jungen zeigen sich auch in anderen Schulleistungen (ausgenommen Mathematik) und im allgemeinen Schulerfolg. Die Anzahl der Jungen, die auf eine Sonderschule für Lernbehinderte überwiesen werden, ist wesentlich höher als die der Mädchen.

6. Unter den frühlesenden Schulanfängern gibt es 25 bis 50 % mehr Mädchen als Jungen.

7. Jungen und Mädchen kommen also nicht mit den gleichen Startvoraussetzungen für den Schriftspracherwerb in die Schule. Schon zu Schulbeginn kommen die Jungen mit Rückständen in den für den Schriftspracherwerb relevanten Vorläuferfunktionen (phonologische Bewusstheit) in die Schule. Jungen und Mädchen starten also nicht mit gleichen Ausgangsbedingungen. Die Mädchen gehen besser vorbereitet in den Schriftspracherwerb. Vor allem in der Fähigkeit im schnellen Zugriff auf Gedächtnisinhalte (Recodiergeschwindigkeit im lexikalischen Gedächtnis) sind Mädchen den Jungen offensichtlich deutlich überlegen.

8. Interindividuelle Unterschiede in den Rechtschreibleistungen werden schon relativ früh zeitstabil. Gegen Ende des zweiten Schuljahres hat sich schon eine relativ stabile Leistungsreihe der Kinder gebildet. Nach diesem Zeitpunkt kommt es kaum noch zu wesentlichen Verschiebungen in der Leistungsrangreihe. Ab Ende des zweiten Schuljahres sind recht gute Prognosen über die weitere Entwicklung im Rechtschreiben möglich. Dies bedeutet, dass bei einem Großteil der LRS-Kinder sich zwar individuelle Verbesserungen ihrer Lese- und Rechtschreibfähigkeiten ergeben, die Mehrzahl dieser LRS-Kinder sich aber im Vergleich zu ihrer Altersgruppe immer als schlechter erleben, trotz vielfältigen Übens und Anstrengungen. Die Auswirkungen dieser leidlichen Erfahrung auf das Selbstwertgefühl dieser Kinder ist sicherlich für jeden einsichtig.

Für das deutlich höhere Risiko von Jungen gegenüber Mädchen werden genetische und hormonale Einflüsse angenommen.

Leider wird eine Lese-/Rechtschreibschwäche auch heute noch oft zu spät erkannt. Für eine nennenswerte Verbesserung durch Förderung ist es aber dann oft schon zu spät. Gathercole (1993) und Schneider (1994) wiesen nach, dass durch eine frühzeitige und spielerisch aufgebaute Förderung von Vorläuferfunktionen (der phonologischen Bewusstheit) im Vorschulalter die Lese- und Rechtschreibkompetenz gegenüber einer Kontrollgruppe deutlich verbessert werden konnte. Die Kinder, die mit Aufgaben zur „phonologischen Bewusstheit" im Kindergartenalter spielerisch gefördert wurden, zeigten Ende des ersten Schuljahres signifikant bessere Lese- und Rechtschreibleistungen als die Kontrollgruppe. In diesem Zusammenhang sind auch die positiven Effekte der musikalischen Früherziehung auf Bereiche der auditiven Wahrnehmungsverarbeitung zu nennen, bei der die Kinder lernen genau zuzuhören, Tonhöhen und Klänge zu differenzieren, Rhythmen zu erkennen und Melodien zu erfassen.

Die Forschungen auf dem Gebiet der Früherkennung haben in den letzten Jahren zu einem erheblichen Wissenszuwachs geführt, dessen Umsetzung in die Praxis noch nachhinkt. Hindernisse entstehen durch Formen herkömmlichen Denkens, durch pädagogische und ideologische Fixierungen und durch Bedenken hinsichtlich sich daraus erwachsender Kosten. Noch bis vor wenigen Jahren bestand aufgrund pädagogischer Überzeugungen und wegen unzureichender diagnostischer Möglichkeiten die Ansicht, dass man eine LRS erst Ende des zweiten Schuljahres diagnostizieren könne. Bei vielen Kindern führte dies infolge lange erlittener Misserfolgserlebnisse zu gravierenden Persönlichkeitsstörungen. Aufgrund einer differenzierten Frühdiagnose kann eine individuelle Förderung schon im Vorschulalter einsetzen und dem Kind damit einen besseren Schulstart ermöglichen. Dies bedeutet aber nicht, dass schulische Lerninhalte in das Vorschulalter vorverlegt werden sollen. Aber durch eine spielerische Förderung aller Sinnesbereiche werden wichtige Grundlagen gelegt.

4.13 Möglichkeiten der testpsychologischen Diagnostik bei Lese-/Rechtschreibproblemen

Zur Diagnostik als auch zur Früherkennung von LRS bieten sich einige testdiagnostische Verfahren an. Der Diagnostiker kann dabei jeweils die für ihn relevanten Tests oder einzelne ausgewählte Untertests durchführen. Insbesondere sind dabei zu nennen:

– Der Psycholinguistische Entwicklungstest PET von Angermaier (Beltz 1977). Daraus sind insbesondere die Untertests: Zahlenfolgegedächtnis, Symbolfolgegedächtnis, Laute verbinden, Wörter ergänzen von besonderer Relevanz.
– Die Differenzierungsprobe von Breuer und Weuffen (1994).

- Die Tübinger Luria-Christensen neuropsychologische Untersuchungsreihe für die Kinder TÜKI (Beltz 1992) von Deegener, Dietel, Kassel, Matthai, Nödl. Neuropsychologisch orientierte Diagnostik und Therapie von LRS zeigt Kassel (1992) auf.
- Die Kaufmann Assessment Battery for Children K-ABC von Melchers u. Ulrich (Swets und Zeitlinger 1994).
- Der Mottier-Test.
- Frostig-Entwicklungstest der visuellen Wahrnehmung.
- Die diagnostischen Einschätzskalen DES (Kapitel 6).
- Der Benton-Test zur Erfassung visuell-motorischer Fähigkeiten.
- Der „d 2"-Aufmerksamkeits-und Belastungstest zur Erfassung der visuellen Aufmerksamkeitsspanne von Brickenkamp (Hogrefe 1975).
- Diagnostische Bilderlisten, z. B. der „Sennlaub-Test". „Die Diagnostischen Bilderlisten" von L. Dummer-Smoch. Veris Verlag, Kiel 1993.
- Rechtschreibtests, z. B. diagnostische Rechtsschreibtests DRT2, RST1.
- Lautunterscheidungstest für Vorschulkinder von Ingenkamp (Beltz).

4.14 Diagnostik von Lese-/Rechtschreibproblemen in der Grundschule

Die folgenden Vorschläge können als Anregung und Hilfestellung bei der Diagnostik von Kindern mit Lese-/Rechtschreibschwierigkeiten, insbesondere Ende des ersten und im zweiten Schuljahr, verstanden werden.

1. Auditiver Bereich/Hörvermögen

- Besitzt das Kind im Hörtest eine normale Hörfähigkeit? Hat es häufig Ohrenerkrankungen (z. B. häufige Mittelohrentzündung) durchgemacht?
- Besteht eine auditive Figur-Grund-Störung (zentrale Fehlhörigkeit: audiologische Untersuchung)?
- Sofern das Hörvermögen normal ist, zeigt das Kind in einem Lautunterscheidungstest (z. B. Differenzierungsprobe von Breuer und Weuffen, Wahrnehmungstrennschärfetest von Warnke 1995) normale Ergebnisse?
- Kann es die Buchstaben des Alphabets aufsagen?
- Wie gut beherrscht es die Phonem-Graphem-Zuordnung (Buchstaben-Lautzuordnung). Dies kann auf zweierlei Art überprüft werden:
  a) Dem Kind werden Buchstaben gezeigt und es soll den entsprechenden Laut artikulieren.
  b) Es wird ein Laut vorgegeben und das Kind soll diesen Laut als Buchstaben schreiben. Letzteres ist für LRS-Kinder oft schwieriger.
- Ist seine auditive Gedächtnisspanne altersentsprechend (Untertest „Zahlenfolgegedächtnis" des PET, Untertest „Zahlen nachsprechen" des KABC, Untertest „Reproduktion von sinnlosen Silbenreihen, Reproduktion von Sätzen" des TÜKI).
- Kann es Handlungsaufträge, Anweisungen befolgen?
- Kann es alltägliche Gegenstände ohne Zögern benennen (Untertest „Gegenstände beschreiben" des PET)?
- Kann das Kind den Gebrauch alltäglicher Gegenstände beschreiben (Untertest „Gegenstände handhaben" des PET)?

– Kann es Silben zu Wörtern verbinden (Untertest „Laute verbinden" des PET)?
– Hat das Kind Lautbildungsschwierigkeiten/Artikulationsstörungen (Differenzierungsprobe von Breuer und Weuffen, Untertest „expressive Sprache" des TÜKI)?
– Kann es die Laute eines Wortes analysieren (z. B. An-, End- und Mittellaute, ganze Lautfolgen)?
– Wie gut kann es unbekannte Wörte synthetisierend und sinnerfassend erlesen (Untertest Lesen/Buchstabieren und Lesen/Verstehen des K-ABC)?

2. Visuelle Bereiche/Sehvorgänge

– Kann das Kind Sätze exakt von der Wandtafel/vom Buch abschreiben?
– Kann das Kind nach Betrachtung von Abbildungen alltäglicher Gegenstände diese mit ähnlichen Abbildungen sinnvoll in Zusammenhang bringen (Untertest „Bilder deuten" des PET)?
– Ist das Binocularsehen beeinträchtigt (augenärztliche Untersuchung)?
– Ist die visuelle Aufmerksamkeitsspanne altersentsprechend (d 2-Test)?
– Kann das Kind geometrische Figuren vergleichen (Frostig-Test, Differix, Schaugenau)?
– Ist seine Auge-Hand-Koordination altersentsprechend (Frostig, DES)?
– Ist die visuelle Figur-Hintergrund-Wahrnehmung altersentsprechend (Frostig)?
– Ist seine visuelle Merkfähigkeit altersentsprechend (Benton, DES, K-ABC)?
– Ist sein visuelles Reihenfolgegedächtnis altersentsprechend (Untertest „Symbolfolgegedächtnis" des PET, Untertest „Handbewegung" des K-ABC, Untertest „Reproduktion visueller Strukturen" des TÜKI)?
– Kann es rechts/links angeben?

3. Taktil-kinästhetische Prozesse

– Kann das Kind Buchstaben, Zahlen, geometrische Zeichen erkennen, die mit einem Stift auf die Handfläche oder -rücken „geschrieben" werden (Untertest „höhere hautkinästhetische Funktionen" des TÜKI, DES)?
– Kann es allein durch Berührung alltägliche Gegenstände, die ihm in die Hand gelegt werden, erkennen und benennen (Untertest „F3" des TÜKI)?

4. Prozesse des motorischen Ausdrucksvermögens (Praxie)

– Kann das Kind vorgeführte Handbewegungen nachmachen (Untertest „Handbewegung" des K-ABC, Untertest „motorische Funktionen der Hände" des TÜKI)?

KAPITEL 5

Möglichkeiten der Früherkennung mathematischer Lernschwierigkeiten

5.1 Was versteht man unter Rechenstörungen?

Von einer Rechenschwäche sprechen wir dann, wenn die Rechenleistungen eines Schülers nicht das Niveau bzw. die Erwartungen erreichen, welche aufgrund seiner allgemeinen Begabungen oder Leistungen in anderen Fächern erwartet werden kann. Nach den Klassifikationskriterien der WHO bzw. der ICD 10 beinhalten Rechenstörungen eine „umschriebene Beeinträchtigung von Rechenfertigkeiten, die nicht durch eine allgemeine Intelligenzminderung oder eine eindeutig unangemessene Beschulung erklärbar ist" (Dilling u. a. 1991, 277). Die Rechenleistungen eines Kindes müssen dabei eindeutig unterhalb des Niveaus liegen, welches aufgrund des Alters, der allgemeinen Intelligenz und der Schulklasse zu erwarten ist.

Die Beeinträchtigung von Rechenleistungen ist dabei bezogen auf grundlegende Rechenfertigkeiten wie Addition, Subtraktion, Multiplikation und Division, nicht dagegen auf höhere mathematische Fertigkeiten, die für die Algebra, Trigonometrie, Geometrie, Differential- oder Integralrechnung benötigt werden. Rechenstörungen von Kindern werden auch als umschriebene Entwicklungsstörungen oder Teilleistungsstörungen bezeichnet, wobei die Leistung der Kinder in anderen Fächern dabei nicht beeinträchtigt ist.

Neben dieser Gruppe von Kindern finden wir aber auch Kinder mit besonderen Schwierigkeiten im Rechnen, bei denen diese Schwäche einhergeht mit Lern- und Leistungsproblemen insbesondere im Bereich des Lesens und Rechtschreibens, obwohl auch diese Kinder eine im Durchschnittsbereich liegende intellektuelle Leistungsfähigkeit besitzen. Lobeck (1992) berichtet über eine Untersuchung im Kanton St. Gallen, bei der ca. 16 bis 18 % der als rechenschwach definierten Kinder auch schlechte Leistungen im Lesen hatten und ca. 32 bis 36 % der rechenschwachen Kinder auch ungenügende Leistungen im Diktat aufwiesen. Etwa 90 % der als rechenschwach definierten Kinder hatten einen Intelligenzquotienten von 90 und darüber, konnten also als normalintelligent bezeichnet werden.

Und schließlich gibt es auch die Gruppe der Kinder, deren Rechenschwäche im Zusammenhang mit einer allgemeinen Lernschwäche bzw. Intelligenzminderung zu erklären ist. All diese Kinder bedürfen spezifischer Hilfe und Unterstützung.

Die Begründung für Fördermaßnahmen für rechenschwache Kinder sollte nicht abhängig gemacht werden, ob die Diskrepanzdefinition (Rechenschwäche bei durchschnittlichem Intelligenzquotienten) zutrifft. Alle Kinder mit mathematischen Lernproblemen haben ein Recht auf Förderung. Die Sichtweise dieser Definitionen ist ebenso wie die bei Lese-/Rechtschreibschwächen schülerzentriert, das heißt, die Ursachen von Rechenstörungen werden ausschließlich in der Person des Kindes gesucht. Lehrer, Lehrmaterial und Unterrichtsmethode bleiben bei diesen Definitionen unberücksichtigt. Fasst man aber das Lernen von Mathematik als interaktiven Prozess zwischen Kind, Inhalt und Lehrperson auf, lassen sich Rechenstörungen weder hinlänglich durch Eigenheiten des zu lernenden Stoffes noch durch Persönlichkeitsmerkmale des Kindes ausschließlich beschreiben. Vielmehr stellt sich die Frage: welche Fähigkeiten sind für die Aneignung welchen Lernstoffes bei welcher Darbietungsform in diesem Unterricht bei diesem Lehrer erforderlich?

Kinder mit Rechenproblemen werden im Gegensatz zu Kindern mit Lese-/Rechtschreibproblemen oft für „dumm" gehalten, weil sich das hartnäckige Urteil hält, dass man für mathematisches Denken eine besondere Begabung brauche. Versagt ein Kind im Rechnen, verbinden Eltern und Lehrer aufgrund der vermeintlichen Logik der Inhalte dies häufig zu Unrecht mit Intelligenzmangel, so dass oft eine Überweisung auf eine Sonderschule für Lernbehinderte überlegt wird.

5.2 Risikokind: Mädchen

Während Jungen statistisch gesehen ein erhöhtes Risiko für die Entwicklung von Lese-/Rechtschreibschwierigkeiten haben, überwiegen bei den Rechenstörungen die Mädchen. In der Untersuchung von Lobeck waren etwa 60 % der untersuchten Kinder mit einer Rechenschwäche Mädchen. Neuere Untersuchungen konnten aber zeigen, dass der Zusammenhang zwischen Rechenstörungen und neuropsychologischen Funktionsstörungen überwiegend nur für Jungen, aber nicht für Mädchen gefunden wurde. Das erhöhte Rechenversagen von Mädchen scheint also auf andere Gründe zurückzuführen zu sein als bei den Jungen. Als Erklärung dafür können psychosoziale Gründe herangezogen werden. Mädchen entwickeln erwiesenermaßen sehr viel häufiger Mathematikängste als Jungen. Sie haben auch ein deutlich ungünstigeres Selbstkonzept in Bezug auf ihre Leistungen im Rechnen als Jungen. In der Wechselwirkung zwischen negativem Selbstkonzept, erhöhter Ängstlichkeit vor Mathematik und unter dem Einfluss von schon früh wirksamen gesellschaftlichen Geschlechtsstereotypen, nach dem Motto „Rechnen ist unweiblich", erfahren Mädchen möglicherweise weniger Anregungen, Zuspruch und Ermutigung für den Bereich Mathematik. Dies mag mit ein Grund sein, warum sie meist weni-

ger Interesse, Motivation und Leistungsbereitschaft in diesem Fach entwickeln.
Rechenstörungen bei Kindern sind weitaus häufiger als weitgehend vermutet wird. Nach Lorenz (1993) sind ca. 6 % der Schüler als extrem rechenschwach zu klassifizieren, etwa 15 % der Grundschüler weisen eine förderungsbedürftige Rechenschwäche auf. „Es können heute kaum noch Zweifel darüber bestehen, dass die Häufigkeit von umschriebenem Schulversagen im Rechnen in etwa ebenso hoch ist wie im Lesen und Schreiben (v. Aster, 53). Dabei gibt es aber eine auffallende Diskrepanz in der Erforschung von Rechenstörungen und von Lese-/Rechtschreibstörungen. Die Erforschung über Ursachen der Rechenstörungen spielt im Vergleich zu der Forschungsintensität bei Lese-/Rechtschreibschwierigkeiten bislang nur eine untergeordnete Rolle.

5.3 Grundlegende Bausteine mathematischen Denkens (Vorstufenprozesse)

Rechnen ist Denken, bei dem Prozesse der Wahrnehmung, Vorstellung, Motorik und Speicherung aufs engste miteinander verflochten sind. Ähnlich wie das Lesen- und Schreibenlernen beginnt auch die Entwicklung des mathematischen Denkens weit vor Eintritt des Kindes in die Grundschule. Die Erkenntnis gilt als unbestritten, dass vor allem visuell-räumliche Informationsverarbeitungsprozesse (rechtshemisphärisch) und sprachliche Informationsverarbeitungsprozesse (linkshemisphärisch) Grundlagen für numerisches Rechnen sind. Auch Luria weist auf die engen Zusammenhänge zwischen Rechenoperationen und räumlichem Vorstellungs- und Begriffsvermögen hin. Es geht dabei um das visuell-räumliche Erkennen, das bildhafte Vorstellen von Mengen und das Erfahren von Raumlage-Beziehungen. Ergebnisse der Säuglingsforschung zeigen darüber hinaus, dass das frühe Aufmerksamkeits- und Beobachtungsverhalten eine wichtige Voraussetzung für die Entwicklung basaler kognitiver Leistungen ist. Denkentwicklung und mathematische Begriffsbildung setzen grundlegende Fähigkeiten der Informationsaufnahme und -verarbeitung (sensorische Integration) voraus. Zu den wesentlichen Bausteinen des mathematischen Lernprozesses gehören:

A) Die taktil-kinästhetische, vestibuläre und visuelle Wahrnehmung

Das Kleinkind, das alles in den Mund nimmt, erspürt über seine taktilkinästhetische Wahrnehmung die Beschaffenheit, die räumliche Ausdehnung und Form von Gegenständen. Das Spüren von Gegenständen mit dem Mund und den Händen hilft, Formen kennenzulernen, sich diese einzuprägen und wiederzuerkennen, was eine wichtige Voraussetzung für den Umgang mit grafischen Symbolen bildet. Die taktil-kinästhetische Wahrnehmung vermittelt ferner Erfahrungen über die Eigenschaft von Gegenständen wie z. B. groß – klein, rund – eckig, gerade – krumm, hart – weich. Durch diese Wahrnehmungsleistungen baut sich die Fähigkeit der Kinder, Gegenstände nach bestimmten Ordnungskriterien zu kategorisieren (z. B. alle runden Plättchen, alle viereckigen Plättchen), auf. Durch kinästhetische Wahrnehmungen sind die Kinder in der Lage, das Ausmaß ihrer Muskelbewegung und damit den Abstand zu einem Objekt/Gegenstand abzuschätzen, was eine notwendige Voraussetzung für die Entwicklung der Raumorientierung ist. Ein gute taktil-kinästhetische und vestibuläre Wahrnehmung bildet ferner eine unerlässliche Voraussetzung für den Aufbau des Körperschemas. Letzteres wiederum ist wesentlich für die Entwicklung der räumlichen Orientierungsfähigkeit sowie der visuellen Wahrnehmungsentwicklung der Kinder. Ausgehend von ihrem Körper erlernen die Kinder Begriffe wie vor – hinter, oben – unten, rechts – links usw.

Ein gut entwickeltes Körperschema ermöglicht es ihnen, die Raumlage von Objekten bzw. Gegenständen zu erkennen und räumliche Beziehungen zu erfassen. Die Wahrnehmungsfähigkeit für räumliche Beziehungen ermöglicht das Erkennen von Größenunterschieden und das Auffassen und Wiedererkennen von Mengenanordnungen.

Das Ordnen von Gegenständen nach Größe, Dicke oder Breite und damit die Fähigkeit zur Reihenbildung (z. B. verschieden große Gegenstände in eine Reihenfolge bringen) stellt eine der wichtigsten Grundlagen des logischen Zahlbegriffes dar. Das Erfassen der Raumlage und das Erkennen räumlicher Beziehungen stellen dabei wichtige Teilfunktionen für die Mengenerfassung und damit für den Aufbau von Zahlvorstellungen dar.

Eine gut entwickelte räumliche Orientierungsfähigkeit ist ebenso für die Erfassung des Stellenwertsystems von Zahlen von grundlegender Bedeutung. Einer, Zehner, Hunderter und Tausender erhalten ihren Wert durch die räumliche Stellung. Die Ziffernfolge ist somit entscheidend für die Größe der Zahl. Das Erfassen räumlicher Beziehungen ist auch für die Unterscheidung von Ziffern wie z. B. 6 – 9, 31 – 13 wichtig, ebenso für das Erlernen des schriftlichen Addierens, Subtrahierens, Multiplizierens und Dividierens sowie für die Orientierung am Zahlenstrahl. Das Lösen von Gleichungen wie z. B. $25 + 13 = ?$ oder $25 + ? = 28$ erfordert vom Kind räumliches Orientierungsvermögen.

Im Rechenunterricht der Grundschule fallen Kinder mit Raumorientierungsstörungen dadurch auf, dass sie Zahlen verkehrt lesen oder schreiben, wie z. B. 31 statt 13. Bei Subtraktionsaufgaben kehren sie oft die Operationsrichtung um, wie z. B. $12 – 8 = 20$. Räumliche Orientierungsstörungen sind auf Beeinträchtigungen der taktil-kinästhetischen und vestibulären Wahrnehmung zurückzuführen. Darüber hinaus können sich räumliche Orientierungsstörungen auch aus einer entwicklungsbedingten Reifeverzögerung der Gehirnhälftendominanz entwickeln. Die Lateralität des Kindes ist nicht eindeutig festgelegt: es kommt zu wechselnden Seitenbevorzugungen bzw. zu einer gekreuzten Lateralität. In neuropsychologischen Untersuchungen wurde bei rechenschwachen Kindern überdurchschnittlich häufig eine gekreuzte Lateralität gefunden.

Ein gut entwickeltes Körperschema sowie eine gute Orientierung im Raum stellen ferner die grundlegenden Voraussetzungen für die Entwicklung der Handlungsplanung dar. Über das konkrete Handeln und Ausführen von Tätigkeiten erwirbt das Kind eine Vorstellung von dem, was es tut. Mit zunehmendem Alter ist das Kind mehr und mehr in der Lage, die konkreten Handlungsschritte auch aus der Vorstellung heraus zu entwickeln und zu planen. Je verlässlicher, differenzierter und automatisierter das Kind ablaufende Zustände und Bewegungen des eigenen Körpers zu empfinden und zu steuern in der Lage ist, desto besser gelingt die schrittweise Bewegungsplanung in der Vorstellung sowie die Vorstellung über räumliche Beziehungen. Körperschemastörungen verhindern die Entwicklung von Handlungsschemata und damit von internen Vorstellungsbildern, die für den Aufbau mathematischer Operationen notwendig sind. Die Entwicklung dieser inneren Vorstellungsabläufe ist für den Aufbau des rechnerischen Denkens von grundlegender Bedeutung. Lorenz (1991) beschreibt dies als „visuelles Operieren", d. h. das gedankliche Planen und Gestalten von Tätigkeiten. Handlungen werden in Vorstellungen übersetzt und verinnerlicht: was muss ich tun, um ein bestimmtes Objekt zu bauen (z. B. aus Legosteinen nach Vorlage ein Auto bauen), wie soll es aussehen? Wieviel Bauklötze muss ich wegnehmen oder hinzufügen, um einen Gegenstand zu bauen oder zu verändern. Selbst so alltägliche Handlungen wie Marmelade aufs Brot schmieren oder einen Ball unterm Schrank mit einem Stab hervorholen erfordern visuelles Operieren. Die Fähigkeiten des visuellen Operierens lassen sich bei Spielen mit Lego- bzw. Duplosteinen oder Fischertechnik gut beobachten. Das Augenmerk liegt auf der planerischen Gestaltung des Gegenstandes, der erstellt werden soll. Das visuelle Operieren entwickelt sich bei Kindern auf der Basis von selbst ausgeführten Handlungen und dem Verinnerlichen von Bewegungsabläufen, selten allein durch die Beobachtung von Handlungen anderer oder durch das Betrachten von Bildern.

Rechnen ist verinnerlichtes Handeln. Sind Handlungen in der Vorstellung gut nachvollziehbar und vorstellbar, werden Handlungsplanungen und Rekonstruktionen gut möglich. Kinder, die beim Schnürsenkelbinden oder bei Konstruktionsspielen Schwierigkeiten haben, scheitern oft nicht nur an ihrer motorischen Ungeschicklichkeit, sondern auch daran, dass sie die dafür notwendigen Bewegungen nicht behalten oder planen können oder sie sich das abschließende Ergebnis und seine Entstehung nicht vorstellen können. Bei vielen Grundschülern mit einer Rechenschwäche lässt sich beobachten, dass sie Schwächen in der visuellen Anschauung sowie beim Entwickeln von inneren Handlungsplanungen haben. Im Kindergarten haben diese Kinder meist nicht gerne gebastelt, gepuzzelt oder mit Legosteinen oder Fischertechnik etwas nach Vorlage gebaut. Auch das Umsetzen verbaler Anweisungen in Handlungsschritte (z. B. beim Basteln) bereitet oft große Mühe. Den Kindern fällt es schwer, vorgemachte Bewegungen zu imitieren, weil ihnen der dazu erforderliche gedankliche Handlungsplan schlecht verfügbar ist. Auch das Nachbauen oder Nachlegen von geometrischen Formen (wie z. B. einen Stern mit Holzstäbchen aus dem Packeselspiel) aus dem Gedächtnis bereitet Schwierigkeiten, da zum Aufbau einer inneren Handlungsplanung auch ein stabiles visuelles Gedächtnis von Bedeutung ist. Letztere Fähigkeit erkennt man u. a. in Spielen, wie Memory, Puzzeln, im Nachbauen einer Reihe verschieden farbiger Bauklötze aus dem Gedächtnis (z. B. Nachbauen einer Reihe aus roten/gelben/grünen/blauen Klötzen).

Zu den grundlegenden Voraussetzungen für den Aufbau mathematischer Begriffsentwicklung gehört auch eine intakte Augenmuskelkontrolle, die – wie bereits ausgeführt – eng mit dem vestibulären System zusammenhängt. Störungen der Augenmuskelkontrolle führen zur Beeinträchtigung der Auge-Hand-Koordination. Im Aufbau des mathematischen Denkens werden dadurch Aufgaben des Vergleichens, Ordnens, Zuordnens, später des Zählens behindert, weil es dem Kind schwerfällt, die zu erfassenden Einzelobjekte mit den Augen zu fixieren oder eine Objektreihe sehend abzutasten.

Auch das Erfassen von Mengenbildern fällt schwer, was sich wiederum auf die ganzheitliche sowie gliedernde Mengenerfassung auswirkt und damit die Bildung von Zahlvorstellungen erschwert.

Etwa im Alter von 4 bis 7 Jahren entwickeln die Kinder das Zählprinzip. Über die Anwendung der auswendig gelernten Zahlenwortreihe „eins-zwei-drei-vier …" entwickelt das Kind die Fähigkeit, die Anzahl der Elemente einer Menge zu benennen. Die gezählten oder mit einem Zahlwort benannten Gegenstände werden berührt oder die Kinder zeigen darauf, während sie zählen. So erfassen sie, dass ein verwendetes Zahlwort (z. B. drei) auch der Anzahl der Gegenstände (z. B. drei Bauklötze, drei Bonbons) entspricht. Wenn Kinder zählen, müssen ihre Finger zunächst immer genau den Gegenstand (z. B. das Bauklötzchen) berühren, der gerade mit dem Zahlwort benannt wird. Die Nennung des Zahlwortes und das Antippen des gezählten Gegenstandes müssen synchron ablaufen, damit das einsichtige Zählen erlernt werden kann. Nur wenn es jedem Element ein einziges Wort zuordnet, zählt es richtig. Dazu ist eine gut funktionierende Auge-Hand-Koordination, eine gute Augenmuskelkontrolle, die Fähigkeit zur Einhaltung des Zählrhythmus sowie eine gute Konzentrations- und Aufmerksamkeitssteuerung erforderlich.

Wahrnehmungsgestörte Kinder haben oft Schwierigkeiten, einen Zählrhythmus zu erfassen bzw. einzuhalten. Ist die Motorik des Kindes beeinträchtigt oder kann die Augenmuskulatur nicht der Hand folgen, stimmen Zählrhythmus und Weiterbewegen der Hand nicht überein. Dies führt zu einer ungenauen Zahlbegriffsentwicklung des Kindes. Deshalb ist es im vorschulischen Bereich wichtig, die Zähltechnik des Kindes gut zu beobachten, z. B. beim Abzählen von Stäbchen oder beim Vorwärtsrücken der Hütchen beim „Mensch-ärgere-dich-nicht-Spiel". Eine schlechte Augenmuskelkontrolle beeinträchtigt ferner die Lesefertigkeit bzw. das Erlesen von Zahlenreihen, Textaufgaben sowie die Entschlüsselung zeichnerisch dargestellter mathematischer Sachverhalte.

Alle Kinder führen bereits lange vor Schuleintritt mathematische Operationen durch. Schon im Kleinkind- und Kindergartenalter sind die Kinder in der Lage, „mehr" und „weniger" oder „gleich viel" zu erkennen. Sie können vergleichen (ist kleiner als – ist größer als …) und Größenbeziehungen herstellen. Wenn die Kinder mit Steinen, Murmeln, Bauklötzen spielen, sie einsammeln, umfüllen, aufstapeln, auf einen Haufen türmen oder weglegen, erleben sie die Bedeutung von „viel" und „weniger", von „nahe" und „weit weg", von „alle" und „keiner mehr". Für die Entwicklung des mathematischen Denkens ist es deshalb wichtig, dass die Kinder die Möglichkeit haben, mit Gegenständen, z. B. Bauklötzen, Murmeln, Stäbchen, Legosteinen oder Würfeln, zu spielen und mit ihnen zu hantieren. Die Kinder lernen „begreifen", indem sie diese Gegenstände ergreifen und mit ihnen manipulieren. Die Kinder legen beispielsweise Bauklötze in den Kasten und zählen dabei ab: eins, zwei, drei … Anfangs zählen die Kinder die Bauklötze oder Würfelaugen noch mit den Fingern ab, später gelingt ihnen die visuelle Mengenerfassung mittels der Augen auch ohne Zuhilfenahme der Finger. Durch den spielerischen Umgang mit Materialien erlernen die Kinder in anschaulicher Weise die Prinzipien des Zu- und Abnehmens, des Mehr- oder Wenigerwerdens sowie das Prinzip des Zusammenfügens von Teilen zu einem Ganzen. Darin liegen die wesentlichen Prinzipien des späteren Addierens und Subtrahierens. Vorschulkinder sammeln ihre Erfahrungen an materiellen Gegenständen, die sie handhaben und mit denen sie spielen. Aus diesen visuellen und taktil-kinästhetischen Erfahrungen mit den Gegenständen erwerben sie den Zahlbegriff. Sie erlernen mit der Zeit Strukturen und Ordnungen, die sie verinnerlichen, ohne die Gegenstände noch sehen zu müssen (Piaget 1965). Die Kinder bauen sich so allmählich einen Zahlenraum auf. Auch wenn die Augen schließen und keine Gegenstände mehr sehen und berühren, wissen sie, dass z. B. sieben Klötze mehr sind als fünf.

Eine Untersuchung von Schmidt (1982) zeigt, dass nahezu alle Kinder bereits vor Eintritt in die Schule Fähigkeiten im Umgang mit Zahlen erworben haben. Fast alle Schulanfänger konnten zählen. Die Fähigkeit zum verbalen Zählen bis zehn war bei 96 % der Schulanfänger vorhanden, bis 20 konnten immerhin noch 70 % der Schulanfänger zählen. Etwa 90 % der

Kinder waren in der Lage, einer Menge von fünf Plättchen auch das entsprechende Zahlwort (fünf) zuzuordnen, und ca. 78 % waren in der Lage, einer Menge von sechs Plättchen das richtige Zahlwort zuzuordnen.

B) Weitere visuelle Wahrnehmungsleistungen

Neben der Fähigkeit zum Erkennen der Lage im Raum ermöglicht die Figur-Grundunterscheidungsfähigkeit, Mengen vom Hintergrund abzuheben, Mengenbilder exakt wahrzunehmen und Mengen gliedernd zu erfassen. Wahrnehmungsstörungen der Figur-Grundwahrnehmung können zu Auffassungsschwächen von Mengenbildern führen mit der Folge, dass der Aufbau von Zahlvorstellungen oder das Bearbeiten von grafisch gestellten Aufgaben erschwert wird.

Die visuelle Wahrnehmungskonstanz ist die Fähigkeit, geometrische Grundformen unabhängig von der Raumlage, der Farbe oder der Größe als identisch zu erkennen. Dysfunktionen der Wahrnehmungskonstanz können dazu führen, dass die Ordnungsfähigkeit für bestimmte Merkmale (z. B. alle Dreiecke) und damit die Ausbildung des logischen Zahlbegriffs beeinträchtigt wird.

C) Die auditive Wahrnehmung

Bereits im Vorschulalter entwickeln Kinder sprachliche Lautsymbole für ihre Zahlerfassung, Zahlvorstellungen und Zahloperationen. Insbesondere nach Schuleintritt ist eine intakte auditive Figur-Grundwahrnehmung von Bedeutung. Die Kinder müssen in der Lage sein, die Stimme der Lehrperson von den Hintergrundgeräuschen gut wahrzunehmen.

Dysfunktionen der Figur-Grundwahrnehmung führen dazu, dass die Kinder ihre Aufmerksamkeit auf das jeweils stärkste akustische Signal (wie z. B. das Scharren von Füßen) richten. Den Kindern gelingt es nur schwer, sich auf bestimmte akustische Signale wie z. B. die Stimme der Lehrperson oder den Antworten von Mitschülern zu konzentrieren und diese aus dem oft hohen Geräuschpegel der Klasse auszugliedern. Eine Beeinträchtigung der auditiven Figur-Grundwahrnehmung führt zu einer erhöhten Ablenkbarkeit und zu Einschränkungen in der selektiven Aufmerksamkeitssteuerung bzw. Konzentrationsfähigkeit. Dies hat zur Folge, dass die Kinder Schwierigkeiten haben, den Ausführungen und Anweisungen der Lehrperson konzentriert zu folgen bzw. aufmerksam zuzuhören. Wesentliche Unterrichtsinhalte werden von diesen Kindern so gut wie gar nicht wahrgenommen. Der Unterricht „rauscht" quasi an ihnen vorbei, was langfristig zu Lerndefiziten führt. Die Kinder machen oft auch einen motorisch unruhigen Eindruck, da sie ihre Aufmerksamkeit hin- und herspringen lassen, ohne sich einer Handlung intensiver widmen zu können.

Ebenso von Bedeutung ist die Fähigkeit zur phonematischen Differenzierung bzw. zur Lautdiskriminationsfähigkeit klangähnlicher Worte. Zum Aufbau der Zahlvorstellungen müssen die Kinder ähnliche Wortklänge voneinander unterscheiden können, wie z. B. zwei-drei, zehn-zig, d. h. die Kinder müssen die unterscheidungsstiftenden Eigenschaften der Phoneme (Laute) wahrnehmen können. Dysfunktionen der Lautdiskriminationsfähigkeit führen zur Ungenauigkeit der Zahlworterfassung, z. B. bei der Unterscheidung zwischen Zahlwörtern von 10 bis 20 (z. B. fünf-zehn … sech-zehn) und in Zehnerzahlwörtern (-zehn, -zig). Infolge mangelnder Lautdiskrimination ist der Aufbau klarer Zahlvorstellungen in diesen Bereichen beeinträchtigt. Schwierigkeiten in den Lautdiskriminationen führen ebenfalls zu Beeinträchtigungen beim Kopfrechnen.

5.4 Gedächtnisprozesse

Gerade in den letzten Jahren wird im Bereich der Gedächtnisentwicklung wieder intensiver geforscht. Die dazu erschienene Literatur ist so vielfältig, dass hier nur einige Schwerpunkte thematisiert werden können. Traditionellerweise werden Gedächtnisfunktionen in ein zeitabhängiges Kontinuum eingeteilt. Unterschieden werden dabei das:

– Ultrakurzzeitgedächtnis (UKG), dessen Speicherzeit ca. 200 bis 300 msec. beträgt und über eine enorme Informationsaufnahmekapazität verfügt. Angenommen wird, dass das Ultrakurzzeitgedächtnis die über die verschiedenen Sinneskanäle eingehenden Informationen erfasst. Aus der Vielfalt kurzfristig verfügbarer Informationen wird nun eine Teilmenge ausgewählt, für die weitere Speicherung codiert und in das Kurzzeitgedächtnis weitergeleitet.
– Kurzzeitgedächtnis (KZG), dessen Speicherkapazität bis ca. 20 sec. beträgt. Die Informationsverarbeitung ist in dieser Phase sehr störanfällig und verschwindet wieder, wenn nicht durch spezifische Weichenstellungen Prozesse in Gang gesetzt werden, die eine Übertragung ins Langzeitdächtnis bewirken. Eine für diese Weichenstellung wichtige Struktur ist der Hippocampus (eine Struktur des limbischen Systems). Funktionsstörungen des Hippocampus führen zur Behinderung der Übertragungsfähigkeit ins Langzeitgedächtnis.

Die Speicherkapazität des Kurzzeitgedächtnisses wird im Gegensatz zum Ultrakurzzeitgedächtnis als sehr begrenzt angesehen. Im Kurzzeitgedächtnis können sieben (plus/minus zwei) Informationseinheiten gespeichert werden. Bei jungen Kindern liegt die Gedächtnisspanne niedriger. Die Kinder verbessern ihre Gedächtnisspanne von früher Kindheit bis zur Adoleszenz, wobei insbesondere die zunehmende Verwendung von Gedächtnis- und Memorisierungsstrategien hilfreich ist. Die Gedächtnisspeicherung im Kurzzeitgedächtnis erfolgt unter Aktivierung elektrischer Impulse. Lediglich diejenigen Informationen, die im Zeitraum von ca. 30 sec. aktiv verarbeitet werden, können ins Langzeitgedächtnis gelangen und dort abgespeichert werden. Mit Hilfe des Kurzzeitspeichers werden z. B. mehrteilige Kopfrechenaufgaben verarbeitet.

– das Langzeitgedächtnis (LZG). Die langfristige Abspeicherung von Informationen beruht auf biochemischen Vorgängen, z. B. Bildung von Ribonukleinsäuren und verhaltenssteuernden Peptiden. Strukturen des limbischen Systems sind dabei wesentlich an der Übertragung neuer Informationen ins Langzeitgedächtnis beteiligt. Es wird davon ausgegangen, dass das Langzeitgedächtnis keine einheitliche Größe darstellt, sondern sich aus mehreren Komponenten zusammensetzt. Dazu gehören:

a) das Gedächtnis für Fakten und Ereignisse (deklaratives Gedächtnis). Gespeichert werden Informationen, die sich auf eigene Erfahrungen beziehen, auf Wissen über Sprache, Regeln, Konzepte, wie z. B. das Wissen darüber, wie Rechenoperationen (einzelne Rechenschritte, Strategien) durchgeführt werden.

b) unbewusste Gedächtnisprozesse (nicht deklaratives Gedächtnis), die gebildet werden aus Gedächtnisinhalten für kognitive und motorische Fertigkeiten. Näheres dazu bei Oerter und Montada (1995), Baddeley (1986), Rahmann (1988).

Aus dem Langzeitgedächtnis werden die Ergebnisse der automatisierten Grundaufgaben (z. B. Einmaleins-Aufgaben) in das Arbeitsgedächtnis geholt, dazu auch das Wissen über die Vorgehensweise für die jeweilige Rechenart. Die Vorgehensweise wird geplant und die einzelnen Rechenschritte in eine sinnvolle Reihenfolge gebracht. Vor allem in den letzten Jahren setzte sich in der Gedächtnisforschung zunehmend die Annahme von Mehrspeichermodellen durch.

Brainerd (1985) nimmt unterschiedlich spezialisierte Gedächtnisfunktionen im Hinblick auf unterschiedliche Anforderungen durch die Aufgabenstellung an. Das Gedächtnis stellt sich als ein Kontinuum unterschiedlicher Speicherstrukturen dar, die an einem Ende ausdrückliche, Wort für Wort gespeicherte Informationen von detaillierter Genauigkeit (z. B. Zahlenreihen speichern und nachsprechen) und am anderen Ende solche Informationen verarbeiten, die nur einen Bedeutungskern oder wesentlichen Sinn enthalten und für die eine lange Behaltensspanne wichtig ist (z. B. Rechenstrategien behalten). Allgemein gilt heute die Erkenntnis als gesichert, dass spezielle Speichersysteme für spezifische Gedächtnisleistungen verantwortlich sind. Gathercole und Baddeley gehen in ihrem Modell des Arbeitsgedächtnisses (Working Memory) von zwei unterschiedlichen Subsystemen aus:

a) die artikulatorische oder phonologische Schleife, die für die Verarbeitung von sprachlichen Informationen zuständig ist

b) das visuell-räumliche Subsystem, das bildliche Informationen und Vorstellungen verarbeitet.

Beide Subsysteme operieren unabhängig voneinander. Das Arbeitsgedächtnis hält Informationen und Planschritte für das unmittelbare Handeln bereit, z. B. speichert es Zahlen, Zwischenergebnisse und die erforderlichen Rechenoperationen. Das Arbeitsgedächtnis ist für die Planung des Vorgehens, die Überwachung und Kontrolle des richtigen Rechenablaufs zuständig. Beispiel:

Wenn ein Kind eine Kopfrechenaufgabe lösen soll, z. B. $48 - 25 = ?$, muss es folgende Gedächtnisleistung und Rechenstrategien anwenden, die es zunächst im Arbeitsgedächtnis halten muss:

1. Es muss sich die Zahlen merken
2. Minus bedeutet: es wird weniger
3. Zehner und Einer werden abgezogen: also in zwei Schritten rechnen
4. Zuerst die beiden Zehner abziehen (20), Zwischenergebnis merken, dann Einer vom Zwischenergebnis abziehen (5).

Zur Lösung dieser Aufgabe ist ein gutes Arbeitsgedächtnis und eine gute Konzentration nötig, um die einzelnen Schrittfolgen durchführen zu können.

Für die Annahme von Mehrspeichermodellen sprechen auch neuere Untersuchungen, die belegen, dass die intraindividuelle Übereinstimmung bezüglich Gedächtnisleistungen recht niedrig ist, d. h., dass das Gedächtnis nicht eine einheitliche allgemeine Größe darstellt. Wenn ein Kind z. B. im auditiven Gedächtnis Minderleistungen aufweisen kann, können seine Gedächtnisleistungen im visuellen Bereich durchaus recht gut sein. Gedächtnisleistungen fallen für unterschiedliche Inhalte (z. B. auditiv-sprachliche, visuell-figürliche, taktil-kinästhetische Aufgaben) und unterschiedliche Anforderungen (z. B. Wiedererkennen, Reproduzieren) unterschiedlich aus.

Neuere Studien zeigen ferner, dass auch häufig niedrige Zusammenhänge zwischen Leistungen selbst in den Gedächtnisaufgaben zu finden sind, die aus einem Bereich (z. B. dem verbalen Kurzzeitgedächtnis) stammen und im Hinblick auf die beanspruchten Gedächtnisfunktionen ähnlich zu sein scheinen wie beispielsweise die Merkfähigkeit für Geschichten, für Sätze oder Zahlenreihen.

Ferner wird belegt, dass es einen hohen Zusammenhang zwischen der Gedächtnis- bzw. Merkfähigkeitsspanne und der Fähigkeit zum schnellen Abruf von Informationen aus dem Gedächtnis gibt (z. B. schnelles Benennen von Farben nichtfarbiger Objekte, schnelles Abrufen von Wörtern oder Begriffen). Gedächtnisleistungen hängen aber auch in sehr starkem Maße von der emotionaler Grundstimmung und von motivationalen Bedingungen ab. Ängste, emotionale Probleme und Ermüdung beeinträchtigen in erheblichem Maße Gedächtnisleistungen. Reduzierte Aufmerksamkeit, Mangel an Initiative, Antriebs- und Konzentrationsstörungen sowie geringe Attraktivität des Lernangebotes hängen eng mit der Behaltensleistung zusammen.

Lern- und Versagensängste blockieren insbesondere bei lernschwachen Kindern einen großen Teil des Arbeitsgedächtnisses und beeinträchtigen die Aufnahmekapazität. Darüber hinaus führen sie zu einer starken Verlangsamung in der Durchführung von Rechenoperationen. Diskutiert wird ebenfalls, inwieweit endokrine Drüsenfunktionsstörungen (z. B. Schilddrüsenunterfunktion) Gedächtnisleistungen negativ beeinflussen können. Dagegen können Lerninhalte, bei denen die Kinder zufrieden, ausgeglichen und interessiert sind, besser aufgenommen und behalten werden. Die emotionale Gestimmtheit des Lernenden hat einen wesentlichen Einfluss auf Gedächtnis- und Behaltensleistungen. Gedächtnis, Aufmerksamkeit, Affekt und Emotionen wirken eng miteinander zusammen.

5.5 Beeinträchtigungen von Gedächtnisfunktionen

Beeinträchtigungen von Gedächtnisfunktionen sind auch bei mathematischen Lernstörungen zu beobachten. Eine Minderung der Speicherkapazität für auditive Reize führt zu Problemen in der seriellen Verarbeitung, d. h. im Behalten zeitlich aufeinanderfolgender Reize (z. B. bei Einmaleins-Aufgaben oder Kettenrechnungen) und erschwert darüber hinaus die Informationeneinlagerung in das Langzeitgedächtnis.

Beeinträchtigungen von auditiven Gedächtnisfunktionen wirken sich auf vielen Ebenen aus:

• bei der Wahrnehmung der Reihenfolge von Lauten, was letztlich zu einer ungenauen Wortklangvorstellung führt. Komplexere Zahlenwörter wie z. B. einhundertfünfundsechzig können schlecht akustisch entschlüsselt werden. Die Nichtbeachtung des speziellen Wertes von Ziffern kann häufig auf eine Überlastung des Arbeitsgedächtnisses zurückgeführt werden.

• bei der Wahrnehmung von Wortreihen oder -folgen. Arbeitsaufträge oder Erklärungen der Lehrperson können schlecht behalten werden. Auch Textaufgaben erfordern vom Kind, die jeweiligen Sätze kurzfristig zu behalten. Gelingt dies unzureichend, ist auch die Sinnerfassung von Textaufgaben eingeschränkt.

• in besonderen Problemen beim Kopfrechnen. Wenn ein Kind z. B. die Aufgabe 63 – 25 = im Kopf rechnen soll, muss es dies in sinnvollen Teilschritten tun. Es muss zunächst beide Zahlen im Kurzzeitgedächtnis speichern, dann muss es die Zahl 25 in zwei Teilmengen zerlegen, diese beiden Zahlen im Kurzzeitspeicher halten, die 20 von der 63 subtrahieren, sich dieses Zwischenergebnis (43) merken und davon die fünf von dem Zwischenergebnis abziehen. Dies erfordert ein gut funktionierendes Kurzzeitgedächtnis, bei dem die verschiedenen Zahlen und Zwischenergebnisse gut gespeichert werden müssen.

Das Kind muss auch darüber hinaus das Subtraktionsschema verstanden haben, wie die Aufgabe gelöst werden soll, d. h. es muss die richtige Bewegungs- bzw. Zählrichtung aus dem Gedächtnis aktivieren. Merkfähigkeitsstörung und Konzentrationsprobleme behindern eine Speicherung von Zahl- und Zwischenergebnissen. Zum Beispiel:

• in Schwierigkeiten beim Erlernen des Einmaleins. Merkfähigkeitsstörungen führen dazu, dass das Einmaleins schnell wieder vergessen wird bzw. die langfristige Automatisierung der Einmaleins-Reihen schlecht gelingt. Bei nicht genügender Automatisierung des Einmaleins müssen die Kinder mühsam die Aufgaben ausrechnen, was sehr schnell zu einer Überforderung der Speicherkapazität des Kurzzeitgedächtnisses führt. Die Kinder vergessen Zwischenergebnisse, und der ganze Rechenvorgang muss wieder von vorne beginnen. Auch die Automatisierung bestimmter Aufgabentypen wie z. B. das Erfassen additiver Zusammenhänge im Zahlenraum bis 20 wird erschwert. Die Automatisierung bietet den Vorteil, dass der Zeitaufwand für das Lösen einer Aufgabe reduziert und damit das Arbeitsgedächtnis entlastet wird.

• in Schwierigkeiten bei der Klassifikation. Wenn die Kinder beispielsweise mehrere Aspekte einer Aufgabenstellung beachten sollen, etwa Objekte nach mehr als einer Eigenschaft zu ordnen bzw. zu klassifizieren (wie z. B. Plättchen nach den Merkmalen „rot, klein und dreieckig" zu sortieren). Oft werden bei Beeinträchtigungen der Merkfähigkeit nur die ersten und letzten Informationsstücke bei längeren sprachlichen Ketten im Gedächtnis behalten, da längere Handlungsanweisungen nicht abgespeichert werden können. Kindern mit Speicherschwächen fällt es auch schwer, neue Bezeichnungen für mathematische Begriffe und Eigenschaften zu behalten. Im Mathematikunterricht der Grundschule werden bis zu fünfhundert neue Begriffe eingeführt.

• die Kinder haben Schwierigkeiten, Bekanntes mit Unbekanntem zu verbinden. Sie können den Wert von neuen Informationen im Zusammenhang mit bereits gespeicherten Inhalten nicht überprüfen, weil neue Informationen nachdringen, für die die Speicherkapazität nicht ausreicht. So werden Informationen oft wieder vergessen oder gespeicherte Gedächtnisinhalte stehen vielfach unverbunden nebeneinander. Dadurch kommt es zu Einschränkungen in der Entwicklung von Einsichten in rechnerische Zusammenhänge (z. B. können Tausch- und Umkehraufgaben nur unzureichend zur Lösung von Rechenaufgaben eingesetzt werden).

• der Aufbau von Zahlvorstellung und Herstellung von Zahlbeziehungen wird erschwert, weil den Kindern die mechanisch-assoziative Verknüpfung zwischen Ziffern und dem Zahlwort nicht gelingt, d. h. die Kinder vergessen z. B. schnell wieder, dass mit der Ziffer 5 auch das Zahlwort „fünf" verknüpft ist.

• eine Beeinträchtigung des Sequenzgedächtnisses (Gedächtnis für Laut-
bzw. Zahlenfolgen) behindert den Aufbau der Zahlwortreihe (1-2-3-4-5 …).
Mit Hilfe der auswendig gelernten Zahlwortreihe entwickelt sich die Zahl,
mit der die Kinder die Anzahl der Elemente einer Menge benennen (inter-
modale Zuordnung von Zahlbegriff und Anzahl der Elemente). Mit dem
Erlernen der Zahlwortreihe besitzt das Kind die Möglichkeit, jeder Menge
das entsprechende Zahlwort zuzuordnen. Störungen des Sequenzgedächtnisses erschweren somit das Erfassen und Benennen der Elemente einer
vorgegebenen Menge und die Orientierung im Zahlenraum bzw. den Erwerb der Zahlvorstellung.

Strang und Rourke (1985) unterscheiden zwei Gruppen rechenschwacher
Kinder:

a) die Kinder haben eine Rechen- und eine Lese-/Rechtschreibschwäche gleichzeitig. Die Lernschwierigkeiten dieser Kinder sind nach Ansicht der beiden Autoren vornehmlich auf auditive Merkfähigkeitsschwächen zurückzuführen, d. h.
auf Schwierigkeiten im Bereich der akustischen, sequenziellen Kurzzeitspei-
cherfähigkeit.

b) Kinder, die eine isolierte Rechenstörung als Folge von Defiziten im Bereich
visuell-räumlicher und körperbezogener Wahrnehmungsleistungen (Körperschemastörungen) entwickeln. Diese Kinder haben die Schwierigkeit, die Bedeutung der Zahlen einer Aufgabe in ihrer räumlichen und verhältnismäßigen
Beziehung zueinander zu erfassen und die entsprechenden Rechenschemata abzurufen.

Als weiterer Gedächtnisfaktor kommt einem stabilen visuellen-räumlichen
Gedächtnis zur Entwicklung des mathematischen Denkens eine wichtige
Rolle zu. Rechenschwache Kinder haben oft Schwierigkeiten im Behalten
und rekonstruierenden Erinnern visuell dargebotener geometrischer Gestalten. Im Vorschulalter zeigen sich diese Fähigkeiten in Spielen wie
Memory, Puzzeln, Nachbauen von Figuren mit Holzstäbchen oder Nachzeichnen von geometrischen Figuren aus dem Gedächtnis. Von Aster (1992)
fand in einer Untersuchung, dass Kinder mit Rechenstörungen (2. Klasse)
besondere Schwierigkeiten bei solchen Aufgaben hatten, die das Behalten
und das Wiedergeben visuell dargebotener geometrischer Gestalten erfor-
derte (z. B. eine geometrische Figur aus dem Gedächtnis nachzeichnen).

Sprachgedächtnis und Sprachverständnis kann in vielerlei Hinsicht ebenfalls als Baustein mathematischer Fähigkeiten betrachtet werden. Es besteht eine enge Verbindung zwischen Sprache und Denken, zwischen Sprache und mathematischem Wissen und planvollem Handeln. Die eingeschränkte Möglichkeit mancher Kinder, Sprache wahrzunehmen, zu
verstehen oder sich anzueignen, wirkt sich auf den Aufbau mathematischer
Fähigkeiten aus. Sprache ist das wichtigste Medium zur Festigung, Verarbeitung und Wiedergabe von Gedächtnisinhalten. Aus diesem Grund kann

unzureichende Sprachbeherrschung zur Beeinträchtigung des Behaltens und Abrufens von Gedächtnisinhalten führen. Umgekehrt wird aber auch der Spracherwerb durch schlecht funktionierende Gedächtnisfunktionen erschwert.

Da schulischer Unterricht auch sehr stark sprachbezogen ist, muss das von der Lehrperson oder Mitschülern Gesagte verstanden und behalten werden. Die Lehrperson stellt Unterrichtsinhalte vor, erarbeitet Lösungspläne, die versprachlicht werden und teilt mit, wie bestimmte Sachverhalte benannt werden. Sprache ermöglicht den Kindern, die erkannten Sachverhalte und Lösungsvorschläge zu benennen, sich Handlungs- und Denkmuster anzueignen, diese zu speichern und im Bedarfsfall wieder abzurufen. Sprache dient als Mittel der Selbststeuerung (z. B. inneres Sprechen als Hilfe zur Lösung von Aufgabenstellung) und zum Aufbau der willkürlichen Aufmerksamkeit. Kinder mit Sprachentwicklungsverzögerungen oder mit geringem Wortschatz nehmen häufig nur global wahr bzw. haben Probleme beim Sprachverständnis. Sie können oft Aufgabenstellungen und Handlungsaufträge wie

– präpositionale Bestimmungen, z. B. „liegt auf – unter – neben – vor – dazwischen"
– komparative Begriffe (Vergleiche) wie „ist größer als – kleiner als"
– ein- und ausschließende Relationen wie „alle – keiner – aller – außer"
– kausale Konstruktionen, z. B. „Wenn-dann"-Beziehungen

nur unzureichend verstehen bzw. ausführen. Kinder scheitern bei Textaufgaben daran, dass sie den Text nicht sinnerfassend erlesen können oder ihnen unbekannte Wörter in dem Text begegnen (z. B. „vorletzter").

Schwierigkeiten im mathematischen Lernprozess entstehen auch durch die Verwendung von Begriffen, die dem Kind nicht geläufig sind, wie z. B. „wöchentlich – einschließlich – Vorgänger – Nachfolger" usw. Diese Schwierigkeiten entstehen aber nicht durch mathematische Sachverhalte, sondern liegen einer Begriffssprache zugrunde, die das Kind nicht kennt.

5.6 Vorläuferfunktionen für den Erwerb des Zahlverständnisses

Die Entwicklung mathematischen Denkens hängt – wie bereits dargestellt – in hohem Maße von einem System visuell-räumlicher Beziehung ab, das aus dem Handeln des Kindes gegenüber verschiedenen Objekten entsteht. Vor allem Piaget (1965) hat sich mit der Entwicklung des Zahlbegriffs intensiv auseinandergesetzt. Mathematisches Denken ist Denken in Räumen. Auch der Erwerb der vier Grundrechenarten Addition, Subtraktion, Multiplikation und Division erfordert räumliches Vorstellen und Denken. Wir sprechen vom Zahlenraum bis 10, 20 usw., von der Erweiterung des Zahlenraums. Wir messen Längen, Strecken, zerlegen Zahlen, bilden Teilmengen. Immer geht es dabei um Beziehungen im Raum. Räumliches Denken und Operieren bildet die Voraussetzung für das Verständnis mathematischer Operationen. Die Entwicklung des Zahlverständnisses ist zunächst von der Entwicklung dreier Vorstellungen abhängig.

a) Die Gruppenbildungsfähigkeit (Klassifikation)
b) Die Reihenbildungsfähigkeit (Seriation)
c) Die Fähigkeit, eine 1:1-Entsprechung herzustellen.

Zu a)
Die Gruppenbildungsfähigkeit erfordert, Gleichheit, Ähnlichkeit und Unterschiede zwischen Gegenständen zu erkennen und entsprechend zu ordnen. Eine notwendige Voraussetzung dafür ist die Bildung von Begriffen (z. B. alle roten Dreiecke, alle grünen Rechtecke). Das Erfassen der Gleichheit von Gegenstandsmengen ermöglicht den Kindern, die bei der Gruppenbildung erworbenen Strategien und Begriffe wie: „ist gleich / sind gleich" weiterzuentwickeln. Das Ergebnis dieser Operation wird durch das Zeichen „=" dargestellt. Damit wird die Grundlage für das Verstehen dieses mathematischen Zeichens gelegt. Zugleich wird auch das Verständnis des Begriffs „gleich viele" vorbereitet.

Zu b)
Die Reihenbildung verlangt die Fähigkeit, Gegenstände entsprechend einer spezifischen Regel in eine Ordnungsreihe (z. B. verschieden lange Bauklötze der Größe nach ordnen) oder verschieden große Objekte in der Vorstellung miteinander in Beziehung setzen zu können. Dies setzt wiederum

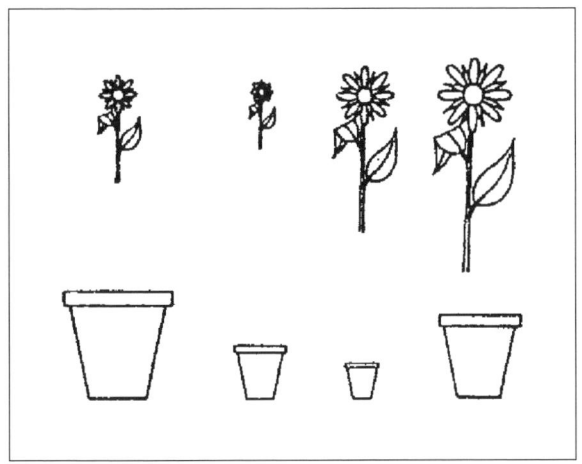

Abb. 20: Reihenbildung: Welche Blume passt in welchen Topf?

eine gut entwickelte räumliche Orientierung voraus, für die taktil-kinästhetische und vestibuläre Wahrnehmungsprozesse von grundlegender Bedeutung sind. Durch Erfahrungen in der Reihenbildung entwickeln die Kinder das Verständnis von Zahlen als Ausdruck der Mächtigkeit und der Ordnung. Gelingt Kindern die Reihenbildung nicht, ist die Entwicklung eines fundierten Zahlenverständnisses beeinträchtigt.

Zu c)
Die Fähigkeit, eine 1:1-Entsprechung zu erfassen, ist eine wichtige Voraussetzung dafür, um die Beziehung „gleich viele" herzustellen. Durch vielfältige Erfahrungen lernt das Kind, durch die Stück-für-Stück-Zuordnung die Beziehungen „gleich viele/nicht gleich viele, weniger als/mehr als" zu erkennen. Die Fähigkeit zur 1:1-Entsprechung entwickelt sich im Alter von 4 bis 7 Jahren. Sie ist eng verknüpft mit der Erfahrung des Prinzips der Erhaltung quantitativer Größen (Mengeninvarianz). Durch viele eigene Handlungserfahrungen und Umkehrvorgänge (z. B. Wasser in verschiedene Behälter schütten) entwickeln die Kinder den Grundsatz der Mengenerhaltung (Invarianz). Durch Handlungen wie z. B. etwas aufessen, ausschütten, verschenken, etwas ergänzen, dazulegen oder bauen entwickeln sich Einsichten in mathematische Operationen wie Subtraktion und Addition sowie eine Vorstellung über die mit Zahlen verbundenen Quantitäten.

5.7 Die häufigsten Rechenschwierigkeiten aus der Sicht von Lehrern

Lobeck führte mit Lehrern eine Befragung hinsichtlich des Auftretens von unterschiedlichen Rechenstörungen durch. Dabei zeigte sich, dass die am häufigsten vorkommenden Rechenschwierigkeiten bei Kindern zu finden sind:

– im Bereich der Gleichungen bzw. in Schwierigkeiten mit dem Ablauf von Rechenoperationen. Eine Umstellung des gewohnten Ablaufs verwirrt viele Kinder. Es bereitet ihnen z. B. keine Schwierigkeiten, die Aufgabe $3 + 8 = 11$ zu lösen. Bei Ergänzungsaufgaben wie z. B. wie viel $+ 5 = 8$ haben sie aber enorme Probleme. Um eine solche Aufgabe lösen zu können, müssen die Kinder die Umkehrbarkeit von Rechenoperationen verstanden haben.
– in Schwierigkeiten beim Erlesen bzw. Schreiben von Zahlen: $17 + 4 = 12$ (statt 21), $7 + 8 = 51$ (statt 15).
– in Schwierigkeiten, die mit dem Stellenwert und Positionssystem von Zahlen zusammenhängen. Es spielt für die Kinder, die Schwierigkeiten in diesem Bereich haben, keine Rolle, ob die Zahl 23 oder 32 heißt. Die Zahlen 104 und 401 sind für diese Kinder nicht mehr unterscheidbar und daher identisch.
– Schwierigkeiten im Umgang mit den Symbolen und dem Lesen der Symbole „+" und „–". Plus wird mit Minus verwechselt und umgekehrt.

– Schwierigkeiten im Umgang mit Größen (Mengenmaßen, Zeitmaßen, Geld).

Diese Fehler weisen vor allem auf Schwierigkeiten im operativen Umgang mit Zahlen (Zahlziffern), auf Schwierigkeiten im Ziffernlesen sowie auf Schwierigkeiten im Verständnis des Stellenwertes hin. Schwierigkeiten mit dem Stellwert- und Positionssystem von Zahlen können durch die Diskrepanz zwischen Schreib- und Sprechablauf beim Umstieg vom Ziffernlesen zum Zahlenschreiben entstehen. Das Hören bzw. Lesen mehrstelliger Zahlen ist nicht deckungsgleich mit dem räumlichen Nebeneinander von mehreren Ziffern in einer Zahl. Beispiel: man liest zwar 37, d. h. die Einerzahl wird als erste benannt, erst dann folgt die Zehnerzahl. Beim Schreiben dagegen schreibt man in der Regel aber die Zehnerzahl 3 vor der Einerzahl 7.

5.8 Auswirkungen von Rechenstörungen auf Selbstbild, Persönlichkeit und emotionale Entwicklung

Rechenstörungen sind mit einer Vielzahl von Begleiterscheinungen verbunden:

– geringes Selbstwertgefühl („ich bin dumm"). Die Kinder sind unsicher, trauen sich nichts zu
– motorische Unruhe
– Unkonzentriertheit, schnell abgelenkt
– Außenseiterrolle
– Leistungsverweigerung, Leistungsängste, Furcht vor Misserfolg, Schulängste
– geringe Ausdauer, schnelle Ermüdung
– oft stundenlanges Sitzen bei den Hausaufgaben, sehr langsames, umständliches Arbeiten bzw. Rechnen
– verstärktes Suchen/Bitten nach Hilfe oder völlige Ablehnung von Hilfestellungen
– oft schnelles, hektisches und oberflächliches Arbeiten, um möglichst schnell fertig zu werden
– Raten von Lösungen
– Verschweigen von Hausaufgaben
– bei Misserfolgen sind die Kinder schnell entmutigt
– Wutanfälle und aggressive Äußerungen, wenn das Rechnen nicht gelingt.

5.9 Früherkennungshinweise im vorschulischen Bereich und Anfangsunterricht

Am Aufbau mathematischer Lernprozesses sind viele unterschiedliche komplexe Fähigkeiten beteiligt:

– Motorik
– taktil-kinästhetische und vestibuläre Wahrnehmungsprozesse
– räumliche Orientierungsfähigkeit, Körperschema und Handlungsplanung

- visuelle Wahrnehmungsprozesse
- auditive Wahrnehmungsprozesse
- sensorische Integration der verschiedenen Wahrnehmungsbereiche
- visuelle und auditive Gedächtnisprozesse
- Sprachgedächtnis und Sprachverständnis.

Funktionsschwächen in den Bereichen auditiv-sprachlicher und körperschematisch-räumlicher Beziehungen stören bereits die Vorstufenprozesse des mathematischen Denkens. Hier liegen sinnvolle Anfangspunkte für die notwendige Früherkennung und Frühförderung. Damit eröffnen sich Möglichkeiten, bereits im Vorschulalter oder Anfangsunterricht Entwicklungsauffälligkeiten zu erkennen, bestimmte Hinweise aufzunehmen und ihnen nachzugehen. Je früher eine schulleistungsrelevante Entwicklungsstörung erkannt wird, desto früher und aussichtsreicher kann sie angegangen werden.

Fasst man die wesentlichen Erkenntnisse über neuropsychologische Bedingungsfaktoren für Störungen im mathematischen Lernprozess zusammen, so zeigen sich folgende Früherkennungshinweise (im vorschulischen Bereich bzw. im Anfangsunterricht), die zu mathematischen Lernstörungen führen können:

- Beeinträchtigungen im Bereich der taktil-kinästhetischen Wahrnehmung. Berührungsreize können schlecht lokalisiert werden. Den Kindern fällt es schwer, bei geschlossenen Augen und Berühren eines Fingers den entsprechenden Finger der anderen Hand zu zeigen (sog. Fingeragnosie). Die stereognostische Wahrnehmung (Fühlen, Ertasten von Gegenständen unter einem Tuch) ist beeinträchtigt.
- Fehlende Orientierung am eigenen Körper. Das Körperschema der Kinder ist nicht altersentsprechend ausgebildet.
- Die Kinder zeigen noch große Raumorientierungsschwächen bzw. haben Schwierigkeiten, Raumlagezuordnungen (vorn – hinten – oben – unten – neben – rechts – links) zu erfassen. Begriffe von räumlichen und zeitlichen Beziehungen sind unzureichend ausgeprägt. Die Vorstellung von Größen und Entfernungen sind überaus unrealistisch (z. B. wie viel Schritte sind es noch bis zur Tür, ist der Gegenstand größer oder kleiner, wie weit entfernt befinde ich mich von einem Gegenstand, wie viel Schritte muss ich noch machen, um zum Ziel zu kommen).
- das Ordnen/Sortieren von Gegenständen (Mengen) nach bestimmten gemeinsamen Merkmalen (z. B. alle blauen viereckigen Plättchen) gelingt schlecht.
- Die Kinder haben erhebliche Schwierigkeiten in der Handlungsplanung. Sie vermeiden vor allem Konstruktionsspiele, da sie sich die erforderlichen Handlungsschritte innerlich nur schlecht vorstellen können. Spiele wie Memory, Legotechnik, Puzzeln, mit Bauklötzen etwas konstruieren, werden vermieden.

- Die Kinder haben besondere Schwierigkeiten, Bewegungen zu imitieren. Dies erfordert nicht nur die sichere Beherrschung der eigenen Motorik, sondern auch eine innere Vorstellung über Bewegungsabläufe (Bewegungsplanung).
- Manche Kinder haben auch Schwierigkeiten, die Menge des Essens auf dem Teller/Löffel richtig zu dosieren oder das Anziehen von Kleidungsstücken in der richtigen Reihenfolge zu bewältigen.
- Das Rückwärtsgehen ist für die Kinder oft ein Problem, da sie sich nicht im Raum orientieren können.
- Die Lateralität (Seitigkeit) ist nicht ausgeprägt. Den Kindern gelingt das Überkreuzen der Körpermittellinie nicht.
- Die Kinder haben Schwierigkeiten in der Grobmotorik (beim Laufen, Hinkeln, Einbeinstehen, Gehen auf der Linie) und in der Feinmotorik (Schnürsenkelbinden, Jacke zuknöpfen, eine Malvorlage ergänzen), der Auge-Hand-Koordination und der Augenmuskelkontrolle.
- Die Kinder haben Schwierigkeiten beim Erfassen von Größenverhältnissen und Größenbeziehungen (Reihenbildung) verschiedener Objekte, z. B. Stifte der Länge nach ordnen.
- Den Kindern gelingt das visuelle Erfassen der Anzahl einiger Elemente (wie z. B. der Würfelanzahl) nicht. Die Kinder können Mengen, die aus fünf bis sechs Elementen bestehen, noch nicht auf einen Blick erfassen (z. B. Würfelanzahl, sie müssen die Würfelzahl noch mit den Fingern abzählen). Die Kinder haben Schwierigkeiten, eine Anhäufung von Gegenständen rasch zahlenmäßig abzuschätzen (z. B. wo liegen mehr Stäbchen).
- Drei bis fünf unter einem Tuch versteckte Objekte (z. B. Kamm, Schlüssel, Radiergummi und Bleistift) können nicht erinnert werden.
- Das Nachlegen einer Reihe von drei bis vier verschiedenfarbigen Holzklötzchen aus dem Gedächtnis (z. B. gelb/rot/grün/blau) gelingt nicht.
- Das Nachbauen von geometrischen Figuren (z. B. einen Stern oder einen Stuhl mit Holzstäbchen) aus dem Gedächtnis gelingt nicht.
- Beeinträchtigung im visuellen Erinnern: das Nachzeichnen einfacher geometrischer Formen gelingt den Kindern nicht.
- Sie können ein Muster aus drei bis vier Teilen (z. B. rotes, gelbes, grünes, blaues Hütchen) nicht in logischer Reihenfolge weiterlegen.
- Eine beeinträchtigte auditive Gedächtnisspanne. Das Nachsprechen von Zahlenreihen (vier bis fünf Zahlen) oder von Unsinnsilben (z. B. po-ko-to-vi) gelingt den Kindern nicht. Sie haben Schwierigkeiten, Gedichte, Lieder und Verse auswendig zu lernen.
- Die Kinder verstehen Begriffe wie: „mehr – weniger – gleich viel – kleiner als – größer als" nicht.
- Das Nacherzählen einer kleinen Geschichte in ihrem räumlich-zeitlichen Zusammenhang gelingt nur unzureichend.
- Das Erledigen mehrerer miteinander verknüpfter Handlungsaufträge (zwei

bis drei Handlungsaufträge) gelingt nicht. Die Kinder haben ein eingeschränktes Wortverständnis (z. B. gelingt ihnen der Handlungsauftrag „leg den kleinen blauen Legostein neben den gelben Legostein auf den Tisch" nicht).

– Die Kinder können einen vorgeklatschten Rhythmus, bestehend aus vier bis fünf Klatschern, nicht nachklatschen bzw. nachklopfen.
– Beim Abzählen von Gegenständen stimmen Zählrhythmus und Antippen der Objekte mit dem Finger nicht überein.
– Die Kinder haben Schwierigkeiten, den kardinalen Aspekt einer Zahl zu erfassen. Einzelne Zahlwörter können nicht mit der ihnen entsprechenden Menge verbunden werden.
– Die Kinder haben Schwierigkeiten im Erfassen der Menge fünf bzw. sechs. Sie haben noch keinen Mengenbegriff von fünf bzw. sechs entwickelt (am Ende der Kindergartenzeit).
– Die Kinder haben Schwierigkeiten, den Ordinalaspekt einer Zahl zu erfassen. Die Ordinalzahl drückt den Platz eines Elements innerhalb einer Reihe anderer Elemente aus, indem es sich befindet. Beispiel: man baut eine Reihe von Holzstäbchen vor dem Kind auf, tippt das erste Holzstäbchen an und sagt: „Das ist das erste Stäbchen, zeig mir das sechste … dritte … das vorletzte Stäbchen."
– Die Kinder haben Schwierigkeiten in der Lautdiskrimination bzw. eine erschwerte Zahlwortunterscheidung (z. B. können 2 und 3, 1 und 9, 21 und 29, 30 und 13 lautlich schlecht unterschieden werden).
– Es gelingt den Kindern nicht, eine 1:1-Entsprechung herzustellen. Beispiel: „Wie viel Teller muss ich noch auf den Tisch stellen, damit sechs Personen essen können."
– Beeinträchtigungen im visuellen Erinnern: das Nachzeichnen einfacher geometrischer Formen gelingt den Kindern nicht.

Ebenso wie bei Lese-/Rechtschreibschwierigkeiten gilt für die Früherkennung von Rechenstörungen, dass die oben beschriebenen Symptome in unterschiedlichen Ausprägungen und unterschiedlichen Kombinationen auftreten können.

5.10 Früherkennungshinweise im ersten Schuljahr

Lernziel dieses Schuljahres ist die Beherrschung von Additions- und Subtraktionsaufgaben im Zahlenraum bis 20 ohne Hilfsmittel.

– Die Kinder haben die Stufe der Erfassung der Mengen-Invarianz (Piaget) noch nicht erreicht (z. B. sechs Püppchen und sechs Schirmchen werden untereinander paarweise angeordnet. Die obere Reihe wird dann auseinandergeschoben und die untere Reihe wird enger zusammengerückt. Die Kinder sollen dann die Frage beantworten, ob in der oberen Reihe mehr Püppchen als Schirmchen sind oder genauso viele).

- Die Kinder beherrschen nur mechanisch die Zahlwortreihe, sie können nicht rückwärts zählen, z. B. von 15 bis 5.
- Sie haben Schwierigkeiten, die mathematischen Zeichen wie „plus, minus, größer als, kleiner als" zu verstehen.
- Gleichheitsrelationen und Ordnungsrelationen („ist größer/kleiner als") zwischen Mengen und Zahlen werden nicht erkannt (Beispiel: sind 13 Äpfel mehr/weniger als 15 Äpfel?).
- Ziffern werden seitenverkehrt geschrieben 6 – 9.
- Fehlende oder unsichere Kopplung von Menge, Zahlwort und Ziffer. Das Zahlwort (z. B. 8) kann nicht mit der Menge, die diese symbolisiert, identifiziert werden.
- Die Kinder haben Schwierigkeiten in der Beherrschung des Zahlenraumes bis 10 (addieren, subtrahieren). Am Ende des ersten Schuljahres erfordern die Kinder besondere Aufmerksamkeit, die den Zahlenraum bis zehn nicht sicher beherrschen.
- Schwierigkeiten beim Schreiben und Lesen von Zahlen, Verwechslung des Stellenwertes, z. B. 12 statt 21, 13 statt 31. Die Kinder beachten den Stellenwert der Ziffern nicht. Sie schreiben/lesen häufig zweistellige Zahlen falsch herum. Unverständnis für Stellenwert und Zahlaufbau.
- Nachfolger und Vorgänger einer Zahl können nicht sicher bestimmt werden (z. B. welche Zahl kommt vor/nach 17), ebenso „das Doppelte von", „die Hälfte von" im Zahlenraum bis 20.
- Die Merkfähigkeit für Zwischenergebnisse ist beeinträchtigt.
- Schwierigkeiten, eine Reihenfolge von Schritten für die Lösung der Aufgaben einzuhalten und zu behalten.
- Die Kinder weisen eine gekreuzte Lateralität auf.

5.11 Früherkennungshinweise im zweiten Schuljahr

Lernziel des zweiten Schuljahres ist das Addieren und Subtrahieren im Zahlenraum bis 100, das Erlernen des Einmaleins und der Umkehrfunktion Dividieren.

- Hängenbleiben an der konkreten Anschauung (Fingerrechnen). Durch Fingerbenutzung soll die Anschaulichkeit weiter beibehalten werden.
- Mangelndes Verständnis für Textaufgaben.
- Der Stellenwert von Ziffern (Hunderter/Zehner/Einer) wird nicht erfasst. Die Kinder haben Schwierigkeiten im Ziffernlesen und im Verständnis des Stellenwertes von Ziffern.
- Die Automatisierung des Einmaleins gelingt nicht. Kinder können vom Einmaleins nur wenige Aufgaben auswendig.
- Schwierigkeiten in der Zahlzergliederung. Die Kinder können eine zweistellige Zahl nicht in zwei Zahlen zerlegen, z. B. 38 = 30 + 8.

– Zählendes Rechnen: Addition und Subtraktion werden durch Zählen bewerkstelligt, z. B. bei der Aufgabe 24 + 16 = ? fangen die Kinder an zu zählen: 24, 25, 26, 27 … Das Kind kann die Reihenfolge der Teilschritte bzw. Teillösungen einer Rechenaufgabe nicht einhalten. Die Schemabildung über die Vorgehensweise ist nicht ausreichend entwickelt. Beim Subtrahieren wirken sich Richtungsunsicherheiten so aus, dass die Rechenrichtung nicht konstant eingehalten wird, sondern in beliebiger Richtung die kleinere von der größeren Zahl abgezogen wird. Beispiel: 69 – 36 = 33, aber 62 – 38 = 36 (6 – 3 = 3 und 8 – 2 = 6).

– Fehlendes Transferverständnis: die Kinder erkennen nicht, dass 4 + 2 = 2 + 4 ist und 4 x 2 = 2 x 4.

– Fehlendes Analogieverständnis: die Kinder erfassen nicht den Zahlaufbau im dekadischen System, z. B. 12 + 1 = 13, 22 + 1 = 23 oder 22 – 1 = 21, 42 – 1 = 41.

– Additions- und Subtraktionsaufgaben im Bereich bis 20 werden noch nicht automatisiert, sondern noch zählend gelöst (Ende 2. Klasse).

– Bei Sachaufgaben sind die Kinder nicht in der Lage, aus den Sachinformationen die notwendigen Rechenoperationen abzuleiten. Dabei muss aber berücksichtigt werden, ob die Kinder Probleme mit dem sinnerfassenden Lesen haben, d. h. ob sie überhaupt in der Lage sind, einen Text einigermaßen flüssig zu erlesen.

5.12 Relevante Tests zur Erfassung von mathematischen Lernschwierigkeiten

Spezielle diagnostische Verfahren zur Erfassung von mathematischen Lernschwierigkeiten

Vorschulalter bzw. 1. Schuljahr

van Luit et al. (2001): „Osnabrücker Test zur Zahlbegriffsentwicklung". Hogrefe, Göttingen
Ein im Alter von 4,6 bis 7,6 Jahren einsetzbarer Test zur Diagnostik des Zahlbegriffs, der aus acht verschiedenen Subtests besteht: Vergleichen, Klassifizieren, Eins-zu-eins-Zuordnen, nach Reihenfolgen ordnen, Zählwörter benutzen, synchrones und verkürztes Zählen, resultatives Zählen, Anwendung von Zahlenwissen

Grundschulalter

Aster, M. G. (2001): Das „Testverfahren zur Dyskalkulie ZAREKI. Swets Test Service, Frankfurt
Vom 2. bis 4. Schuljahr einsetzbarer Test, der aus 11 Subtests besteht: abzählen, zählen rückwärts mündlich, Zahlen schreiben, Kopfrechnen, Zahlenlesen, Anordnen von Zahlen auf einem Zahlenstrahl, Zahlenvergleich (Worte), rezeptive Mengenbeurteilung, kognitive Mengenbeurteilung, Textaufgaben, Zahlenvergleich

Ergänzende Testverfahren

a) Hamburg Wechsler Intelligenztest für Kinder Hawik-R (Tietze, Tewes 1983).

Viele Kinder mit Rechenstörungen zeigen vor allen Dingen im Hawik-R Minderleistungen in den Untertests:
– Mosaiktest
– Figuren legen
– Bilder deuten.

b) In den Kaufman Assessment Battery for Children (K-ABC) zeigen Kinder Minderleistungen in den Untertests
– Dreiecke
– Zahlenfolgegedächtnis
– Fotoserie.

c) Die Tübinger Luria-Christensen Neuropsychologische Untersuchungsreihe für Kinder TÜKI eignet sich besonders zur Diagnostik:
– motorischer Funktionen, z. B. Gesamtkörperkoordinationen
– taktiler, kinästhetischer und visueller Wahrnehmungsbereiche
– der Bewegungsplanung
– des Rhythmuserfassens
– der räumlichen Orientierung
– rezeptiver Sprachprozesse (Wortverständnis, Verständnis für grammatische Strukturen, Lautdifferenzierung)
– expressive Sprachprozesse (Artikulation, Benennen von Gegenständen, erzählende Sprache)
– Gedächtnisprozesse.

d) Das visuelle Symbolfolgegedächtnis kann durch den Untertest „Symbolfolgegedächtnis" des „Psycholinguistischen Entwicklungstest" PET überprüft werden, das auditive Kurzzeitgedächtnis durch den Untertest „Zahlenfolgegedächtnis" des PET.

e) Zur Diagnostik des sprachgebundenen Denkens eignen sich verschiedene Untertests des „Heidelberger Sprachentwicklungstests" (Grimm und Schöler 1978).

f) Spezielle Rechentests z. B. Mathematiktest für 2. Klassen (MT 2), Beltz, Weinheim 1981.

5.13 Literaturempfehlungen zu Fördermöglichkeiten bei mathematischen Lernschwierigkeiten

Krüll, K. (2000)
Lorenz, J. (1991)
Lorenz, J., Radatz, H. (1993)
Milz, I. (1989)
Rosenkranz, Chr. (1993)
Rosenkranz, Chr. (1994)
Staatsinstitut für Schulpädagogik und Bildungsforschung, München (1993)

KAPITEL 6

Die diagnostischen Einschätzskalen (DES) zur Beurteilung des Entwicklungsstandes und der Schulfähigkeit* Handanweisung

6.1 Zielsetzung

Die diagnostischen Einschätzskalen sind ein „Screening-Verfahren", das Erzieherinnen, Grundschullehrern, Sozialpädagoginnen von Schulkindergärten, Förderklassen und Sonderpädagogen Hilfestellung bei der Beurteilung des Entwicklungsstandes eines Kindes geben soll. Die DES sind kein Test im herkömmlichen Sinne, sondern eine Diagnosehilfe zur Feststellung der Lernausgangslage des Kindes. Die DES können im letzten Kindergartenjahr vor der Einschulung, bzw. zu Beginn des schulischen Erstunterrichts angewandt werden. Ausgehend von der Überlegung, dass viele Kinder, die in den ersten beiden Grundschuljahren Schwierigkeiten im Erwerb des Lesens, Rechtschreibens oder Rechnens entwickeln, bereits im Kindergarten Entwicklungsauffälligkeiten zeigen, erscheint es zwingend notwendig, diese Kinder rechtzeitig, d. h. möglichst früh zu erkennen, so dass sie gezielte Hilfe und Förderung bekommen können. Die DES sollen Pädagogen und Erzieherinnen helfen, ihr pädagogisches Handeln immer auch mit dem Blick auf die Weiterentwicklung des Kindes zu planen und fundierte Beobachtungskriterien an die Hand zu bekommen, anhand derer sie einen Überblick über die Stärken, Normalleistungen und Entwicklungsbeeinträchtigungen eines Kindes bekommen können.

Diese Einschätzung ermöglicht auch eine kompetente und fundierte Elternberatung sowie eine Orientierung darüber, wann bestimmte weitere Fachdienste (Kinderärzte, neuropädiatrische Zentren, Beratungsstellen, Sprach-, Ergo-, Mototherapeuten usw.) zur genaueren diagnostischen Klärung der Entwicklungsauffälligkeiten eingeschaltet werden sollen. Die DES sollen ferner zur Klärung der Frage der Schulfähigkeit beitragen, wobei in erster Linie nicht Prognosen von Erfolg oder Versagen im Mittel-

---

* „Die diagnostischen Einschätzskalen (DES) zur Beurteilung des Entwicklungsstandes und der Schulfähigkeit" sind in Großformat als Arbeitsmittel für den Gebrauch in der Praxis separat erhältlich (Ernst Reinhardt Verlag 2005, ISBN 978-3-497-01616-7). Der Testbogen ist auch als 10er Pack erhältlich, ISBN 978-3-497-01882-6.

punkt stehen, sondern vielmehr sollen anhand der Aufgabenbereiche der DES die Faktoren bzw. Prozesse erkannt werden, die die weitere Entwicklung des Kindes behindern oder verzögern. Insofern beinhaltet die Durchführung der DES auch den Gedanken einer präventiven Diagnostik. Die Notwendigkeit der Früherkennung von Kindern mit Lernschwierigkeiten drückt sich auch explizit in verschiedenen Erlassen und Empfehlungen der Kultusministerkonferenz aus (z. B. LRS-Erlaß des Kultusministeriums Nordrhein-Westfalen 1991; Empfehlung des Landes Brandenburg 1995). Anhand der bei Durchführung der DES gemachten Beobachtung lassen sich erste Hypothesen, d. h. vorläufige Interpretationen bzw. Vermutungsdiagnosen über die Schwierigkeiten des Kindes erstellen, die ggf. einer weiteren Abklärung durch entsprechende Fachdienste bedürfen. Ferner sollen die DES im Sinne eines förderorientierten Ansatzes helfen, für das entwicklungsverzögerte Kind einen geeigneten Förderplan aufzustellen. Die DES bieten somit eine differenzierte Möglichkeit zur Beurteilung des Entwicklungsstandes des Kindes, seiner Schulfähigkeit und zur Früherkennung von schulischen Lernschwierigkeiten.

6.2 Relevante Entwicklungsbereiche

Eine gute Entwicklungsdiagnostik sollte ganzheitlich orientiert und die wesentlichen Entwicklungsbereiche beinhalten. Zur Einschätzung des kindlichen Entwicklungsstandes sind dabei folgende Bereiche entwicklungspsychologisch relevant:

– Lateralität (Händigkeit)
– Motorik (Grob- und Feinmotorik)
– taktil-kinästhetische, vestibuläre, visuelle und auditive Wahrnehmungsverarbeitung
– visuelles und auditives Gedächtnis, Merkfähigkeit
– Sprechen (Lautbildung) und Sprache (Sprachverständnis)
– Körperschema
– Aufmerksamkeit, Konzentration, Ausdauer
– Affektivität, emotionale Grundstimmung
– Sozialverhalten.

6.3 Theoretischer Ansatz der DES

Der Konzeption der DES liegt ein integrativer Ansatz zugrunde, in dem neuropsychologische Erkenntnisse, insbesondere der Ansatz von Jean Ayres zur sensorischen Integration, der Ansatz von Luria sowie neue Erkenntnisse zu Möglichkeiten der frühen Vorhersage von Lese-/Rechtschreibschwierigkeiten (Schneider 1989; Skowronek 1992) sowie von Rechenstörungen (Lorenz 1993) miteinander verbunden sind.

6.4 Aufbau der DES

Die DES setzen sich aus drei Teilen zusammen:

a) der *Handanweisung,* die Informationen zum theoretischen Hintergrund und zur Konzeption der DES sowie zur praktischen Durchführung gibt,

b) dem *Aufgabenteil* mit den einzelnen Aufgaben für die verschiedenen Entwicklungsbereiche sowie den Hinweisen zur Bewertung der Aufgaben,

c) dem *Auswertungs- und Einschätzbogen,* auf dem die Fähigkeiten bzw. der Entwicklungsstand des Kindes in den einzelnen Entwicklungsbereichen eingeschätzt werden kann.

Darüber hinaus enthält dieser Bogen noch Beobachtungshilfen zu möglichen Auffälligkeiten in den verschiedenen Entwicklungsbereichen. Ergänzend dazu können Beurteilungen des sozialen, emotionalen und motivationalen Verhaltens des Kindes abgegeben werden. Diese Einschätzungen können aus einer Fülle von Beobachtungsmöglichkeiten des Kindes beim Rollen-, Imitations-, Bewegungs-, Regel-, Strategiespiel usw. im Kindergarten bzw. Unterricht sowie bei der Durchführung der DES vorgenommen werden. Die meisten schulpflichtigen Kinder brauchen keine spezielle Diagnostik. Zeigen sich jedoch Entwicklungsauffälligkeiten (Näheres bei Barth 1995, Kap. 8) zum Beispiel im Bereich der Motorik (Grob/Feinmotorik) im Gleichgewicht, in der Sprachentwicklung, in der Ausdauer und Konzentration, im Behalten visueller und auditiver Informationen (z. B. bei Liedern, Versemerken), so ist die Durchführung der DES angebracht. Das Verfahren stellt nun gezielte Beobachtungssituationen her, in denen von einem bestimmten Verhalten auf eine bestimmte zugrunde liegende Beeinträchtigung bestimmter Funktionen geschlossen werden kann. Bei der Einschätzung des Entwicklungsstandes sollte man vor allen Dingen auch auf die Kinder achten, die immer wieder ganz bestimmte Tätigkeiten vermeiden (z. B. Malen, Klettern, Puzzeln etc.). Dieses Vermeidungsverhalten ist oft Ausdruck besonderer Schwierigkeiten des Kindes in diesem Bereich.

6.5 Durchführung der DES

Die Durchführung der DES erfordert eine kompetente, geübte Person, die sich vorher sowohl mit dem theoretischen Hintergrund als auch mit den einzelnen Aufgaben der DES gut vertraut gemacht hat. Kenntnisse aus dem Bereich der Entwicklungspsychologie und der Theorie zur „sensorischen Integration" bzw. zu „sensorischen Integrationsstörungen" sind dabei notwendig. Die Durchführung der DES setzt deshalb ein gewisses Maß an Vorwissen voraus. Es ist unbedingt erforderlich, dass Sie sich vor der Durchführung mit den Aufgaben der DES gut vertraut gemacht haben und die Instruktionen (Anweisung zur Aufgabendurchführung) für die einzelnen Aufgaben kennen. Dies gelingt am besten dadurch, indem man die DES vorher mit einer oder mehreren Kolleginnen, später mit Kindern durchführt. Das Vertrautsein mit den Aufgaben und den Instruktionen geben Ihnen die Gelegenheit, sich voll auf das Kind konzentrieren zu können, umso auch wichtige Verhaltensweisen des Kindes beobachten zu können. Die Reihenfolge der Durchführung der einzelnen Entwicklungsbereiche ist nicht festgelegt. Die vorliegende Reihenfolge ist aber für die Kinder abwechslungsreich, interessant und ansprechend. Je nach Ausdauer und Belastbarkeit des Kindes können die Aufgaben an verschiedenen Tagen durchgeführt werden. Der Gesamtdurchführungszeitraum sollte aber nicht länger als 3 bis 4 Wochen betragen. Für die Durchführung der DES werden ca. 1 ½ bis 2 Stunden benötigt.

Wichtig ist vor allem der Aufbau und die Aufrechterhaltung einer guten Beziehung zum Kind. Versuchen Sie, eine lockere, entspannte und stressfreie Atmosphäre aufzubauen und vermeiden Sie den Eindruck einer Testsituation. Eine Reihe von Aufgabenbereichen der DES lassen sich in ein Spiel einkleiden (z. B. Telefonnummern merken, Zauberspruch, Aufgaben zum Bereich der Grobmotorik). Wichtig ist dabei vor allem das genaue und gute Beobachten, wie ein Kind die entsprechenden Aufgaben löst (das Lösungsverhalten beobachten). Die Fähigkeit zur genauen Beobachtung erhöht den Wert der Beurteilung. Da entwicklungsverzögerte und wahrnehmungsgestörte Kinder sehr wohl ihre Leistungsminderungen registrieren und darunter leiden, sind sie leicht zu entmutigen. Deshalb sollen die Kinder immer wieder gelobt und ermutigt werden, ohne dabei aber zu übertreiben. Sie erhalten ein hohes Motivationsniveau, wenn Sie angemessen Lob und Ermutigung aussprechen.

Der Erfolg beim Lösen einer Aufgabe hängt aber nicht nur vom Wissen bzw. vom Entwicklungsstand des Kindes ab, sondern auch von seiner Lust, Motivation, seinem Selbstvertrauen und Selbstbild hinsichtlich seiner Fähigkeiten. Deshalb muss die momentane Stimmung des Kindes berücksichtigt werden. Achten Sie darauf, ob sich das Kind auf die Aufgaben konzentriert, indem Sie Mimik, Haltung, Art des Mitmachens beachten.

Führen Sie die DES nicht durch, wenn ein Kind müde ist, sich nicht wohl fühlt oder sich aus anderen Gründen nicht auf die Aufgaben konzentrieren kann. Ein aufrichtiges Interesse und Ansprechbarkeit für die Bedürfnisse und Gefühle des Kindes sind wichtiger als das „Durchziehen" der Aufgaben. Motivieren Sie das Kind, indem Sie ihm zu verstehen geben, dass Sie etwas Neuartiges zusammen machen (z. B. ein neues Spiel). Sagen Sie ihm, dass einige Aufgaben eher leicht, andere schwieriger sind und dass es nur darauf ankommt, dass es sich so gut wie möglich anstrengt. Bei Misserfolgen können Sie das Kind trösten („Die Aufgaben waren aber wirklich schwer").

Benutzen Sie zur Erklärung der Aufgaben eine Sprache, die dem Niveau des Kindes entspricht. Die im Aufgabenheft enthaltenen Instruktionen (Aufgabenerklärungen) sind dabei eine wichtige Unterstützung. Achten Sie bei der Durchführung der Aufgaben auch auf Ihre eigenen Empfindungen und Gefühle, denn wenn Sie müde, aufgeregt oder gelangweilt sind, kann sich dies auf das Kind übertragen.

Oft fragen Kinder nach, ob ihre Aufgabenlösung richtig oder falsch war. Eine häufigere Rückmeldung darüber ist insofern problematisch, da Rückmeldungen über Misserfolge zu einem Motivationsabfall bzw. Unlustgefühl des Kindes führen können. Vertrösten Sie deshalb das Kind und geben Sie ihm zu verstehen, dass Sie nach der Durchführung der Aufgaben über die eine oder andere Aufgabe gerne mit ihm reden möchten. Sagt ein Kind öfter „Ich weiß nicht" oder „Ich kann das nicht", kann dies auf mangelndes Wissen oder mangelnde Fähigkeit, aber auch auf mangelndem Wollen beruhen (weil es sich die Lösung/Durchführung der Aufgabe nicht zutraut). Das Kind kann deshalb zu weiteren Versuchen aufgefordert werden („Versuch es noch mal", „Ich wette, Du schaffst das"). Gehen Sie aber sorgfältig damit um, denn durch zuviel Drängen blockt das Kind unter Umständen völlig ab.

Versagt ein Kind bei mehreren Aufgaben eines Entwicklungsbereichs hintereinander und verliert dadurch das Interesse, sollten Sie zur nächsten Aufgabengruppe weitergehen bzw. abschätzen, bei welchem Aufgabenbereich das Kind Erfolgserlebnisse haben könnte, und damit fortfahren.

Manche Aufgabenbereiche der DES können auch in einer Gruppensituation durchgeführt werden (z. B. Aufgaben zur Grobmotorik: Einbeinstand, Einbeinhüpfen, aber auch Malvorlage, Klatschrhythmus nachklatschen, Fingerdifferenzierung, imitieren spezifischer Finger- bzw. Armstellungen, Aufgaben zum Anlaut erkennen, Silbenklatschen, Reimpaare erkennen usw.). Der Vorteil dieser Vorgehensweise liegt darin, möglichst zeitökonomisch mehrere Kinder beobachten zu können. Der Nachteil besteht darin, dass Gruppenbeobachtungen eine genaue Beobachtung des Kindes, seine Problemlöseansätze, seine motorische Koordination usw. erschweren. Trotz des größeren zeitlichen Aufwandes sind deshalb Einzelbeobachtungen von Vorteil, da viele weitere Aspekte beobachtet werden können. Manche haben vielleicht bei Einzelbeobachtung die Sorge, dass dadurch das Kind in eine „Testsituation" gebracht würde, und lehnen sie deshalb ab. Demgegenüber ist einzuwenden, dass für viele Kinder die Tatsache, dass sich eine Erzieherin oder Lehrperson einen begrenzten Zeitraum nur mit ihm beschäftigt, eine besondere Motivation und Freude bedeutet. Ob eine „Testsituation" entsteht, hängt letztlich von der Art der Beziehung zwischen Erwachsenem und Kind ab.

Bei der Durchführung der Aufgaben zum auditiven Gedächtnis ist unbedingt darauf zu achten, dass das Kind nicht durch Nebengeräusche oder anderes abgelenkt und in seiner Konzentration gestört wird. Die Bearbeitung dieser Aufgaben ist für ängstliche und leicht ablenkbare Kinder besonders schwierig. Deshalb ist gerade bei ihnen auf eine „stressfreie" Atmosphäre zu achten. Hat das Kind eine Aufgabenstellung nicht verstanden, sollten Sie es ihm nochmals in einer kindangemessenen Weise erklären (oder vormachen). Mit der Durchführung der DES besteht die Möglichkeit, die kindliche Aufmerksamkeitsspanne, seine Frustrationstoleranz auf Misserfolge, seine individuellen Problemlösungsansätze, seine grob- und feinmotorische Koordination, seine Ausdauer- und Konzentrationsfähigkeit direkt zu beobachten. Diese Beobachtungen erlauben auch Rückschlüsse auf das Selbstwertgefühl des Kindes, seine Arbeitsgewohnheiten und sein Verhalten auf Erfolg und Misserfolg. Stellen Sie sich auf jeden Fall darauf ein, dass Sie bei der Durchführung der DES eine informative und interessante Zeit mit dem Kind verbringen.

6.6 Bewertungskriterien

In die DES wurden solche Aufgaben, Beobachtungssituationen und Entwicklungsbereiche aufgenommen, die in der Fachliteratur als relevant beschrieben sind (externe Validität). Daraus wurden auch differenzierte Altersangaben und Kriterien für Auffälligkeiten entnommen. Eine Reihe von Entwicklungsbereichen der DES enthalten somit auch Angaben über altersentsprechende Leistungen. Außerdem sollen die verschiedenen Beobachtungshinweise Hilfestellung bei der Beurteilung von Entwicklungsauffälligkeiten geben. Nicht zuletzt können durch vielfältiges Erproben der DES bei Kindern mit unterschiedlichem Entwicklungsstand (altersentsprechende und entwicklungsverzögerte Kinder) vielfältige und differenzierte Erfahrungen gemacht und Vergleichsmöglichkeiten gefunden werden, die die eigene Beurteilungssicherheit erhöhen.

Viele Erfahrungen und Vergleichsmöglichkeiten mit unterschiedlich entwickelten Kindern helfen bei der Einschätzung des Entwicklungsstandes. Da Einzelbeobachtungen oft wenig aussagekräftig sind, soll durch den subjektiven Beurteilungsspielraum ermöglicht werden, auch Verhaltensbeobachtungen aus anderen Situationen mit in die Beurteilung einfließen zu lassen, bzw. diese Beobachtung festzuhalten. Die Fähigkeiten der Kinder werden auf einer fünfstufigen Skala subjektiv beurteilt. Die Beurteilungsskala für die einzelnen Entwicklungs- bzw. Fähigkeitsbereiche lautet:

– „sehr ausgeprägt" (dies entspricht ausgesprochen guten Fähigkeiten)
– „ausgeprägt" (keine gravierenden Auffälligkeiten)
– „teils/teils" (leichte Auffälligkeiten)
– „beeinträchtigt" (stärkere Auffälligkeiten)
– „stark beeinträchtigt" (starke Auffälligkeiten).

Die Bewertungsskala kann auch so interpretiert werden:

a) „sehr ausgeprägt" und „ausgeprägt" entsprechen altersentsprechenden bis überdurchschnittlichen Fähigkeiten.

b) „teils/teils": die Bereiche sollten sorgfältig weiter beobachtet werden.

c) „beeinträchtigt" und „stark beeinträchtigt": falls die Einschätzung in diesen Bereich fällt, ist ein Beratungsgespräch mit Eltern indiziert, wobei die Eltern behutsam auf die Notwendigkeit einer genaueren diagnostischen Abklärung (falls dies noch nicht erfolgt ist) hingewiesen werden sollen (siehe dazu auch Barth 1995, Kap. 7). Dazu ist erforderlich, dass man weiß, wer bzw. welche speziellen Fachdienste eine genauere diagnostische Abklärung durchführen können.

Sehr hilfreich ist auch, eigene Beobachtungen und Einschätzungen im Team zu besprechen und durch Beobachtung und Einschätzung von Kolleginnen und Kollegen zu ergänzen. Zur besseren Übersicht ist im Anhang des „Auswertungs- und Einschätzbogens" ein Profilbogen enthalten, in dem Sie in übersichtlicher Form Ihre Einschätzung zu den einzelnen Entwicklungsbereichen übertragen können. Die einzelnen Kästchen jedes Entwicklungsbereiches können durch eine Linie miteinander verbunden werden, so dass ein individuelles Entwicklungsprofil von Stärken, Beeinträchtigungen und Minderleistungen des jeweiligen Kindes entsteht.

6.7 Kurzfassung der DES

Aus zeitökonomischen Gründen und zur schnelleren Einschätzung können auch einzelne Aufgaben innerhalb der Entwicklungsbereiche oder auch ganze Entwicklungsbereiche für die Beurteilung weggelassen werden. Folgende Aufgabenbereiche sollten aber nach Möglichkeit durchgeführt werden:

1. Lateralität (Händigkeit), Präferenzdominanz

2. Grobmotorik: Gleichgewichtswahrnehmung, Körperkoordination

   A) Einbeinstand: Gleichgewichtswahrnehmung
   B) Balancieren über den Balken
   C) Balancieren auf markierter Linie (Seiltänzergang)
   D) Einbeinhüpfen (hinkeln) mit dem rechten/linken Bein
   E) Beidbeinhüpfen über ein Seil: seitliches Hin- und Herspringen
   F) Balancieren im Scherenschritt

3. Feinmotorik: Finger- und Handgeschicklichkeit, visuo-motorische Koordination, Graphomotorik

   A) Malvorlage
   B) Aufgaben zur Auge-Hand-Koordination: visuo-motorische Koordination

4. Altersgemäß entwickelte Augenmotorik (Augenmuskelkontrolle)

   A) Fixieren eines Gegenstandes
   B) Einen Gegenstand im Kreisbogen führen
   C) Wegen folgen

5. Auditives Kurzzeitgedächtnis, Rhythmus erfassen

   A) Auditiv-motorische Integration: einen Klatschrhythmus nachklatschen
   B) Telefonnummern und Zauberspruch merken und nachsprechen

6. Taktile Wahrnehmung: Berührungs-/Tastwahrnehmung

   A) Punkte lokalisieren
   B) Graphästhesie: Hautzeichnung, Formen erkennen

7. Kinästhetische Wahrnehmung: Muskel- und Bewegungswahrnehmung

   A) Fingerdifferenzierung
   B) Seitliches Kreisen mit den Zeigefingern
   C) Finger-Nase-Versuch
   D) Imitieren spezifischer Finger- bzw. Armstellungen (rechte/linke Hand)
   E) Zielgenauigkeit

8. Körperschema, Körperorientierung

   A) Mensch-Zeichnung
   B) Die wesentlichen Körperteile benennen
   C) Bewegungsplanung

9. Gestalt-Form-Auffassung: visuelles Gedächtnis, visuelles Operieren

10. Phonologische Bewusstheit: Lautanalyse, Lautsynthese, Silbensegmentierung, Reimpaare erkennen

    A) Anlaute erkennen
    B) Silben klatschen
    C) Lautsynthese: Laute zu einem Wort verbinden
    D) Reimpaare erkennen

11. Mengenerfassung
12. Phonematische Diskriminationsfähigkeit, Lautdifferenzierung
13. Optische Differenzierungsfähigkeit, visuelle Aufmerksamkeitsspanne
14. Visuelle Figur-Grund-Erfassung
15. Lautbildungsfähigkeit
16. Visuelles Gedächtnis, Symbolfolgegedächtnis
17. Sprachgedächtnis, auditive Merkfähigkeit
18. Handlungsplanung, Sequenzgedächtnis, Sprachverständnis
19. Visuelles Operieren (Reihenbildung, Größenzuordnung)

Zusätzlich zu den in den DES dargestellten Entwicklungsbereichen lassen sich auch *Erweiterungen/Ergänzungen* durchführen. Bei Kindern mit Sprachauffälligkeiten (z. B. Lautbildungsschwierigkeiten, Sprachverständnisproblemen) kann ergänzend die *Mundmotorik* überprüft werden (orale Praxie), indem die folgenden Aufgabenstellungen dem Kind sowohl sprachlich erklärt als auch vorgemacht werden:

– Zähnezeigen durch Verziehen des Mundwinkels

- Backen mit Luft aufblasen
- mit der Zunge die Nasenspitze und die Unterlippe berühren
- die Zunge bei geöffnetem Mund rasch von einer Mundecke zur anderen hin und her bewegen
- die Zunge gegen die rechte und linke Innenseite der Backe drücken.

Ergänzend können zur Einschätzung des *sozial-emotionalen Entwicklungsstandes* folgende Punkte beurteilt werden:

20. Kontaktfähigkeit
21. Konfliktverhalten
22. Eigensteuerung und Kooperationsverhalten
23. Konzentrationsfähigkeit und Ausdauer
24. Aufmerksamkeit gegenüber dem gesprochenen Wort
25. Ausführungen von Anweisungen und Aufforderungen an die Gruppe
26. Gefühlsstabilität und emotionale Zuwendungsfähigkeit
27. Flexibilität des Verhaltens
28. Neugierverhalten

Ein *Entwicklungsprofilbogen* bildet den Abschluss der DES und die Gesamteinschätzung von Entwicklungsstand und Schulfähigkeit.

Aufgabenteil

Hinweis: Im separat erhältlichen Arbeitsheft „Die diagnostischen Einschätzskalen (DES) zur Beurteilung des Entwicklungsstandes und der Schulfähigkeit" (ISBN 978-3-497-01616-7) sind für den Gebrauch in der Praxis sämtliche Zeichnungen und Auswertungsbogen in der Originalgröße abgedruckt. – Die im Folgenden vorgestellten Aufgaben und Skalen sind vollständig, aber in veränderten Größenverhältnissen dargeboten und sollen den fachkundigen Lesern und Leserinnen an dieser Stelle vor allem zur Orientierung und Übersicht dienen.

1. Lateralität (Händigkeit), Präferenzdominanz

Die Händigkeit wird bei Tätigkeiten des Kindes beobachtet. Die spontane Bevorzugung einer Hand bei der Durchführung verschiedener Tätigkeiten (wie z. B. malen, würfeln, schneiden, hämmern, schreiben, einen Lichtschalter anknipsen) wird als Hinweis der Händigkeit angesehen und erlaubt eine grobe Orientierung bezüglich der Geschicklichkeitshand des Kindes. Weitere Beobachtungsmöglichkeiten zur Feststellung der Händigkeit:

– Mit welcher Hand stapelt das Kind die Holzstäbchen auf den „Packesel"? (Dabei ist darauf zu achten, dass durch die räumliche Anordnung nicht die Bevorzugung einer Hand vorgegeben wird.)
– Sich einen Ball (oder Tennisring) mit einer Hand aus ca. 2 Meter Entfernung zuwerfen lassen. (Das Kind hebt den Ball zuvor vom Boden auf.) Mit welcher Hand greift bzw. wirft das Kind?
– Auf dem Xylophon spielen, mit Trommelstock einen Rhythmus schlagen,
– Perlen auf einen Faden auffädeln,
– mit dem Hammer einen Nagel einschlagen.

Beobachtungshinweise:

– Welche Hand bevorzugt das Kind bei der Bewältigung feinmotorischer Handlungen?
– Wechselt es bei Tätigkeiten oft die Hand? Kann es die Körpermittellinie überkreuzen?

2. Grobmotorik: Gleichgewichtswahrnehmung, Körperkoordination

Die Aufgaben sollen die Fähigkeiten des Kindes in der Körperbeherrschung, im Gleichgewicht und der Koordination von Bewegungsabläufen sichtbar machen. Die Erzieherin soll dem Kind jede Aufgabe vormachen und es dann auffordern, ihr nachzumachen. Diese Aufgaben können auch in einer Gruppensituation durchgeführt werden. Die Kinder sollen die Übungen am besten ohne Schuhe durchführen.

A) Einbeinstand: Gleichgewichtswahrnehmung

Das Kind wird gebeten, so lange wie es kann, auf einem Bein zu stehen. Die Arme sollen herabhängen, das andere Bein leicht angewinkelt sein.
Instruktion: „Ich möchte mal sehen, wie lange du es schaffst, auf einem Bein zu stehen."

Die Aufgabe wird mit dem rechten und linken Bein ausgeführt.
Fünfjährige Kinder sollten ca. 8 Sekunden, sechsjährige ca. 10 – 12 Sekunden auf einem Bein stehen können, Erstklässler ca. 15 – 20 Sekunden. Mit 7 bis 8 Jahren können die meisten Kinder länger als 20 Sekunden auf einem Bein stehen.

Ergänzung: Den Einbeinstand (links/rechts) können die Kinder auch mit geschlossenen Augen durchführen. Dies ist schwieriger und erfordert ein gutes Funktionieren des vestibulären und kinästhetischen Systems. Starke Diskrepanzen zwischen Einbeinstand bei offenen und geschlossenen Augen können Hinweise auf Schwierigkeiten der vestibulären und kinästhetischen Wahrnehmung sein.

Beobachtungshinweise:

– Kann das Kind nur kurz stehen?
– Muss es starke Ausgleichsbewegungen machen (rudert mit den Armen), um das Gleichgewicht zu halten?
– Bestehen Unterschiede in der Standsicherheit bei rechtem/linkem Bein?
– Lässt es sich auf den Boden fallen, macht nicht mit („das kann ich nicht")?
– Muss es oft den anderen Fuß zu Hilfe nehmen, um nicht umzufallen?

B) Balancieren über den Balken

Das Kind balanciert über den Balken einer umgedrehten Langbank.

C) Balancieren auf markierter Linie (Seiltänzergang)

Das Kind soll auf einem ca. 10 cm breiten und ca. 2 Meter langen Streifen (z. B. Teppichstreifen) einmal vorwärts und einmal rückwärts balancieren, indem es Fuß vor Fuß setzt. Der Streifen soll dabei nicht übertreten werden.

Beobachtungshinweise zu B) und C):

– Zeigt das Kind starke Ausgleichsbewegungen (starkes Ausbalancieren mit Armen und Beinen)?
– Wirkt es unsicher, ängstlich?
– Fällt es mehrmals vom Balken?
– Sucht es Halt beim Balancieren, will es sich festhalten?
– Übertritt es häufiger die markierte Linie (häufige Ausweichschritte)?
– Zeigt es Mitbewegungen/Überstreckungen im Hand- und Mundbereich?

D) Einbeinhüpfen (hinkeln) mit dem rechten/linken Bein

– Auf der Stelle.
– In Fortbewegung: das Kind soll zuerst auf einem, dann auf dem anderen Bein durch das Zimmer und dann wieder zurück hüpfen.

Fünf- bis sechsjährige Kinder sollten ca. 7 – 10mal ohne Absetzen auf einem Bein hüpfen können.

E) Beidbeinhüpfen über ein Seil: seitliches Hin- und Herspringen

Die Aufgabe besteht darin, mit beiden Beinen gleichzeitig seitlich über ein Seil (oder eine Holzleiste) hin- und herzuspringen. Das Überhüpfen des Seils sollte 4 – 5mal ohne Pause/Absetzen gelingen.

F) Balancieren im Scherenschritt

Ein Seil soll im Scherenschritt überkreuzt werden (vorwärts). Das Seil befindet sich zwischen den Füßen des Kindes. Das Kind überkreuzt zuerst mit dem rechten Fuß das Seil, dann überkreuzt der linke Fuß das Seil, der rechte Fuß überkreuzt dann vor dem linken das Seil usw.

Balancieren im Scherenschritt

Beobachtungshinweise zu D) bis F):

– Wirkt das Kind schnell müde, erschöpft?
– Hüpft es langsam?
– Kann es beim Hüpfen abfedern, wirkt es eher plump?
– Hüpft es auf den Zehen oder mit der ganzen Fußsohle?
– Muss es mit den Armen starke Ausgleichsbewegungen machen?
– Kann es beim Beidbeinhüpfen die Beine geschlossen halten?
– Wirkt das Kind plump, ungelenkig, schlaffer Muskeltonus?
– Kämpft das Kind dabei mit Gleichgewichtsschwierigkeiten?
– Sucht es nach Halt (z. B. Hand der Erzieherin) beim Hüpfen?

Weitere Beobachtungsmöglichkeiten (optimal):

- Auf Zehenspitzen gehen (ca. 8–10 Schritte): Man fordert das Kind auf, möglichst hoch auf Zehen zu gehen.
  Auffällige Beobachtungen: Abknicken in Knie und Hüfte; Überstrecken von Fingern und Armen; Mitbewegungen der Hände und im Gesicht (z. B. Grimassieren).
- Auf den Fersen gehen. Das Kind soll 8–10 Schritte auf den Fersen gehen.
- Mit beiden Beinen hüpfen wie ein Frosch (mehr als 5mal). Schlusssprung von ca. 1 Meter.
- Purzelbaum (Rolle vorwärts) machen.
- Das Kind von der Langbank oder vom Stuhl springen lassen. Kommt es federnd oder plump auf?

Bewertung: Den Gesamteindruck zur Grobmotorik des Kindes beurteilen Sie auf der 5-stufigen Einschätzskala

3. Feinmotorik: Finger- und Handgeschicklichkeit, visuo-motorische Koordination, Graphomotorik

Die Aufgaben prüfen die Fähigkeit zur Koordination von Auge und Hand sowie feinmotorische und graphomotorische Fähigkeiten des Kindes.

A) Malvorlage

Das unvollständige Bild soll nach der Vorlage vervollständigt bzw. ergänzt werden. Die Erzieherin bittet das Kind, die noch fehlenden Teile zu ergänzen. Das Kind soll selbstständig die fehlenden Teile finden.
Für die Beurteilung der Qualität der Handgeschicklichkeit eignen sich ferner folgende Beobachtungssituationen:

- Spiele wie „Packesel" und „Mikado",
- Kreisel andrehen,
- Bilder mit der Schere ausschneiden.

Beobachtungshinweise:

- Welche Hand bevorzugt das Kind beim Malen?
- Wie ausdauernd arbeitet es? Muss es immer wieder zur Weiterarbeit ermutigt werden?
- Erkennt es die fehlenden Teile?
- Ist die Stifthaltung auffällig? Gelingt der Pinzettengriff (Stift zwischen Daumen, Zeige- und Mittelfinger)?

Malvorlage

Malvorlage: Blatt zum Ergänzen

– Ist der Mal-/Schreibdruck überhöht/sehr schwach?
– Wie ist die Strichführung (verzittert)?
– Hält das Kind mit der anderen Hand das Blatt fest, damit es nicht verrutscht?
– Kann das Kind die Körpermittellinie überkreuzen oder wechselt es beim Malen den Stift von der rechten in die linke Hand oder umgekehrt?
– Wie flüssig sind die Bewegungsabläufe?
– Wird das Handgelenk beim Malen abgehoben?

B) Aufgaben zur Auge-Hand-Koordination: visuo-motorische Koordination

Aufgaben: Das Kind soll mit einem weichen Bleistift eine Linie zwischen den beiden Begrenzungslinien ziehen, ohne den Stift abzuheben oder über den Begrenzungsrand hinauszufahren. Darauf achten, wie sorgfältig das Kind die Aufgaben durchführt (sehr hastig, ungenau, sehr langsam, verzitterte Strichführung).

Aufgabe 1:

Instruktion: „Der Fisch will in den See schwimmen. Du sollst mit deinem Stift dem Fisch den Weg zeigen, ohne an den Rand zu stoßen oder den Stift abzuheben.“

Aufgabe 2:

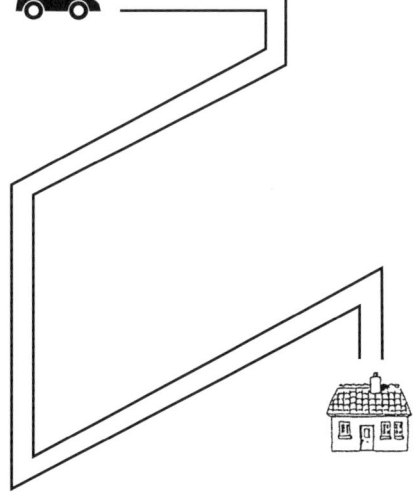

Instruktion: „Das Auto will in die Garage fahren. Ziehe eine Linie in der Mitte der Straße. Halte erst an, wenn du bei der Garage angekommen bist.“

Aufgabe 3:

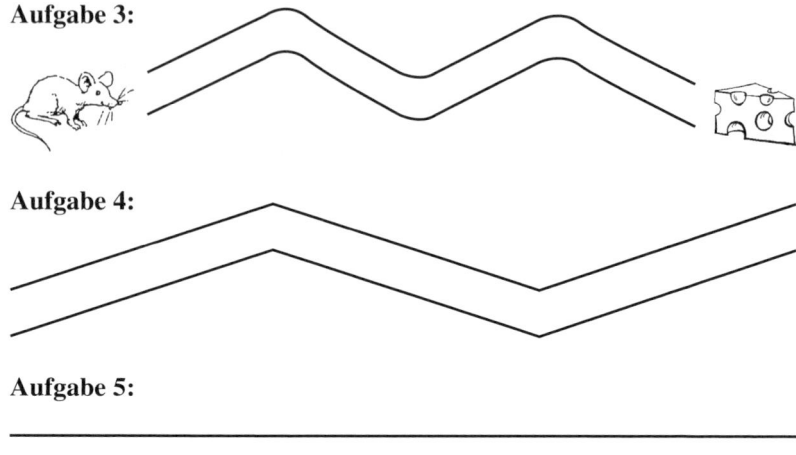

Aufgabe 4:

Aufgabe 5:

Instruktion zu Aufgabe 3 – 5: analog zu Aufgabe 1 und 2

Aufgabe 6:

Das Kind soll mit einem Stift möglichst genau auf der gestrichelten Linie fahren.

Instruktion: „Folge dem Weg des Schmetterlings auf der gestrichelten Linie."

Aufgabe 7:

Instruktion: „Folge dem Weg der Fliege auf der gestrichelten Linie."

Aufgabe 8:

Instruktion: „Da steigt Rauch aus dem Schornstein. Folge mit deinem Stift dem Rauch und male noch mehr Rauch dazu."

Aufgabe 9:

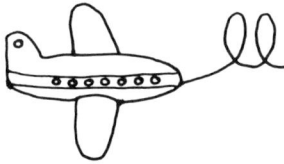

Instruktion: „Schau, das Flugzeug fliegt ein paar Schleifen. Folge mit deinem Stift den Schleifen und lass das Flugzeug noch ein paar Schleifen weiterfliegen."

Aufgabe 10:

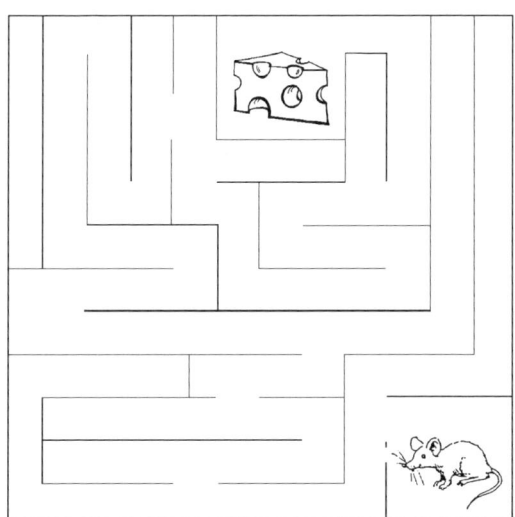

Instruktion: „Du siehst hier eine kleine Maus, die zu dem Käse laufen möchte. Dazu muss sie durch diese Tore laufen (zeigen). Du sollst den Weg der Maus zum Käse zeigen, ohne an die Mauern (zeigen) zu stoßen oder den Stift abzusetzen. Mach es so gut wie du kannst."

Ergänzende Alltagsbeobachtungen zum Bereich Feinmotorik, Auge-Hand-Koordination:

- Das Kind schreibt seinen Namen nach (in großen Druckbuchstaben), den die Erzieherin vorgeschrieben hat,
- einen Ball/Tennisring aus ca. 2 Meter Entfernung auffangen,
- Perlen auffädeln,
- Scherenschneiden entlang einer Linie,
- Ausmalen von Bildern: Kann das Kind Begrenzungslinien einhalten?
- Holzstäbchen auf den „Packesel" aufstapeln,
- Steckspiele, Fingerspiele,
- Anziehen, Knöpfe auf- und zuknöpfen,
- Ballprellen,
- eine Schleife binden (ab 6 Jahre).

Bewertung: Den Gesamteindruck zum Bereich der Feinmotorik/Auge-Hand-Koordination beurteilen Sie auf der 5-stufigen Einschätzskala.

4. Altersgemäß entwickelte Augenmotorik (Augenmuskelkontrolle)

A) Fixieren eines Gegenstandes

Das Kind soll einen Gegenstand (z. B. Fingerhütchen, das auf einen Bleistift gesteckt ist) in einer Entfernung von ca. 40 – 50 cm etwa 10 Sekunden mit den Augen fixieren.

B) Einen Gegenstand im Kreisbogen führen

Der Gegenstand wird vor den Augen des Kindes in einem Abstand von ca. 40 – 50 cm in einem Kreisbogen nach rechts und links, sowie nach oben und unten, dann diagonal bewegt. Das Kind wird aufgefordert, den Gegenstand nur mit den Augen zu verfolgen, ohne den Kopf dabei zu bewegen. Die Erzieherin beobachtet dabei die Augenbewegungen des Kindes (abrupt/geschmeidig).

C) Wegen folgen

Das Kind soll mit den Augen den jeweiligen Linien folgen und zeigen, in welchem Feld der Hase etc. ankommt.

Instruktion: „Schau, der Hase läuft den Weg entlang (zeigen). Zeig mir, wo der Hase ankommt."

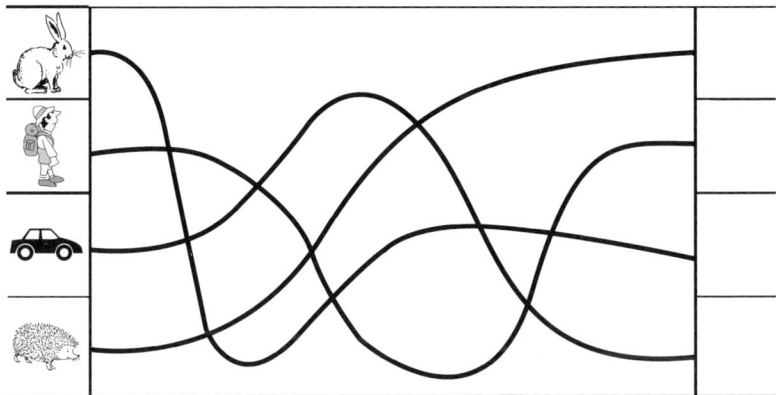

Beobachtungshinweise: Ist das Kind in der Lage, den Gegenstand mit den Augen ca. 8–10 Sekunden zu fixieren bzw. zu verfolgen? Verlieren die Augen den bewegten Gegenstand? Auf ruckhafte, abrupte Augenbewegungen achten. Besteht ein Schielfehler?

5. Auditives Kurzzeitgedächtnis, Rhythmus erfassen

Die Aufgaben prüfen die Fähigkeit des Kindes, Gehörtes für kurze Zeit zu speichern und wiederzugeben (Speicherung und Wiedergabe lautlicher Sequenzen).

A) Auditiv-motorische Integration: einen Klatschrhythmus nachklatschen

Das Kind soll einen Klatschrhythmus nachklatschen, der ihm vorgeklatscht wird. Das Kind sitzt dabei mit dem Rücken zur Erzieherin, so dass es die Klatschbewegungen nicht sehen kann. Lediglich beim Probeklatschen soll das Kind das Klatschen sehen, damit es nicht erschrickt. Nach dem Probeklatschen („Kannst du auch schon klatschen? Klatsch mal mit den Händen") dreht sich das Kind um. Die folgenden Aufgabenbereiche lassen sich gut in ein Spiel eingliedern. Es ist darauf zu achten, dass das Kind auch verstanden hat, dass der Klatschrhythmus wichtig ist.

Instruktion: „Ich klatsche dir nun etwas vor. Hör genau zu, damit du es genauso klatschen kannst wie ich. Du darfst aber erst mit dem Klatschen beginnen, wenn ich ‚los' sage." Das Kind wird gebeten, sich umzudrehen, so dass es mit dem Rücken zur Erzieherin sitzt.

Vorübung: „Pass auf". Die Erzieherin klatscht zweimal in die Hände (klatsch-klatsch). „Nun klatsch du, los."

Aufgaben:

Die Erzieherin klatscht dann folgende Sequenzen (die Rhythmen können auch mit dem Tamburin nachgeklopft werden):

klatsch-klatsch-klatsch
klatsch – ca. 1 Sek. Pause – klatsch-klatsch
klatsch-klatsch – ca. 1 Sek. Pause – klatsch-klatsch
klatsch-klatsch-klatsch – ca. 1 Sek. Pause – klatsch
klatsch – ca. 1 Sek. Pause – klatsch-klatsch-klatsch
klatsch-klatsch-klatsch – ca. 1 Sek. Pause – klatsch-klatsch

B) Telefonnummern und Zauberspruch merken und nachsprechen

Instruktion: „Pass auf, ich sage dir jetzt gleich eine Telefonnummer. Du sollst sie dir merken und sie dann nachsprechen." „Sag mal 7 - 3"

Zwischen den Ziffern eine kleine Pause lassen. Falls sich das Kind beim ersten Mal die Zahlen- bzw. Silbenfolge nicht merken konnte, ist ein weiterer Versuch erlaubt. Störende Nebengeräusche sollen vermieden werden, damit das Kind nicht abgelenkt wird.

(1) 5 - 2 - 7
(2) 6 - 4 - 9
(3) 1 - 5 - 3 - 3
(4) 9 - 2 - 7 - 5
(5) 4 - 7 - 3 - 9 - 9
(6) 1 - 5 - 2 - 8 - 6

„Ich sage dir jetzt einen Zauberspruch. Pass gut auf und sprich mir nach."

(1) ki-ru-la
(2) bo-gu-wa
(3) re-lo-ma-no
(4) pe-ka-ti-ru
(5) ga-bo-di-ma-se
(6) pi-no-fa-ke-to

Beobachtungshinweise:

• Erfasst das Kind die Anzahl der Klatscher bzw. den Klatschrhythmus?
• Werden die Zahlen in der richtigen Reihenfolge nachgesprochen?

- Gelingt es ihm beim ersten Mal, sich die Zahlen-, Silbenreihe zu merken oder braucht es dazu zwei Versuche?
- Werden die Silben des Zauberspruches korrekt lautiert?

Die Kinder sollten in der Lage sein, 4–5 Klatscher, mindestens eine 4-stellige Ziffer bzw. eine 4-stellige Silbenfolge zu behalten und wiederzugeben. Gelingt es dem Kind nicht, die Zahlen- bzw. Silbenfolge zu reproduzieren, kann dies auf eine eingeschränkte auditive Merkfähigkeit bzw. auf Schwierigkeiten bei der sequenziellen Speicherung und Wiedergabe verbaler Informationen hinweisen (oft in Zusammenhang mit vestibulären Störungen und/oder einer zentralen Fehlhörigkeit). Die nicht korrekte Wiedergabe der Silben des „Zauberspruchs" kann auch an Lautbildungsschwierigkeiten liegen.

Ergänzende Alltagsbeobachtungen:

- Kann das Kind Sätze nachsprechen? (z. B. „Die Katze trinkt Milch aus einer Schüssel.")
- Kann es gut Namen behalten? (z. B. von Farben, Kindern)
- Kann es sich Reimverse, Aufzählverse gut merken?
- Kann es sich Handlungsaufträge, Anweisungen merken? (z. B. 2–3 miteinander verbundene Handlungsaufträge: „Lege das Buch auf den Stuhl, dann hole mir den Schlüssel, der auf dem Tisch liegt." = 2 Handlungsaufträge)
- Kann das Kind bei Sing- bzw. Klatschspielen den Rhythmus erfassen und nachklatschen?

Den Gesamteindruck zum Bereich auditives Kurzzeitgedächtnis beurteilen Sie auf der 5-stufigen Einschätzskala.

6. Taktile Wahrnehmung: Berührungs-/Tastwahrnehmung

Die Aufgaben prüfen die Fähigkeit des Kindes, Berührungsreize zu lokalisieren und zu unterscheiden.

Vorübung: Das Kind soll beide Hände und Arme auf den Tisch legen, die Handflächen nach unten. Dann wird es mit einem stumpfen Bleistift (oder Wattestäbchen) an einer Stelle der Handfläche angetippt und es soll den Berührungspunkt genau zeigen.

A) *Punkte lokalisieren*

Instruktion: „Ich werde dich jetzt an verschiedenen Stellen berühren, und du sollst mir genau zeigen, wo ich dich berührt habe. Damit es aber nicht so leicht wird, sollst du die Augen schließen, damit du nicht sehen kannst, wo ich dich berühre." Die Berührung soll kurz und mit leichtem Druck erfolgen. Sie erfolgt an verschiedenen Stellen der Handoberfläche bzw. des Unterarms abwechselnd auf der linken und rechten Seite (ca. 5–7 Berührungen auf jeder Seite). Nach dem Berühren soll das Kind die Augen öffnen und genau zeigen, wo es berührt wurde. Taktil-kinästhetische Wahrnehmungsstörungen müssen recht gravierend sein, wenn Kinder hier versagen. Schwieriger wird die Aufgabe, wenn man gleichzeitig zwei Stellen berührt und sie zeigen lässt.

Ergänzung: Die Aufgabe kann erweitert werden, indem man das Kind gleichzeitig an zwei Stellen berührt. Hier zeigen sich unpräzise Lokalisationen deutlicher.

Beobachtungshinweise: Wie genau gelingt es dem Kind, die Berührungspunkte zu lokalisieren? Abweichungen von ca. 1 cm, maximal 2 cm sind unproblematisch. Gelingt es dem Kind nicht gut, die Punkte zu lokalisieren, sollte man die Aufgabe zu einem späteren Zeitpunkt wiederholen, da manche Kinder sich erst einfühlen müssen. Kinder mit impulsivem Lösungsverhalten neigen dazu, überschnell und ungenau zu zeigen.

B) *Graphästhesie: Hautzeichnung, Formen erkennen*

Mit einem stumpfen Stift wird dem Kind ein Symbol (bei geschlossenen Augen des Kindes) in die Handinnenfläche gezeichnet. Die Symbole sollten so groß wie möglich in die Handinnenfläche gezeichnet werden. Das Kind soll danach (mit geöffneten Augen) auf das entsprechende Symbol der Vorlage zeigen. Die Symbole werden in unterschiedlicher Reihenfolge jeweils in die rechte Handinnenfläche, dann in die linke Handinnenfläche gemalt. Kann das Kind das Symbol beim ersten Mal nicht richtig zuordnen, sollte ein weiterer Versuch gemacht werden.

Instruktion: Auf einer Vorlage (z. B. verschiedene Pappkärtchen) wird dem Kind ein Kreis, ein Kreuz, ein Dreieck und eine Welle (~) gezeigt (ca. 7 cm groß) und benannt („das ist ein Kreis, das ist ein Kreuz …"). „Ich male dir jetzt eines von den Zeichen in deine Hand und du machst dabei die Augen zu und kannst spüren, was ich dir in die Hand male. Dann machst du die Augen wieder auf und zeigst mir (auf die Vorlage zeigen), was ich dir hineingemalt habe."

Ergänzende Alltagsbeobachtungen:

- Tastspiele, bei denen die Kinder gleiche/verschiedene Oberflächenbeschaffenheiten, Stoffe, Materialien etc. ertasten sollen. Z. B. soll das Kind 5 Stoffreste, welche sich unterschiedlich anfühlen (z. b. 2 x Seide, 2 x Wolle, 1 x Baumwolle etc.), jeweils zueinander passend ertasten.
- Wie reagiert das Kind auf Berührungen? (abwehrend, ängstlich)
- Vermeidet es bestimmte Materialien (z. B. Ton, Fingerfarben)? Taktile Abwehr?

Den Gesamteindruck zur taktilen Wahrnehmung beurteilen Sie auf der 5-stufigen Einschätzskala.

7. Kinästhetische Wahrnehmung: Muskel- und Bewegungswahrnehmung

Die Aufgaben zeigen die Fähigkeiten des Kindes, Veränderungen der Muskel- und Gelenkstellungen wahrzunehmen und zu imitieren. Die Aufgaben werden dem Kind erst vorgeführt, so dass es dann nachahmen kann.

A) Fingerdifferenzierung

Die Finger einer Hand (Zeigefinger, Mittelfinger, Ringfinger, kleiner Finger) berühren abwechselnd den Daumen (Daumen-Finger-Versuch). Diese Aufgabe wird erst mit der rechten, dann mit der linken Hand, dann beidhändig durchgeführt. Das Kind führt die Bewegungsfolge ca. 2–3mal durch.

Variation: Das Kind soll ohne visuelle Kontrolle (ohne hinzuschauen) den Daumen-Finger-Versuch durchführen.

Beobachtungsmöglichkeiten: häufige Stockungen, kein flüssiger Bewegungsablauf, deutliche Mitbewegungen der Finger der anderen Hand.

B) Seitliches Kreisen mit den Zeigefingern

Beide Arme werden waagrecht ausgestreckt. Das Kind soll mit dem Zeigefinger *einer* Hand Kreise machen, Unterarm und Hände sollen sich nicht mitbewegen (mit rechtem/linkem Zeigefinger).

C) Finger-Nase-Versuch

Das Kind soll bei geschlossenen Augen mit dem Zeigefinger die Nase berühren (den Versuch 3mal wiederholen). Kinder über 5 Jahre sollten jedesmal mit ihrer Fingerspitze ihre Nasenspitze berühren.

D) Imitieren spezifischer Finger- bzw. Armstellungen (rechte/linke Hand)

- Mit dem Zeige- und Mittelfinger eine V-Stellung imitieren (mit/ohne visuelle Kontrolle der eigenen Bewegung).
- Das Kind legt beide Arme auf den Tisch und soll die Augen schließen. Der rechte Arm des Kindes wird nach oben bewegt und in einer bestimmten Stellung belassen. Das Kind soll (bei geschlossenen Augen) mit dem linken Arm die gleiche Armstellung herstellen (etwa gleicher Winkel). Das Ganze dann umgekehrt.

Beobachtungshinweise zu A bis D: Zeigt das Kind Mitbewegungen der nichtbeteiligten Hand oder im Gesicht (z. B. Zungenbewegungen, Grimassieren)?

E) Zielgenauigkeit

Auf ein DIN-A4-Blatt werden 2 (ca. zehnpfennigstückgroße) Kreise gezeichnet und mit einer gebogenen Linie verbunden. Das Kind soll die Augen schließen. Die Erzieherin nimmt den Zeigefinger der rechten Hand des Kindes und führt diesen von der ersten Kreismitte über die Linie zur zweiten Kreismitte und wieder zurück. Dann soll das Kind (bei geschlossenen Augen) mit dem Zeigefinger ohne Hilfe wieder zum zweiten Kreis fahren und wieder zum ersten Kreis zurück. Dieselbe Aufgabe mit der linken Hand.

Ergänzende Alltagsbeobachtungen:

- Fingerspiele ermöglichen das Beobachten von Bewegungswahrnehmung.
- Ertasten einfacher Gegenstände (z. B. Schlüssel, Radiergummi, Gummikugel, Kamm etc.) oder geometrischer Holzformen (z. B. ca. 7 cm große Holzformen wie ($\triangle$, Kreis, +, Z) unter einem Tuch (stereognostische Wahrnehmung).
- Auf Stifthaltung (Pinzettengriff) beim Malen/Schreiben achten.
- Schreib- bzw. Maldruck beachten (hypotoner/hypertoner Muskeltonus).

Den Gesamteindruck zum Bereich kinästhetischer Wahrnehmung beurteilen Sie auf der 5-stufigen Einschätzskala.

8. Körperschema, Körperorientierung

A) Mensch-Zeichnung

Das Kind malt sich selbst (oder Mama/Papa) auf ein Blatt Papier (DIN A 4). Zeichnet das Kind altersgemäß? Mit ca. sechs Jahren zeichnet die überwiegende Anzahl der Kinder ohne Vorlage eine menschliche Gestalt aus ca. 6 Teilen (Paariges wird als 1 Teil gerechnet: Kopf, Rumpf, Beine, Arme, richtige/unrichtige Fingerzahl, Nase, Mund, Ohren, Haare, Augen und Füße).

B) Die wesentlichen Körperteile benennen

Das Kind sollte die wesentlichen Körperteile benennen können (Auge, Ohr, Mund, Nase, Bauch, Hals, Arm): „Zeige mir deine Nase…" etc.

C) Bewegungsplanung

Die Erzieherin führt dem Kind verschiedene Bewegungen vor, die das Kind imitieren soll. Sie sitzt dabei vor dem Kind und bittet es, die Bewegungen nachzumachen. Dabei überkreuzen die Arme die Körpermitte, berühren dann verschiedene Körperteile der jeweils anderen Körperseite (z. B. die rechte Hand wird auf das linke Knie gelegt; die linke Hand fasst das rechte Ohr; oder: die linke Hand wird auf den Kopf gelegt und die rechte Hand fasst an das linke Ohr etc.). Eine andere Möglichkeit bietet das Pantomimenspielen (z. B. Schneeball formen und wegwerfen).

Beobachtungshinweise zu A) und C):

- Ist die „Mensch-Zeichnung" altersentsprechend oder zeichnet das Kind noch einen „Kopffüßler"?
- Kann das Kind Überkreuzbewegungen ausführen? (Die Bewegungen dürfen auch spiegelbildlich nachgemacht werden.)

Den Gesamteindruck zum Bereich Körperschema beurteilen Sie auf der 5-stufigen Einschätzskala.

9. Gestalt-Form-Auffassung: visuelles Gedächtnis, visuelles Operieren

Die Aufgaben prüfen die Fähigkeit zum Erfassen und Wiedergeben optisch wahrgenommener Muster. Die Muster werden vor den Augen des Kindes von der Erzieherin gebaut. Dann werden sie mit einem kleinen Tuch zugedeckt, und das Kind soll die Muster aus dem Gedächtnis nachbauen.

Material: Holzstäbchen verschiedener Farben (z. B. aus dem „Packesel-Spiel"). Die Erzieherin gibt dem Kind ca. 10 Stäbchen.

Instruktion: „Schau einmal, was ich hier baue." Die Erzieherin legt mit vier Stäbchen ein Quadrat. Dann wird das Quadrat mit dem Tuch zugedeckt. „Nun leg du mit deinen Stäbchen genau das gleiche." (Die Farbe der Stäbchen muss nicht stimmen.) Die Erzieherin baut dann dem Kind jeweils die Aufgaben vor. Das Kind soll die Formen aus dem Gedächtnis nachbauen.

Aufgaben:

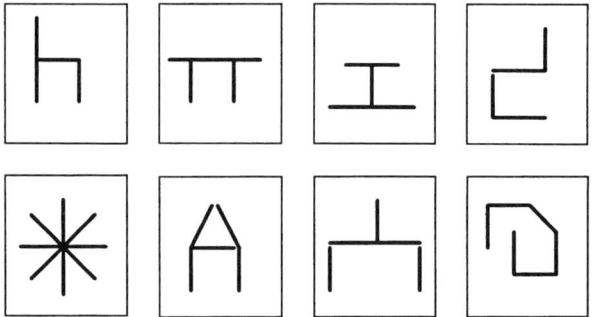

Beobachtungshinweise:

– Stimmen Form und Raumlage mit der Vorlage überein?
– Wie sicher kann das Kind die Muster aus dem Gedächtnis nachlegen?

Ergänzende Alltagsbeobachtungen:

– verschiedene Steckspiele (z. B. Lutino)
– Gruppierung von verschiedenen Objekten (z. B. Holzpuzzles)

Den Gesamteindruck zum Bereich „Formauffassung" beurteilen Sie auf der 5-stufigen Einschätzskala.

10. Phonologische Bewusstheit: Lautanalyse, Lautsynthese, Silbensegmentierung, Reimpaare erkennen

Die Aufgaben prüfen die Fähigkeiten der Kinder zur sprachlichen Verarbeitung von Wörtern/Lauten.

A) Anlaute erkennen

Der Anlaut ist der erste Laut eines Wortes. Die Kinder sollen herausfinden, mit welchem Laut ein Wort beginnt.

Instruktion: „Wir machen jetzt ein Spiel. Hör gut zu."

Beispiel 1:

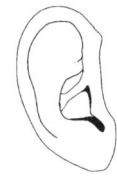

„Das ist ein Ohr. Am Anfang von Ohr hört man ein O (den Anlaut deutlich übertrieben sprechen. Ooooo.), denn Ohr fängt mit O an. Sprich mal nach: Oooohr."

Beispiel 2:

„Das ist eine Ampel. Was hörst du am Anfang von Ampel?" (Aaaa wieder gedehnt sprechen.) Die Erzieherin hilft, falls das Kind den Anlaut nicht findet.

Aufgabe 1:

„Das ist ein … (Kind soll „Igel" benennen). Was hörst du am Anfang von Igel?"
(Das Wort wie in der alltäglichen Sprache aussprechen; falls das Kind Schwierigkeiten hat, den Anlaut zu erkennen, kann das I etwas gedehnt gesprochen werden.)

Aufgabe 2:

„Das ist ein ... (Kind: Ofen). Was hörst du am Anfang von Ofen?"

Aufgabe 3:

„Das ist ein ... (Esel). Was hörst du am Anfang von Esel?"

Aufgabe 4:

„Das ist ein ... (Affe). Was hörst du am Anfang von Affe?"

Aufgabe 5:

„Das ist eine ... (Sonne). Was hörst du am Anfang von Sonne?"
(Hinweis: manche Kinder antworten: „So". In diesem Fall sollte Hilfestellung gegeben werden. „Das hast du gut gemacht. Achte nochmals ganz genau darauf, am Anfang von Sonne hört man ein SSS (gedehnt vorsprechen) ... SSSonne. Sprich mal nach: SSSonne."

Aufgabe 6:

„Das ist ein … (Löwe). Was hörst du am Anfang
von Löwe?"
(Auch bei der Aufgabe wird das „L" sprachlich
noch betont.)

Aufgabe 7:

„Das ist ein … (Frosch). Was hörst du am Anfang
von Frosch?"

Aufgabe 8:

„Das ist eine … (Wolke). Was hörst du am Anfang
von Wolke?"

Aufgabe 9:

„Das ist eine … (Maus). Was hörst du am Anfang
von Maus?"

Aufgabe 10:

Das ist eine … (Nuss). Was hörst du am Anfang
von Nuss?"

Aufgabe 11:

 „Das ist ein … (Ball). Was hörst du am Anfang von Ball?"

Aufgabe 12:

 „Das ist ein … (Pilz). Was hörst du am Anfang von Pilz?"

Aufgabe 13:

 „Das ist ein … (Tisch). Was hörst du am Anfang von Tisch?"

Aufgabe 14:

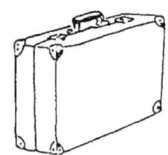 „Das ist ein … (Koffer). Was hörst du am Anfang von Koffer?"

Ergänzungen zum Anlaute erkennen

Die Aufgaben zu „Anlaute erkennen" können in verschiedenen Varianten ergänzt werden, indem die Kinder

a) Bildkarten nach bestimmten Anfangslauten gruppieren. Am einfachsten können Kinder Vokale (A, E, I, O, U) lautlich analysieren. Bei Konsonanten sind einige Laute einfacher als andere.

(1) S, F, W, L
(2) M, N
(3) B, D, G, K, P, T
(4) R, H

Die leichteren (S, F, W, L) sollten zuerst gruppiert werden. Die Erzieherin legt dem Kind Bildkarten mit verschiedenen Objekten, Gegenständen, Tieren etc. vor und das Kind soll die Karten heraussuchen, die mit einem vorgegebenen Anfangslaut beginnen (z. B. I: Igel, Insel …).

b) Verschiedene Bildkarten (z. B. aus Memory-Spiel) auf den Tisch legen und fragen: „Ich sehe was, was du nicht siehst, und das fängt mit A … an."

B) Silben klatschen

Die Kinder sollen den Silbenrhythmus eines vorgesprochenen Wortes erkennen.

Instruktion: „Ich sage dir ein Wort, und du sollst mit den Händen das Wort klatschen. Pass auf: *Ga-bel* (Erzieherin spricht das Wort mit einer kleinen Pause zwischen den Silben und klatscht dabei zweimal in die Hände). Nun sag du das Wort und klatsch dabei in die Hände."

Bei den folgenden Aufgaben sagt die Erzieherin lediglich:

„Klatsche mal …" Die Wörter werden normal gesprochen. Hat das Kind Schwierigkeiten damit, können die Silben etwas sprachlich herausgehoben werden.

(1) Kin / der
(2) Vo / gel / nest
(3) Kro / ko / dil
(4) Tin / ten / fass
(5) Li / mo / na / de
(6) Kin / der / gar / ten
(7) Po / li / zei / au / to

C) *Lautsynthese: Laute zu einem Wort verbinden*

Das Kind soll Silben, die lautlich etwas gedehnt vorgesprochen werden, zu einem Wort zusammenziehen.

Roboterspiel:

Instruktion: „Pass jetzt gut auf. Ich bin einmal ein Roboter. Du weißt, Roboter sprechen immer so abgehackt. Was meint er wohl, wenn er sagt: *Ei-s.*" Falls das Kind das Wort nicht findet, hilft die Erzieherin: „Wenn der Roboter *Ei-s* sagt, meint er *Eis.* Versuchen wir es nochmal: *Ei-s* heißt … *Eis.* Von was hat er gesprochen, wenn er sagt: *Sch-uh,* damit meint er … (Erzieherin hilft, wenn erforderlich), also *Sch-uh* heißt *Schuh.*"

Es ist wichtig, deutlich und langsam, ohne Übertreibung zu artikulieren. Zwischen den Buchstaben bzw. Wortteilen, die durch einen Bindestrich getrennt sind, wird eine kleine Pause von etwa einer halben Sekunde gemacht. Sind dem Kind beim Nachsprechen Fehler unterlaufen, wird das entsprechende Wort nochmals wiederholt und das Kind aufgefordert, es nachzusprechen. Treten auch nach der Wiederholung Nachsprechfehler auf, geht man zum nächsten Wort über.

Was meint der Roboter, wenn er sagt:

   (1) S-ee
   (2) F-isch
   (3) Sch-iff
   (4) K-ind
   (5) T-isch
   (6) Sch-ule
   (7) Au-t-o
   (8) O-m-a
   (9) Z-u-g
 (10) M-au-s
 (11) B-ä-r
 (12) N-a-s-e

D) *Reimpaare erkennen*

Das Kind soll Wörter daraufhin beurteilen, ob sie sich reimen.

Beispiel 1:

„Schau mal, was hier abgebildet ist. Tisch – Fisch – Hut (zeigen). Zwei der Wörter klingen ähnlich, ein Wort hört sich anders an. Tisch – Fisch klingen ähnlich, Hut klingt anders. Du sollst mir jetzt immer die Wörter zeigen (sagen), die ähnlich klingen."

Beispiel 2:

„Hund – Hase – Nase (zeigen).
Hase – Nase klingen ähnlich, Hund passt am wenigsten zu den anderen."

Aufgabe 1:

 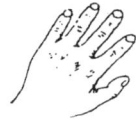 

„Maus – Hand – Haus.
Welche Wörter klingen ähnlich?"
Erzieherin hilft, falls erforderlich.

Aufgabe 2:

„Kanne – Tanne – Hose.
Welche Wörter klingen ähnlich?"

Aufgabe 3:

„Haus – Glas – Gras.
Welche Wörter klingen ähnlich?"

Aufgabe 4:

„Kuh – Ball – Schuh.
Welche Wörter klingen ähnlich?"

Aufgabe 5:

„Tasche – Flasche – Topf.
Welche Wörter klingen ähnlich?"

Aufgabe 6:

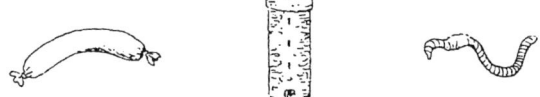

„Wurst – Turm – Wurm.
Welche Wörter klingen ähnlich?"

Den Gesamteindruck zum Bereich phonologische Bewusstheit beurteilen
Sie auf der 5-stufigen Einschätzskala.

11. Mengenerfassung

Benötigtes Material: 10 Holzstäbchen (oder Perlen).

Die Erzieherin legt die Holzstäbchen vor das Kind und fordert es auf: „Gib
mir drei Stäbchen." Dann legt sie die Stäbchen wieder zu den anderen und
fordert das Kind auf:

Aufgabe 1:

„Nun gib mir fünf Stäbchen."
Beobachten: Zählt das Kind ab/nimmt es simultan fünf Stäbchen. Die Kinder sollen über einen Mengenbegriff von 5/6 verfügen.

Aufgabe 2:

Die Erzieherin behält die fünf Stäbchen in der Hand, zeigt sie dem Kind,
nimmt für das Kind sichtbar noch zwei Stäbchen dazu (oder nimmt zwei
Stäbchen weg).
„Ich habe jetzt in meiner Hand fünf Stäbchen. Wenn ich noch zwei dazu-
nehme (oder weglasse), wie viel habe ich dann?" (Das Kind soll die Stäbchen nicht abzählen können.)

Aufgabe 3:

Die Erzieherin legt die Stäbchen senkrecht in einer Reihe vor das Kind
| | | | | | |. Sie sagt: „Ich mache hier einen Wald. Schau, das ist der erste Baum
(zeigt auf das erste Stäbchen). Zeig mir den 3.; … 6.; … 4. Baum. Zeig mir
den vorletzten Baum."

Aufgabe 4:

„In den Kästchen hier sind Blumen. Zeig mir das Kästchen, wo die meisten Blumen sind."

Aufgabe 5:

„Mach einen Strich bei dem Korb, in dem 5 Äpfel sind."

Aufgabe 6:

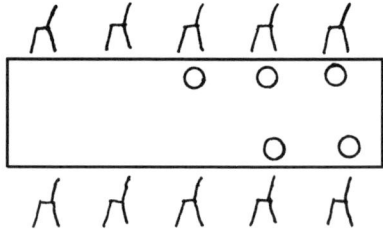

„Du darfst jetzt den Tisch decken. Schau her. Das ist der Tisch und das sind die Teller. So viele Teller hast du schon auf den Tisch gestellt (zeigen). Male jetzt die Teller, die noch fehlen, auf den Tisch."

Aufgabe 7:

„Die Kinder bekommen alle einen Ball. Male mit dem Bleistift in das Kästchen so viele Bälle, dass jedes Kind *einen* Ball bekommt."

Ergänzende Alltagsbeobachtungen:
Die Fähigkeiten zur Mengenerfassung lassen sich anhand vielfältiger Alltagsbeobachtungen ergänzen, z. B. bei Würfelspielen wie „Mensch ärgere dich nicht", bei Abzählspielen.

Die Fähigkeiten des Kindes im Bereich der Mengenerfassung beurteilen Sie auf der 5stufigen Einschätzskala.

12. Phonematische Diskriminationsfähigkeit, Lautdifferenzierung

Die Aufgaben prüfen die Fähigkeit des Kindes, feine Lautnuancen von ähnlich klingenden Wörtern zu unterscheiden. Die folgenden Wortpaare werden dem Kind langsam vorgesprochen. Das Kind soll dann sagen, ob sich die Wörter *„gleich"* oder *„anders"* anhören. Die Erzieherin muss sich vor Beginn der Überprüfung davon überzeugen, dass das Kind die Begriffe *„gleich"* und *„anders"* beherrscht.

Instruktion:
„Hör gut zu. Wenn ich sage *Kind – Kind,* dann hört sich das gleich an. Wenn ich sage *Keller – Teller,* dann hört sich das anders an. Ich sage dir jetzt immer zwei Wörter, und du sagst mir, ob die beiden Wörter gleich klingen oder anders.
Wenn ich sage *Kopf – Topf,* hört sich das gleich oder anders an?"

Aufgabe: (1) Ofen   –   Ofen
                (2) Hose   –   Dose
                (3) Tier   –   Tier
                (4) Kanne   –   Tanne
                (5) Nagel   –   Nadel
                (6) Bären   –   Beeren
                (7) Auto   –   Auto
                (8) Kirche   –   Kirsche
                (9) Tasche   –   Tasse
                (10) Eule   –   Eule
                (11) Bruder   –   Puder
                (12) Knopf   –   Kopf
                (13) Glas   –   Gras

Bewertung: Richtig unterschiedene Wortpaare werden mit „+", falsche mit „–" auf dem Einschätzbogen notiert.

13. Optische Differenzierungsfähigkeit, visuelle Aufmerksamkeitsspanne

Die Aufgaben prüfen die Fähigkeit des Kindes, die Raumlage von Gegenständen/Dingen zu erkennen und feine Unterschiede zwischen einander ähnlich aussehenden optischen Gebilden zu erkennen.

Bewertung: Jede richtige Lösung wird mit „+", jede Falschlösung mit „–" auf dem Einschätzbogen notiert.

Aufgabe 1:

Instruktion: „Schau auf diese Reihe. Hier sind lauter Kaffeekannen. Die meisten Kaffeekannen sehen gleich aus. Nur eine Kaffeekanne sieht anders aus. Zeig mir die Kaffeekanne, die anders aussieht."

Aufgabe 2–4 dieselbe Anweisung: „Schau her, hier sind Birnen, Kasperle, Vögel."

Aufgabe 2:

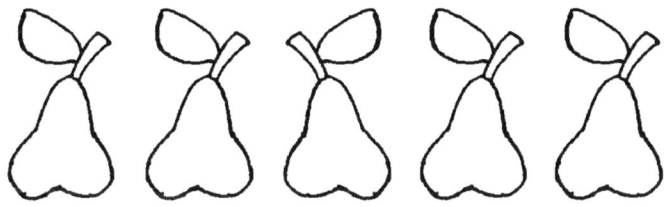

Aufgabe 3:

Aufgabe 4:

Aufgabe 5:

Die Kinder müssen **nicht** lesen können. „Schau, das sind Wörter. Die meisten Wörter sehen gleich aus. Nur ein Wort sieht anders aus. Finde es!"

ROSE	ROSE	ROSE	DOSE	ROSE
TANNE	TONNE	TANNE	TANNE	TANNE

Aufgabe 6:

„Schau diese Reihe mit Blumen an. Zeig mit dem Finger auf die Blume im Kasten und such dann die Blume aus, die genauso aussieht wie die im Kasten. Wenn du sie gefunden hast, zeige mit dem Finger drauf."

Aufgabe 7 – 11: dieselbe Anweisung

Aufgabe 7:

Aufgabe 8:

Aufgabe 9:

Aufgabe 10:

Aufgabe 11:

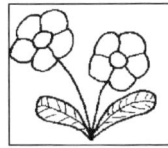    

Die Kinder müssen die Wörter *nicht* lesen können. „Schau, da sind wieder viele Wörter. Zeig auf das Wort vorne im Kasten. Suche das Wort, das genauso aussieht wie vorn im Kasten. Wenn du es gefunden hast, zeige es mir."

Aufgabe 12:

| Hase | Bahn | Hose | Zelt | Hase |

Aufgabe 13:

| Maus | Messer | Haus | Maus | Hund |

Aufgabe 14:

| Hahn | Bahn | Huhn | Hahn | Rahn |

Aufgabe 15:

| Mohr | Mohn | Mohr | Mehr | Rohr |

Ergänzende Alltagsbeobachtungen: Spiele wie Differix, Schau genau.

Den Gesamteindruck zum Bereich optische Differenzierungsfähigkeit beurteilen Sie auf der 5-stufigen Einschätzskala.

14. Visuelle Figur-Grund-Erfassung

Die Aufgaben prüfen die Fähigkeit der Wahrnehmung von Figuren auf zunehmend komplexerem Grund.
Das Kind bekommt verschiedenfarbige dünne Filzstifte.

Instruktion: „Hier ist ein neues Spiel. Schau, hier ist ein Schirm und ein Glas (Erzieherin zeigt auf die beiden Demonstrationsfiguren). Du sollst jetzt mit deinem Stift den Schirm umreißen (umfahren). Versuche den Stift so dicht an der Linie zu halten und ihn nicht vom Blatt abzuheben." (Falls das Kind Schwierigkeiten hat, zeigt die Erzieherin dem Kind, wie man den Schirm umreißt.)
„Nimm jetzt einen anderen Stift und umfahre damit das Glas." …
„Und jetzt schau hierher (auf Beispielaufgabe zeigen): Hier sind der Schirm und das Glas ineinandergerutscht. Nimm einen Stift und umfahre damit den Schirm. Versuche den Stift dicht an der Linie zu halten und ihn nicht vom Blatt abzuheben. Nimm dir dann einen anderen Stift und umfahre das Glas, so dass man Schirm und Glas gut voneinander unterscheiden kann."

Hinweise auf Fehler bei der Umreißung der Figuren sollen nicht gegeben werden.

Beispielaufgabe:

Aufgabe 1:

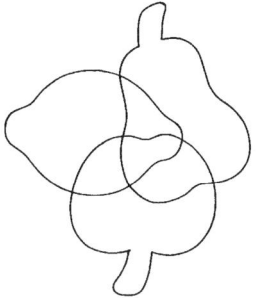

„Schau her, hier sind drei Früchte ineinandergerutscht. Nimm deine Stifte und umfahre die
einzelnen Früchte immer mit einer anderen
Farbe."

Aufgabe 2 und 3:

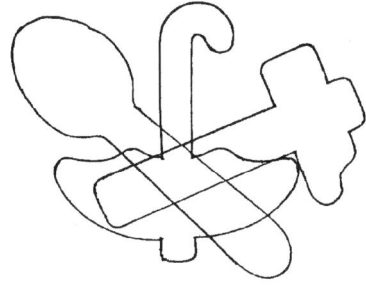 

„Was ist hier ineinandergerutscht?" (Kind erzählen lassen, was es erkennt.)
„Umfahre mit deinen Stiften alle Dinge, die du erkennst. Nimm für jedes
dabei eine andere Farbe."

Bewertung: Die Aufgaben erfordern vom Kind, Figuren, die sich mit anderen Figuren überschneiden, unterscheiden zu können. Die Aufgabe wird
mit „+" bewertet, wenn das Kind die betreffenden Figuren deutlich und
ohne größere Unterbrechung umfährt. (Die Genauigkeit des Umrisses bleibt
unberücksichtigt.) Die Aufgabe wird mit „–" bewertet, wenn das Kind bei
der Umreißung der Figuren in eine andere Figur abweicht, ohne den Fehler zu bemerken.

Den Gesamteindruck zum Bereich Visuelle Figur-Grund-Erfassung beurteilen Sie auf der 5-stufigen Einschätzskala.

15. Lautbildungsfähigkeit

Die Aufgaben prüfen die Fähigkeit des Kindes, inwieweit es in der Lage ist, Laute und Lautverbindungen (Lippen-, Zungen-, Zahn-, Gaumenlaute) richtig zu artikulieren. Die Überprüfung der Artikulationsfähigkeit kann durch 2 Verfahren durchgeführt werden:

1. Das Kind spricht Prüfsätze nach, die von der Erzieherin umgangssprachlich normal vorgesprochen werden. Eine besondere Betonung darf nicht erfolgen. Die Sätze werden dem Kind einmal ganz vorgesprochen. Zum Nachsprechen werden sie zerlegt in einzelne Wörter oder Wortgruppen.

Instruktion: „Hör gut zu und sprich mir dann nach."

(1) Hänsel und Gretel sind schnell aus dem Hexenhaus geflohen.
(2) Zwei kleine Jungen lassen vergnügt einen blauen Drachen steigen.
(3) Das schwere Auto auf der Straße macht großen Krach.
(4) Der Knabe trank aus einer Quelle frisches Wasser.

Auf die unterschiedlichen Laute und Lautverbindungen ist besonders zu achten.

2. Die Artikulation der Lippen-, Zungen-, Zahn- und Gaumenlaute kann durch folgende Bilder (S. 204), die das Kind benennt, überprüft werden. Die Erzieherin zeigt auf jedes Bild und fordert das Kind auf, den jeweiligen Gegenstand zu benennen.

Ergänzende Alltagsbeobachtungen: In der Spontansprache des Kindes beim Erzählen werden Lautbildungsschwierigkeiten hörbar, die häufig auf auditiv-kinästhetischen Integrationsstörungen beruhen.

Den Gesamteindruck zum Bereich Lautbildungsfähigkeit beurteilen Sie bitte auf der 5-stufigen Einschätzskala.

Ball	Blume	Pilz	Fisch

Apfel	Maus	Hammer	Wurst

Lippenlaute: B-Bl-P-F

pf-M-mm-W

Topf	Bett	Dach	Drachen

Leiter	Teller	Nest	Tanne

Zungen-Zahnlaute: T-tt-D-Dr

L-ll-N-nn

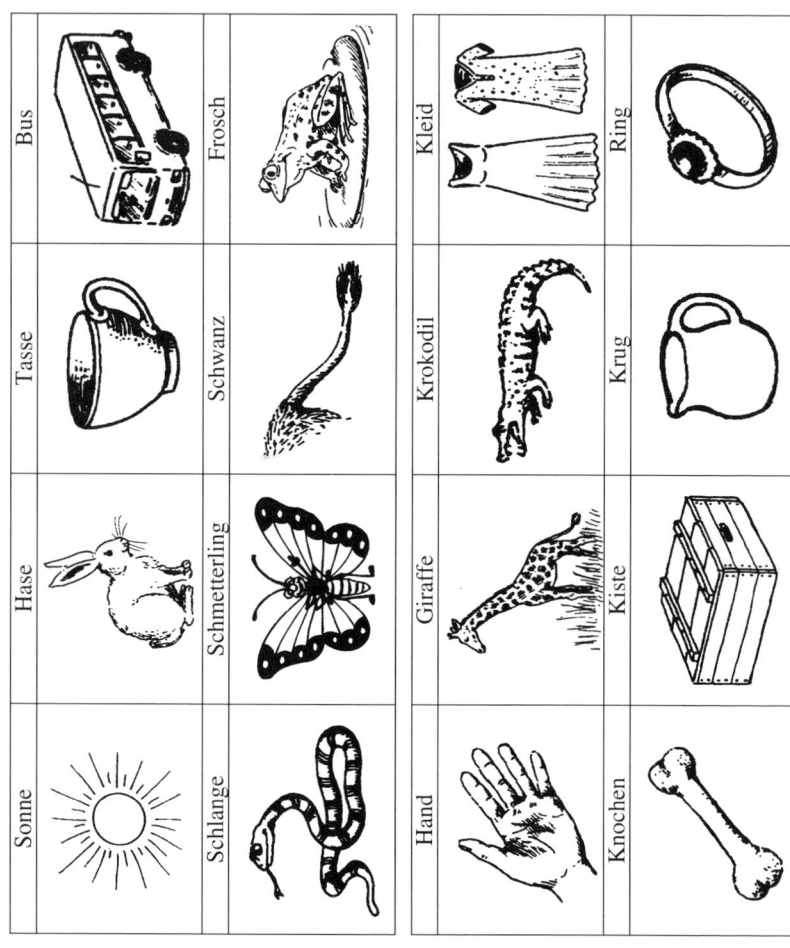

S-s-ss-s

Sch-Schm-Schw-sch

Gaumenlaute: H-G-K-Kl

Kn-Ki-Kr-R

16. Visuelles Gedächtnis, Symbolfolgegedächtnis

Die Aufgaben prüfen die Fähigkeit des Kindes, visuell präsentierte Strukturen bzw. Sequenzen wahrzunehmen, zu speichern und zu reproduzieren. Das Kind zeichnet einfache geometrische Formen aus dem Gedächtnis nach.

Vorbereitung: 6 Blätter in DIN-A5-Format bereitlegen.

Instruktion: „Ich möchte gerne sehen, wie gut du dir etwas merken kannst. Ich zeige dir jetzt ein Bild. Schau es dir gut an, denn nachher sollst du malen, was du gesehen hast."

Aufgabe 1–2:

„Jetzt schau dir mal dieses Bild (1) an." (Erzieherin lässt dem Kind etwa 10 Sekunden Zeit, um sich das Bild anzuschauen. Die anderen Bilder sind zugedeckt.)
Nach ca. 10 Sekunden: „Nun male auf das Blatt, was du gesehen hast." (Erzieherin gibt dem Kind ein Blatt.)

Aufgabe 3–6: gleiche Instruktion wie bei Aufgabe 1

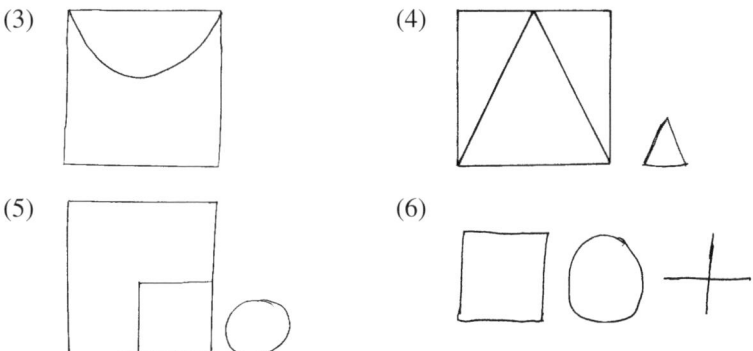

Falls das Kind Schwierigkeiten hat, kann es die jeweilige Figur mit einem Stift umfahren. Dann wird die Figur zugedeckt, und das Kind soll die Figur aus dem Gedächtnis auf das Blatt malen.

Ergänzung: Die Erzieherin stellt eine Reihe von 3 verschiedenfarbigen Holzklötzchen auf. Das Kind soll die Farben der Reihe nach benennen. Dann werden die Holzklötzchen mit einem Tuch zugedeckt, und das Kind soll die Reihenfolge aus dem Gedächtnis nachlegen.

Bewertung: Die Aufgabe wird mit „+" bewertet, wenn die Form reproduziert wurde. Kleinere Abweichungen oder Größenunterschiede werden nicht berücksichtigt.

Den Gesamteindruck zum Bereich Visuelles Gedächtnis beurteilen Sie auf der 5-stufigen Einschätzskala.

17. Sprachgedächtnis, auditive Merkfähigkeit

Die Aufgaben prüfen die Fähigkeit, aus einer kleinen vorgelesenen Geschichte den Inhalt zu erfassen und die wesentlichen Hauptgedanken in einem logischen Zusammenhang nachzuerzählen.

Aufgabe:

Die Erzieherin liest dem Kind eine kleine Geschichte in normaler Umgangssprache vor.

Instruktion: „Ich erzähle dir jetzt eine Geschichte. Gib gut acht und erzähle mir nachher alles, was du noch weißt."

1. „Ein Junge und ein Mädchen spielen mit einem roten Ball. Da rollt der Ball auf die Straße. Der Junge rennt hinter dem Ball her. Da kommt ein Auto angefahren. Zum Glück kann es noch vor dem Jungen anhalten. Weinend läuft der Junge zu seiner Mutter nach Hause."
2. „Ich bin ein großer Junge (großes Mädchen). Bald werde ich zur Schule gehen. In der Schule lernen alle Kinder schreiben, rechnen und lesen. Am ersten Schultag bekommt jedes Kind eine große Schultüte."

Bewertung: Die Aufgabe wird mit „+" bewertet, wenn das Kind 3 – 4 Hauptgedanken der Geschichte erfasst und wiedergeben kann.

Ergänzende Alltagsbeobachtungen: Kleinere Geschichten vorlesen, die Kinder nacherzählen lassen, Fragen zum Inhalt der Geschichte stellen. Dabei ist aber darauf zu achten, dass die Geschichte auch die Kinder emotional anspricht.

Den Gesamteindruck zum Bereich Sprachgedächtnis beurteilen Sie auf der 5-stufigen Einschätzskala.

18. Handlungsplanung, Sequenzgedächtnis, Sprachverständnis

Es wird die Fähigkeit geprüft, die Struktur von Gesprochenem zu verstehen und sie in Handlungen umzusetzen. Dazu soll das Kind in der Lage sein, 2–3 miteinander verknüpfte Handlungsaufträge durchzuführen. Die Aufträge können je nach örtlichen Gegebenheiten gestaltet werden. Die Aufträge sollen nur einmal gegeben werden. Dabei ist aber in jedem Fall darauf zu achten, dass das Kind die Aufträge auch akustisch versteht (Lärmpegel beachten). Bei den drei Aufträgen sollen diese in einer Abmarschlinie liegen, so dass das Kind nicht für die Ausführung des zweiten Auftrages am dritten vorbeigehen muss. Es ist darauf zu achten, ob das Kind die Reihenfolge der Aufträge einhält. Vor der Durchführung legt man die Arbeitsmaterialien (Puppe, kleiner Ball, Buch, Schlüssel) bereit bzw. legt sie auf die dafür bestimmten Plätze.

Instruktion:

„Gib acht, du sollst mir jetzt etwas besorgen. Leg den kleinen Ball vor die Puppe und hol mir das Buch, das dort auf dem Tisch liegt." (zwei Aufträge)

„Hol die Puppe auf dem Tisch und setze sie in den Stuhl dort. Dann bring mir den Schlüssel, der auf dem Tisch liegt." (drei Aufträge)

Oder: „Nimm das Spielauto und stelle es ins Regal, dann hole mir den Kamm, der dort auf dem Tisch liegt, und lege ihn unter das Deckchen hier."

Bewertung: Die Aufgabe wird mit „+" bewertet, wenn das Kind die Reihenfolge der Aufträge einhält.

Den Gesamteindruck zum Bereich Handlungsplanung beurteilen Sie auf der 5-stufigen Einschätzskala.

19. Visuelles Operieren (Reihenbildung, Größenzuordnung, Erhaltung der Zahl)

Die Aufgaben prüfen die Fähigkeit, verschiedene Objekte der Größe nach zu ordnen bzw. Größenbeziehungen herzustellen, sowie zur Zahlerhaltung.

Aufgabe 1:

Instruktion: „Mit diesen Klötzen kann man solch eine Treppe bauen. Du siehst, es geht immer ein Stückchen höher. Die Treppe ist aber noch nicht ganz fertig, hier (auf leere Stelle zeigen) fehlt noch ein Klotz. Welcher von diesen Klötzen (untere Reihe umfahren) gehört dahin?" (Auf oberes Treppenmuster zeigen.)

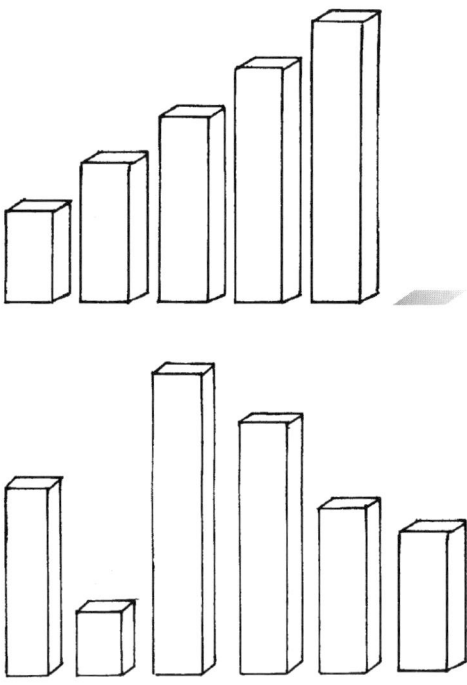

Aufgabe 2:

Instruktion: „Mit diesen Klötzen (untere Reihe umfahren) kann man diese Treppe (auf obere Reihe zeigen) noch viel weiter bauen. Welcher Klotz kommt dahin? (auf 4. Stelle zeigen) – Welcher Klotz kommt dann? – Und dann? Gib acht, dass die Treppe immer ein Stückchen höher wird."

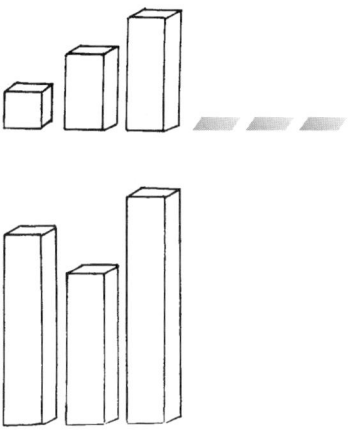

Aufgabe 3:

Instruktion: „Diese Kreise sollst du der Größe nach ordnen. Fang mit dem kleinsten Kreis an. Welcher Kreis kommt zuerst? – Welcher Kreis kommt dann? – Und dann?" usw.

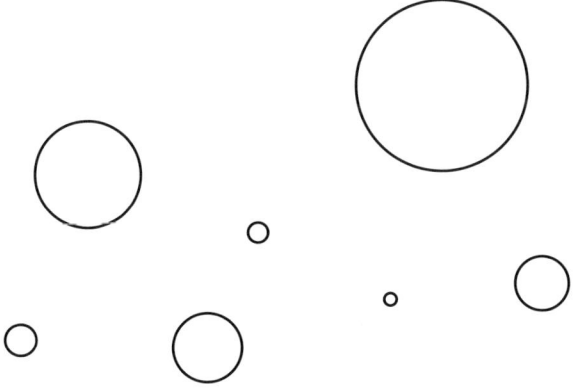

Aufgabe 4:

Instruktion: „Hier sind Schneemänner. Sie werden von hier nach hier (zeigen) immer ein Stückchen größer. Hier sind Spazierstöcke. Sie werden auch immer ein Stückchen größer (zeigen). Es sind genauso viele Spazierstöcke da wie Schneemänner. Kleine Schneemänner brauchen kleine Spazierstöcke und große Schneemänner brauchen große Spazierstöcke. – Welcher Spazierstock gehört zu diesem Schneemann?" (Erzieherin zeigt auf den zweitkleinsten Schneemann.)

Aufgabe 5:

„Welcher Spazierstock gehört zu diesem Schneemann?" (Erzieherin zeigt auf den mittleren Schneemann.)

Aufgabe 6:

Instruktion: „Hier sind Clowns. Sie werden von hier nach hier (zeigen) immer ein Stückchen größer. Und hier sind die Hüte der Clowns. Sie werden von hier nach hier (zeigen) immer ein Stückchen größer. Große Clowns bekommen große Hüte und kleine Clowns bekommen kleine Hüte. – Welcher Hut gehört zu diesem Clown?" (Erzieherin zeigt auf den zweitgrößten Clown.)

Aufgabe 7:

„Welcher Clown gehört zu diesem Hut?" (Erzieherin zeigt auf den zweitkleinsten Hut.)

Aufgabe 8:

Instruktion: „Hier sind verschieden große Vasen, und hier sind verschieden große Blumen. Es sind genauso viele Blumen da wie Vasen. Zu jeder Vase gehört eine Blume, und zu jeder Blume gehört eine Vase. Kleine Blumen kommen in kleine Vasen, große Blumen in große Vasen. – Welche Blume gehört in diese Vase?" (Erzieherin zeigt auf die kleinste Vase.)

Aufgabe 9:

„Welche Blume gehört in diese Vase?" (Erzieherin zeigt auf die erste Vase.)

Die Aufgaben 10–12 zur *Zahlerhaltung* prüfen, ob das Kind erkennt, dass die zahlenmäßige Gleichheit zwischen zwei Mengen erhalten bleibt, auch wenn die Anordnung räumlich verändert wird.

Aufgabe 10:

Instruktion: „Schau! Jeder Hase hat einen Besen in der Hand (zeigen). Es sind also genauso viele Hasen wie Besen, stimmt's? Und nun schau hierher. Hier haben die Hasen ihre Besen auf einen Haufen (zeigen) gelegt. Sind hier noch genauso viele Besen da wie Hasen oder sind es mehr Hasen?"

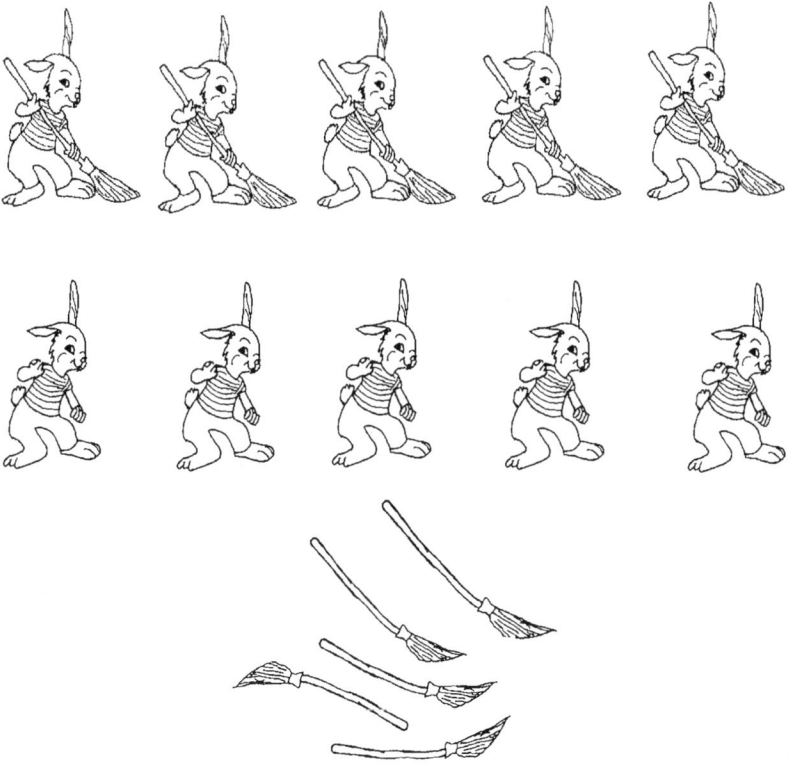

Aufgabe 11:

Instruktion: „Schau hierher. Vor diesen Vasen ist jedesmal eine Blume (zeigen). Es sind also gleich viel Blumen wie Vasen. Und nun schau hierher. Hier sind die Blumen ein wenig auseinander geschoben worden (zeigen). Sind hier jetzt mehr Blumen – oder sind es genauso viele Blumen wie Vasen?"

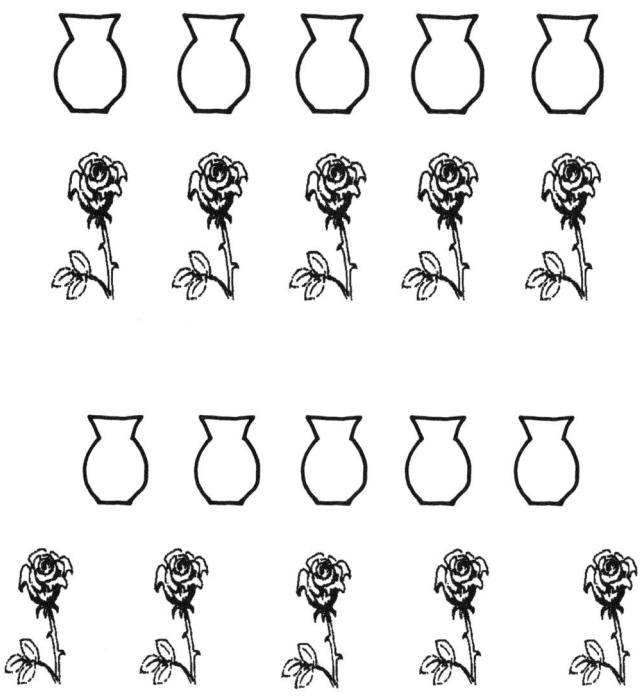

Aufgabe 12:

Instruktion: „Schau hierher. Vor diesen Tellern liegt jedesmal ein Löffel (zeigen). Vor diesem Teller (zeigen) liegt aber *kein* Löffel (betonen). Es sind also 4 Teller und 3 Löffel. Und nun schau hierher. Hier sind die Löffel ein wenig auseinander geschoben worden (zeigen). Sind jetzt hier genauso viele Löffel wie Teller oder sind es mehr Teller wie Löffel?"

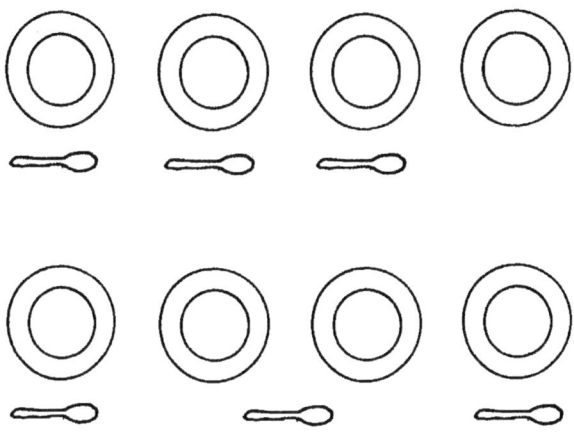

Den Gesamteindruck zum Bereich Visuelles Operieren beurteilen Sie auf der 5-stufigen Einschätzskala.

218

Auswertungs- und Einschätzbogen

Name:　　　　　　Vorname:　　　　　　　　geb. am:

Geschlecht m/w　　Alter:　　　　(Jahre, Monate)

DES durchgeführt am:　　　　von

Kindergarten:　　　　　　　　aufnehmende Schule:

Zusammenfassende Einschätzung:

Wie schätzen Sie die Schulfähigkeit des Kindes bzw. seinen Entwicklungsstand ein?

☐　　　　　　☐　　　　　　☐　　　　　　☐

ohne Bedenken　　schulfähig　　　fraglich　　　nicht
schulfähig　　　　mit leichten　　schulfähig　　schulfähig
　　　　　　　　Bedenken

☐　　　　　　☐　　　　　　☐　　　　　　☐

Entwicklungs-　　alters-　　　　leichte/　　　starke
vorsprung des　　entsprechender　mittelgradige　Entwicklungs-
Kindes　　　　Entwicklungs-　Entwicklungs-　verzögerung
　　　　　　　stand　　　　verzögerung

Anmerkungen/Beobachtungen:

Jede richtige bzw. erfolgreich durchgeführte Aufgabe wird mit „+", eine nicht erfolgreich gelöste Aufgabe mit „–" in die entsprechende Spalte dieses Auswertungsbogens eingetragen. Nach der Durchführung aller Aufgaben eines Entwicklungsbereichs beurteilen Sie die Fähigkeiten des Kindes in diesem Bereich anhand einer 5-stufigen Skala. Dazu können Sie auch Ihre bisherigen Eindrücke und Erfahrungen mit dem Kind berücksichtigen. Die „Beobachtungshinweise" im Aufgabenheft bzw. Auswertungsbogen sollen bei der Einschätzung des jeweiligen Entwicklungsbereichs helfen.

1. Lateralität (Händigkeit), Präferenzdominanz

Das Kind bevorzugt bei der Durchführung verschiedener Tätigkeiten spontan

☐   ☐   ☐

die rechte   die linke   wechselseitig
Hand   Hand   rechte/linke Hand

Beobachtungen:

2. Grobmotorik: Gleichgewichtswahrnehmung, Körperkoordination

Aufgaben:

A) Einbeinstand links/rechts: unauffällig ☐   auffällig ☐   uneindeutig ☐
B) Balancieren über Balken: unauffällig ☐   auffällig ☐   uneindeutig ☐
C) Seiltänzergang: unauffällig ☐   auffällig ☐   uneindeutig ☐
D) Einbeinhüpfen: unauffällig ☐   auffällig ☐   uneindeutig ☐
E) seitliches Hin- u. Herspringen: unauffällig ☐   auffällig ☐   uneindeutig ☐
F) Balancieren im Scherenschritt: unauffällig ☐   auffällig ☐   uneindeutig ☐

Im Bereich der Grobmotorik, Körperkoordination (Gleichgewicht) sind die Fähigkeiten des Kindes:

☐   ☐   ☐   ☐   ☐

sehr ausgeprägt ausgeprägt   teils/teils   beeinträchtigt   stark beeinträchtigt
(ausgesprochen   (keine   (leichte   (stärkere   (starke
gute Fähig-   gravierenden   Auffällig-   Auffällig-   Auffälligkeiten)
keiten)   Auffälligkeiten) keiten)   keiten)

Beobachtungen zu Auffälligkeiten:

☐ Das Kind steht nur kurz auf einem Bein (ca. ☐ Sek.).

☐ Es muss starke Ausgleichsbewegungen machen.

☐ Es bestehen deutliche Unterschiede zwischen rechtem/linkem Bein.

☐ Auffälligkeiten beim Hüpfen (nicht federnd, plump, auf ganzem Fuß, Hände gefaustet, wird schnell müde, verliert Gleichgewicht, sucht Halt).

☐ Beim Seiltänzergang: übertritt häufig, verliert Gleichgewicht, ist unsicher.

Weitere Beobachtungen:

3. Feinmotorik: Finger- und Handgeschicklichkeit, visuo-motorische Koordination, Graphomotorik

Aufgabe A: Malvorlage: unauffällig ☐ auffällig ☐

Aufgabe B: ☐☐☐☐☐☐☐☐☐☐
(+, –) 1 2 3 4 5 6 7 8 9 10

Im Bereich der Feinmotorik sind die Fähigkeiten des Kindes:

☐ ☐ ☐ ☐ ☐

sehr ausgeprägt ausgeprägt teils/teils beeinträchtigt stark beeinträchtigt
(ausgesprochen (keine (leichte (stärkere (starke
gute Fähig- gravierenden Auffällig- Auffällig- Auffälligkeiten)
keiten) Auffälligkeiten) keiten) keiten)

Beobachtungen zu Auffälligkeiten:

☐ Die fehlenden Teile der Malvorlage werden nicht erkannt / gezeichnet.

☐ Flüssige Bewegungsabläufe gelingen schlecht.

☐ Begrenzungslinien werden überfahren.

☐ Flüchtiges, oberflächliches Malen.

☐ Starker Mal-/Schreibdruck, verzitterte / verkrampfte Stiftführung.

☐ Die Körpermittellinie kann beim Malen nicht überkreuzt werden, Kind verwendet abwechselnd linke / rechte Hand.

Weitere Beobachtungen:

4. Altersgemäß entwickelte Augenmotorik (Augenmuskelkontrolle)

Aufgabe:
A) Fixieren eines Gegenstandes unauffällig ☐ auffällig ☐ uneindeutig ☐
B) Verfolgen eines Gegenstandes unauffällig ☐ auffällig ☐ uneindeutig ☐
C) Wegen folgen unauffällig ☐ auffällig ☐ uneindeutig ☐

Im Bereich der Augenmuskelkontrolle sind die Fähigkeiten des Kindes:

☐ ☐ ☐ ☐ ☐

sehr ausgeprägt ausgeprägt teils/teils beeinträchtigt stark beeinträchtigt
(ausgesprochen (keine (leichte (stärkere (starke
gute Fähig- gravierenden Auffällig- Auffällig- Auffälligkeiten)
keiten) Auffälligkeiten) keiten) keiten)

Beobachtungen zu Auffälligkeiten:

☐ abrupte Augenbewegungen, Blicksprünge
☐ das Fixieren / Verfolgen eines Gegenstandes gelingt schlecht (weniger als 10 Sek.)
☐ das Kind hat evtl. Augenfehler (schielt)

Weitere Beobachtungen:

5. Auditives Kurzzeitgedächtnis, Rhythmus erfassen

Klatschrhythmus   Telefon-Nr.   Zauberspruch

Aufgabe A: ☐☐☐☐☐☐   Aufgabe B: ☐☐☐☐☐☐   ☐☐☐☐☐☐
(+, –)   1 2 3 4 5 6   1 2 3 4 5 6   1 2 3 4 5 6

Im Bereich des auditiven Kurzzeitgedächtnisses sind die Fähigkeiten des Kindes:

☐   ☐   ☐   ☐   ☐

sehr ausgeprägt ausgeprägt   teils/teils   beeinträchtigt stark beeinträchtigt
(ausgesprochen   (keine   (leichte   (stärkere   (starke
gute Fähig-   gravierenden   Auffällig-   Auffällig-   Auffälligkeiten)
keiten)   Auffälligkeiten) keiten)   keiten)

Beobachtungen zu Auffälligkeiten:

☐ Das Kind erfasst die Anzahl der Klatscher (4 – 5) nicht.
☐ Der Klatschrhythmus wird nicht erfasst.
☐ Eine 4-stellige Zahlenreihe / Silbenreihe nachsprechen gelingt nicht.

Weitere Beobachtungen:

6. Taktile Wahrnehmung: Berührungs-/Tastwahrnehmung

Aufgaben:

A) Punkte lokalisieren:
    rechte/linke Hand   unauffällig ☐   auffällig ☐   uneindeutig ☐

    Ergänzungsaufgabe:
    gleichzeitiges Berühren: gelingt ☐   gelingt nicht ☐   uneindeutig ☐

B) Graphästhesie:
    rechte/linke Hand   unauffällig ☐   auffällig ☐   uneindeutig ☐

Im Bereich der taktilen Wahrnehmung sind die Fähigkeiten des Kindes

☐   ☐   ☐   ☐   ☐

| sehr ausgeprägt (ausgesprochen gute Fähigkeiten) | ausgeprägt (keine gravierenden Auffälligkeiten) | teils/teils (leichte Auffälligkeiten) | beeinträchtigt (stärkere Auffälligkeiten) | stark beeinträchtigt (starke Auffälligkeiten) |

Beobachtungen zu Auffälligkeiten:

☐ Berührungsreize werden ungenau (mehr als 1 cm Abweichung gezeigt).
☐ Das Kind erkennt die Formen (Graphästhesie) nicht.
☐ Das Kind vermeidet bestimmte Materialien/Stoffe, möchte nicht angefasst werden.

Weitere Beobachtungen:

7. Kinästhetische Wahrnehmung: Muskel- und Bewegungswahrnehmung

Aufgaben:

A) Fingerdifferenzierung: unauffällig ☐   auffällig ☐   uneindeutig ☐
B) Kreisen mit den Zeigefingern: unauffällig ☐   auffällig ☐   uneindeutig ☐
C) Finger-Nase-Versuch: unauffällig ☐   auffällig ☐   uneindeutig ☐
D) Imitieren: unauffällig ☐   auffällig ☐   uneindeutig ☐
E) Zielgenauigkeit: unauffällig ☐   auffällig ☐   uneindeutig ☐

Im Bereich der Muskel- und Bewegungswahrnehmung sind die Fähigkeiten des Kindes:

☐   ☐   ☐   ☐   ☐

| sehr ausgeprägt (ausgesprochen gute Fähigkeiten) | ausgeprägt (keine gravierenden Auffälligkeiten) | teils/teils (leichte Auffälligkeiten) | beeinträchtigt (stärkere Auffälligkeiten) | stark beeinträchtigt (starke Auffälligkeiten) |

Beobachtungen zu Auffälligkeiten:

☐ Der Bewegungsablauf (Fingerdifferenzierung) ist mühsam, zeigt viele Stockungen, Überspringen von Fingern, mehrmaliges Antippen des gleichen Fingers (kleben bleiben), geht ohne visuelle Hilfe kaum.

☐ Das Kind zeigt assoziierte Mitbewegungen in der nichtbeteiligten Hand, im Gesicht.

☐ Das Kind kann Arm- und Fingerstellungen mit/ohne visuelle Kontrolle nicht imitieren.

Weitere Beobachtungen:

8. Körperschema, Körperorientierung

Aufgaben

A) Mensch-Zeichnung: unauffällig ☐   auffällig ☐   uneindeutig ☐

B) Wesentliche Körperteile benennen:
                                              unauffällig ☐   auffällig ☐   uneindeutig ☐

C) Bewegungsplanung: unauffällig ☐   auffällig ☐   uneindeutig ☐

Im Bereich des Körperschemas sind die Fähigkeiten des Kindes:

☐   ☐   ☐   ☐   ☐

sehr ausgeprägt	ausgeprägt	teils/teils	beeinträchtigt	stark beeinträchtigt
(ausgesprochen gute Fähigkeiten)	(keine gravierenden Auffälligkeiten)	(leichte Auffälligkeiten)	(stärkere Auffälligkeiten)	(starke Auffälligkeiten)

Beobachtungen zu Auffälligkeiten:

☐ Das Kind malt „Kopffüßler",

☐ kann die wesentlichen Körperteile (Kopf, Bauch, Ohren, Nase, Mund, Hals, Arme, Hand) nicht oder kaum benennen,

☐ kann Bewegungen nicht imitieren, das Überkreuzen der Körpermittellinie gelingt nicht.

Weitere Beobachtungen:

9. Gestalt-Form-Auffassung: visuelles Gedächtnis, visuelles Operieren

Aufgabe:

☐☐☐☐☐☐☐☐

(+, −)   1 2 3 4 5 6 7 8

Im Bereich der Gestalt-Form-Auffassung sind die Fähigkeiten des Kindes:

☐   ☐   ☐   ☐   ☐

sehr ausgeprägt	ausgeprägt	teils/teils	beeinträchtigt	stark beeinträchtigt
(ausgesprochen	(keine	(leichte	(stärkere	(starke
gute Fähig-	gravierenden	Auffällig-	Auffällig-	Auffälligkeiten)
keiten)	Auffälligkeiten)	keiten)	keiten)	

Beobachtungen zu den Auffälligkeiten:

☐ Das Kind kann die Formen nicht aus dem Gedächtnis nachlegen.

☐ Die Formen werden in einer anderen Raumlage nachgebaut.

☐ Das Kind kann die Stäbchen nicht mit Pinzettengriff erfassen.

Weitere Beobachtungen:

10. Phonologische Bewusstheit: Lautanalyse, Lautsynthese, Silbensegmentierung, Reimpaare erkennen

Aufgabe A:

Anlaute erkennen: (+, −)

☐☐☐☐☐☐☐☐☐☐☐☐☐☐

1 2 3 4 5 6 7 8 9 10 11 12 13 14

Aufgabe B:

Silben klatschen: (+, −)

☐☐☐☐☐☐☐

1 2 3 4 5 6 7

Aufgabe C:

Lautsynthese: Laute zu einem

Wort verbinden: (+, −)

☐☐☐☐☐☐☐☐☐☐☐☐

1 2 3 4 5 6 7 8 9 10 11 12

Aufgabe D:

Reimpaare erkennen: (+, −)

☐☐☐☐☐☐

1 2 3 4 5 6

Im Bereich der phonologischen Bewusstheit sind die Fähigkeiten des Kindes:

☐   ☐   ☐   ☐   ☐

sehr ausgeprägt	ausgeprägt	teils/teils	beeinträchtigt	stark beeinträchtigt
(ausgesprochen	(keine	(leichte	(stärkere	(starke
gute Fähig-	gravierenden	Auffällig-	Auffällig-	Auffälligkeiten)
keiten)	Auffälligkeiten)	keiten)	keiten)	

Beobachtungen zu Auffälligkeiten:

☐ Das Kind ist kaum in der Lage, den Anlaut eines Wortes lautlich zu analysieren.

☐ Es kann Wörter nicht in ihren rhythmisch-melodischen Strukturen (Silben klatschen) erfassen.

☐ Das Erfassen eines gedehnt gesprochenen Wortklangbildes gelingt schlecht (Lautsynthese).

☐ Das Kind erkennt die Klangähnlichkeit von Wörtern (Reimpaaren) nicht.

Weitere Beobachtungen:

11. Mengenerfassung

Aufgabe: ☐☐☐☐☐☐☐
(+, –)   1 2 3 4 5 6 7

Im Bereich der Mengenerfassung, der Fähigkeit zur Bildung einer 1:1-Zuordnung sind die Fähigkeiten des Kindes:

☐   ☐   ☐   ☐   ☐

| sehr ausgeprägt (ausgesprochen gute Fähigkeiten) | ausgeprägt (keine gravierenden Auffälligkeiten) | teils/teils (leichte Auffälligkeiten) | beeinträchtigt (stärkere Auffälligkeiten) | stark beeinträchtigt (starke Auffälligkeiten) |

Beobachtungen zu Auffälligkeiten:

☐ Das Kind kann Mengenunterschiede nicht wahrnehmen (mehr/weniger Stäbchen).

☐ Das Kind hat noch keinen Zahlenbegriff von 5 bzw. 6.

☐ Das Kind kann die Zahlwortreihe (1 … 10) nicht aufsagen.

☐ Beim Abzählen der Stäbchen (Aufgabe 3) stimmen Rhythmus des Sprechens und Zeigen des jeweiligen Stäbchens nicht überein.

Weitere Beobachtungen:

12. Phonematische Diskriminationsfähigkeit, Lautdifferenzierung

Aufgabe :

(+, –)   1   2   3   4   5   6   7   8   9 10 11 12 13

Im Bereich der Phonematischen Diskriminationsfähigkeit (Lautunterscheidungsfähigkeit) sind die Fähigkeiten des Kindes:

☐   ☐   ☐   ☐   ☐

sehr ausgeprägt	ausgeprägt	teils/teils	beeinträchtigt	stark beeinträchtigt
(ausgesprochen	(keine	(leichte	(stärkere	(starke
gute Fähig-	gravierenden	Auffällig-	Auffällig-	Auffälligkeiten)
keiten)	Auffälligkeiten)	keiten)	keiten)	

Beobachtungen:

13. Optische Differenzierungsfähigkeit, visuelle Aufmerksamkeitsspanne

Aufgabe:

(+, –)   1   2   3   4   5   6   7   8   9 10 11 12 13 14 15

Im Bereich der optischen Differenzierungsfähigkeit sind die Fähigkeiten des Kindes:

☐   ☐   ☐   ☐   ☐

sehr ausgeprägt	ausgeprägt	teils/teils	beeinträchtigt	stark beeinträchtigt
(ausgesprochen	(keine	(leichte	(stärkere	(starke
gute Fähig-	gravierenden	Auffällig-	Auffällig-	Auffälligkeiten)
keiten)	Auffälligkeiten)	keiten)	keiten)	

Beobachtungen zu Auffälligkeiten:

☐   Das Kind kann feine Unterschiede nicht erkennen.
☐   Es wirkt leicht abgelenkt, schaut nicht genau hin.
☐   Das Kind neigt zu überschnellem Zeigen, vergleicht nicht.
☐   Das Kind braucht sehr lange Zeit, bis es eine Lösung zeigt.

Weitere Beobachtungen:

14. Visuelle Figur-Grund-Erfassung

Aufgabe: ☐☐☐
(+, –)   1 2 3

Im Bereich der visuellen Figur-Grund-Wahrnehmung sind die Fähigkeiten des Kindes:

☐   ☐   ☐   ☐   ☐

| sehr ausgeprägt (ausgesprochen gute Fähig- keiten) | ausgeprägt (keine gravierenden Auffälligkeiten) | teils/teils (leichte Auffällig- keiten) | beeinträchtigt (stärkere Auffällig- keiten) | stark beeinträchtigt (starke Auffälligkeiten) |

Beobachtungen zu Auffälligkeiten:

☐ Das Kind kann sich nicht auf den relevanten Reiz konzentrieren, erkennt eine vorgegebene Figur nicht vor einem komplexen Hintergrund.

☐ Verkrampfte Stifthaltung.

☐ Das Kind braucht sehr lange zur Lösung.

☐ Es ist kaum in der Lage, auf der Linie zu malen (Auge-Hand-Koordination).

Weitere Beobachtungen:

15. Lautbildungsfähigkeit

Im Bereich der Lautbildung sind die Fähigkeiten des Kindes:

☐   ☐   ☐   ☐   ☐

| sehr ausgeprägt (ausgesprochen gute Fähig- keiten) | ausgeprägt (keine gravierenden Auffälligkeiten) | teils/teils (leichte Auffällig- keiten) | beeinträchtigt (stärkere Auffällig- keiten) | stark beeinträchtigt (starke Auffälligkeiten) |

Beobachtungen zu Lautbildungsfähigkeit:

☐ Das Kind kann folgende Lautverbindungen nicht richtig aussprechen:

1.

2.

3.

16. Visuelles Gedächtnis, Symbolfolgegedächtnis

Aufgabe: ⬚⬚⬚⬚⬚⬚
(+, –)   1 2 3 4 5 6

Im Bereich des visuell-motorischen Gedächtnisses sind die Fähigkeiten des Kindes:

☐   ☐   ☐   ☐   ☐

sehr ausgeprägt (ausgesprochen gute Fähig- keiten)	ausgeprägt (keine gravierenden Auffälligkeiten)	teils/teils (leichte Auffällig- keiten)	beeinträchtigt (stärkere Auffällig- keiten)	stark beeinträchtigt (starke Auffälligkeiten)

Beobachtungen zu Auffälligkeiten:

☐ Das Kind kann die Figuren nicht aus dem Gedächtnis nachzeichnen.

☐ Es „vergisst" wichtige Teile der Abbildung.

☐ Die räumliche Anordnung der geometrischen Figuren wird vertauscht / vergessen.

☐ Das Kind hat graphomotorische Schwierigkeiten.

☐ Hoher / geringer Maldruck

Weitere Beobachtungen:

17. Sprachgedächtnis, auditive Merkfähigkeit

Aufgabe: ⬚⬚
(+, –)   1 2

Im Bereich des Sprachgedächtnisses (Erfassen von Zusammenhängen, des Handlungsverlaufs einer Geschichte) sind die Fähigkeiten des Kindes:

☐   ☐   ☐   ☐   ☐

sehr ausgeprägt (ausgesprochen gute Fähig- keiten)	ausgeprägt (keine gravierenden Auffälligkeiten)	teils/teils (leichte Auffällig- keiten)	beeinträchtigt (stärkere Auffällig- keiten)	stark beeinträchtigt (starke Auffälligkeiten)

Beobachtungen:

18. Handlungsplanung, Sequenzgedächtnis, Sprachverständnis

Aufgabe: ☐
(+, −)   1

Die Aufforderung enthielt   verknüpfte Aufträge.

Im Bereich der Handlungsplanung, des Sprachverständnisses (verknüpfte Aufträge durchführen) sind die Fähigkeiten des Kindes:

☐   ☐   ☐   ☐   ☐

sehr ausgeprägt	ausgeprägt	teils/teils	beeinträchtigt	stark beeinträchtigt
(ausgesprochen	(keine	(leichte	(stärkere	(starke
gute Fähig-	gravierenden	Auffällig-	Auffällig-	Auffälligkeiten)
keiten)	Auffälligkeiten)	keiten)	keiten)	

Beobachtungen:

19. Visuelles Operieren (Reihenbildung, Größenzuordnung, Erhaltung der Zahl)

Aufgabe: ☐☐☐☐☐☐☐☐☐☐☐☐
(+, −)   1 2 3 4 5 6 7 8 9 10 11 12

Im Bereich des visuellen Operierens sind die Fähigkeiten des Kindes:

☐   ☐   ☐   ☐   ☐

sehr ausgeprägt	ausgeprägt	teils/teils	beeinträchtigt	stark beeinträchtigt
(ausgesprochen	(keine	(leichte	(stärkere	(starke
gute Fähig-	gravierenden	Auffällig-	Auffällig-	Auffälligkeiten)
keiten)	Auffälligkeiten)	keiten)	keiten)	

Beobachtungen zu Auffälligkeiten:

☐ Das Kind neigt zu vorschnellen impulsiven Antworten.
☐ Es gelingt ihm schlecht, Größenvergleiche herzustellen.

Weitere Beobachtungen:

Ergänzende Einschätzung des sozial-emotionalen Verhaltens

20. Kontaktfähigkeit

Wie aktiv ist das Kind im Kontakt mit Kindern/Erwachsenen? Knüpft es schnell und ungezwungen Beziehungen, ist es aufgeschlossen oder ist es eher scheu, ängstlich und gehemmt mit anderen, kapselt sich ab?

Das Kind zeigt Kontaktfähigkeit:

☐	☐	☐	☐	☐
sehr ausgeprägt (ausgesprochen gute Fähigkeiten)	ausgeprägt (keine gravierenden Auffälligkeiten)	teils/teils (leichte Auffälligkeiten)	beeinträchtigt (stärkere Auffälligkeiten)	stark beeinträchtigt (starke Auffälligkeiten)

Beobachtungen:

21. Konfliktverhalten

Wie weit trägt das Kind Konflikte physisch aggressiv aus? Praktiziert es mehr die verbale Form der Auseinandersetzung? Ist es kompromissfähig, ausgleichend oder zieht es sich eher ängstlich, resigniert zurück?

Bei Konflikten zeigt das Kind:

☐	☐	☐	☐	☐
überwiegend sprachliches Konfliktverhalten	mal physisch aggressives, mal verbales Verhalten	meist physisch aggressives Verhalten	ausgeprägt aggressives Verhalten	zieht sich ängstlich zurück, wehrt sich nicht

Beobachtungen:

22. Eigensteuerung und Kooperationsverhalten

Wie weit kann das Kind eigene Interessen und Bedürfnisse für Gruppenziele zurückstellen? Kann es sich an gemeinsam vereinbarte Regeln halten? Findet es sich in einer größeren Gruppe zurecht? Oder ist es stark auf sich selbst bezogen, denkt nur an seine eigenen Interessen, schließt keine Kompromisse?

Das Kind zeigt Kooperationsfähigkeit und Eigensteuerung:

☐   ☐   ☐   ☐   ☐

sehr ausgeprägt ausgeprägt   teils/teils   beeinträchtigt stark beeinträchtigt
(ausgesprochen   (keine   (leichte   (stärkere   (starke
gute Fähig-   gravierenden Auffällig-   Auffällig-   Auffälligkeiten)
keiten)   Auffälligkeiten) keiten)   keiten)

Beobachtungen:

23. Konzentrationsfähigkeit und Ausdauer

Wie weit kann das Kind konzentriert und längerfristig (ca. 15 – 30 Min.) an einer
Aufgabe arbeiten, wie ausdauernd spielt es, kann es sich allein beschäftigen? Oder
ist es leicht ablenkbar, bleibt nur kurz bei der Aufgabe / Spielzeug, ermüdet schnell,
bringt kaum ein Spiel zu Ende?

Das Kind zeigt Konzentrationsfähigkeit und Ausdauer:

☐   ☐   ☐   ☐   ☐

sehr ausgeprägt ausgeprägt   teils/teils   beeinträchtigt stark beeinträchtigt
(ausgesprochen   (keine   (leichte   (stärkere   (starke
gute Fähig-   gravierenden Auffällig-   Auffällig-   Auffälligkeiten)
keiten)   Auffälligkeiten) keiten)   keiten)

Beobachtungen:

24. Aufmerksamkeit gegenüber dem gesprochenen Wort

Achtet das Kind auf das, was in einer größeren *Gruppe* (z. B. Stuhlkreis) gesprochen wird, hört es aufmerksam und interessiert zu? Oder wird es unruhig, versucht
sich abzulenken, macht häufig Faxen?

Das Kind zeigt die Fähigkeit, auch in einer größeren Gruppe konzentriert und aufmerksam zuzuhören:

☐   ☐   ☐   ☐   ☐

sehr ausgeprägt ausgeprägt   teils/teils   beeinträchtigt stark beeinträchtigt
(ausgesprochen   (keine   (leichte   (stärkere   (starke
gute Fähig-   gravierenden Auffällig-   Auffällig-   Auffälligkeiten)
keiten)   Auffälligkeiten) keiten)   keiten)

Beobachtungen:

25. Ausführungen von Anweisungen und Aufforderungen,

die an die *Gruppe* gerichtet sind. Wie führt das Kind verbale Anweisungen aus? Fasst es schnell auf, führt gut aus, arbeitet selbstständig? Oder ist es langsam, nachlässig, braucht immer wieder Ermunterungen zur Weiterarbeit?

Das Kind zeigt die Fähigkeit, Anweisungen und Aufforderungen zügig und zuverlässig auszuführen:

☐ ☐ ☐ ☐ ☐

| sehr ausgeprägt (ausgesprochen gute Fähig- keiten) | ausgeprägt (keine gravierenden Auffälligkeiten) | teils/teils (leichte Auffällig- keiten) | beeinträchtigt (stärkere Auffällig- keiten) | stark beeinträchtigt (starke Auffälligkeiten) |

Beobachtungen:

26. Gefühlsstabilität und emotionale Zuwendungsfähigkeit

Wie weit wirkt das Kind ausgeglichen, belastbar? Kann es mit Misserfolgen umgehen? Kann es anderen seine Zuneigung, Sympathie zeigen? Oder ist es eher empfindlich, rasch frustriert, ausdrucksgehemmt, verkracht sich leicht mit anderen Kindern, gibt schnell auf?

Das Verhalten des Kindes wirkt:

☐ ☐ ☐ ☐

| durchweg gefühlsstabil, ausgeglichen | meistens gefühlsstabil, ausgeglichen | öfter mal unausgeglichen, labil | meistens unausgeglichen, labil |

Beobachtungen:

27. Flexibilität des Verhaltens

Wie weit kann sich das Kind in seinem Verhalten verschiedenen Situationen (Stuhlkreis, Gruppenspiel, Freispiel, Stillbeschäftigung) anpassen und sich auf wechselnde Situationen einstellen?

Das Kind ist in der Lage, sein Verhalten wechselnden Situationen anzupassen:

☐   ☐   ☐   ☐   ☐

| sehr ausgeprägt (ausgesprochen gute Fähigkeiten) | ausgeprägt (keine gravierenden Auffälligkeiten) | teils/teils (leichte Auffälligkeiten) | beeinträchtigt (stärkere Auffälligkeiten) | stark beeinträchtigt (starke Auffälligkeiten) |

Beobachtungen:

28. Neugierverhalten

Zeigt das Kind Interesse und Aufmerksamkeit an neuen Gegenständen, Spielen, Bilderbüchern, Sachverhalten etc.?

Im Bereich des Neugierverhaltens sind die Fähigkeiten des Kindes:

☐   ☐   ☐   ☐   ☐

| sehr ausgeprägt (ausgesprochen gute Fähigkeiten) | ausgeprägt (keine gravierenden Auffälligkeiten) | teils/teils (leichte Auffälligkeiten) | beeinträchtigt (stärkere Auffälligkeiten) | stark beeinträchtigt (starke Auffälligkeiten) |

Beobachtungen:

Entwicklungsprofilbogen
Fähigkeiten

Entwicklungsbereiche:	sehr ausgeprägt (ausgesprochen gute Fähigkeiten)	ausgeprägt (keine gravierenden Auffälligkeiten)	teils/teils (leichte Auffälligkeiten)	beeinträchtigt (stärkere Auffälligkeiten)	stark beeinträchtigt (starke Auffälligkeiten)
1. Lateralität	☐	☐	☐	☐	☐
2. Grobmotorik	☐	☐	☐	☐	☐
3. Feinmotorik	☐	☐	☐	☐	☐
4. Augenmuskelkontrolle	☐	☐	☐	☐	☐
5. Auditives Kurzzeitgedächtnis	☐	☐	☐	☐	☐
6. Taktile Wahrnehmung	☐	☐	☐	☐	☐
7. Kinästhetische Wahrnehmung	☐	☐	☐	☐	☐
8. Körperschema	☐	☐	☐	☐	☐
9. Gestalt-Form-Auffassung	☐	☐	☐	☐	☐
10. Phonologische Bewusstheit	☐	☐	☐	☐	☐
11. Mengenerfassung	☐	☐	☐	☐	☐
12. Phonematische Diskriminationsfähigkeit	☐	☐	☐	☐	☐
13. Optische Diskriminationsfähigkeit	☐	☐	☐	☐	☐
14. Visuelle Figur-Grund-Erfassung	☐	☐	☐	☐	☐
15. Lautbildungsfähigkeit	☐	☐	☐	☐	☐
16. Visuelles Gedächtnis	☐	☐	☐	☐	☐
17. Sprachgedächtnis	☐	☐	☐	☐	☐
18. Handlungsplanung	☐	☐	☐	☐	☐
19. Visuelles Operieren	☐	☐	☐	☐	☐
20. Kontaktfähigkeit	☐	☐	☐	☐	☐
21. Konfliktverhalten	☐	☐	☐	☐	☐
22. Eigensteuerung und Kooperationsverhalten	☐	☐	☐	☐	☐
23. Konzentrationsfähigkeit und Ausdauer	☐	☐	☐	☐	☐
24. Aufmerksamkeit gegenüber dem gesprochenen Wort	☐	☐	☐	☐	☐
25. Ausführungen von Anweisungen an die Gruppe	☐	☐	☐	☐	☐
26. Gefühlsstabilität und emotionale Zuwendungsfähigkeit	☐	☐	☐	☐	☐
27. Flexibilität des Verhaltens	☐	☐	☐	☐	☐
28. Neugierverhalten	☐	☐	☐	☐	☐

A) Besondere Stärken / Interessen des Kindes

B) Besondere Schwierigkeiten des Kindes

C) Von den Eltern berichtete Entwicklungsauffälligkeiten:

D) Förderbereiche, Förderschwerpunkte:

E) Bereits durchgeführte Förderungen: z. B. Sprachtherapie, Ergotherapie, Krankengymnastik etc.

F) Weitere Maßnahmen / Empfehlungen, fachärztliche Untersuchungen

236

Literatur

Angermaier, M. (1977): Psycholinguistischer Entwicklungstest. Beltz, Weinheim

v. Aster, M. G. (1992): Neuropsychologie der Dyskalkulie. In: Steinhausen, H. C.: Hirnfunktionsstörungen und Teilleistungsstörungsschwächen. Springer, Berlin/Heidelberg

v. Aster, M. G. (1996): Psychopathologische Risiken bei Kindern mit umschriebenen Teilleistungsstörungen. Zeitschrift für klinische Kinderpsychologie, Heft 1/96, 53

Ayres, A. J. (1979): Lernstörungen: sensorisch-integrative Dysfunktionen. Springer, Berlin/Heidelberg

Ayres, A. J. (1984): Bausteine der kindlichen Entwicklung. Springer, Berlin/Heidelberg

Baddeley, A. (1986): So denkt der Mensch. Droemer, München

Balhorn, H., Brügelmann, H. (1989): Jeder spricht anders. Normen und Vielfalt in Sprache und Schrift. Faude, Konstanz

Barth, K. (1992): Erzieherinnen beurteilen die Schulfähigkeit. Kindergarten heute, Heft 2/92

Barth, K. (1993): Vom Kindergarten zur Grundschule. Kindergarten heute, Heft 3/93

Barth, K. (1995): Schulfähig. Beurteilungskriterien für die Erzieherin. Herder, Freiburg/Br.

Bellenberg, G. (1996): Früheinschulung. Ein Beitrag zur Senkung des Schulaustrittsalters? Pädagogik 10, 56–57

Beudels, W., Lensing-Conrady, R. et al. (1995): … das ist für mich ein Kinderspiel. Handbuch zur psychomotorischen Praxis. borgmann, Dortmund

Bielefeldt, E. (2000): Tasten und Spüren. Wie wir bei taktil-kinästhetischen Störungen helfen können. 4. Auflage. Ernst Reinhardt, München/Basel

Brack, U. B. (1986): Frühdiagnostik und Frühtherapie. Urban & Schwarzenberg, München

Brainerd, C. J. (1985): Basic Processes in Memory Development. Springer, Berlin/Heidelberg

Brand, I., Breitenbach, E., Maisel, V., Paulosch, K. H. (1988): Integrationsstörungen. Diagnose und Therapie im Erstunterricht. Verlag Maria Stern Schule, Würzburg

Breitenbach, E. (1989): Material zur Diagnose und Therapie auditiver Wahrnehmungsstörungen. Verlag Maria Stern Schule, Würzburg

Breitenbach, E. (1992): Unterricht in Diagnose- und Förderklassen. Klinkhard, Bad Heilbrunn

Breitenbach, E., Jaroschek, E. (1995): Tolpatschig und ungeschickt. Kindliche Dyspraxien. Edition Bentheim, Würzburg

Breuer, H., Weuffen, M. (1986): Gut vorbereitet auf das Lesen-und-Schreibenlernen. Berlin

Breuer, H., Weuffen, M. (1993): Lautsprachliches Niveau bei Schulanfängern mit Lernschwierigkeiten. Grundschule 6/93

Breuer, H., Weuffen, M. (1994): Lernschwierigkeiten am Schulanfang. Schuleingangsdiagnostik zur Früherkennung und Frühförderung. Beltz, Weinheim/Basel

Brickenkamp, R. (1975): Aufmerksamkeits- und Belastungstest zur Erfassung der visuellen Aufmerksamkeitsspanne. 2. Hogrefe, Göttingen.

Brügelmann, H. (1983): Kinder auf dem Weg zur Schrift. Faude, Konstanz

Brügelmann, H. (1986): ABC und Schriftsprache. Faude, Konstanz

Brügelmann, H. (1989): Die Schrift entdecken. Beobachtungshilfen und methodische Ideen für einen offenen Anfangsunterricht im Lesen und Schreiben. Faude, Konstanz

Brügelmann, H., Balhorn, H. (1990): Das Gehirn, sein Alfabet und andere Geschichten. Faude, Konstanz

Brüggebors, G. (1992): Einführung in die Holistische Sensorische Integration. borgmann, Dortmund

Bücken, H. (1987): Kimmspiele. Deutscher Taschenbuch Verlag, München

Cardenas, B. (1992): Diagnostik mit Pfiffigunde. Ein kindgerechtes Verfahren zur Beobachtung von Wahrnehmung und Motorik bei Kindern von 5 – 8 Jahren. borgmann, Dortmund

Defersdorf, R. (1993): Ach, so geht das! Wie Eltern Lernstörungen begegnen können. Herder, Freiburg/Br.

Demetriou, A., et al. (1992): Neo-Piagetian theories of cognitive development. Implications and applications for education. Routledge, London

Dennison, P. E. (1990): Brain-Gym. Verlag für angewandte Kinesiologie, Freiburg/Br.

Dennison, P. E. (1991): Befreite Bahnen. Verlag für angewandte Kinesiologie, Freiburg/Br.

Derichs, G., Krohn-Jaster, G. (1994): Integrativer Ansatz zum Umgang mit Teilleistungsschwächen bei 5- bis 8jährigen. Praxis der Kinderpsychologie und Kinderpsychiatrie 6, 215 – 223

Dietel, B., Kassel, H. (1991): Diagnostik von Teilleistungsstörungen. Neuropsychologisch orientierte Diagnose und Therapie von Lese- und Rechtschreibschwächen. Der Sprachheilpädagoge 23, 22 – 140

Dilling, H., Mombour, W. et al. (1991): Internationale Klassifikation psychischer Störungen. Huber, Bern/Göttingen

Doering, W. und W. (1990): Sensorische Integrationsstörungen. borgmann, Dortmund

Dornes, M. (1994): Der kompetente Säugling. Fischer, Frankfurt/M.

Dummer-Smoch, L. (1983): Die Diagnostischen Bilderlisten. Siebungsverfahren zur Früherkennung von Leselernschwierigkeiten im Leselernprozeß. Veris, Kiel

Dummer-Smoch, L. (2002): Mit Phantasie und Fehlerpflaster. Hilfen für Eltern und Lehrer legasthenischer Kinder. 4. Aufl. Ernst Reinhardt, München/Basel

Eggert, D. (1992): Psychomotorisches Training. Ein Projekt mit lese-/rechtschreibschwachen Grundschülern/innen. Beltz, Weinheim/Basel

Eggert, D. (1995): Theorie und Praxis der psychomotorischen Förderung. borgmann, Dortmund

Einsiedler, W. (1988): Schulanfang und Persönlichkeitsentwicklung. Grundschule 20, 20–23

Esser, G. et al. (1987): Auditive Wahrnehmungsstörungen und Fehlhörigkeit bei Kindern im Schulalter. Sprache-Stimme-Gehör 11, 10–16

Esser, G. (1991): Was wird aus Kindern mit Teilleistungsschwächen? Der langfristige Verlauf umschriebener Entwicklungsstörungen. Enke, Stuttgart

Esser, G. et al. (1992): Prävalenz und Verlauf psychischer Störungen im Kindes- und Jugendalter. Zeitschrift für Kinder- und Jugendpsychiatrie 20, 232–242

Esser, G., Schmidt, M. (1993): Die langfristige Entwicklung von Kindern mit Lese-Rechtschreibschwäche. Zeitschrift für klinische Psychologie 2, 100–116

Esser, G., Wurm-Dinse, U. (1994): Fehlhörigkeit, Sprachwahrnehmungsstörung und LRS-Zusammenhänge? In: Bundesverband Legasthenie (Hrsg.). Bericht über den Fachkongreß Hannover 1993, 49–72

Faust-Siehl, G. (1994): Schulfähigkeit und Anfangsunterricht. In: Eingangsphase in die Grundschule. Dokumentation zu den Rendsburger Fachgesprächen. Hrsg.: Ministerium für Frauen, Bildung, Weiterbildung und Sport des Landes Schleswig-Holstein

Flehmig, I. (1990): Normale Entwicklung des Säuglings und ihre Abweichungen. Thieme, Stuttgart

Frith, U. (1985): Beneath the surface of developmental dyslexia. In: Patterson, K. E., Marshall, J. C., Coltheard, M. (Eds.): Surface dyslexia: Neuropsychological and cognitive studies of phonological reading. Erlbaum, London

Frostig, M. et al. (1974a): Individuelles Wahrnehmungstraining. Crüwell, Dortmund

Frostig, M. (1974b): Entwicklungstest der visuellen Wahrnehmung FEW. Beltz, Weinheim

Gaddes, W. (1991): Lernstörungen und Hirnfunktion. Eine neuropsychologische Betrachtung. Springer, Heidelberg/New York

Galaburda, A. M. (1987): Legasthenie – Einblick in biologische Interaktionen. In: Dummer, L.: Legasthenie. Bericht über den Fachkongreß 1986. (Hrsg.) Bundesverband Legasthenie, Hannover

Gathercole, S., Baddeley, A. (1993): Working Memory an Language. Lawrence Erlbaum Associates, Hove

Geschwind, G., Galaburda, A. M. (1984): Cerebral Dominance: the biological foundation. Harvard University Press, Cambridge

Graichen, J. (1973): Teilleistungsschwächen, dargestellt an Beispielen aus dem Bereich der Sprachbenutzung. Zeitschrift für Kinder- u. Jugendpsychiatrie, 113–122

Graichen, J. (1979): Zum Begriff der Teilleistungsstörungen. In: Lempp, R.: Teilleistungsstörungen im Kindesalter. Thieme, Stuttgart, 43–62

Graichen, J. (1988): Neuropsychologische Aspekte von Bewegung und Sprache. In: Irmscher T., und E.: Bewegung und Sprache. Schorndorf, 23–44

Graichen, J. (1993): Die Steuerung des Verhaltens aus neuropsychologischer Sicht. In: Deutsche Gesellschaft für Sprachheilpädagogik (Hrsg.): Sprache – Verhalten – Lernen. Rimpar, 335–414

Grimm, H., Schöler, H. (1978): Heidelberger Sprachentwicklungstest (H-S-E-T). Beltz, Weinheim

Grissemann, H., Weber, A. (1982): Spezielle Rechenstörungen. Ursachen und Therapie. Huber, Bern/Göttingen

Grissemann, H. (1990): Förderdiagnostik von Lernstörungen. Huber, Bern/Göttingen

Grissemann, H. (1996): Dyskalkulie heute. Sonderpädagogische Integration auf dem Prüfstand. Huber, Bern

Günther, K. B. (1986): Ein Stufenmodell der Entwicklung kindlicher Lese- und Schreibstrategien. In: Brügelmann, H. (1986): ABC und Schriftsprache. Rätsel für Kinder, Lehrer und Forscher. Faude, Konstanz

Gutezeit, G. (1988): Die Bedeutung des Arbeitsgedächtnisses beim Lesenlernen. Praxis Ergotherapie 3, 138–142

Horn, H. A. (1982): Kindergarten und Grundschule arbeiten zusammen. Beltz, Weinheim

Jansen, H. (1994): Fördert der Besuch des Schulkindergartens die Entwicklung schriftsprachlicher Fertigkeiten? preprint 74, SFB 227 der Universität Bielefeld

Jansen, H. et al. (1994): Eignen sich vorschulische oder schulische Erhebungszeitpunkte besser zur Vorhersage von Lese-/Rechtschreibschwierigkeiten. preprint 76/1994, SFB 227 der Universität Bielefeld

Johnson, D. J., Myklebust, H. R. (1971): Lernschwächen. Ihre Formen und ihre Behandlung. Hippokrates, Stuttgart

Kassel, H. (1992): Neuropsychologisch orientierte Diagnose und Therapie von Lese-/Rechtschreibschwächen. In: Deegener et al. (Hrsg.): Neuropsychologische Diagnostik bei Kindern und Jugendlichen. Handbuch zur Tüki Tübinger Luria-Christensen Neuropsychologische Untersuchungsreihe für Kinder. Beltz, Weinheim

Kern, A. (1951): Sitzenbleiberelend und Schulreife. Herder, Freiburg/Br.

Kesper, G., Hottinger, C. (2002): Mototherapie bei Sensorischen Integrationsstörungen. 6. Auflage. Ernst Reinhardt, München/Basel

Klicpera, Chr. et al. (1993): Wie weit haben sprachentwicklungsgestörte Kinder spezielle Probleme beim Lesen und Schreiben? Die Sprachheilarbeit 38, 231–244

Klicpera, Chr., Gasteiger-Klicpera, B. (1995): Psychologie der Lese- und Rechtschreibschwierigkeiten. Beltz, Weinheim

Krapp, A., Mandl, H. (1977): Einschulungsdiagnostik. Beltz, Weinheim

Krowatschek, D. (1997): Entspannung in der Schule. Anleitung zur Durchführung von Entspannungsverfahren in den Klassen 1–6. borgmann, Dortmund

Krüll, K. (2000): Rechenschwäche, was tun? 3. Auflage. Ernst Reinhardt, München/Basel

Landesinstitut für Schule und Weiterbildung (Hrsg.) (1992): Lehse-Rächtschreip-Schwirrichkeitn. Handreichung pädagogische Konferenz, Soest

Landesinstitut für Schule und Weiterbildung (Hrsg.) (1996): So lernen Kinder Rechtschreiben. Verlag für Schule und Weiterbildung, Bönen

Linn, M. (2002): Übungsbehandlung bei psychomotorischen Entwicklungsstörungen. 3. Auflage. Ernst Reinhardt, München/Basel

Lobek, A. (1992): Rechenschwäche. Edition SZH, Zürich

Löschenkohl, E. (1975): Über den prognostischen Wert von Schulreifetests. Klett, Stuttgart

Lorenz, J. H. (1991): Störungen beim Mathematiklernen. Schüler, Stoff und Unterricht. Aulis, Köln

Lorenz, J. H. (1992): Anschauung und Veranschaulichungsmittel im Mathematikunterricht. Mentales visuelles Operieren und Rechenleistung. Hogrefe, Göttingen/Bern

Lorenz, J. H. (1993): Eine Rechenstörung früh erkennen. Grundschule, 26 (6), 8 – 9

Lorenz, J. H., Radatz, H. (1993): Handbuch des Förderns im Mathematikunterricht. Schroedel, Hannover

Luria, A. R. (1973): The working brain. An introduction to Neuropsychology. London

Luria, A. R. (1992): Das Gehirn in Aktion. Einführung in die Neuropsychologie. Rowohlt, Reinbek

Mader, J. (1989): Schulkindergarten und Zurückstellung. Waxmann, Münster

Mannhaupt, G. (1994): Risikokind Junge? preprint 78/94, SFB 227 der Universität Bielefeld

Mannhaupt, G. (1994): Was gibt es Neues? Deutschsprachige Studien zur Intervention und Prävention bei Lese-/Rechtschreibschwierigkeiten. preprint 77/1994, SFB 227 Universität Bielefeld

Marschik, M., Klicpera, Chr. (1993): Kinder lernen lesen und schreiben. Ein Ratgeber für Eltern und Lehrer/innen. borgmann, Dortmund

Marx, H. (1990): Methodische und inhaltliche Argumente für und wider eine frühe Identifikation und Prädiktion von Lese-/Rechtschreibschwierigkeiten. Diagnostica 38, 249 – 268

Meier, Chr., Richle, J. (1994): Sinn-voll und alltäglich. Materialsammlung für Kinder mit Wahrnehmungsstörungen. borgmann, Dortmund

Mertens, K. (1991): Körperwahrnehmung und Körpergeschick. borgmann, Dortmund

Milz, I. (1989): Rechenschwächen erkennen und behandeln. borgmann, Dortmund

Nickel, H. (1990): Das Problem der Einschulung aus ökologisch-systemischer Perspektive. Psychologie in Erziehung und Unterricht, 217 – 228

Oerter, R., Montada, L. (1995): Entwicklungspsychologie. Ein Lehrbuch. Beltz, Weinheim

Pauli, S., Kisch, A. (1993): Geschickte Hände. Feinmotorische Übungen für Kinder in spielerischer Form. borgmann, Dortmund

Pauli, S., Kisch, A. (1992): Was ist los mit meinem Kind? Bewegungsauffälligkeiten bei Kindern. Ravensburger Verlag, Ravensburg

Petermann, G. (1994): Vorschulkinder lernen Sprachlaute differenzieren. Luchterhand, Neuwied

Piaget, J. (1965): Die Entwicklung des Zahlenbegriffs beim Kind. Klett, Stuttgart

Pöppel, E. (1985): Grenzen des Bewusstseins. Deutsche Verlagsanstalt, Stuttgart

Portmann, R. (1993): Wieviel Diagnostik braucht ein Kind vorm Schulanfang? Grundschule, 4/93

Preuschoff, G. (1996): Kinder zur Stille führen. Mediative Spiele, Geschichten und Übungen. Herder, Freiburg/Br.

Radatz, H. (1993): Rechenschwäche. Zusätzliche Übungsaufgaben allein bewirken nur selten etwas. Grundschule, 6/93

Rahmann H. und M. (1988): Das Gedächtnis. Bergmann, München

Ramacher-Faasen, N. (1997): Lese-/Rechtschreibschwierigkeiten frühzeitig erkennen, gezielt helfen. Dieck, Heinsberg

Rathenow, P., Vöge, H. (1980): Erkennen und fördern lese-/rechtschreibschwacher Schüler. Hessisches Institut für Lehrerfortbildung

Richter, S., Brügelmann, H. (1994): Mädchen lernen anders als Jungen. Geschlechtsspezifische Unterschiede beim Schriftspracherwerb. Faude, Konstanz

Rosenkranz, Chr. (1993): Kieler Zahlenbilder. Veris, Kiel

Rosenkranz, Chr. (1994): Rechnen mit Zahlenbildern. In: Bundesverband Legasthenie (Hrsg.): Legasthenie. Bericht über den Fachkongreß 1993, Hannover

Rourke, B. P., Strang, J. D. (1993): Subtypes of reading and arithmatic disabilities: A neuropsychological analysis. In: Rutter, M.: Developmental neuropsychiatry. Guilford Press, New York, 473 – 488

Ruf-Bächter, L. (1987): Das frühkindliche psycho-organische Syndrom. Thieme, Stuttgart

Sattler, J. (1995): Das linkshändige Kind in der Grundschule: Staatsinstitut für Schulpädagogik und Bildungsforschung (Hrsg.). Auer, Donauwörth

Scheerer-Neumann, G. (1987): Ein Entwicklungsmodell zur Analyse der Rechtschreibschwäche. In: Dummer, L. (Hrsg.): Legasthenie. Berichte über den Fachkongreß 1986, Bundesverband Legasthenie (Hrsg.), Hannover

Schmassmann, M. (1990): Wann fängt die Mathematik an? Zeitschrift für Erziehung und Unterricht 2, 41-52

Schmassmann, M. (1993): Lernstörungen im Bereich Mathematik. Prävention und Hilfe. Grundschule, 6/93

Schmidt, R. F. (1973): Grundriß der Sinnesphysiologie. Springer, Berlin/Heidelberg

Schmidt, R. (1982): Ziffernkenntnis und Ziffernverständnis der Schulanfänger. Die Grundschule, 166 – 167

Schneider, W. (1989): Möglichkeiten der frühen Vorhersage von Leseleistungen im Grundschulalter. Zeitschrift für pädagogische Psychologie 3/89, 157 – 168

Schneider, W. (1994): Geschlechtsunterschiede beim Schriftspracherwerb: Befunde aus den Münchner Längsschnittstudien LOGIK und SCHOLASTIK. In: Richter, S., Brügelmann, H.: Mädchen lernen anders als Jungen. Geschlechtsspezifische Unterschiede beim Schriftspracherwerb. Libelle, Lengwil

Schneider, W., Näslund, J. C. (1992): Cognitive prerequisites of reading and spelling: A longitudinal approach. In: Demetrian et al.: Neo Piagetian theories of cognitive development. Routledge

Schneider, W. et al.: (1994): Auswirkungen eines Trainings der sprachlichen Bewusstheit auf den Schriftspracherwerb in der Schule. Zeitschrift für pädagogische Psychologie 8, 1994, 177 – 188

SCHUBI Lernmedien: Logopädisches Übungsprogramm: Audio Log, Zeppelinstraße 8, 78244 Gottmadingen

Schydlo, R. (1993): Welche Beziehungen bestehen zwischen Legasthenie, anderen Teilleistungsschwächen und Hyperaktivität? In: Bundesverband Legasthenie (Hrsg.): Legasthenie. Bericht über den Fachkongreß 1993, Emden 1994, 172 – 181

Sedlak, F., Sindelaer, B. (1990): Hurra ich kann's. Frühförderung für Vorschüler und Schulanfänger. Bundesverlag, Wien

Seitz, R. (1983): Tastspiele. Sinn-volle Frühpädagogik. Don Bosco, München

Shaywitz, B. et al. (1995): Sex Differences in the Functional Organization of the Brain for Language. Nature, Band 373, 607 – 609

Sinnhuber, H. (1993): Optische Wahrnehmung und Handgeschick. Verlag modernes lernen, Dortmund

Skowronek, H., Jansen, H. (1992): Früherkennung der Lese-/Rechtschreibschwäche. preprint: Forschung an der Universität Bielefeld 6/92

Sovak, M. (1987): Spracherziehung im Kindesalter. Sigrid Persen, Horneburg

Spitta, G. (1988): Von der Druckschrift zur Schreibschrift. Cornelsen CVK Frankfurt/M.

Spitta, G. (1988): Schreibentwicklungstabelle. Die Grundschulzeitschrift, 12

Staatsinstitut für Schulpädagogik und Bildungsforschung (Hrsg.) (1993): Erstrechnen, Teil 1–3. Handreichung für sonderpädagogische Diagnose- und Förderklassen, München

Steinbüchel, N. v., Pöppel, E. (1991): Temporal Order Thresholds and Language Perception. In: v. Bhaktar, Rege, K. (Hrsg.): Frontier in Knowledge Based Computing. Narosa Pub. House, New Delhi

Steinbüchel, N. v. et al. (1991): Selective Improvement of Auditory Order Threshold in Aphasic Patients. International Journal of Psychophysiology 11, 78

Steinhausen, H. C. (1992): Hirnfunktionsstörungen und Teilleistungsschwächen. Springer, Berlin/Heidelberg

Stern, D. (1993): Tagebuch eines Babys. Was ein Kind sieht, spürt, fühlt und denkt. Piper, München

Stern, D. (1994): Die Lebenserfahrung des Säuglings. Klett Cotta, Stuttgart

Strang, J. D., Rourke, B. P. (1985): Arithmetic disability subtypes: The neuropsychological significance of specific arithmetic impairment in children. In Rourke, B. P. (1985): Neuropsychology of learning disabilities. Essentials of subtype analysis. Guilford, New York, 167–183

Tallal, P. (1993): Temporal Processing in the Nervous System. Special Reference to Dyslexia and Dysphasia. Annals of the New York Academy of Science, Volume 682

Tarnopol, L. (1981): Die Untersuchung von Kindern mit geringen neurologischen Funktionsstörungen. Thieme, Stuttgart

Thompson, R. (1992): Das Gehirn. Akademischer Verlag, Heidelberg

Tietze, W., Roßbach, H. G. (1993): DFG Projekt: Integration und Segregation in der Primarstufe

Titze, I., Tewes, U. (1983): Hamburg-Wechsler-Intelligenztest für Kinder (HAWIK-R). Huber, Bern/Göttingen

Touwen, B. C. L. (1982): Die Untersuchung von Kindern mit geringen neurologischen Funktionsstörungen. Thieme, Stuttgart

Veit, S. (1992): Sprachentwicklung, Sprachauffälligkeit und Zeitverarbeitung. Eine Longitudinalstudie. Diss. Universität München

Wais, M. (1990): Neuropsychologische Diagnostik für Ergotherapeuten. Verlag modernes lernen, Dortmund.

Warnke, A. (1990): Legasthenie und Hirnfunktion. Neuropsychologische Befunde zur visuellen Informationsverarbeitung. Huber, Bern

Warnke, F. (1995): Der Takt des Gehirns. Verlag für angewandte Kinesiologie VAK, Freiburg/Br.

Warnke, F. (1995): Was Hänschen nicht hört … Verlag für angewandte Kinesiologie VAK, Freiburg/Br.

Weigert, H., Weigert, E. (1995): Schuleingangsphase. Hilfen für eine kindgerechte Einschulung. Beltz, Weinheim

Zielinski, W. (1995): Lernschwierigkeiten. Kohlhammer, Stuttgart

Zimmer, R. (1993): Schafft die Stühle ab. Bewegungsspiele für Kinder. Herder, Freiburg/Br.

Zimmer, R. (1995): Handbuch der Sinneswahrnehmung. Herder, Freiburg/Br.

Zinke-Wolter, P. (1992): Spüren – Bewegungen – Lernen. borgmann, Dortmund

Karlheinz Barth
Die diagnostischen Einschätzskalen (DES) zur Beurteilung des Entwicklungstandes und der Schulfähigkeit

Handanweisung – Aufgabenteil –
Auswertungs- und Einschätzbogen –
Entwicklungsprofilbogen
4. Auflage 2005. DIN A4. 48 Seiten
Zahlreiche Abb.
(978-3-497-01616-7) geh

Karlheinz Barth
Die Diagnostischen
Einschätzskalen (DES)
zur Beurteilung des Entwicklungsstandes
und der Schulfähigkeit
4. Auflage

Dieser Test wurde von Karlheinz Barth entwickelt und erprobt, um Kinder im Übergangsfeld Kindergarten/Schule möglichst früh und gezielt fördern zu können. Bisweilen werden Kinder, die „irgendwie" auffällig sind, einfach „rundum" therapiert: heute zur Ergotherapeutin, morgen zur Logopädin, übermorgen zur Mototherapie …

Wenn aber früh eingrenzbar ist, was dem Kind wirklich fehlt, kann man gezielter und oft viel gelassener darauf reagieren. Dieses Arbeitsheft im Großformat zeigt die Aufgaben und Abbildungsvorlagen in der Originalgröße und ist zur praktischen Durchführung des Test zu benutzen.

Die Testbogen sind auch im praktischen 10er Pack (978-3-497-01882-6) lieferbar.

ℛ/ reinhardt
www.reinhardt-verlag.de

Karlheinz Barth | Berthold Gomm
Gruppentest zur Früherkennung von Lese- und Rechtschreibschwierigkeiten

Phonologische Bewusstheit bei
Kindergartenkindern und Schulanfängern
(PB-LRS) – Manual
Mit einem Geleitwort von W. Schneider
2004. DIN A4.
36 Seiten. Zahlr. Abb.
(978-3-497-01716-4) geh

Karlheinz Barth · Berthold Gomm
Gruppentest zur Früherkennung von
Lese- und Rechtschreibschwierigkeiten
Phonologische Bewusstheit bei Kindergartenkindern
und Schulanfängern (PB-LRS)

Lehrerinnen und Erzieherinnen brauchen zur Früherkennung diagnostische Hilfen, die zeitökonomisch einsetzbar sind. Der Gruppentest von Barth und Gomm bietet für diesen Zweck das richtige Material. Man kann mit dem Test innerhalb kurzer Zeit feststellen, ob Kinder Reime erkennen, den Anfangs- oder Endlaut eines Wortes heraushören und Silben eines Wortes bestimmen können. Kurz: Inwieweit bei Kindern die phonologische Bewusstheit entwickelt ist, die für den Schriftspracherwerb eine bedeutsame Vorläuferfertigkeit darstellt. Das Testmanual für den Erwachsenen bietet Hintergrundinformationen zum Thema Lese-Rechtschreibschwierigkeiten, zur phonologischen Bewusstheit und detaillierte Angaben zur Durchführung des Tests.

Das Arbeitsheft für Kinder (978-3-497-01851-2) enthält das umfangreiche Bildmaterial für den Test. Mit Hilfe einer Geschichte um den Zwerg Albert werden die Kinder durch den Bildertest geführt. Ein Spaß für die Kinder, ein wichtiges Diagnose-Instrument für die (Vor-)Schule – damit Lese-Rechtschreibschwierigkeiten keine Chance haben.

 **reinhardt**
www.reinhardt-verlag.de

Erich Hartmann
In Bildern denken –
Texte verstehen

Lesekompetenz strategisch stärken
2006. 136 Seiten. 10 Abb. 4 Tab.
(978-3-497-01798-0) kt

Erich Hartmann
In Bildern denken –
Texte besser verstehen
Lesekompetenz strategisch stärken

Einen Text lesen zu können heißt nicht zwangsläufig, ihn auch zu verstehen. Daher gilt: Je früher die Fähigkeit, Texte zu verstehen, im Unterricht gefördert wird, desto genauer und eigenständiger können sich Kinder Textinhalte – egal ob Gedicht, Erzählung oder Sachtext – erschließen. „Visualisieren" ist hierfür eine wichtige Strategie. Von ihr macht der geübte Leser während des Leseprozesses regelmäßig und intuitiv Gebrauch. Leseanfänger und lese- oder rechtschreibschwache Schüler brauchen hierfür Hilfen. Erich Hartmann überträgt aktuelle Erkenntnisse der Leseforschung in die pädagogische Praxis und geht auf folgende Fragen ein:

- Was ist bildhaftes Vorstellen?
- Warum erleichtern bildhafte Vorstellungen das Verstehen von Texten?
- Wie können Schulkinder bildhaftes Vorstellen kompetent einsetzen?
- Wie bauen LehrerInnen diese Strategie in den Lese- und Fachunterricht ein?

Pädagogen werden mit Ideen versorgt, wie sie das Visualisieren im Unterricht richtig anwenden können – auch kombiniert mit anderen Strategien. Denn nur Lesen mit Köpfchen macht Spaß!

ℇℛ reinhardt

www.reinhardt-verlag.de

Karin Elke Krüll
Rechenschwäche – was tun?

3. Auflage 2000. 131 Seiten.
(978-3-497-01340-1) kt

Rechenschwäche (auch Dyskalkulie genannt) gilt ebenso wie die Lese-Rechtschreib-Schwäche als eine behandlungsbedürftige Entwicklungsstörung. Während zur Lese-Rechtschreib-Schwäche eine Fülle von Literatur existiert, rückt die Rechenschwäche erst allmählich in das Bewußtsein der Öffentlichkeit.

Dieses Buch ist aus der Praxis heraus entstanden, die Autorin behandelt seit Jahren Kinder mit Rechenschwäche. Sie kann daher kompetent und verständlich Antwort auf die zahlreichen Fragen von Eltern und Lehrern geben: Woran erkennt man Rechenschwäche? Wie kommt sie zustande? Wie sieht es mit der Schullaufbahn aus? Was können wir tun? Was sollten wir nicht tun?

reinhardt
www.reinhardt-verlag.de

Lisa Dummer-Smoch
Mit Phantasie und Fehlerpflaster

Hilfen für Eltern und Lehrer
legasthenischer Kinder
4., überarb. Auflage 2002. 144 Seiten
5 Abb. 8 Tab.
(978-3-497-01602-0) kt

Schüler mit Lese-Rechtschreib-Schwäche plagen sich oft mit Lernproblemen,
ihre Schullaufbahn ist gefährdet. In der pädagogisch-psycho-
logischen Forschung und auch an den Schulen wir das Phäno-
men meist wenig beachtet.

In diesem verständlich geschriebenen Buch finden Eltern,
Lehrerinnen und Lehrer zahlreiche Informationen zur Legasthenie und praktische Tipps zur Selbsthilfe. Die Autorin bietet
vielfältige Anregungen für spielorientiertes, entspanntes und
dadurch erfolgreiches Üben.

ℇᐯ reinhardt
www.reinhardt-verlag.de

Katrin Sellin
Wenn Kinder mit Legasthenie Fremdsprachen lernen

2004. 159 Seiten
Mit zahlreichen Übungsvorschlägen
(978-3-497-01673-0) kt

Katrin Sellin
Wenn Kinder mit Legasthenie
Fremdsprachen lernen

Nicht alle Kinder lernen Fremdsprachen mit Leichtigkeit – vor allem dann nicht, wenn die Schüler Lese- und Rechtschreibschwierigkeiten haben. Schüler mit dieser Teilleistungsschwäche schreiben ein Wort möglicherweise auf verschiedene Arten falsch; aus dem englischen „please" wird dann ein „plez" oder auch ein „pleas". Es kann für sie eine große Anstrengung bedeuten, die richtige grammatische Form oder die richtige Satzstellung zu konstruieren.

Lehrer, Therapeuten und auch die Eltern benötigen daher Wissen über allgemeine Entwicklungs- und Lernprozesse bei Kindern und Jugendlichen. Besonders sollten sie darüber informiert sein, welche Schwierigkeiten sich den Kindern mit Legasthenie beim Erwerb einer Fremdsprache stellen und wie sie sie geschickt fördern können, z. B. beim Aufbau von Sprechfertigkeiten, beim Lesen, bei der Sicherung der Rechtschreibung, beim Vokabellernen, beim Nutzen einer Lernkartei oder einfach beim Spielen.

Katrin Sellin hat die wichtigsten Informationen zum Fremdspracherwerb bei Legasthenie anschaulich zusammengestellt und gibt die reichhaltigen Erfahrungen weiter, die sie als Sprachlehrerin und Therapeutin legasthener Kinder gesammelt hat. Ein hilfreiches Nachschlagewerk mit Kopiervorlagen für Lehrer und Eltern, die Kinder mit Legasthenie erfolgreich fördern möchten.

 **reinhardt**
www.reinhardt-verlag.de

C. Klicpera | A. Schabmann |
B. Gasteiger-Klicpera
Legasthenie

Modelle, Diagnose, Therapie und
Förderung
2003. 316 Seiten. 19 Abb.
Mit 94 Übungsaufgaben
UTB-M (978-3-8252-2472-1) kt

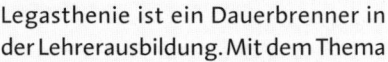

Legasthenie ist ein Dauerbrenner in
der Lehrerausbildung. Mit dem Thema
Lese- und Rechtschreibschwäche muss sich jeder angehende
Lehrer auseinandersetzen.

- Wie häufig treten Lese-Rechtschreibschwierigkeiten auf
  und wie erkennt man sie?
- Wie entwickeln sie sich?
- Was weiß man heute über ihre Ursachen?
- Wie kann man die Kinder fördern?

Anschaulich antwortet das Lehrbuch auf diese Fragen. Dabei
werden Erklärungsansätze der Informationsverarbeitung, der
akustischen Wahrnehmung, Neurologie, Biologie sowie soziale
Ursachen diskutiert. Auch der Kontext zu anderen Störungen
und Verhaltensauffälligkeiten, z. B. Hyperaktivität, spielt eine
Rolle. Die Autoren beschreiben Methoden der Diagnostik und
stellen gängige Tests im kritischen Vergleich vor. Interventions-
strategien werden ausführlich beschrieben: Theoretisch
fundiert und mit Blick auf die künftige Praxis wird gezeigt, wie
man legasthenische Kinder in und außerhalb der Schule fördern
kann.
Mit Marginalienspalte, Übungsaufgaben und einem Glossar zur
Prüfungsvorbereitung bestens geeignet!

ℝ/ reinhardt

www.reinhardt-verlag.de

Karl-Heinz Braun
Konstanze Wetzel
Soziale Arbeit in der Schule

Ziele, Methoden, Schulentwicklung
2006. ca. 200 Seiten.
(978-3-497-01864-2) kt

Karl-Heinz Braun · Konstanze Wetzel
Soziale Arbeit in der
Schule

Dort, wo Schule an ihre Grenzen stößt,
ist heute mehr denn je die Soziale Arbeit
gefragt. Doch wo liegen sozialpädagogische Handlungsfelder in der Schule?
Was kann und soll Soziale Arbeit in der Schule leisten? Wie
können Schule, Kinder- und Jugendhilfe und Soziale Arbeit
sinnvoll kooperieren?
Karl-Heinz Braun und Konstanze Wetzel zeigen, wie Schulen
durch sozialpädagogische Angebote ein neues, attraktives
Profil gewinnen können. Elemente der Erlebnis- und Spielpäd-
agogik, der geschlechtsbewussten Erziehung, der sozialen
Beratung, der berufsbezogenen Jugendbildung und einer ausgeprägten Sozialraumorientierung tragen dazu bei, dass die
Schule ihrem Auftrag zur öffentlichen Erziehung ganzheitlich
gerecht werden kann.

Die Vorschläge und Anregungen beziehen sich gleichermaßen
auf das deutsche und österreichische Schulwesen.

Eine unverzichtbare Lektüre für alle, die an Schnittstellen von
Sozialer Arbeit, Schule und Kinder- und Jugendhilfe arbeiten.

reinhardt
www.reinhardt-verlag.de

Karl E. Dambach
Zivilcourage lernen in der Schule

Unter Mitarbeit von Claudia Tauscher
und Nicole Wilhelm
(»Kinder sind Kinder«; 28)
2005. 109 Seiten. 18 Abb. 6 Tab.
(978-3-497-01748-5) kt

An Schulen werden Kinder gehänselt, ausgegrenzt und leider gar nicht selten gemobbt. Wegsehen gilt nicht, sagt Karl Dambach. Er hat ein Programm gegen soziale Gleichgültigkeit entwickelt. Es ist geeignet für Schüler zwischen 12 und 17 Jahren: Die Schüler üben mutiges Verhalten ein und lernen Zivilcourage im Schulalltag.

Karl E. Dambach
Mobbing in der Schulklasse

(»Kinder sind Kinder«; 15)
2., überarb. und erw. Auflage 2002
115 Seiten. (978-3-497-01588-7) kt

Karl E. Dambach zeigt die typischen Verhaltensmuster, die bereits in der Schule gelernt und geübt werden. Er gibt konkrete Hinweise, wie Lehrer und Eltern den gemobbten SchülerInnen helfen können, und bietet Hilfen, wie das Sozialverhalten in der Schule verbessert werden kann.

ℰ∕ reinhardt
www.reinhardt-verlag.de

Kurt Singer
Zivilcourage wagen

Wie man lernt, sich einzumischen
3., überarb. Auflage 2003. 204 Seiten.
(978-3-497-01648-8) kt

Mutig die persönliche Meinung sagen, zur eigenen Überzeugung stehen, sich gewaltfrei mit Andersdenkenden auseinander setzen – das ist Zivilcourage. Viele Bürger würden sich gern einmischen: am Arbeitsplatz, auf der Straße, in Gemeinden, Schulen oder in einer Partei. Aber die Angst, gegen den Strom zu schwimmen, hält sie zurück. Dieses Buch wendet sich an alle, die sich mit sozialem Mut für mehr Menschlichkeit engagieren wollen. Sie werden darin bestärkt, Bürgermut als demokratische Tugend zu entwickeln.

Anschauliche Beispiele regen Leserinnen und Leser an, Autoritätsangst, Konfliktscheu und Anpassungsbereitschaft zu überwinden. Zivilcourage ist lernbar – das zeigt Kurt Singer in seinem überzeugenden Plädoyer.

ℛ reinhardt
www.reinhardt-verlag.de

CHRIS YATES

NACHTWANDERN

EINE REISE IN DIE NATUR

AUS DEM ENGLISCHEN VON
FRANK SIEVERS

INSEL VERLAG

Die Originalausgabe erschien 2012 unter dem Titel *Nightwalk.*
A Journey to the Heart of Nature bei William Collins, einem
Imprint von HarperCollins Publishers, London.

Die Zitate von Konrad Lorenz folgen seinem Werk
Er redete mit dem Vieh, den Vögeln und den Fischen, dtv 1998.

Erste Auflage 2019
© der deutschen Ausgabe Insel Verlag Berlin 2019
© Chris Yates 2012
Umschlaggestaltung: hißmann, heilmann, hamburg
Umschlagfoto: Mert Sahbaz, Studio Pale Grain, Stockholm
Satz: Greiner & Reichel, Köln
Druck: GGP Media GmbH, Pößneck
Printed in Germany
ISBN 978-3-458-17781-4

INHALT

Für meinen Bruder Nick,
der als Kind mit mir oft
über die nächtlichen Pfade gegangen ist.

»In einer klaren Nacht
stundenlang zu wandern ist die
größte Erfahrung, die wir
machen können.«
Thomas A. Clark,
In Praise of Walking

1

VERLANGSAMTE ZEIT

Zur Wintersonnenwende ist die Zeit kurz und tickt im Tempo eines Mannes, der zum Bahnhof eilt, zur Sommersonnenwende aber ist die Zeit lang, und könnte der Mann sein Tempo daran angleichen, würde er mit Sicherheit den Zug verpassen.

Von Mitte Juni bis Mitte Juli jage ich nicht mehr Zügen oder Bussen oder anderen Dingen nach, die der tickenden Uhr folgen, sondern lieber Fischen, da nun in meinen Lieblingsgewässern die Saison beginnt und ich als leidenschaftlicher Angler gar nicht anders kann, als mich dem langsameren Puls des Sommers anzupassen, wenn ich wieder in die Welt der stillen Tümpel, gespiegelten Abende und dunstigen Sonnenaufgänge tauche. Seitdem ich, vor einem halben Jahrhundert, flügge geworden bin und gelernt habe, eine Schnur auszuwerfen, bin ich Jahr für Jahr wie ein Zugvogel an meine Angelplätze zurückgekehrt, obwohl auch ich es schätze, wenn die Tage sich dehnen und ich noch Zeit für andere Dinge als nur zum Fischen habe. Und trotz meiner saisonalen Obsession weiß ich, dass irgendwann zur Sonnenwende ein Abend kommen wird, an dem alle Gedanken an Fische einfach davonschwimmen und es mich stattdessen zu einer anderen, ebenso verlockenden Tätigkeit zieht.

Während ich diese Zeilen schreibe, liegen Angeln und Ausrüstung unordentlich im Zimmer verstreut. Ich sitze am Fenster und blicke mit einem Auge auf die Zwillingseichen, die am Hang gegenüber von meinem Haus aufragen. Noch glimmen ihre Blätter golden in der untergehenden Sonne; doch schon bald werden sie wieder eintönig grün sein, um schließlich durch alle Blauschattierungen hindurch zu ergrauen. Zuletzt, in etwa einer Stunde, werden die beiden Bäume schwarz und unförmig im Gegenlicht stehen wie ihre eigene Karikatur, und erst dann, wenn alles Land nur noch Silhouette ist, werde ich mich auf den Weg machen – nicht zum Angeln, sondern um durch die schmale Sommernacht zu wandern, bis am nächsten Morgen wieder die Sonne aufgeht.

Im Gegensatz zum Angeln im Totwasser, das jedes Jahr am sechzehnten Juni beginnt, ist mein nächtlicher Ausflug spontaner, wobei er nicht davon abhängt, wie gut oder schlecht mein Fang war. Wie gesagt, unternehme ich ihn meist zur Zeit der Sonnenwende, wenn die Nacht in diesem Breitengrad nur ein vierstündiges Schattenband ist, doch wenn das Wetter unpassend ist, warte ich ab, bis es wieder freundlicher ist, die Luft ruhig und der Mond voll genug. Seit über einem Monat kommt der Wind aus Norden, bei klarem Himmel. Die Tage waren heiß und ohne Atmosphäre, die Nächte kalt, und als der Mond schließlich voll war, verströmte er ein sprödes, fast winterliches Licht. Es mag kleinlich wirken, vor kühlen klaren Nächten die Nase zu rümpfen, wo unsere Sommer oft nass und bewölkt sind, nur kann die nächtliche Landschaft bei kalter und trockener Witterung öde wirken wie eine leere Hülle, während milde und feuchte Witterung sie zu raschelndem Leben erweckt.

Als ich heute nach dem Abendessen gerade wieder zu meinem wunderbaren weidenverdeckten Gumpen zurückkehren wollte, schien der Blick aus meinem Fenster in die Ferne auf einmal *noch ferner* zu sein. Ich öffnete das Fenster und blickte zu einer einzelnen fischförmigen Wolke auf, die von Süden heranzog. Die Luft war schwerer als zuvor; sie roch nach Gras und Holunderblüten und ließ den Vogelgesang stärker nachklingen. Jeder erfahrene Angler weiß, dass mildes Wetter anregende Wirkung auf Fische hat.

Heute Abend werden die Tümpel und Seen übersprudeln, ich aber werde anderswo sein.

2

IM LETZTEN LICHT

Nachdem die Sonne untergegangen ist, scheinen die beiden Bäume noch weiter aus dem Hügel zu ragen. Fast hätte sich eine Gang junger Saatkrähen in ihnen niedergelassen, sie kreisten um die obersten Äste und schrien frenetisch. Vielleicht hatten sie eine erwachende Eule erspäht oder wollten eine neue Republik gründen, doch nach ein paar Überkopfschwüngen stellten sie schließlich fest, dass es schon spät war, weshalb sie heim in ihre Krähenkolonie flogen. Dabei ist es noch gar nicht so spät. Es mag vielleicht halb zehn sein, doch senkt sich das Licht derart langsam, dass ich noch in aller Ruhe meinen Tee austrinken und trotzdem losgehen kann, bevor es dunkel ist.

Am liebsten beginne ich meine Wanderungen im Dämmerlicht. Meine Augen können sich dann nicht nur besser an die Dunkelheit gewöhnen, als wenn ich aus dem Licht ins Schwarze träte, sondern ich mag auch, auf welch vielfältige Weise sich die gewohnte Umgebung verändert. Manche Dinge verschmelzen mit dem Hintergrund, andere bleiben fest für sich, enthüllen aber überraschende neue Facetten. Auch kommt es dann und wann zu einem interessanten Aufeinandertreffen zwischen tag- und nachtaktiven Tieren, wenn etwa frühe Fledermäuse und späte Mauersegler gemeinsam herabschießen oder der Dachs den Hasen überrascht.

Allmählich wird der abendliche Chor, der durch das offene Fenster dringt, leiser und bruchstückhafter, nur ein Singdrossel-Männchen will die versprengten Kollegen noch anspornen mit seinem unablässigen »Hepp! Hepp! Hepp!«. Er sitzt in der Krone der Eibe, in der Ecke meines Gartens, Brust geschwollen, Kopf zurückgelehnt, die anderen Sänger nunmehr vergessend und ganz darauf konzentriert, sich selbst kundzutun. Seitdem er um fünf Uhr früh sein erstes Lied angestimmt hat, hat er kaum Luft geholt, geschweige denn die Jungen gefüttert oder häusliche Pflichten erfüllt. Mit seiner Ausdauer kann kein Singvogel mithalten. Irgendwo in der Nähe sitzt seine Partnerin mit ihrer zweiten Brut im Nest. Beeindruckt sie die monumentale Leistung, die er da Tag für Tag abliefert? Hat sie seine Endloskaskaden nicht langsam satt? Die Botschaft sollte doch inzwischen angekommen sein. Würde sie sich nicht viel eher freuen, wenn er sich mehr um die Kinder kümmerte? Ab und zu schlägt er eine Schnecke und bringt sie ihnen, aber wichtiger ist ihm doch sein Gesang.

Die Singdrossel tönt keck wie ein Waldhorn, während die Amsel verführerisch klingt wie eine Flöte, und aus dem Apfelbaum in der anderen Ecke des Gartens ruft ein Amsel-Männchen – ein wahrer Maestro. Wenn mich die Singdrossel noch vor Sonnenaufgang weckt, was sie seit April des

Öfteren getan hat, reagiere ich manchmal gereizt – ich gehe erst nach Mitternacht zu Bett –, doch wenn mich diese Amsel so früh wachruft, liege ich lächelnd in den Kissen. Der Ton ist unverkennbar Amsel, aber die Improvisationen, die fließenden Schleifen und unerwarteten Tonartwechsel sind ganz ihre eigene Kunst. Wer sie gehört hat, findet jede Singdrossel mechanisch und jede Nachtigall monoton – wenngleich es in dieser Gegend keine Nachtigallen mehr gibt, wäre Ende Juni ohnehin bereits zu spät für ihren Gesang.

Die Eulen, genauer gesagt die Waldkäuze, rufen häufig in der Dämmerung, kündigen sich nach dem letzten Singvogel aber meist erst nach einer kurzen Pause an. Je nach Stimmung und Witterung bleiben sie vor allem zu dieser Zeit des Jahres, wenn sie ihre Jungen füttern müssen, oftmals nächtelang stumm. In anderen Nächten und anderen Jahreszeiten hallen ihre melancholischen Stimmen kilometerweit durch Wald und Niederung.

Vor fünfundzwanzig Jahren kam ich mit meiner jungen Familie in diese Gegend, verlockt vom hügeligen Kreideland ebenso wie von den Bächen und Flüssen, die es durchziehen. Meine Kindheit habe ich in den North Downs verbracht, hundertfünfzig Kilometer weiter östlich, sodass mir die hiesige Topografie vertraut erschien, wobei die Hügel höher und die Wälder weitläufiger sind. Hier in meinem liebsten Wandergebiet liegt unser Haus eines Landverwalters aus dem 18. Jahrhundert. Ich gehe einfach aus der Tür, steige den baumbestandenden Hang hinterm Haus hinauf und kann kilometerweit Pfaden und Wegen folgen. Die einzigen Menschen, denen ich tagsüber ab und zu begegne, sind andere Wanderer, Schafhirten (auf Quads) und Wildhüter (im

Land Rover). Nachts aber begegne ich, da ich lautlos gehe und keine Taschenlampe benutze, nur den echten Einheimischen.

Vermutlich wird dieser Ausflug der einzige in diesem Jahr sein, der bis in die Morgendämmerung reicht, doch haben mich Wanderungen im Dunkeln schon immer fasziniert, und sei es ein kurzer Spaziergang unter Sternen nach dem Abendessen. Da mich meine Kinder schon früh auf meinen mondbeschienenen Streifzügen begleitet haben, verloren sie schnell ihre instinktive Angst vor der Dunkelheit und gingen bald eigenständig auf nächtliche Abenteuer.

Als ich selbst klein war, unternahmen meine Eltern mit meiner Schwester, meinem Bruder und mir immer lange Sonntagsspaziergänge durch die Felder und Wälder am Ende der Straße, aber meist waren wir wieder daheim, bevor es dunkel war. Nur im Winter, wenn die Sonne schon um vier Uhr untergeht, hatte uns die Dunkelheit bisweilen überholt. Meine Eltern versuchten das zwar zu vermeiden, aber mir gefiel, wie die wohlgeordnete Landschaft im abnehmenden Licht wilder und geheimnisvoller wurde, auch dass die nahende Dunkelheit alle anderen Menschen verjagt hatte und wir durch unbewohntes Land zu laufen schienen – nur besiedelt von der ansässigen Fauna.

Auf dem letzten Kilometer einer Dezemberwanderung, als der Frost das Gras zu umkrusten begann und die Nacht an unseren Kragen zurrte, hörte ich in den Bäumen hinter mir ein Rascheln, das mich innehalten ließ. Während meine Familie nichtsahnend weiterstapfte, drehte ich mich zögerlich um. Für einen kurzen Moment blieb mein Blick an dem Waldskelett hängen, das vor der eisblauen Dämmerung kauerte, darüber die fahlweiße Kerbe des Neumonds. Aber da war noch etwas; eine vage Bewegung am Rande der Bäume, ein nicht ganz geräuschlos, aber flink laufendes Wesen, das sofort im Schatten verschwand. Fuchs? Reh? Kobold? Ich hatte keine Ahnung, aber ich war auch erst sieben Jahre alt, und die einzigen wilden Tiere, die ich außer Vögeln bis dahin gesehen hatte, waren Kaninchen, rote Eichhörnchen – es war 1955 – und Igel.

Obwohl es nichts Besonderes ist, wenn ein Tier im Dunkeln in seinen Unterschlupf huscht, war für mich das Magische daran, dass ich es zum ersten Mal erlebte und meine vom Dämmerlicht geschärften Sinne mir vorgaukelten, ich würde dem Flüchtenden folgen. Tatsächlich war ich so scheu, dass ich mich keinen Zentimeter bewegte, und trotzdem war diese erste Begegnung ein Vorgeschmack auf alles, was ich erleben sollte, als ich mich von Mal zu Mal mutiger allein in die Dunkelheit wagte. Ich entdeckte, dass diese Landschaft zwei Leben besaß: eines am Tag, wenn sie von Vögeln und anderen kurz erhaschten Tieren bevölkert war, aber auch von den Menschen, die die Vögel störten und die am Boden lebende Fauna vertrieben. Und eines in der Nacht, wenn niemand mehr draußen war, nicht einmal der schwarze Mann; die einzigen Vögel, die ich dann sah, waren Eulen, aber es gab die verschiedensten anderen Tiere, die ganz selbstverständlich ihrem nächtlichen Treiben nachgingen, eine geheime Welt, in ungestörter Nacht zum Leben erweckt. Ich lernte mich zu bewegen, ohne sie aufzuscheuchen, kroch wie eine Maus in den Wald und blieb wenn nötig eine ganze Stunde reglos sitzen, richtete mein Ohrenmerk auf die Umgebung und malte mir anhand der trippelnden Pfoten oder des klackernden Geweihs die unsichtbaren Formen aus, bis ich sie tatsächlich in diesem Schattenreich erspähte.

Wenn ich später, am helllichten Tag zum Beispiel, ein Reh sah, hatte das nie dieselbe Wirkung, wie wenn ich es in den Mondtupfern zwischen den Bäumen erblickte. Tagsüber borgten sich die Rehe und Füchse mein Herz nur, in der Nacht aber stahlen sie es.

Doch nun, im letzten Licht, werde ich, da diese Worte wie unsichtbare Tinte auf der ergrauenden Seite verblassen, die Feder niederlegen, die Wanderschuhe schnüren und sehen, was diese neue Nacht für mich bereithalten mag.

3

NACH NORDEN

Als ich schließlich in den schattenhaften Garten hinaustrat, zeigte die Küchenuhr schon fast halb elf. Am samtigen Himmel über mir würde bald der erste von tausenden Sternen erscheinen, während sich die Gänseblümchen zu meinen Füßen, die den ganzen Tag begierig ins Blaue schauten, eingefaltet hatten und nun Kindern glichen, die sich bei zudringlichen Verwandten die Hände vors Gesicht halten.

Eine halbe Stunde zuvor war der langatmigen Drossel endlich die Luft ausgegangen. Nun herrschte Stille, nur gelegentlich blökten noch die zehn Wochen alten Lämmer, die mit ihren Müttern unter den Zwillingseichen lagen. Als ich ein paar Schritte machte, um einen besseren Blick auf die noch glimmende Dämmerung im Westen zu haben, sah ich schon den ersten Stern oder – besser gesagt – Planeten: die Venus, schemenhaft schimmernd wie eine Kerze auf einem See. Ab und zu flackerte eine Fledermaus vor ihr vorüber, und eine große Motte schoss nahe an meinem Gesicht zu Boden; die ersten Vorboten des einsetzenden Nachtlebens.

Der Abend roch, als hätte die Erde ihre Poren geöffnet, um durch das kräuterdurchsetzte Gras einen unterirdischen Fluss aufsteigen zu lassen. Nach der leichten, trockenen Luft der Vorwoche war es fast tropisch feucht, sodass die Geräusche nun weiter reichten und ich deutlich das letzte schläfrige Krächzen aus der Krähenkolonie hören konnte, deren Wäldchen vierhundert Meter entfernt lag. Bestimmt echoloteten über mir die Fledermäuse. Als Kind dachte ich einmal, meine Eltern hätten ihr Gehör verloren, weil sie das Fiepsen der Fledermäuse nicht hörten, die den Saum eines meiner Lieblingswälder entlangfegten; viel später, als ich schon Mitte vierzig war, staunten meine eigenen Kinder, dass mir das Fledermausflüstern nichts mehr sagte – nur wenige Sommer, und plötzlich lagen die hohen Frequenzen über meinem Radar.

An Tagen, da mir bereits ein paar Kilometer durch abwechslungsreiches Gelände genügen, um mich wieder frisch und kraftvoll zu fühlen, werfe ich manchmal eine Münze, um einen Pfad auszuwählen. Von meinem Haus kann ich in jede Himmelsrichtung ausschweifen und komme durch Wälder, Felder und Hügel, aber an Mittsommerabenden gehe ich ausschließlich nach Norden.

Die Gegend liegt hoch, zweihundertsiebzig Meter steigen die steilhangigen Kreidehügel an; es gibt keine Lichtverschmutzung, sodass an klaren Abenden gut der leichte Sonnenglanz zu sehen ist, der von West nach Ost über den nördlichen Horizont schwenkt. Selbst der Vollmond, der im Juni tief im Süden liegt, lenkt meinen Blick nicht von diesem mich leitenden Licht.

Gleich unter welchem Nachthimmel, sommers wie winters, sternenklar oder bewölkt, sehe ich, sobald sich meine

Augen an die Dunkelheit gewöhnt haben, immer meinen Pfad. Selbst wenn er einmal unter einer dichten Baumkrone verschwände, würde ich keine Taschenlampe hervorholen. Ihr Licht würde mir zwar präzise den Weg weisen, mich aber blind machen für die Welt jenseits des breiten Tunnels, den ihr Strahl mir grübe. Unter Bäumen kann sie zum Sprengkörper werden, der erschreckte Ringeltauben von den Zweigen schießen lässt; auf offenem Gelände stellt sie mich kilometerweit bloß. Außerdem mag ich es, mir in der orientierungslosen Dunkelheit dichter Wälder meinen Weg zu suchen, wenn die Füße keinen Pfad mehr ertasten und die matten Himmelsspalte im Dach der Baumkronen meine einzigen Fixpunkte sind. Doch obwohl ich sogar manchmal die tiefe Angst genießen kann, in die mich solch dunkle Ecken versetzen – die alten Geister, die uns daran erinnern, dass die Nacht früher für uns lebensgefährlich war –, ist mir das Liebste immer noch der langsame, mäandernde Aufstieg zu den glimmenden Nordkanten der Junimitternacht. Mit jedem Kamm oder Hang prägt dieses Glimmen meinen Horizont und eröffnet mir eine immer neue Bühne, die ich geduldig und zuweilen mit dem Fernglas absuche, um eine Szene des nächtlichen Schattenspiels zu erhaschen, das nur in dieser kurzen Zeit des Jahres zu sehen ist.

Vielleicht erlebe ich ein Schauspiel, vielleicht geschieht aber auch nichts. Nach unzähligen ereignislosen Nächten unter vielversprechenden Bedingungen versuche ich meinen angeborenen Optimismus zu zügeln. Die Landschaft kann in einer Nacht wie ausgestorben sein und in der nächsten wimmeln und brummen. Es ist, als würfe ich an einem verheißungsvollen Gumpen die Schnur aus und wüsste nicht, wann oder ob überhaupt ein Fisch beißt; trotzdem kann ein trüber Angeltag urplötzlich eine prickelnde Erwartung wecken, wenn ich instinktiv spüre, dass bald etwas geschehen wird.

Obgleich die Luft nicht gerade prickelnd war, als ich aus dem Garten in das anliegende Wäldchen trat, erfüllte mich eine beglückende innere Ruhe, und ich schlich durch das schon dunkle Gehölz, ohne auch nur eine Ringeltaube aufzuscheuchen – immer ein guter erster Test. Anstatt den Hügel hinterm Haus hinaufzusteigen, folgte ich einem Pfad an dessen Fuß entlang, bis sich hinter den Bäumen steiles Weideland öffnete.

Auf dem Kamm über mir reihten sich die festen unerhellten Silhouetten: ein herzförmiger Weißdorn, eine junge Esche, Büschel von Disteln und schließlich fünf Paar Kaninchenohren. Hinter den Bäumen liegt ein Gehege, weshalb es nicht ungewöhnlich war, im Dunkeln die Karnickel hoppeln zu sehen; da sie sehr klein waren, boten sie mir einen guten Anhaltspunkt, um mein Fernglas für erhoffte spätere Begegnungen zu justieren.

Ich beschloss, ein paar Minuten zu warten, bis sich die Kaninchen außer Sichtweite gemümmelt hatten. Sie waren kaum vierzig Meter entfernt; ich wollte sie nicht erschrecken und, indem ich eine Panikwelle lostrat, womöglich interessantere Tiere verscheuchen, doch plötzlich hatten sie sich mit einem Ohrenzucken aufgerichtet und schauten wachsam in eine Richtung. Ein verdächtiges Rascheln im Gras? Fuchs? Wiesel? Ich inspizierte durch das Fernglas den Kamm, als dahinter gemächlich ein Hirsch aufstieg und auf mich zuzukommen schien. Durch meinen niedrigen Blickwinkel und das dämmrige Gegenlicht erschien er nicht nur größer als gewöhnlich, sondern sogar ein wenig irreal – ein mythischer Abkömmling aus mittelalterlicher Zeit, als in den weiten Wäldern noch die Hirsche regierten.

Schuld waren wohl das magische Licht, die berauschende Luft, die 8 x 25-Optik. Denn es war nur ein Rehbock, der kleinste in Großbritannien heimische Hirsch, aber als ich das Fernglas sinken ließ, war es immer noch ein prachtvolles Exemplar mit imposantem Geweih. Einige Augenblicke stand er auf dem Kamm und schien mich anzusehen. Wahrscheinlich würde er gleich sein höllenhündisches Gebell anstimmen, davongaloppieren und die Kaninchen in alle Winde zerstreuen, doch er zog sich einfach in einer rätselhaft langsamen Bewegung zurück, bis er wieder mit dem schwarzen Horizont verschmolz.

Begierig, zu erfahren, wohin er ging, rannte ich den Hang hinauf, dass die Kaninchen in ihre Bauten huschten, doch oben angelangt, sah ich nichts als ein leeres Schafsfeld. Tiefste Stille. Hoch oben im Nordosten funkelten mir die ersten Sterne.

4

NACHTLUFT

Wie ich einen Moment am Rande des Schafsfelds stehen blieb und überlegte, ob ich die nordwestliche oder die nördliche Route zu den Hügeln nehmen sollte, bemerkte ich, dass die Nacht nicht ganz so still war, wie ich gedacht hatte. Mein nach dem Laufen gereizter Atem überdeckte ein anderes atemhaftes Geräusch. Als ich es wahrnahm, hielt ich es zunächst für Wasser – eine überlaufende Schafstränke vielleicht –, doch nach ein paar Schritten begriff ich, was es wirklich war.

Dieses ausgedehnte Feld ist übersät mit dichten Inseln aus großen, jahrhundertealten Buchen. Die unter den ersten Sternen geduckten Baumgruppen waren vollkommen still, bis auf eine; ich schritt auf sie zu und stellte fest, dass sie in einer vereinzelten Brise leise vor sich hin zitterte.

In der tiefen Stille kam dieses Rascheln unerwartet, wobei hier gar nichts Ungewöhnliches geschah. Bei klarem Himmel kann die Luft nach Sonnenuntergang ganz neue Ausdrucksformen entwickeln, gerade in einer aufgewühlten

Landschaft wie dieser mit ihren hohen begrasten Hügeln und den tiefen, engen Tälern. Wenn die Luft am Ende eines Sommertags zur Ruhe kommt, verweben sich verschiedenste Strömungen zu einem feinen Geflecht: Von den Hügelkuppen ergießt sich kalte Luft, während an den Rändern der Niederungen warme Luft aufsteigt, sodass ein eng eingegrenztes Wettersystem aus schwachen Fall- und Aufwinden entsteht, das wie hier auf dem Schafsfeld erstaunliche Nebeneffekte haben kann. Mich überraschte, wie stark die Brise war – noch kein Wind, aber doch ein ziemlich gleichmäßiger Luftstrom, der die Baumkolonne anwehte, ohne darüber hinaus zu einem weiteren Wald zu reichen; und auch am Boden war keine Bewegung zu spüren; das Zittern blieb in der oberen Baumhälfte.

Nachdem ich schon das halbe Feld hinaufgelaufen war, beschloss ich, in diese Richtung weiterzugehen, nach Norden, anstatt der nordwestlichen Route über den Kamm zu folgen. Ich dankte den Bäumen für die Wegweisung und machte mich auf; doch schon nach wenigen Metern endete das Rascheln abrupt, als wäre ein Gartenschlauch abgedreht worden. Da ich erwartete, dass die Brise wieder anhob, blieb ich stehen, aber ihre Kraft war verebbt oder sie hatte wie ich einen neuen Weg eingeschlagen.

Das Feld führte in einem sanften Bogen hügelab auf einen Zaun zu, wohinter das Gelände steilab ins nächste Tal fiel. An den oberen Hängen glomm noch die Abendröte, während die dunkle Niederung da und dort von den hellen Punkten dösender Schafe durchtupft war wie ein schwarzer Fluss von Trittsteinen. Aus dem Hain zu meiner Rechten rief ein Waldkauz, und da ich hoffte, ihn hervorlocken zu können, erwiderte ich seinen Ruf. Vor allem im Herbst und im Frühling, wenn die adulten Männchen permanent ihr Revier ausrufen, lässt sich ein neugieriger oder aggressiver Vogel selbst durch eine mittelmäßige Nachahmung täuschen. Und sooft ich schon den lautlosen Eulenflug beobachtet habe, schlägt mein Herz doch jedes Mal aufs Neue ein wenig schneller. Die Erscheinung des Vogels am klaren Nachthimmel hat immer etwas Wundersames – erst der in der Ferne einfinsternde Sternhaufen, dann die allmählich sich verfestigende mottenhafte Kontur, die manchmal nur einen Meter über meinem Kopf vorbeifliegt. (Seitdem der großartige Vogelfotograf Eric Hoskings ein Auge an einen Waldkauz verloren hat, vermeide ich es allerdings, in nachtdunklen Wäldern Eulen anzulocken, da ich unsicher bin, ob sie mich nicht vielleicht angreifen.) Zu dieser Zeit im Jahr sind die Waldkäuze für gewöhnlich stumm, wobei es wie hier im Hain auch immer ein paar Abweichler gibt – nachdem dieser meinen Ruf nicht erwiderte, nahm ich jedoch an, dass ich ihn nicht interessierte. Vielleicht war er auch im Tiefflug an mir vorbeigesegelt, ohne dass ich ihn sah, da eine Minute nach meinem letzten Versuch plötzlich aus einem Weißdorn der Warnruf einer Amsel schoss. Eulen jagen nicht nur Mäuse, sondern auch schlafende Vögel, aber vielleicht hatte auch nicht der Waldkauz, sondern mein Ruf die Amsel aufgeschreckt.

Vor dem Leuchten im Norden, auf das die Niederung zulief, erschien sie selbst noch dunkler. Für die letzte Stunde vor Mitternacht war das Glimmen eigentlich zu stark, zugleich konturierte es nur einen schlanken Streifen am Horizont. Je höher ich blickte, desto mehr Sterne sah ich, und als ich mich umdrehte, wischte die Milchstraße bis weit hinab in den Süden.

»Nachtwandern« ist genau genommen der falsche Begriff für meine nächtlichen Ausflüge; im Grunde lasse ich mich vom Zufall leiten und mache mal hier, mal dort Halt, manchmal nur für einen kurzen Moment, manchmal für eine ganze Stunde, je nachdem, was meine Aufmerksamkeit bannt. Ich verliere jedes Zeitgefühl, und zu einem Ziel zieht es mich nur, wenn der Sonnenaufgang naht, den ich von einem besonderen Aussichtspunkt erleben möchte, oder wenn mich ein Trugbild meiner Teekanne nach Hause lockt.

Ich habe keine Ahnung, wie lange ich dastand und den heller werdenden Sternen zusah, lange genug jedenfalls, um zwei prachtvolle Sternschnuppen und mehrere große Insekten zu beobachten, die wie pfeilgerade Flugzeuge über mich hinwegzischten, und um die erneute Änderung der Luft zu spüren. Der leiseste Luftzug, der von der Niederung aufstieg, endete im Nichts, sodass ein regloser Raum für eine weitere unerwartete Strömung entstand. Säuselnd zog ein Strom über das Feld zu meiner Linken und wehte wie ein Geisterzug an mir vorbei. Zugleich stärker und flüchtiger als die Brise auf dem Schafsfeld, blies er den Zaun entlang und verlor sich in der Ferne.

Vielleicht hatte die gerade von Süden herangezogene Wetterfront die gewohnte Strömung der kühleren Luft gehemmt, die von den Hügeln im Norden kam, so wie die hereinströmende Flut den Flusslauf umkehrt. Inzwischen aber hatten sich die Gezeiten zur Nacht gewendet und die angestaute Luft Dampf abgelassen.

Ich rückte meinen Hut zurecht und wartete, bis wieder Ruhe einkehrte, dann begab ich mich auf den Weg hinab in die Niederung, langsam und sacht, um die schlummernden Schafe nicht zu stören.

5

EIN KREIS IM GRAS

Der Pfad durch die Niederung fällt nach Norden hin sanft ab, sodass ich bald einen kühlen Luftzug verspürte. Obwohl das Gras nicht gerade taugetränkt war, lief ich trotzdem leiser und leichter als auf dem trockenen Weideland. Durch die hohen Bäume zu beiden Seiten wirkte der Taleinschnitt derart tief, dass ich mir wie eingekesselt vorkam. Selbst als die Baumreihen ausdünnten, konnte ich mir einbilden, durch eine Schlucht zu laufen.

Im Dunkeln scheinen Entfernungen nicht mehr den Gesetzen der Perspektive zu gehorchen. Während ich den hohen Horizont vor mir deutlich erkennen konnte, verschwand mein Pfad schon nach zehn Metern in der Düsternis. Insofern hatte ich trotz meines gleichmäßigen Tempos durch den beschränkten Vordergrund und den nichtvorhandenen Mittelgrund den Eindruck, entweder unendlich langsam zu gehen oder aber vom scheinbar nahen Hügel am Ende der Niederung noch hundert Kilometer entfernt zu sein. Solange ich starr geradeaus blickte, blieb die Illusion erhalten, doch als neben mir etwas aus dem Gras stob und den Hang zu meiner Linken hochfegte, war der Zauber gebrochen. Um gegen den Sternenhimmel besser zu sehen, kniete ich nieder, und ich erkannte eine lange, niedrige Gestalt mit erstaunlich langen Beinen, die rasch kleiner wurde – ein aufgeschreckter Hase, flugs verschwunden.

Vorsichtig ging ich zu der Stelle, wo das Tier aufgesprungen war, da ich vermutete, eine Häsin mit Jungen gestört zu haben. Obwohl ich selbst aus der Nähe kaum Einzelheiten wahrnahm, fand ich schließlich doch eine offene Tasche aus Grashalmen, die sich warm und trocken anfühlte. Junge gab es jedoch keine.

Es wäre, wenngleich nicht ausgeschlossen, so doch ungewöhnlich, dass sich so nah an einem Fußpfad ein Reh mit seinen Kitzen niederließ.

Vor Jahren entdeckte mein Sohn Will an dem Pfad, der über das Schafsfeld führt, eine Höhle mit drei neugeborenen Hasen, und vor Kurzem sah ich eine Häsin, die nur einen Steinwurf von unserem Haus entfernt zu ihrer Kinderstube heimkreiste. Als ich eines Abends Ende Mai aus dem Fenster sah, kam sie gerade unter den Eichen hervor und hoppelte langsam in einem weiten Halbkreis über das Feld. Dann blieb sie eine oder zwei Minuten im hohen Gras sitzen, die Ohren auf Halbmast, ehe sie weitertrottete und den Kreis vollendete. Nach einer zweiten kurzen Pause legte sie an Tempo zu und beschrieb eine allmählich enger werdende Spirale, in der sie mit jetzt angelegten Ohren immer schneller werdend wie von einem mysteriösen Wirbel mitgerissen in Richtung Zentrum stob. Dann stoppte sie und versank im Gras. Ich hielt den Blick fest auf diesen einen Punkt gerichtet, bis es dunkel wurde, doch sie tauchte nicht noch einmal auf.

Hasen können ein verschrobenes Verhalten an den Tag legen; ich habe sie schon dabei beobachtet, wie sie sich boxen und jagen und Saltos vollführen, ein solches Kreiseln dagegen habe ich noch nie gesehen. Ich vermutete eine instinktive Verteidigungsstrategie, um Angriffen durch Raubtiere zu entgehen, die dem Geruch der Häsin folgten. Wenn sie etwa einen Fuchs im Kreis führte, konnte sie ihn früh genug riechen und von ihren Jungen fortlocken, ehe sie ihm in einer Wolke aus Graspollen davonstob. Ich bin sicher, dass sie Junge großzog, weil ich sie an den nächsten beiden Abenden wieder am selben Ort sah. Ob sie kam oder ging, stets vollführte sie ihre schwindelerregende, ein- wie auswärts drehende Spirale, und immer wenn sie hinterm Feldrand verschwand, war ich versucht, mich durchs Gras heranzuschleichen, um mich zu vergewissern, dass sie Junge hatte. Aber am Ende ließ ich sie doch lieber in Frieden.

Bis Mitte der 1960er Jahre trat *Lepus* das eine oder andere Mal am Haus meiner Kindheit in den North Downs in Erscheinung. Sowie ich ihn über die offene Wiese laufen sah, bekam ich große Augen. Selbst mit seinen aufgerichteten Langohren strahlt ein galoppierender Hase eine lässige Anmut aus, aber wenn er urplötzlich voranstiebt, die Ohren angelegt, die Schritte länger als sein eigener Körper, scheint er beinahe zu fliegen. Dieses Bild, das mich als Junge derart beeindruckte, wurde immer seltener, da das Territorium des Hasen entweder verwüstet oder permanent gestört wurde, und als ich in den 1970er Jahren fortzog, hatte ich ihn schon seit Jahren nicht mehr gesehen.

Das Gelände, in dem ich heute wandere, zwei Countys weiter westlich, ist viel weitläufiger, und Feldhasen sind hier nicht ganz so selten, trotzdem sind es weniger als noch vor zwanzig Jahren, weshalb ich mich bemühe, sie nicht zu stören. Doch wenn ich meist abends einen in der Ferne erspähe, wie er friedlich vor sich hin mümmelt, reizt es mich schon, nach ihm zu rufen. Der Hase ist ein wissbegieriges Tier; hört er den Schrei eines Artgenossen, der übrigens leicht zu imitieren ist, so forscht er gerne nach. Solange ich mich nicht bewege, kann ich sicher sein, dass sich der Hase nähern wird, sobald ich seine Aufmerksamkeit erregt habe. Manches Mal gelang es mir, einen Hasen bis auf wenige Schritte heranzulocken. Einmal, als ich gegen einen Zaunpfahl gelehnt saß und »rief«, kam ein fast rehgroßer Hase ganz nah zu mir heran, richtete sich auf den Hinterläufen auf und hob den Kopf, sodass wir uns Auge in Auge sahen – und was für seltsame, hochstehende Augen das waren, die mich furchterregend durchdringend ansahen und wilder und seltsamer wirkten als alles, was ich kannte. Da ich vollkommen reglos blieb, schien ich keine Bedrohung für ihn zu sein, und er sah mich an, als wäre ich gar nicht da oder ein unverständliches Rätsel. Nach einer elektrisierenden halben Minute ließ er sich wieder auf die Vorderpfoten nieder, zuckte mit den Schnurrhaaren und schritt ohne Eile übers Feld davon.

Als meine Tochter Camilla zwei Jahre alt war, zeichnete ich ihr einen hüpfenden Hasen, worauf sie mich bat oder – besser gesagt – mir befahl, ihr sofort einen echten zu zeigen. Es war Frühling, wenn die Tiere am aktivsten sind, und so gingen wir auf ein Feld, auf dem ich sie schon oft spielen und fressen gesehen hatte. Als wir an den Feldrand kamen, nahm ich Camilla auf den Arm, damit wir nicht mehr zwei, sondern nur noch eine verdächtige Silhouette bildeten. Fast sofort erspähten wir einen Hasen. Still saß er etwa siebzig Meter von uns entfernt und drehte sogleich den Kopf, als ich ihn rief. Sodann trabte er recht flott auf uns zu und blieb nur wenige Schritte vor uns stehen, um sich aufzurichten und zu schauen.

»Was für große Ohren er hat!«, flüsterte ich. »Und schau, so schöne Augen!«

Da bemerkte ich, dass meine kleine Tochter gar nicht hinsah. Sie hatte verfolgt, wie der Hase näher kam, doch als er uns anschaute, verbarg sie das Gesicht in den Händen.

»Augen!«, sagte sie. »Will nich sehen!«

Als ich mich kurz vor Mitternacht in der Niederung wieder auf den Weg machte, fielen mir ebendiese Augen ein, und es kam mir vor, als beobachteten sie mich noch immer.

6

DER ERAHNTE VOGEL

Diese Gegend ist zwar keine Wildnis, aber doch ein geografisch und historisch weltferner Ort; und es ist still hier, manchmal sehr still. Unterm hohen Dezembermond gehe ich vor dem Schlafengehen immer ein paar Kilometer, aber wenn ich stehen bleibe, um dem Nachtleben zu lauschen, höre ich meist nur meinen eigenen Puls. Bei kaltem, klarem Wetter, wenn der Raureif silbern auf den Feldern liegt, werden diese Täler und Mulden gleichsam zu glasdünnen Schalen, die beim leisesten Flüstern zu schwingen beginnen. Manchmal wird die Stille von den Rufen einer nachtfliegenden Rotdrossel oder matt trappelnden Fuchspfoten bedroht, und manchmal höre ich zehn Kilometer nördlich eine puckernde Diesellok. In Sommernächten dagegen gibt es, obwohl jeder ferne Laut vom dichten Laubwerk gedämpft wird, keine derart tiefe Stille.

Wie ich meines Weges ging, schien die Niederung keinen Laut von sich zu geben, doch als ich einen Moment stehen blieb, weil ich einen unerwarteten Vogelruf zu hören meinte, stellte ich fest, dass ich umgeben war von Geräuschen, wenngleich nahezu unhörbar. Der Boden unter einer einzelnen Eiche zu meiner Rechten wimmelte vor nachtaktiven Insekten, die sich schabend und kratzend durch das verstreute Laub arbeiteten. Dann wurde das unmerkliche Zittern von einem Nagetier unterbrochen, vermutlich von einer Wühlmaus, die zwischen den Grashalmen zu meinen Füßen zuckelte, worauf auch dieses Rascheln wieder übertönt wurde vom zufriedenen Mampfen eines Schafes beim Mitternachtsmahl, rechter Hand am Hang. Den Hintergrund bildeten in einiger Entfernung flügge Eulen mit ihrem monotonen Fiepen. Das Geräusch, weshalb ich stehen geblieben war – der erahnte Vogel –, erscholl nicht noch einmal, wobei ich es mir im Geist wiederholte und einer bestimmten Art zuzuordnen versuchte. Es war weit über mir erklungen – ein schwaches, absteigendes Glissando ähnlich dem Ruf der Rotdrossel im Winter, nur langgezogener, ein wenig wie ein Kiebitzschrei. Vielleicht war es eine Sternschnuppe gewesen; vielleicht hatte ich es nur geträumt. Als ich mich wieder auf den Weg machte, waren all die leisen Geräusche sogleich wieder unhörbar, übertönt vom Auftreten meiner Schuhe im Gras und der sanft an meinen Ohren reibenden Luft.

Nachdem die Hänge zunächst von wenigen vereinzelten Bäumen bestanden waren, wurden sie nun zu beiden Seiten von dunklen Wäldern bevölkert, die auf das Ende der Niederung zuliefen, mir aber gerade noch den Durchgang gestatteten. Der Pfad führte zu einer Kreuzung. Vor mir ging es auf einen runden Grashügel zu, der von den Einheimischen Quaking Grass Hill genannt wird; linker Hand führte der Weg zwischen Bäumen in ein enges, abgeschiedenes Tal, während er sich nach rechts nordostwärts bog und durch Wälder auf eine hohe Böschung zulief. Der kleine dunkle Hügel vor mir stieg aus dunklen Wäldern auf und krümmte sich unter dem helleren Nordhimmel. Da ich in den Nächten zuvor oftmals Tierkonturen über den offenen Hang hatte laufen sehen, blieb ich eine Zeitlang an der Kreuzung stehen, bis ich bemerkte, dass das Gras unter mir im grauen Licht zu glimmen begann. Offenbar war über einem Hügel im Osten, den ich aus meiner niedrigen Position nicht sehen konnte, der Mond aufgegangen, ein ebenso vorhersehbares und gewöhnliches Ereignis wie das Voranrücken des Uhrzeigers. Doch obgleich ich schon Hunderte von Mondaufgängen erlebt habe, ist es für mich immer wie eine Neuentdeckung. Einen klaren Himmel vorausgesetzt, erscheint der Mond je nach Phase jede Nacht anders, natürlich mit Ausnahme des Neumonds, der gar nicht erscheint. Weniger prachtvoll, doch ungleich bezaubernder als ein Sonnenaufgang, ist der Mondaufgang für mich unwiderstehlich, weshalb ich ungeachtet des Nachtlebens, das ich möglicherweise verpasste, den Hang hinauflief, um ihn zu betrachten.

Während meines Aufstiegs hatte ich den Mond im Rücken. Als ich mich schließlich umwandte, stand er schon viel höher am Himmel, als ich gedacht hätte, und war eher silbern als gold. Ein abnehmender Dreiviertelmond, etwa eine Woche nach Vollmond und nicht mehr groß genug, um mich zu blenden, doch wie er in die Höhe glitt, füllte sich die Niederung mit einem bläulichen Nebel, da eine Schicht feuchter Luft vom mondenen Glühen bestrahlt wurde, als blase jemand auf kaltes Glas.

Ich war nicht das einzige tagaktive Wesen, das dieses Lichtspektakel bestaunte. Am Rand der Bäume zu meiner Linken setzte eine Ringeltaube zu ihrem allbekannten samtweichen Mantra an – ein betörender Laut vor einer solchen Kulisse, wiewohl ich schon öfter Tauben gelauscht habe, die den Mond besingen. Da ihnen die kritische Urteilskraft beispielsweise des Zaunkönigs fehlt, sind sie offenbar verleitet zu glauben, ein neuer Tag breche an. Bis dahin würde es aber noch Stunden dauern.

Irgendwann verstummte der schlaflose Vogel, bis das einzige Geräusch vom Zermalmen eines Apfels kam. Auf dem Hügel war das Gras trockener als in der Niederung, und ich hatte mich niedergelassen, um einen Imbiss zu mir zu nehmen. In meinen geräumigen Jackentaschen steckten noch ein Haferkeks, eine Packung Chips, eine Flasche Wasser und eine Banane. Normalerweise nehme ich nur einen Apfel mit. Dieser hier war ideal für ein Nachtmahl – knackig und nicht zu süß – und ich nagte ihn bis auf die Kerne ab. Da Äpfel die geräuschvollsten aller Früchte sind, herrschte, nachdem ich ihn verzehrt hatte, tiefe Stille. Erst allmählich vernahm ich wieder ferne Laute: ein Wühlen im Unterholz, schreiende Eulenjunge und dann, als ich mich gerade erheben wollte, wieder der geheimnisvolle Vogelruf. Er schien hoch oben aus den Sternen zu kommen – ein kurzes, ganz feines *fiiii* –, nur klarer diesmal, und ich meinte, es sei ein Mauersegler.

Lange bevor ich las, dass Mauersegler die ersten zwei bis drei Jahre ihres Lebens in der Luft bleiben können und Tag und Nacht fliegen, wusste ich, dass sie eulenhafte Angewohnheiten haben. Anfang der 1970er Jahre, als ich immer an einem großen Baggersee in Surrey angelte, waren viele meiner Juniabende von unzähligen Mauerseglern erfüllt, mehr, als ich jemals zuvor oder danach an irgendeinem Ort gesehen habe. Die Myriade sichelförmiger Flügel fegte in der Dämmerung so nah über der Wasseroberfläche dahin, dass sie sie beinahe berührte, und alle paar Minuten stieß eine Gruppe ihren unverkennbar schrillen Schrei aus. Während die Nacht herniedersank, stiegen die Vögel, die nicht zu ihren Neststandorten zurückkehrten, höher und höher in die Luft, bis der Schwarm weit über mir vom dunkelnden Himmel verschluckt wurde. Und lange nachdem die ersten Sterne erschienen waren, hörte ich noch gelegentlich einen ihrer Höhenrufe, die genau wie der heute auf meinem Hügel klangen. Noch vor Sonnenaufgang kehrten die Mauersegler still und leise zurück, flogen wieder dicht über dem Wasser, nur diesmal in kleineren Schwärmen, so als hätte sie ihr Nachtflug – in dem sie geschlafen haben mussten – in alle Himmelsrichtungen verstreut. Erst wenn die Sonne aufging, fast zwei Stunden nach dem ersten Licht des Tages, versammelten sie sich wieder in größeren Gruppen.

Seit damals, seit vierzig Jahren, hatte ich den Nachtruf des Mauerseglers nicht mehr vernommen; und weil ich sie heutzutage immer nur in kleinen Gruppen sehe, ist es unwahrscheinlich, dass der mitternächtliche Schrei tatsächlich von einem Mauersegler stammte. Um ihn sicher zu bestimmen, musste ich ihn ein drittes Mal hören, weshalb ich mich wieder für eine Weile ins Gras setzte und dem stillen Himmel lauschte.

7

ERSTE SICHTUNG

Der Quaking Grass Hill – mein mitternächtlicher Aussichtspunkt –, benannt nach dem für diese Gegend typischen Zittergras, dessen zarte Blüten noch in der sanftesten Brise erzittern, war bei meinen Kindern sehr beliebt, als sie klein waren. Hier spielten sie Verstecken, krochen durch die kniehohen Grasbüschel und hinter findlinggroße Ameisenhügel, rollten oder flogen mit flappenden Armen den Hügel hinab. Im Frühling und Frühsommer mussten sie vorsichtiger sein, um keine Lerchen oder andere Bodenbrüter zu stören, aber beim wachsamen Krauchen entdeckten sie alle möglichen Dinge, die ihnen sonst womöglich entgangen wären: spiralförmige Schnecken, gepanzerte Käfer, gemusterte Raupen, schwefelgelbe Schmetterlinge, Spitzmäuse, Grashüpfer und, besonders beliebt, Blindschleichen, die sich mit ihren goldenen Spulen wie Aale zwischen den Halmen hindurchwanden.

Ganz gleich wo es geschah und um welches Wesen es sich handelte, war jede erste Begegnung immer auch eine schockartige Offenbarung, die zum Innehalten einlud und den Blick schärfte: Ja, das hier ist tatsächlich etwas Neues. Mit jeder Entdeckung kam eine neue Farbe in die Welt, die womöglich weniger schillernd gewesen wäre, hätte sich meine Nachkommenschaft nicht so eifrig in sie gegraben, gestapft, geplatscht, wobei aber nur die beiden Ältesten ihr eigenes Spezialgebiet entwickelten. Camilla war eine begeisterte Käferjägerin, eine fünfjährige Entomologin, die einmal ein prachtvolles Exemplar von *Timarcha tenchricosa* mit nach Hause brachte, einen Käfer mit blutroter Nase, den sie einige Tage in einem mit Blättern ausgelegten Goldfischglas hielt, ehe sie ihn wieder in die freie Natur entließ. Jede Spinne, die sich neben sie setzte, hatte gleich ihre ungeteilte Aufmerksamkeit, und mit Freuden vollzog sie Beinzählungen an Tausendfüßlern oder nahm Marienkäfer unter die Lupe.

Mit sechs Jahren entbrannte Alex' Leidenschaft für Eidechsen, als er auf einem gemeinsamen Spaziergang eine Waldeidechse ins Brombeerdickicht abzischen sah. Wieder daheim, musste ich ihm gleich ein Foto zeigen, wovon es in meiner Sammlung von Naturkundebüchern einige gab; indes war seine Begeisterung derart groß, dass ich ihm bei unserem nächsten Besuch in der Buchhandlung sein eigenes Exemplar der *Reptilien und Amphibien Europas* kaufen musste. Als ich am Abend in sein Zimmer lugte, schlief er tief und fest mit dem Kopf auf dem Buch, eine ganzseitige Zeichnung seiner geliebten Eidechse als Kissen; und am nächsten Tag, auf der fünfzig Kilometer entfernten Salisbury Plain, lief vor uns eine Waldeidechse über die Straße, was meiner Erinnerung nach nie zuvor oder danach vorgekommen ist. Ganz so, als hätte Alex sie heraufbeschworen.

Ich konnte seine Leidenschaft verstehen, hatte mich doch in seinem Alter dasselbe Fieber gepackt. Obwohl ich vom Schattendasein der Füchse und Rehe in den umliegenden Wäldern wusste, hatte ich Grünschnabel keine Ahnung, dass in unserer Heide auch Reptilien lebten; sicher hatte ich selbst schon welche aufgescheucht, wenn ich mit meinen Cowboy- und Indianerfreunden durch den Farn galoppierte. Meine Eltern hatten wenig Interesse an Naturkunde; zwar unternahmen sie gern lange Wanderungen durch abgelegene Landstriche, am meisten aber interessierten sie sich für Musik, Bücher und linke Politik. Gern hörte ich meinem Vater zu, wenn er am Klavier seine Lieblingskomponisten Bach und Bartók spielte, lauschte den Kindergeschichten aus aller Welt, die meine Mutter mir vorlas, und wusste genau, welche Nachbarn Sozialisten oder Kommunisten waren, nur hatte ich niemanden, der mir von der Tierwelt unserer Gegend erzählte. Doch dann begegnete ich einem hobbymäßigen Schlangenbeschwörer.

Tori de Souza wohnte in Columbo, auf Sri Lanka, das damals noch Ceylon hieß. Wenn ich mich recht entsinne, war er der Herausgeber der *Times of Ceylon*, kennengelernt und angefreundet hatten er und mein Vater sich beim Rückzug vor den Japanern im Zweiten Weltkrieg. 1954 kam Tori per Schiff nach England, um uns zu besuchen, und nachdem die beiden die Neuigkeiten der letzten zehn Jahre ausgetauscht hatten, erzählte er uns Geschichten aus seiner fernen Heimat, von einem großen Dschungel nördlich seines Hauses und den Schlangenbeschwörern, die manchmal daraus hervorkamen. Für ein paar Münzen lockten sie mit ihrer Flöte Kobras aus ihren Körben, und Tori pfiff uns eine ihrer gewundenen Melodien vor. Währenddessen holte er einen kleinen Korb aus seiner Tasche und stellte ihn mit einer ausladenden Armbewegung auf den Tisch. Nichts geschah. Da hieß er meine Schwester Helen, meinen Bruder Nick und mich die Köpfe senken, sodass wir gerade noch über die Tischkante lugen konnten. Dann pfiff er wieder, und ganz langsam hob eine kleine grüne Schlange ihren Kopf aus dem Korb. Zuerst hielt ich sie tatsächlich für echt, aber dann sah ich das breite Grinsen meiner großen Schwester, sodass am Ende nur der kleine Nick noch große Augen machte. Trotzdem fand ich den Trick fantastisch – eine aufblasbare Plastikschlange, die über einen dünnen Schlauch an den Pumpball in Toris Tasche angeschlossen war. Doch von der Täuschung abgesehen, erklärte uns Tori, reagierten Schlangen tatsächlich auf musikalische Schwingungen, und da es ein idealer Tag zum Schlangenjagen war, wollte er es uns beweisen.

Dank der Bilder in meinem Kinderlexikon wusste ich, dass es in England zwar nichts ganz so Aufregendes wie Kobras gab, aber immerhin Kreuzottern, Ringel- und Schlingnattern, die zumindest genauso exotisch klangen. Wir unternahmen einen Spaziergang in die Heide, wo Tori in einem dornigen, verworrenen Gestrüpp eine Art Dschungel erkannte. Wieder trillerte er seine Schlangenbeschwörung, und da ich gerade pfeifen gelernt hatte, durfte ich ihn spontan begleiten. Als keine Schlange kam, wiederholten wir das Prozedere pflichtschuldig an einem anderen aussichtsreichen Punkt, und nach einem Moment spannungsgeladener Erwartung hob Tori plötzlich die Hand und gebot uns zu schweigen. Stumm und still standen wir drei Kinder da und starrten in das Ginster- und Dornengebüsch.

»Hört ihr?«, flüsterte Tori. War es eine Schlange, die da zischte, oder nur eine Brise? Kroch gerade eine Natter auf uns zu oder war auch das nur eine Brise? So sehr strengten wir Gehör und Einbildungskraft an, dass wir überzeugt waren, im Unterholz rumore es vor verborgenen Geräuschen, wenngleich wir natürlich keine Schlange sahen. Dennoch wiederholte ich die Beschwörung jedes Mal, wenn ich allein in die Heide ging und ein vielversprechendes Dickicht sah. Und weil dichtes Gestrüpp ein idealer Lebensraum für die verschiedensten Kleintiere ist, vermeinte ich oft verstohlene Antworten auf meine Pfiffe zu hören. Mein größter Erfolg bestand darin, dass ich einmal ein Kaninchen aus einem Loch in der Hecke lockte, wobei ich nicht weiß, wer von uns beiden überraschter oder enttäuschter war. Eine Schlange bekam ich nie zu Gesicht, was aber halb so schlimm war, da mich meine Suche letzten Endes zu einem ähnlich ansehnlichen Mitglied der Reptilienfamilie führte.

Gegen Ende des Sommers begleitete mich Helen auf eine Schlangenjagd in der Heide. Während wir uns durch einen Morgen Heidekraut arbeiteten, erspähte ich zwischen den violetten Blüten zu meinen Füßen etwas Helles, und als ich stehen blieb, konnte ich für Sekunden ein erstaunliches Tier beobachten – eine schlanke goldene Eidechse mit sepiafarbenen, von Kopf bis Schwanz ziehenden Streifen und dicken Tupfern auf den samtigen Flanken. Wenngleich nicht größer als die Molche, die ich manchmal im Teich auf einem Feld nahebei sah, hatte sie eine viel stärkere *Präsenz* als ein Amphibium. Ich flüsterte Helen herbei, die nur ein paar Meter entfernt stand, als die Eidechse auch schon in der Heide verschwand. Meine erste Sichtung der *Lacerta vivipara* war das

Tor zu einem großen Eidechsengebiet, das mir bis dahin aus irgendeinem Grund verborgen geblieben war. In den folgenden Sommern sah ich, sowie ich ihre Lieblingsorte zum Sonnen ausgemacht hatte, noch viele weitere dieser Juwele, manchmal zwei oder drei zusammen, manche mit besonders schönen Farben, andere mit prägnanten Flecken.

Genau wie sich unser Dorfteich von einem großen Tümpel zum Planschen in eine Monstergrube verwandelte, als ich darin die Karpfen entdeckte, war die Heide nun, nachdem ich ihr geheimes Leben aufgespürt hatte, nicht mehr mein Spielplatz, sondern ein Ort echter Abenteuer. Doch in all den Jahren, in denen ich still und leise durch das Dickicht aus Farn und Heide jagte, sah ich zwar scharenweise Eidechsen, von denen ich sogar einige fing, aber keine einzige Schlange, und genau aus diesem Grund war ich bald ebenso verrückt nach ihnen wie später Alex nach seinen Eidechsen.

8

NACHSTELLER

Über mir erklangen keine Vogelrufe mehr, nur unten aus den Bäumen gurrten noch ein paar schläfrig verwirrte Ringeltauben den Mond an. Wären meine Ohren noch so gut gewesen wie vor einigen Jahrzehnten, hätte ich vielleicht auch die Fledermäuse gehört, die kreuz und quer über den fahlen Himmel schossen. Ich hatte schätzungsweise zwanzig Minuten am Hang gesessen, den Fledermäusen zugeschaut und der Nacht gelauscht. Trotz der kühlen Luft war mir nicht kalt. Eine klare Juninacht kann genauso kalt sein wie eine bedeckte Dezembernacht, weshalb ich, sofern es nicht gerade schwül ist, eine gefütterte Jacke trage, in den Taschen Handschuhe und Schal für die kühle Stunde vor Sonnenaufgang. Jetzt aber war mir noch warm von den Stunden des Wanderns, fast fühlte ich mich zu behaglich; in der Tat hatte ich gerade beschlossen, den Hut abzunehmen und ein Nickerchen zu machen, als ich direkt hinter mir das allerleiseste Geräusch vernahm – als drücke ein Finger in trockenes Gras.

Zwei widerstrebende Reaktionen rangen in mir um die Vorherrschaft: eine instinktive und eine rationale. Im Bruchteil einer Sekunde, bevor ich langsam den Kopf drehte, versuchte ich mich davon zu überzeugen, genau das nicht zu tun, da ich dieses hinterlistige Verhalten kannte und im Grunde schon wusste, wer der Übeltäter war. Insofern wäre es sicher interessanter gewesen, stillzusitzen und zu warten, bis sich der Duckmäuser offenbarte; doch infolge einer inneren reflexhaften Warnung – prickelnde Haut, wallendes Blut – konnte ich nicht reglos bleiben. Und so drehte ich mich um und sah dem, was ich erwartete, ins Gesicht: einem Reh. Ganz sacht war es durchs hohe Gras herangeschlichen, sodass ich seinen zarten Huftritt erst hörte, als es schon fast auf Armlänge hinter mir stand. Einen Moment betrachteten wir einander, die Lage abwägend. Offenbar missfiel ich dem Reh, da es plötzlich ein markerschütterndes Bellen ausstieß, sich aufbäumte und über den Hügel davonsprang. Sein Bellen schien fast so lange nachzuhallen, wie mein Puls brauchte, um sich wieder zu beruhigen. Obwohl ich weiß, wie überraschend kraftvoll ein bellendes Reh klingen kann, hat mir noch nie ein Tier direkt ins Gesicht gebellt.

Rehe sind eigentlich scheue, unnahbare Tiere, doch überkommt die Böcke manchmal die Neugierde, vermutlich eine aggressive Neugier aufgrund territorialer Grenzverletzungen, oder vielleicht auch nur natürliche Wissbegierde. Ich kann mich nicht erinnern, jemals offen aggressives Verhalten erlebt zu haben, auch da das Bellen eher Angst als Wut ausdrückt, aber nachgestellt hat mir das ziegengroße Tier schon oft. Das letzte Mal lag ich in einem Heufeld vor unserem Haus, um einen Schwarm Sternschnuppen zu betrachten, als ich zu meiner Linken die undeutliche Silhouette eines Rehs nahen sah. Es gelang mir, reglos liegen zu bleiben, sodass es bis auf wenige Schritte herankam, bevor es in die Dunkelheit enthüpfte. Vor drei Sommern schlummerte ich, auf Karpfen wartend, an einem schilfbestandenen Seeufer, als ich hochschreckte und ein Reh über mich gebeugt sah. Eine Sekunde später war es verschwunden.

Tagsüber haben mir Rehe nur selten nachgestellt und sogar nur einmal, während ich mich bewegte – ich lief durch hohes Gras, während etwa dreißig Meter hinter mir ein Reh folgte. Als ich einen Wald betrat, blieb es stehen und starrte mir minutenlang nach, ehe es sich umdrehte und frohgemut davontrottete.

Anderes Rotwild legt dieses Verhalten meiner Erfahrung nach nicht an den Tag, obwohl ich oft Damwild und einige der in jüngerer Zeit eingeführten Arten sehe. Vielleicht liegt es daran, dass Rehe Einzelgänger sind und, da sie keiner Herde folgen müssen, mehr Zeit haben, ihren eigenen Launen zu folgen. Doch selbst wenn ich keine Aggression verspüre, hege ich eine gewisse Skepsis aufgrund der Einschätzung des Tierverhaltensforschers Konrad Lorenz, der den Rehbock »ein bösartiges Vieh« nannte. Lorenz beschrieb Rehe in Gefangenschaft, die in engen Gehegen gehalten wurden. Das »zweite, nach der Taube beliebteste Symbol der Sanftmut«, warnte er, sei in Wahrheit »einer der ekelhaftesten, hemmungslosesten und blutdürstigsten Mörder« und habe »noch dazu eine Waffe, ein Geweih, doch merkt man verflucht wenig von einer Hemmung, sie anzuwenden«.

Lorenz hatte die gleiche vorsichtig tastende Annäherung wie ich beobachtet, nur schlich sich sein Bock an eine Geiß und ihre Zicke an, bis er nah genug war, um den Kopf zu senken und beide zu durchbohren. »Der unkundige Mensch«, fuhr Lorenz fort, erkenne eine solche Annäherung im Gehege nicht als »ernstgemeinten Angriff«, weshalb es zu seiner Zeit mehr Unglücksfälle durch »zahme« Rehböcke gab als durch gefangene Löwen und Tiger.

Wilde Rehe haben vor dem Menschen offenbar viel größere Angst als Tiere in Gefangenschaft, auch habe ich noch nie gehört, dass jemand in freier Natur von einem Reh angegriffen wurde, doch wenn ich das nächste Mal Rast mache, um den Mond zu betrachten, werde ich an Lorenz' Worte denken und gut aufpassen, was hinter meinem Rücken passiert.

9

IN DEN WALD

Am östlichen Hang des Quaking Grass Hill steht ein Streifen alten Baumbestands, die Überreste eines einstmals großen Waldgebiets, das bis zu den Rodungen vor einigen hundert Jahren diese Niederungen jahrtausendelang überschattete. Im Frühling komme ich gern hierher, um die mit dem süßen Duft der Glockenblumen und dem beißenden Geruch wilden Knoblauchs angereicherte Luft zu atmen. Als ich mich gestern Abend durch die äußersten Zweige in den Hain wand, roch ich allerdings nur die honigmilden Bäume. Die Blüten von Glockenblumen und Bärlauch waren abgestorben, und unter dem inzwischen geschlossenen Blätterdach wird auch nichts anderes mehr erblühen. Früher im Jahr, als die Äste noch blattlos waren, gediehen Schöllkraut und Primeln, Anemonen und Veilchen, doch nun wird es abgesehen von den fahlen Federn der Schuppenwurz keine Abwechslung mehr vom ewigen Grün und Braun geben, bis im Herbst die gelben Blätter fallen.

In dem farblos mitternächtlichen Wald herrschte die gleiche gespeicherte Wärme und gedämpfte Stille wie in einer alten Scheune – still, aber nicht lautlos. Im Innern eines Sommerwaldes ist in der Dunkelheit fast fortwährend ein Knacken und Rascheln, Trippeln und Fiepsen der meist kleinen Bewohner zu hören, die ihren nächtlichen Tätigkeiten nachgehen. Manchmal gibt es ein unortbares Zausen, weil die Vögel im Schlaf ihre Federn verwühlen, und ist es tagsüber heiß gewesen, hört man gelegentlich das Knacken oder Knarren abkühlenden Totholzes. Noch das leiseste Mäusezittern wird in diesem abgeschlossenen Resonanzraum verstärkt, sodass ein umherstreifender Dachs wie ein herantappender Bär klingt.

Bevor ich mich anschickte, mir meinen Weg in die Tiefen des Waldes zu bahnen, blieb ich einen Augenblick stehen, um mich ans dichte Dunkel zu gewöhnen. Ich sah nichts außer ein paar Mondtupfern auf den Ästen und Stämmen und hörte nichts bis auf ein merkwürdiges, verhaltenes Klopfen, als hämmerte jemand geduldig auf eine Wurzel ein, wobei ich mir nicht vorstellen konnte, welchem Tier ein solches Verhalten zuzuschreiben wäre. Ich machte den ersten Schritt, und sogleich wurde das Geräusch vom Flügelflattern einer Taube erstickt, die panisch aufbrach und mit lauten Schlägen durchs Blätterdach davonflappte. Ein knackender Zweig hatte die Taube aufgeschreckt, die nun ihrerseits das Klopfen übertönte. Fortan lief ich achtsamer, den Weg über die verschiedensten, fast unsichtbaren Hindernisse mehr ertastend als sehend, um mich langsam und zögerlich meinem Ziel zu nähern. Obwohl ich diesen Abstecher durch den Wald nicht geplant hatte, erschien er mir nach den Stunden unter freiem Himmel umso verlockender; ohnehin kann ich, sosehr ich den optimistischen Schwung und die Weite der Hügellandschaft schätze, nachts ebenso wenig wie tagsüber der intimen Atmosphäre eines Waldes widerstehen.

Die Eindrücke meiner Kindheit, als alle Sinne messerscharf waren – vom Gemeinsinn einmal abgesehen –, kennzeichneten den Pfad, dem ich nun folgen würde und der sich den in meinen Kinderaugen beiden wichtigsten Elementen auf der Welt entgegenwindet: Holz und Wasser. Von klein auf war ich, wenn kein Teich oder Bach zum Planschen in der Nähe war, ebenso glücklich, stattdessen in den Wald einzutauchen.

Unter Freunden konnte ein Wald alles Mögliche sein: Schloss, Drachenhöhle, Indianerlager, Versteck; aber wenn ich allein war, war er nur er selbst – ein abgeschlossener, geheimnisvoller Raum mit ungewöhnlichem Licht und eigenem Charakter. Auch gab es Anzeichen dafür, dass die Wälder der Umgebung auf eine Weise lebendig waren, wie sie den Feldern fehlte. Anhand des Geflechts seltsamer schmaler Pfade, die kreuz und quer durch das selbst für einen Sechsjährigen viel zu dichte Unterholz verliefen, wusste ich, dass die Bäume irgendein eigentümliches Tun vor mir verbargen. Erst dachte ich, die Wesen aus meinen Lieblingsbüchern könnten die Wege gemacht haben, wusste aber nicht, ob sie freundlich gesinnt waren, wie die Elfen, oder dunklere Absichten hatten, wie die Hexen. Diese magisch-düstere Zwitterhaftigkeit besaßen auch andere Orte, die ich mochte, besonders der schon erwähnte Dorfteich, in dem ich *echte* Monster entdeckt hatte; im Wald aber gab es Zuflucht und Geheimnis, und an windigen Sommertagen konnte ich unter den Segeln der Bäume um die halbe Welt reisen.

Die Pfade waren mir indes ein Rätsel, und ich kehrte immer wieder zu ihnen zurück, um endlich dahinterzukommen, von wem sie stammten. Hätte ich mich nur entschlossener ins Unterholz gewagt, wäre ich womöglich auf einen Dachs- oder Fuchsbau gestoßen, aber Dornen und Ängstlichkeit hielten mich davon ab, und da mir ein kundiger Führer fehlte, blieb mir die Wahrheit verborgen. Immerhin verrieten mir die Geschichten in meinen Büchern, dass Waldpfade allesamt trügerisch sind, weil die Bäume im Dunkeln ihre Position ändern können und den Wanderer, der dumm genug ist, sich nachts in den Wald zu wagen, in die Irre leiten. Die Bäume waren im Bunde mit den Waldbewohnern, die immer dann auftauchten, wenn sich der Wanderer verirrt hatte – und sehr grausam sein konnten. Daheim vor meinem Bilderbuch wusste ich, dass es Fantasiegeschichten waren, aber wenn ich abends in der Dämmerung in die Nähe eines Waldes kam, wusste ich, dass sie stimmten.

Während die Pfade für mich noch einige Jahre ihr Geheimnis bewahren sollten, zeigten sich die Bäume zuvorkommender. Das Leben, das sie bargen, offenbarte sich mir, sobald ich näher hinsah: Kaninchenbauten zwischen den Wurzeln, Singvogelnester im Efeu der Stämme, Spechte oder Eulen in den Hohlräumen, Käfer und Raupen auf Rinde und Blättern, Eichhörnchenkobel und Krähennester in den obersten Ästen. Wenn es regnete, sah ich plötzlich am Fuß eines jeden Baums Dutzende von Schnecken, die sich wie magische Murmeln zu den weit ausgebreiteten Ästen hinaufschoben. Auch gab es einige besondere Bäume, die sich von der Masse abhoben, weil sie mir ehrwürdiger oder gewaltiger erschienen oder eine gewisse Güte ausstrahlten. Einer war eine alte Eibe mit massigem Stamm und eng übereinanderstehenden Ästen, die ich fast wie Treppenstufen hinaufstieg, bis ich das feste, dichte Dach erreichte, auf das ich mich wie auf eine Matratze betten konnte. Mit ein paar Freunden, denen ich von ihr erzählt hatte, richtete ich unter der kuppelartigen Krone ein Lager ein, das wir als unser Eigentum markierten, indem wir unsere wichtigsten Trophäen an die Äste hängten, eine Kiste mit Comicheften, ein Plastikteleskop und eine Pistole. Wir fassten den wagemutigen Plan, einmal eine Nacht dort oben zu verbringen, aber noch bevor wir kapierten, dass keiner von uns dazu verwegen genug war, wurde unser gesamtes Hab und Gut entwendet – von Menschen oder unbekannten Wesen –, worauf wir den Baum niemals wieder besuchten.

Ein ganzer Wald erinnerter Bäume sprang mir in den Sinn, als ich letzte Nacht unter den Ästen hindurchschritt, und der Junge, der ich einmal war, wäre sicher beeindruckt gewesen von der alten Stieleiche, die nach einem langsamen, ereignislosen Gang durch die Dunkelheit in der Mitte einer nicht ganz so schwarzen Lichtung stand. Ich kannte den Baum gut, da ich ihn schon in den 1980er Jahren entdeckt hatte, als ich diese Hügel zum ersten Mal erkundete, und obwohl ich ihn normalerweise tagsüber besuche, wirkt er nachts noch viel wundersamer. Die Stieleiche muss vor über sechshundert Jahren aus ihrer Eichel ausgetrieben sein, und trotz ihrer mäßigen Höhe und Spanne hat sie einen massiven Stamm. Dessen Ostseite ist so tief gefurcht und altersgewunden, dass sie tags wie eine Spirale ineinander verschlungener Krokodile aussieht, während die Westseite vollständig von Moos überwachsen ist und einem abgesessenen grünen Sofa gleicht. Im Dunkeln war von alledem nichts zu sehen, weil der Halbmond zu tief im Süden stand und der Baum nur von den Sternen beleuchtet wurde, und dennoch war sein massiger Wuchs noch imposanter als bei Tageslicht. Als ich unter ihm stand, konnte ich gut verstehen, weshalb die Heiden diesen beständigen, kraftvollen Wesen gottähnliche Eigenschaften zusprachen, und ich vermute, dass ich als Kind die Welt mit demselben Blick gesehen habe – unschuldig, ungetrübt, ehrfürchtig. Wir alle sind Heiden, bevor wir in die Schule kommen.

10

DER GEIST DER NACHTIGALL

Unter der Stieleiche stehend, dachte ich daran, wie sich die Blätterwolken Frühling für Frühling entfaltet hatten, um Herbst für Herbst zu welken und zu Boden zu fallen, und fragte mich, wie lange der Baum wohl noch leben würde. Über ein halbes Jahrtausend hat er dem Wetter getrotzt, Dürre und Krankheit überlebt, ist er der Axt und später der Kettensäge entgangen; er hat in seiner Lebenszeit Millionen von Vögeln, Säugetieren und Insekten Nahrung und Unterschlupf geboten; unzählige Veränderungen hat er miterlebt: Viele benachbarte Bäume sind aus Altersschwäche gestorben oder anderer Mühsal erlegen, einige schöne Bäume wurden gefällt, die umliegenden Hügel durchpflügt, und doch ist die Landschaft vermutlich noch ebenso still wie zu der Zeit, als die Eiche ein Schössling war; und in einer Frühsommernacht sind der Eichenwald und all die umliegenden Wälder sogar noch stiller als damals, weil es keine Nachtigallen mehr gibt.

Ohnehin wäre es zur Sommersonnenwende wohl zu spät, um noch ihr Nachtlied zu hören, ganz gleich ob die Vögel noch da wären oder nicht, aber in ihrer gewöhnlichen Brutsaison von April bis Anfang Juni hallten immer ihre Rufe durch die Dunkelheit.

Wenn ich ihren Gesang wie gestern Abend mit einer Amsel verglich, war das geringschätzig, denn obwohl ihr Gesang weder den Erfindungsreichtum noch die Musikalität einer Amsel erreicht, kann er im richtigen Rahmen sogar noch verführerischer klingen. In der Vergangenheit – einer sehr fernen Vergangenheit – habe ich ihn in überwucherten Landgärten, in der Heide, an heckengesäumten Gassen, an Flüssen und Seen, in dornigen Brachen zwischen Gebäuden und Industrieanlagen gehört, einmal sogar am Ende einer stark befahrenen, beleuchteten Landebahn. Die Atmosphäre des Ortes hatte dabei immer Einfluss auf die Wirkung des Gesangs – an der Landebahn etwa wirkte er heldenhaft kühn. Doch dass sich ein Vogelgesang in etwas verwandelte, das nicht mehr ganz irdisch war – und noch nicht ganz jenseitig –, geschah in einem Eichenwald.

Fünf Kilometer von der alten Eiche entfernt gibt es noch einen alten Baumbestand von zwanzig Morgen, wo früher die Nachtigallen im Frühling Tag und Nacht sangen, bis die Hundsrose blühte. Als die Kinder klein waren, nahmen wir sie manchmal an schönen Maiabenden mit in den Wald, um den vielen verschiedenen Vogelgesängen zu lauschen, die nach und nach verstummten, bis schließlich nur noch die Nachtigallen blieben. Bei mildem Wetter klangen sie besonders fröhlich, am schönsten aber fand ich ihren Gesang, wenn die meisten von ihnen in Erwartung eines aufkommenden Sturms kleinlaut geworden waren.

Ich ging allein im Dunkeln hinaus, um die ungewöhnliche Mischung aus Nachtigallengesang und fernem Donner zu hören, doch als ich den Wald betrat, vernahm ich nur ein gedämpftes Piepsen, das klang, als würde ein Vogel in einer Tasche pfeifen. Ein unsichtbarer Pfad führte mich zu einem mir vertrauten Kreis von Eichen, wo nach dem schwachen Bassschlag des Donners eine zweite Nachtigall einen etwas fließenderen, aber ähnlich halbherzigen Ruf anstimmte, dessen tröpfelnde Töne verstummten, sowie ich die Lichtung betrat. Ich setzte mich ins Gras und wartete geduldig, bis der Ruf sich – ebenso schwach – wiederholte. Der Vogel saß links von mir tief in einen Haselstrauch versunken, doch als er unerwartet seine Stimme wiedererlangte, war er überall zugleich.

Im Grunde singt die Nachtigall nicht, sie skandiert; drosselartig deklamiert sie ihre aneinandergereihten Sätze, nur weniger schrill. Im Ton kühl und klar wie Frühlingswasser, stimmt sie eher Klage- denn Lobgesang an. Nachdem der Vogel auf der Lichtung zu skandieren begann, blieb er beim gewohnten Standardrepertoire, wobei ich leichte Variationen zur offiziellen Phrasierung erkannte: Die hohen Anfangstöne zog er mehr als üblich in die Länge, das typisch brodelnde Glucksen setzte ziemlich abrupt ein wie der Warnruf einer Amsel, um dann sanft in die folgende, leicht absteigende Tonleiter überzugehen. Die ständige Wiederholung aufsprudelnder Triller, fließender Schleifen und flirrender Untertöne verstärkte sich allmählich, bis ich einer Art kurzzeitiger Gesangstaubheit erlag, die Ohren vom Geräusch überwältigt. Nicht dass die Nachtigall, die nur sieben oder acht Meter von mir entfernt saß, laut gewesen wäre; aber das dichte Dunkel und der reflektierende Baumkreis schärften die Konturen ihres Gesangs bis zur Grellheit.

Im Mai 1975 wurde ich in einer Hütte am Ufer eines riesigen Sees im Norden Polens von einem geballten Nachtigallenchor in den Schlaf gewiegt, und als ich bei Sonnenaufgang erwachte, sang er immer noch, aber selbst dieser ozeanische Klang hatte nicht die Magie des Vogels in unserem Eichenwäldchen. Im Lauf der letzten zehn Jahre haben die Nachtigallen jedoch nach und nach jeden Wald und Hain, jedes Dickicht und Gestrüpp der Gegend verlassen. Abgesehen davon, dass die Haelsträucher nicht mehr so sorgfältig gestutzt werden wie früher, ist mit dem Habitat der Vögel nichts geschehen, worüber sie die Schnäbel rümpfen müssten, weshalb ich vermute, dass ihre Abwesenheit Unbilden in ihrer afrikanischen Heimat oder während des Fluges zuzuschreiben ist. Kürzlich hörte ich, dass in einigen teuren europäischen Restaurants inzwischen Nachtigallpastete eine modische Delikatesse ist. Und weil der wunderschöne Vogel leicht sieben Euro das Stück bringt, lässt sich nur vermuten, wie viele Japannetze entlang seiner Migrationsroute aufgespannt sind.

Einmal habe ich eine Nachtigall auf einem billigen Diktiergerät aufgenommen, und wenn ich das Band an Abenden abspielte, an denen die Vögel missgelaunt waren, konnte ich meist ein wetteiferndes Männchen dazu bewegen, den Gesang zu erwidern. Spiele ich es heute ab in der Hoffnung, die Vögel könnten zurückgekehrt sein, bleibt die Antwort aus. Der dünne verschwommene Klang meiner Aufnahme gleicht nur mehr einer verblassten Erinnerung oder einem Geist.

11

EINE BEÄNGSTIGENDE GESCHICHTE

Es gibt einen Wildwechsel, der längs durch den Wald führt, in Sommernächten indes nur schwer zu erkennen ist. Im Winter, wenn Bäume und Boden kahl sind und der Mond hoch steht, sieht man ihn deutlich, aber letzte Nacht war er nur eine dünne Kerbe im dunklen Wirrwarr der Vegetation. Er ging von der Lichtung mit dem alten Baum ab, und ich tastete mir meinen Weg entlang seines gewundenen Laufs durch die Dunkelheit. Ein Wildwechsel ist im Dunkeln immerhin noch leichter zu bewältigen als ein unterirdischer Dachsgang, wobei Hirsche durch den dichten Wald gleiten wie Fische durchs Schilf, während ein Mensch nur käfergleich dahinkriecht. Indem ich möglichst behutsam auftrat, wenn ich unter meinen Füßen Wurzeln oder abgefallene Äste spürte, gelang es mir zumindest, die Ringeltauben nicht zu stören, doch während ich mich durch ein Haselgestrüpp schlängelte, trappelte schnell und leichtfüßig etwas durchs Unterholz davon – höchstwahrscheinlich ein Fuchs. Er blieb unsichtbar, was mich daran erinnerte, dass mich vor nicht allzu langer Zeit – um genau zu sein vor acht Jahren – eine solch blinde Begegnung zum ersten Mal seit meiner Kindheit in Angst versetzt hatte. Während mehrerer Monate wirkte die englische Nacht so verstohlen, wie es gewesen sein musste, als noch Wölfe und Bären die Wälder durchstreiften – alles nur aufgrund eines Gerüchts.

Es begann an einem Sommermorgen, als unser Postbote Rob im Seitenspiegel seines Lieferwagens beobachtete, wie ein einer großen, schwarzen Katze ähnelndes Tier die schmale Straße überquerte. Als er mir seine Sichtung beschrieb, horchte ich auf, da Rob ein scharfer Beobachter ist und ein umfangreiches Wissen über die Fauna dieser Gegend besitzt. Doch da das Spiegelbild kaum eine Sekunde währte, konnte er nur vermuten, dass es sich um eine Katze handelte. Ein paar Tage später fuhr Camillas damaliger Freund Steve, ohne die Geschichte zu kennen, denselben Straßenabschnitt entlang, zwischen einem Wäldchen und einer hohen Hecke, als vor ihm etwas über den Weg lief. Es war früh am Morgen, die tiefe Sonne blendete ihn, aber er meinte, es sei ein schwarzes, stämmiges Tier gewesen mit einem dicken, langen Schwanz und habe ausgesehen wie eine Raubkatze.

Wie die Legenden über Ungeheuer, die die Hälfte meiner Angelgewässer umranken, sind Geschichten über Großkatzen heutzutage nichts Ungewöhnliches. Seitdem es durch den Dangerous Wild Animals Act von 1976 untersagt war, Löwen, Wölfe oder auch Puffottern als Haustiere zu halten, schossen die Legenden ins Kraut, nicht alle Exotika seien den Behörden übergeben, sondern einige in freier Natur ausgesetzt worden. Die meisten Sichtungen von Raubkatzen waren indes kaum glaubwürdig, und die Dutzende Fotos und Videos, die zum Beweis gemacht wurden, lösten meist nur Achselzucken aus. Eine durchschnittliche Hauskatze kann auf einem Foto beeindruckend aussehen, wenn es keinen Maßstab für ihre Größe gibt und ihre Konturen im Gegenlicht der Sonne erscheinen, doch findet sich bei genauerem Hinsehen fast immer ein verräterisches Detail und sei es das Glöckchen am Halsband. Unsere Nation aber liebt ihre Legenden, mögen auch die meisten Figuren wie das Ungeheuer von Loch Ness nur in unserer Vorstellung lebendig sein. Nun gab es also eine Sichtung in unserer Gegend und wir hatten unsere eigene Großkatzen-Story, unseren *Surrey Puma*, unsere Bestie von Bodmin Moor, und obwohl ich skeptisch war, wollte ich ihm, ohne die Ernsthaftigkeit der Zeugen anzuzweifeln, zumindest die Ehre erweisen, etwas genauer nachzuforschen.

Eines Abends unternahm ich mit Alex und Will, die damals beide Teenager waren, einen Spaziergang über die Landstraße, um die Stelle der Sichtung zu inspizieren. Abgesehen von dem kleinen Wäldchen und den Hecken gab es nichts, was eine Raubkatze hätte interessieren können, und ganz sicher würde sie nicht bei Tageslicht durch die umliegenden Weizenfelder streunen. Ohnehin war es über eine Woche her, seitdem die Katze gesehen worden war, sodass sie schon längst am anderen Ende des Landes sein konnte. Das Wäldchen war ein Bestand aus Pappeln rund um einen ausgetrockneten Tümpel, und just in dem Moment, als wir es betraten, erschreckte uns ein fliehendes Tier. Es konnte ein Fuchs oder Reh oder vielleicht auch ein Hase gewesen sein –

im tiefen Schatten unmöglich zu sagen. Aber etwas war da, und so stoben wir hoffnungsvoll aus dem Wald hinaus aufs Feld, um womöglich eine Bewegung im weiten Weizen zu erhaschen; allein, es erzitterte kein einziger Halm. Wir warteten, bis es fast dunkel war, dann gingen wir heim, ohne recht zu glauben, ein ungewöhnliches Tier aufgeschreckt zu haben; ganz verwerfen wollten wir die Möglichkeit aber auch nicht.

Etwa einen Monat später ging Alex wiederum abends mit ein paar Kumpels aus dem Nachbardorf heim, und auf einem Feld, das sie überquerten, lag ein dunkles Tier im Gras. Es war zweihundert Meter entfernt; als sie stehen blieben, stand es auf und tappte gemächlich in die Wälder hinterm Feld davon. Da kehrten sie um und liefen über die Landstraße heim, um mir aufgeregt zu berichten, was sie gesehen hatten.

Aber was hatten sie denn nun gesehen? Und was hatten Rob und Steve gesehen? Eine Raubkatze? Einen melanistischen Puma vielleicht? Oder war es einfach nur eine verwilderte Katze oder ein katzenartiger schwarzer Hund? Ich fragte die Wildhüter und Landwirte der Gegend, ob sie ein derartiges Tier durch ihre Ländereien hatten stromern sehen, aber außer einem Schwarzfuchs und einem schwarzen Damhirsch, gesichtet vor Jahren, gab es nichts zu berichten. Und wäre es tatsächlich eine Großkatze – also ein gefährliches Raubtier –, so würde es wohl nicht lange dauern, bis es zu einer Nahbegegnung käme.

Mein Freund Hugh ist in diesen Dingen recht bewandert, da er sich als Dokumentarfilmer über Jahre mit verschiedenen Arten von Raubkatzen beschäftigt hat. Ich würde sogar behaupten, dass er jede einzelne Großkatzenart auf der Welt in ihrem natürlichen Habitat fürs Fernsehen abgelichtet hat, sogar den Schneeleoparden. Ich fragte ihn, ob er sich in Großbritannien solche wild lebenden Tiere vorstellen könne und, wenn ja, ob es möglich sei, dass sie sich hier in unseren fernen Wäldern ihr Territorium eingerichtet hätten. Ja und ja lautete seine Antwort, wenngleich er die meisten Berichte von Sichtungen verwarf und seinen eigenen Nachbarn als Beispiel für einen unglaubwürdigen Zeugen anführte. Der Mann war überzeugt, in den Bäumen am Rande seines eigenen Gartens eine Raubkatze gesehen zu haben.

»Es war ein Tiger!«, lachte Hugh – womit er *Tiger* meinte, seine eigene, zugegebenermaßen ziemlich große Tigerkatze.

Trotzdem war er sich sicher, vor zehn Jahren an einem See in Gloucestershire in Gegenwart einer übergroßen Katze gewesen zu sein. Zwar hatte er sie nicht gesehen, doch nachdem er sein Leben lang Raubkatzen nachgestellt und manche wiederum ihn verfolgt hatten, war er felsenfest davon überzeugt, dass ihn die Präsenz einer Raubkatze sofort in instinktive Alarmbereitschaft versetzen würde. Er fand es selbst höchst erstaunlich, dass ihn dieses Gefühl mitten in der englischen Pampa übermannte, erfuhr aber am nächsten Tag von einem Wildhüter, dass in den vergangenen Monaten mehrmals eine große, nicht bestimmbare Katze gesichtet worden sei.

Mit Kamera statt Gewehr bewaffnet, gehört Hugh zu den erfahrensten Jägern der Welt, doch als ich mich nach unserem Gespräch zu einem weiteren Abendspaziergang durch die Wälder aufmachte, spürte ich dasselbe Unwohlsein wie als Kind, wenn ich mich nach der Lektüre einer Spukgeschichte im Dunkeln nach draußen wagte. Im Gegensatz zu diesen Geistergeschichten konnte unsere Raubkatzen-Story Hugh zufolge aber tatsächlich wahr sein, was die Atmosphäre für mich unbestreitbar auflud. Trotz rationaler Argumente konnte mich nun bei Dunkelheit nichts mehr im Wald halten, mochten mich auch noch so viele Nachtigallen locken.

Abgesehen vom ungeklärten Tod eines Schafes geschah bis zum Ende des Sommers nichts mehr, was die Geschichte befeuert hätte, bis, schon tief im Herbst, als sich meine abendlichen Ausflüge wieder in die Dunkelheit auszudehnen begannen, meine älteste Tochter Camilla eine erschreckende Begegnung machte. Sie radelte im Dunkeln nach der Arbeit heim und nahm eine Abkürzung über einen Waldweg, der zu unserer Landstraße führte. Durch die letzten Bäume sah sie auf der Straße einen Wagen, dessen Scheinwerfer plötzlich ein großes Tier erfassten, das vor dem Auto vorbeischoss und direkt auf sie zukam. Fünf Minuten später flog die Haustür auf und Camilla stürmte mit weit aufgerissenen Augen herein.

»Ich habe es gesehen!«, keuchte sie.

Der Wagen war weitergefahren, ohne auch nur abzubremsen, aber im schwachen Schein ihrer Fahrradlampe hatte Camilla das leibgewordene Gerücht vor sich vorbeirennen sehen. Dabei war sie ihm so nahe gekommen, dass sie beinahe mit ihm zusammengestoßen wäre. Das Tier war schwarz, sagte sie, und sein Rücken so breit wie der des Jaguars, den sie als kleines Mädchen im Zoo gesehen hatte. Als es den Waldweg hinauf verschwand, bog sie auf die Landstraße ein und trat wie eine Wahnsinnige in die Pedale. Selbst wenn sie nichts von dem Gerücht gewusst hätte, wäre es ein haarsträubendes Erlebnis gewesen; unter diesen Umständen, in der ländlichen englischen Idylle war es erschreckend wie einer jener »heiklen Momente«, wenn Hugh im bangladeschischen Dschungel von einem menschenfressenden Tiger verfolgt wurde. Doch da Camilla von robuster Natur war und sich nicht leicht verängstigen ließ, hatte sie sich bald wieder gefasst und sinnierte bei einer Tasse Tee darüber, dass das Tier gerade fast von einem Auto gerammt worden war und daher vermutlich noch verängstigter war als sie.

Es lebte also tatsächlich eine Raubkatze in unseren Wäldern, oder zumindest dachten wir das, bis im nächsten Frühling unser vorgeblich identifiziertes Tier – bildlich gesprochen – schwer angeschossen wurde. Andy, ein ehemaliger Wildhüter, der einen Kilometer von uns entfernt wohnt, hat jeden einzelnen Arbeitstag seines Lebens in dieser Gegend verbracht, und als ich ihm die Story erzählte, war er natürlich neugierig – wenngleich skeptisch. Zwar glaubte er mir, dass sechs verschiedene Personen ein großes schwarzes Tier gesehen hatten, doch war er sich zugleich ziemlich sicher, dass es sich um einen Hund handelte. In der Nähe der Stelle, wo Rob und Steve etwas über die Straße huschen sahen, steht ein Bauernhaus, in dem ein übergewichtiger alter Labrador mit einem ungewöhnlich langen Schwanz lebt. Dieser Hund hatte Andy zufolge die Angewohnheit, sich davonzustehlen und durch die Lande zu stromern, manchmal tagelang, und wer ihn mit seiner Stupsnase und dem katzenhaften Schwanz zwischen den Bäumen dahintrotten sah, konnte sich leicht einbilden, einen schwarzen Puma vor sich zu haben.

Wie enttäuscht ich war, als ich den sechs Zeugen Andys Theorie vortrug und sie ihr alle mehr oder weniger zustimmten. »Ja, könnte tatsächlich ein Hund gewesen sein«, sagten sie. Jäh verlor die Luft in den Wäldern an Spannung, und als ich das Tier schließlich selbst sah, wusste ich, dass ich wieder gefahrlos im Dunkeln nach draußen gehen konnte. Bei gutem Licht kam es eines Abends im Oktober aus einem Weißdorngebüsch und querte die Ecke eines Feldes. Aus fünfzig Metern Entfernung konnte ich gut erkennen, dass es ein Hund war. Es lief mit einem katzenhaften, schwerfälligen Gang und hatte einen extrem langen Schwanz.

Es *war* doch ein Hund – oder etwa nicht?

12

DAS UNBEKANNTE

Ich besitze keine Uhr. Wenn die mechanische Zeit für das langsame Fortschreiten der Sommersonnenwende schon zu schnell abläuft, so könnte sie sich niemals auf den ungewissen Rhythmus der Nacht einstellen. Mit ihren Phasen, Pausen und unvorhersehbaren Ausscherern widerstrebt die Nacht nicht nur der Uhr, sie spottet ihr. Insofern konnte ich unmöglich sagen, wie lange ich im Wald gewesen war. Es fühlte sich wie Stunden an, doch als ich wieder auf den offenen Hügel kam, hatte sich der Mond nicht sonderlich weit nach Westen weitergewölbt, und auch das Glimmen hinterm nördlichen Horizont hatte nicht merklich zugenommen. Die Welt aber wirkte nach dem dusteren Waldesinneren morgendlich.

Alles schien wie vergrößert; das Tal, durch das ich gegangen war, kam mir tiefer vor, und der dünne Nebelschleier entlang des Tals war jetzt ein breiter weißer Fluss; die Baumlinie im Westen, die mir noch so nah vorgekommen war, als das Reh hinter meinem Rücken auftauchte, hatte sich weit zurückgezogen, während sich der nördliche Horizont in die Höhe gereckt zu haben schien. Hatten sich die Entfernungen geweitet, so erschienen mir nahe Details jetzt kristallklar. Zu meinen Füßen funkelte ein halber Mond in den Tautropfen einzelner Grashalme, und wo sich der spätblühende Holunder über den Pfad beugte, konnte ich jede einzelne fünfzackige Blüte erkennen.

Unterm dunklen Dach der Bäume hatte ich fast nichts sehen können, aber der Reiz des mitternächtlichen Waldes liegt weniger in der Sicht als im Klang – Geräusche wie das manische Geplapper einer Dachsfamilie, der widerhallende Ruf einer Eule oder das nach einer Spielzeugeisenbahn klingende Puffen eines verliebten Igels. Doch entgegen meiner anfänglichen Vermutung, dass die Nacht vor Leben rascheln würde, war das Einzige, das ich nach der Taube und dem fliehenden Fuchs hörte, eine dahinflitzende Weißfußmaus und alsdann eine im Nest fluchende Krähe, die ich gestört hatte. Offenbar war das Nachtleben schon ins Mondlicht abgewandert, wo ich ihm womöglich gesenkten Kopfes später noch begegnen würde. Nach dem Wirrwarr des Waldes war ich erleichtert, wieder in offenem Gelände zu sein, sodass ich mit leichtem Schritt, aber gutem Tempo über die Hügelkuppe ging, um in den Schatten einer weiteren Niederung zu tauchen, die sich zunächst zwischen Bäumen nach Osten neigte, ehe sie nordwärts zu den höheren Hängen bog.

Die Luft am Talboden war wie immer nachts kühler und zudem auch weniger diesig als in der vorigen Niederung. Obwohl der Mond noch nicht hoch genug stand, um Licht auf den grasbewachsenen Pfad zu werfen, konnte ich dessen Spur gut erkennen, wobei das tiefe Dunkel vor allem einen grünlich leuchtenden Punkt fünfzig Meter vor mir offenbarte, der wie eine gelandete Sternschnuppe aussah. Es war ein Glühwürmchen, und als ich näher kam, sah ich, dass es an einen Grasstängel neben dem Pfad geklammert saß. Ohne es zu stören, kniete ich nieder und streckte den Arm aus, bis sich das wundersame Licht in meiner Hand brach.

Dieses leuchtende Insekt, ein nicht seltenes Juwel in meiner Gegend, kommt am späten Abend aus seinem Unterschlupf und schickt sein hoffnungsvolles Leuchten in die Nacht, bis es in der Morgendämmerung wieder in sein unterirdisches Bett schlüpft. Das etwa zwei Zentimeter große Weibchen sieht aus wie eine gestreckte Assel, ist aber in Wirklichkeit ein flügelloser Käfer. Die großäugigen, geflügelten Männchen sind nur halb so lang, glimmen deutlich schwächer und sehen viel käferhafter aus. Doch wie ich kürzlich las, gelingt es den Weibchen nicht mehr, mit ihrem verführerischen Glimmen die vorbeifliegenden Männchen anzuziehen, da diese von den helleren Lichtern der ländlichen Nacht fortgelockt werden. Da mag etwas dran sein; erst kürzlich kam ein männliches Glühwürmchen bei mir daheim ins elektrisch erleuchtete Zimmer, aber sicher ist ein ebenso großes Problem, dass weite Teile ihres natürlichen Habitats durch Insektizide und Herbizide, Überweidung und andere Störfaktoren dezimiert wurden. Obwohl es in meiner Gegend nicht gerade viele Lichter gibt, die die Männchen verwirren könnten, war das Weibchen auf dem Grasstängel erst das dritte, das ich in diesem Jahr gesehen habe. Noch vor wenigen Jahren war der Pfad in einer ähnlichen Juninacht zu beiden Seiten von Dutzenden Glühwürmchen hellauf erleuchtet wie eine Straße in einem Elfendorf.

Ich wünschte dem Insekt eine strahlende Zukunft und lief weiter die Niederung hinauf, vorbei am Rumpf einer seit langem toten Esche, in der einmal ein Schleiereulenpaar gewohnt hatte, eine weitere Spezies, die ich heute seltener sehe als früher. Von der Baumlinie zu meiner Linken stieß ein Vogel, der sicher keine Eule war und auch keiner der mir bekannten nachtaktiven Vögel, ein seltsames *ka-kak, ka-kak-kak-kak* aus. Ein Vogel war es jedoch gewiss, da sich das Geräusch zu schnell entfernte, als dass es von einem anderen Tier stammen konnte, wobei es eventuell auch eine Todesfee mit Halsweh hätte sein können. Vielleicht beschreibe ich es morgen einem meiner vogelkundigeren Freunde; wahrscheinlich wird er lachen und mir erklären, dass es irgendein gewöhnlicher Zugvogel, irgendein Nachzügler war und ich auch selbst darauf hätte kommen können, wohingegen ich im Stillen hoffe, dass er genauso perplex sein wird wie ich. Aber noch während ich über diesen Vogelruf schreibe, fällt mir ein, dass ich im letzten Jahr, zu etwas späterer Zeit, auf dem sternenbeschienenen Heimweg mit einer Freundin genau den gleichen Ruf gehört hatte. Wir waren gerade an einem kleinen Wäldchen vorbeigegangen und drehten uns beide abrupt um, weil der Ruf aus den Bäumen kam und uns sein Aufsteigen sagte, dass er von einem auffliegenden Vogel stammte. Obgleich die Abendröte das Wäldchen noch konturierte, sah keiner von uns etwas darüber hinwegfliegen, wiewohl der Vogel an der ungeheuren Lautstärke des Rufes bemessen ziemlich groß sein musste. Nachdem wieder Stille eingekehrt war, sah ich meine Freundin an, auf deren blassem Gesicht eine hübsche Mischung aus Verwunderung und Schrecken lag.

Das Moment des Ungewissen gehört zum besonderen Vergnügen der Nacht. Manchmal ist es interessanter, etwas *nicht* zu wissen; und obwohl ich die meisten der häufiger vorkommenden nachtaktiven Tiere in diesem Land kenne, gefällt es mir, dass die Identität eines mit nur einem Auge oder Ohr erahnten Wesens offen ist für Interpretation. Gerade in einer Zeit, in der alles und jeder nach genauen Informationen, präzisen Beschreibungen und sofortiger Wiedererkennung schreit, empfinde ich eine perverse Freude daran, dass die Wirklichkeit der Nacht ungleich schwieriger einzuordnen ist. Sie öffnet mir nicht nur ein einzigartiges Fenster auf die wilden Tiere meiner Umgebung, sondern stillt auch mein Verlangen nach dem Anderen, Unberührten, oftmals Unbekannten.

13

ÜBER DIE GRENZE

Da der nächtlichen Landschaft jede Unaufgeräumtheit fehlt, sticht noch die flüchtigste Bewegung hervor wie der Schatten eines Vogels auf einer nackten Mauer, mag auch die Ursache der Bewegung oftmals im Dunkeln bleiben. Während ich durch einen engen, mondlosen Abschnitt der Niederung ging, nagte etwas am rechten Rand meines Blickfelds, und als ich mich zu der Reihe von Ameisen- oder Maulwurfhügeln umsah, die vor dem blassen nördlichen Horizont aufstiegen, bemerkte ich verblüfft, dass einer von ihnen ein Lebewesen war. Doch bis mir einfiel, das Fernglas herauszuholen, war das Tier fast schon wieder außer Sicht. Offenbar sah ich auf den Rücken eines Tieres, und trotz des sorgsam scharf gestellten Fernglases konnte ich unmöglich sagen, ob es sich von mir weg oder auf mich zu bewegte, so sehr verschmolz es mit dem dunklen Hang. Ich senkte das Glas und ging ein paar Schritte, um einen anderen Winkel einzunehmen, als die Silhouette wieder auftauchte; jetzt kam sie eindeutig näher. Durch das Fernglas sah sie aus wie ein Kartoffelsack, der übers Gras den Hang hinabplumpst. Ich musste niederknien, um sie weiterhin im Gegenlicht des Himmels zu halten, doch selbst als sie nur noch dreißig Meter entfernt war und leicht zu meiner Rechten ausscherte, konnte ich den gestreiften Kopf nicht erkennen, obwohl es inzwischen offensichtlich war, dass es sich um einen Dachs handeln musste. Angesichts der breiten, buckligen Statur und des schlingernden Gangs musste es ein großes Männchen sein, das gut dreißig Pfund wog. Als es langsamer wurde und am Fuß des Hangs stehen blieb, senkte ich das Fernglas. Der Dachs hob den Kopf, und für einen Moment dachte ich, er habe meinen Geruch gewittert.

Ohne den Hintergrund des Himmels, der das Tier konturierte, sah ich nur mehr einen dunklen Fleck im Gras, obwohl er nur zwanzig Schritt entfernt war, aber immerhin erkannte ich jetzt deutlich die vertraute schwarz-weiße Maske. Ich stand ganz still, die Hände in den Taschen – nachts stechen Hände genauso hell hervor wie Gesichter. Der Dachs stierte mich unverwandt an, als wollte er herausfinden, was ich darstellen mochte. Fast entlockte mir das eingefrorene Bild ein Lächeln, aber ich wusste, dass Dachse nachts zwar nicht besonders gut sehen, man aber argwöhnischere Exemplare durch die kleinste Bewegung verschrecken kann, und sei es, dass man nur leicht die Miene verzieht. Um wilde Tiere zu beobachten, ist still zu stehen oft ein ebenso probates Mittel wie ein Versteck, solange es eine *angenehme* Reglosigkeit ist – entspannt, nicht starr.

Obwohl ich fast jeden Abend Dachse sehen konnte, wenn ich an der windabgewandten Seite eines Baus wartete, sehe ich sie auf offenem Gelände selten derart nah. Außerhalb seines sicheren Heims stürzt der Dachs immer gleich in Deckung, sobald seine feinen Sinne den leisesten Verdacht melden; mein wissbegieriger Besucher indes wirkte ganz unbeeindruckt, da er langsam auf mich zu zottelte, dabei gelegentlich schnüffelte, bis er die halbe Distanz zurückgelegt hatte. Wieder hob er den Kopf, um mich zu begutachten, wodurch er aussah, als stehe er auf Zehenspitzen. Wir blickten uns an, über den Lauf der Geschichte hinweg, den ich selbst mir nur vorstellen konnte, von dem seine Gegenwart aber immer noch geprägt war. Er hatte diese Landschaft in der letzten Eiszeit geerbt und war trotz aller Veränderungen nach wie vor perfekt daran angepasst. Ich hingegen repräsentierte den aufrechten Jäger und Sammler, dessen Schatten über Jahrtausende länger und dunkler geworden war und der nur mehr einen trampelnden, gefährlichen Eindringling darstellte. Selbst wenn der Dachs ahnte, dass ich keine Bedrohung für ihn war, ließ er mich spüren, dass ich nicht hierhergehörte, da ich als einziges Wesen ohne klares Ziel umherschweifte und mich nicht aktiv an der Aufgabe beteiligte, die schlichtweg Überleben hieß. Wie alle wilden Tiere konnte er es sich nicht leisten, die Nahrungssuche lange auszusetzen, und obwohl er keine natürlichen Feinde mehr hatte, gemahnte ihn die angestammte Erinnerung an die Verfolgung durch den Menschen auf alle Zeiten zur Vorsicht.

Unsere Begegnung dauerte vielleicht eine Minute, was lang ist, wenn man von einem wilden Tier angesehen wird. Und als sich der Dachs langsam umdrehte und davontrapste, fühlte ich mich nicht mehr gar so fremd, da mir sein abschätziges Schniefen signalisierte, dass er mich als Seinesgleichen akzeptiert hatte.

14

BEOBACHTEN UND WARTEN

Als ich noch sehr jung war, weder Fische noch Eidechsen fangen konnte und sich mein Wissen über die Naturgeschichte auf meine wenigen Natur-Bildbände und die ersten Fernsehsendungen von Sir Peter Scott und Sir David Attenborough beschränkte, war meine Begeisterung für dieses Thema trotzdem grenzenlos. Doch ohne eine oder zwei leibhaftige Begegnungen mit Tieren in meiner Umgebung wäre die »wilde Tierwelt« vermutlich nur eine ätherische Gemeinschaft in meiner kindlichen Vorstellung geblieben, deren einzige Spuren ich in den unergründlichen Pfaden des Waldes und im unbestimmbaren Geraschel des Unterholzes ausmachte. Wenn ich wissen wollte, wie ein Tier genau aussah, konnte ich in meinen Büchern nachschlagen, aber um wirklich an seine Existenz zu glauben, musste ich es ›in echt‹ sehen, in der freien Natur.

Da ich Angst vor der Dunkelheit hatte, waren bis zu meinem zehnten oder elften Lebensjahr die einzigen wilden Säugetiere, die ich außer meinen Freunden sah, tagaktive oder halb tagaktive Tiere wie Rehe, Igel, Hasen und Kaninchen sowie – wenngleich selten – Hermeline, Wiesel und einmal ein plötzlich aus dem Boden auftauchender Maulwurf. Durchs Schlafzimmerfenster hatte ich nachts die markerschütternd bellenden Füchse gehört und manchmal auch einen rostroten Schimmer erhascht, der alsbald im Dunkeln verschwand, doch erst im arktischen Winter 1962/63 sah ich zum ersten Mal einen Fuchs aus der Nähe. Während dieser langen Frostperiode erblickte ich des Öfteren Füchse, die mitten am Tag auf Jagd oder Nahrungssuche im Schnee gingen, und im Frühjahr 1963 war mein Bezirk wie viele andere halbländliche oder vorstädtische Gebiete dauerhaft von ihnen besiedelt. Inzwischen sieht man sie natürlich sogar in größeren Städten – hier indes, wo das Land den Rebhühnern und Fasanen gehört, ist der Fuchs noch ebenso unnahbar wie zu meiner Kindheit.

Ich mochte die Beschreibung und Zeichnung des Dachses in meiner *Children's Encyclopaedia*. Nachdem ich alles über dessen Bauten, feste Wege und Gewohnheiten gelesen hatte, vermutete ich, um ein Exemplar in echt zu sehen, durfte ich nicht auf eine zufällige Begegnung hoffen, sondern musste mich aktiv auf Suchwanderung begeben. Da Dachse leider nachtaktiv sind, konnte ich zwar meine Suche in der Dämmerung beginnen, musste mich aber wohl oder übel der Dunkelheit stellen, bevor tatsächlich ein Dachs erschiene.

Mein erster Versuch war eher eine Nervenprobe als eine echte Jagd. Ich hatte in einem nahe gelegenen Wald einen Dachsbau entdeckt, wie ich meinte, und er befand sich nahe genug am Waldsaum, dass ich mich flugs davonmachen konnte, sollte die Dunkelheit allzu bedrohlich werden. Nachdem ich eines Sommerabends meiner Mutter gesagt hatte, dass ich noch kurz nach draußen wolle, trottete ich hinüber zum Wald. In Sichtweite des mutmaßlichen Baus suchte ich mir einen Baum, der sich zum Warten und Beobachten eignete. Anfangs war das sehr aufregend. Ich befand mich auf einer echten Entdeckungsreise und durfte es schon als Erfolg werten, wenn ein Dachs auch nur seine Nasenspitze zeigte, da niemand, den ich kannte, bis dahin ein solches Tier gesehen hatte. Doch dann verloren die Blätter um mich herum allmählich ihre Farbe, die Stämme im Waldesinneren ihre Maserung, bis alles miteinander zu verschmelzen schien. Die Bäume am Waldsaum stachen schwarz vor dem noch glimmenden Himmel und dem beruhigend gelben Kornfeld hervor. Dabei veränderte sich allein die Sicht; das Reglose dagegen wurde nicht noch regloser, die Brise ebbte nicht ab, und auch die Stille vertiefte sich nicht, da das Jahr für Vogelgesang schon zu weit fortgeschritten war.

Ich hatte gelesen, dass Dachse oft in der Dämmerung aus ihrem Bau kommen, und hoffte, dass es stimmte, denn wie sollte ich einen Dachs sehen, wenn es kein Licht mehr gab? Während die Schatten sich verdichteten, ertönte bald der unvermeidliche Ruf einer Eule, der der niederen Welt signalisierte, dass ich nunmehr auf mich allein gestellt war in diesem mir eigentlich vertrauten Wald, der sich aber jetzt in etwas verwandelte, was ich seit jeher fürchtete. Dass sich am Bau nichts regte, schürte nur meine Angst, weil meine Aufmerksamkeit ganz und gar auf die stetig dunkler werdende Flut gerichtet war und es mir so schien, dass ich, selbst wenn es mir gelänge, zurück zur Waldkante zu schwimmen, wahrscheinlich in der nun über die Felder steigenden Dunkelheit ertrinken würde. Dabei war ich schon an Winterabenden mit Freunden über diese Felder gelaufen und hatte das reine Glück verspürt, das die Freiheit der Nacht uns schenkte. Es gab nichts, wovor ich mich hätte fürchten müssen – außer dass ich wusste, dass keiner meiner Kumpel nachts in den Wald gehen würde –, und jetzt, da ich still unter ebendiesen Bäumen saß, würde ich gewiss den wahren, grausigen Grund herausfinden, weshalb kein vernünftiger Mensch je etwas Derartiges wagte. Also dachte ich mir, die Dachse würden wohl auch noch ein paar weitere Nächte ohne mich auskommen. Weshalb ich langsam hinaus ins Freie kroch, insgeheim hoffend, dass kein Dämon mich bemerkte, und unterm Sternenlicht nach Hause rannte.

Etwa einen Monat später ging ich bei Tageslicht noch einmal in den Wald. Wie bezaubernd harmlos er wirkte und wie gewöhnlich, da alles so klar und unzweideutig vor mir lag. Als ein Kaninchen in einem der Löcher abtauchte, kam mir allerdings der Verdacht, dass mein Dachsbau gar keiner gewesen war. Daher machte ich mich auf die Spur entlang der vielen schmalen Pfade zwischen den Bäumen und suchte nach einem dachshafteren Ort, doch schienen alle Wege nur zu weiteren Kaninchenbauten zu führen. Schließlich fand ich zwischen den Wurzeln einer großen Eiche ein höhlenartiges Loch, an dem indes kein Anzeichen von Leben zu erkennen war, und auch das Laub am Eingang sah aus, als läge es seit Monaten unberührt. Trotzdem hatte dieser Ort etwas Besonderes, weshalb ich beschloss, mich auf die Lauer zu legen, bis es dunkelte. Ich war zu tief im Wald, als dass ich noch lange nach Sonnenuntergang hätte bleiben können; von allen anderen Hindernissen abgesehen, kann man sich im Dunkeln nämlich allzu leicht verirren – oder gefressen werden.

Anstatt mich wie zuvor hinter einem Baum zu verstecken und von dort aus auf die Höhle zu linsen, machte ich es mir diesmal auf einem moosbewachsenen Baumstumpf bequem, von dem ich ideale Sicht auf alles hatte, was da käme. Ich sagte mir, wenn ich nur reglos bliebe, würde ich gleichsam mit dem Stumpf verschmelzen. Bald kam eine Brise auf und erfüllte den Wald mit dem Geräusch der raschelnden Blätter, aber es war nur ein vorüberziehender Windhauch, der mit dem abklingenden Licht wieder entschwand. Obwohl es dunkel wurde, machte ich mir aus irgendeinem Grund nun weniger Sorgen und verspürte bei dem Gedanken an die bevorstehende Dunkelheit beinahe Wohlbehagen. Ich aß einen Apfel und warf das Kerngehäuse vor die Höhle, um vielleicht einen Bewohner herauszulocken. Während der Abend zur Nacht wurde, verschwommen Farne und Äste am Boden, wohingegen das helle, fünf Meter entfernte Kerngehäuse beinahe zu leuchten schien. Die Minuten vergingen, ich hielt den Blick so starr auf das Loch gerichtet, dass es fast unsichtbar wurde, und zuckte überrascht auf, als es tatsächlich verschwand. Nicht der Hauch oder Schimmer eines Geräusches war zu vernehmen, und erst als es schon fast zu spät war, sah ich, dass von der Seite ein Dachs gekommen war, um sich den Apfelrest zu schnappen und nun so still und leise davonzutraben, als schwebte er über dem Boden. Im Düstern wirkte seine große, graue Silhouette wie transparent, doch als er den Eingang seines Baus erreichte, blieb er stehen und drehte sich halb um, sodass ich deutlich im Profil seine gestreifte Schnauze sah.

15

DER GUTE HIRTE

Bei ihrem Aufstieg zu ihren höchsten Erhebungen im Nordwesten faltet sich diese Landschaft, die wie eine große Kreideinsel wirkt, in immer ausladendere tiefe Täler, Mulden und Kerben. Manche der durch die zahlreichen Senken führenden Pfade enden wie im Labyrinth in der Sackgasse, sodass der Wanderer plötzlich vor einer dreißig Meter hohen Böschung steht, die mit Gras oder Bäumen bewachsen ist. Selbst tagsüber kann man sich wunderbar verlaufen, wenn man das Gelände nicht kennt und keine Karte bei sich hat. Nachts haben mich die Pfade vor allem bei bewölktem Himmel schon des Öfteren in unerwartete Richtungen geführt. Auf meinen ersten nächtlichen Streifzügen, die ich hier vor fünfundzwanzig Jahren unternahm, verlief ich mich häufig, ohne dass es mich groß störte, da die einzige Gefahr – im Gegensatz zu wolkenverhangenen Bergen oder großen, weglosen Wäldern – darin bestand, dass ich Hunger oder Durst bekäme, bevor ich wieder daheim wäre.

Was aus einem niedrigen Blickwinkel dramatisch wirken kann, ist letztlich wie jede Hügellandschaft der Downs leichtes Land: Man kann es leicht durchwandern, leicht erklimmen, leicht vom Weg abkommen und ihn auch leicht wiederfinden. Wenn mich ein Pfad im Dunkeln in eine Sackgasse führte, stieg ich einfach auf den nächsten Hang und suchte Orientierung an einer mir bekannten Baumreihe oder einem Hügel. Und wusste ich einmal gar nicht mehr weiter, halfen mir zumindest bei klarem Himmel die wegweisenden Sterne. Aber es war auch schön, sich gelegentlich zu verirren, schon weil die Gegend dadurch größer und in gewisser Weise auch lebendiger wirkte. Außerdem hatte ich gegebenenfalls eine Entschuldigung, wenn ich auf Pfaden wanderte, auf denen ich kein Recht hatte zu gehen. Heute verlaufe ich mich leider nur noch selten, was aber nicht heißt, dass mir die Landschaft nichts Neues mehr zu bieten hätte. Sie kann jeden Tag, sogar jede Stunde anders aussehen, wenn sich ihre Konturen in der Sonne wandeln oder die Hügel in den Wolken verschwimmen. Nachts bietet sie mir immer wieder neue Einsichten in ihre Naturgeschichte und scheint sich zuweilen auch an ihre fast ebenso alte Menschheitsgeschichte zu erinnern, die weiter noch als bis zu den Lagern der Angelsachsen und Römer, ja weiter noch als bis zu den Hügelgräbern der Eisenzeit zurückgeht.

Ein Geisterjäger würde in dieser Gegend vermutlich zig spukende Orte aufspüren, und obgleich ich nicht mehr an Geister glaube, gefällt es mir, wie ein Ort »geisterhaft« werden kann, indem seine Atmosphäre nur durch eine Wetteränderung mit neuer Energie aufgeladen wird. Als eingefleischter Nachtangler und Nachtwanderer habe ich so einige schauerliche Momente erlebt, die mich, wäre ich nicht die Verrücktheiten der Nacht gewohnt, durchaus veranlasst hätten, mich auf die Seite des Geisterjägers zu schlagen.

Das geisterähnlichste Wesen, das ich je gesehen habe, schwebte vor vielen Jahren in einem Eibenwald in Surrey in einer Herbstnacht über eine Lichtung. Es sah ganz klassisch aus, ein zwei Meter hohes leuchtendes Laken, das die Lichtung einmal fast vollständig umkreiste, ehe es sich in einer Spirale aus Dunst erhob und in Luft auflöste. Wiewohl es nicht ungewöhnlich ist, in kalten Nächten dunstige Wirbel aus dem warmen Waldesinneren aufsteigen zu sehen, hatte sich dieser in ein formvollendetes und erstaunlich langlebiges Phantom verwandelt. Hätte ich ihn doch nur nach seinem Namen gefragt. Der schönste Geist aber, der sich in diesen Hügeln materialisierte, wurde ebenfalls aus dem Dunst geboren. Als ich in einer kühlen Spätsommernacht durch ein tiefes Tal wanderte, stieg dreißig Meter vor mir ein weißer Damhirsch aus einer weißen Nebelbank. Für ein paar geisterhafte Momente standen wir einander gegenüber, dann stieg der Hirsch langsam den Hang linker Hand hinauf und verschwand zwischen den Bäumen. Hätte ich dasselbe Tier nicht schon zweimal in schlichteren Nächten gesehen, hätte ich die Begebenheit sicher als noch wunderlicher empfunden, aber auch so war es eine hübsche Erscheinung.

Meine Begegnung mit dem weißen Hirsch liegt nunmehr zehn Jahre zurück, doch als ich letzte Nacht an die besagte Stelle kam, dachte ich, womöglich andere, gewöhnliche Tiere seiner Herde zu sehen. Die Hänge sind ihres üppigen Grases wegen bei Dam- wie Rehwild sehr beliebt, deren Silhouetten ich schon oft in elegantem Trab den Horizont über mir entlanglaufen sah. Aber obwohl ich eine Weile stand und schaute, wollte sich in dieser Nacht nichts regen – zumindest nicht an dieser Stelle.

Während ich wartete, bemerkte ich, dass der nördliche Himmel entlang seiner östlichen Hälfte ein wenig heller geworden war. Noch leuchteten ein paar Sterne, darunter zumindest ein Planet – Jupiter oder vielleicht Saturn; während sich das Fleckchen Erde, auf dem ich stand, schon deutlich gen Sonnenaufgang neigte. Hätte ich auf dem nahe gelegenen Hügel gestanden, hätte ich einen fernen Kirchturm drei Uhr läuten hören.

In Gedanken bei der akuten Abwesenheit von Damwild und der Allgegenwart von Geistern, die keine Geister waren, ging ich einen steilen Weg hinauf, der zum nördlichen Kamm führte. Plötzlich wurde alles aufgehellt, da der Mond über den niedrigeren Hängen hinter mir wieder auftauchte. Wo der Weg flacher wurde, stand eine große einzelne Esche mit weit ausladenden Ästen. Darunter lag im gesprenkelten Mondlicht eine kleine Schafherde im Gras. Obwohl alle Augen auf mich geheftet waren, bewegte sich keines von ihnen, da sie sich mit dem Baum als ihrem Beschützer sicher fühlten – und ohnehin spürten, dass ich harmlos war. Eine zeitlose Szene wie auf einem Gemälde von Samuel Palmer oder vielleicht in einem Gleichnis aus dem Alten Testament: der gute Hirte vor seiner Herde. Doch als ein Schaf als Antwort auf mein Traumbild einen prachtvollen Furz abließ, ging ich rasch meines Weges.

16

DER BLAUÄUGIGE VOGEL

Mögen manche Ecken dieser Gegend in einer Juninacht auch vollkommen still bleiben, so gibt es doch, wenn ich während meiner Wanderung durch diese vielfältige Landschaft stehen bleibe, um zu lauschen, hörbare Anzeichen von Leben, und sei es nur eine vorbeihuschende Wühlmaus oder der Schrei eines gejagten Kaninchens; und wenn ich durch ein Waldgebiet gehe, höre ich fast immer das wohlbekannte Fiepen der Eulenjungen, die ihre Eltern um mehr Mäuse anbetteln. Fünfzehn Kilometer östlich jedoch, wo der Untergrund von Kreide zu Grünsand wechselt, hallt ein ganz anderer Klang durch das Habitat aus Kiefernwald und Heide.

Erst kürzlich habe ich mit einem Freund über diesen Klang gesprochen, da sein erstes Wort, als er auf einen Tee und einen Plausch mein Haus betrat, »Nachtschwalbe« war. Colin hatte das knorrige Stück Holz erblickt, das neben der Lampe an der Wohnzimmerwand hängt. Ich hatte es letzten Winter vor dem Ofen gerettet, da seine vogelartige Form in meinen Augen einer Nachtschwalbe glich, und freute mich, dass mein Gast mir zustimmte, der mehr als ich über diese Vögel weiß. In den Wäldern meiner Umgebung ist diese Spezies nicht beheimatet, und während ich den Tee einschenkte, erzählte ich Colin, dass ich ihren unverkennbaren Ruf zuletzt vor vielen Jahren gehört hatte, als ich noch in einem Waldsee im Osten fischte. Colin war mit dieser Gegend gut vertraut, da sie der Forstverwaltung gehörte, für die er als Wildhüter arbeitete. Von Mai bis Juli, wenn seine Arbeit bis in die späten Abendstunden ging, hörte er oft das Schnarren der Nachtschwalben. Ich sagte ihm, wie gern ich diesen altvertrauten Klang wieder hören würde, und als Gegenleistung für eine zweite Tasse Tee lud mich Colin in seinen Lieblingswald ein. Etwas leichthin sagte er noch, er könne mir fast garantieren, dass die Vögel für mich singen würden.

Eine Woche später holte mich Colin am frühen Abend ab und wir fuhren in seinem Pick-up nach Osten über die Countygrenze. Während der knapp zwanzig Kilometer redeten wir über die anderen Lebewesen, die wir womöglich sehen oder hören würden. Da Colin von meiner Begeisterung für Reptilien wusste, meinte er, es bestehe nach dem warmen Tag eine minimale Chance, die einzige heimische Schlangenart zu erspähen, die ich noch nicht gesehen hatte: die Schlingnatter. Es gab auch Zauneidechsen und Ottern, sodass wir einige bemerkenswerte Tiere zu sichten hatten, bevor die Sonne unterging und die Nachtschwalben aktiv wurden.

Obwohl auch Wanderer, Reiter und Radfahrer die Waldwege benutzen dürfen, ist das Befahren mit dem Auto nur Förstern und Waldhütern erlaubt, was für uns gut war, da sich Colins Gebiet über mehrere Quadratkilometer erstreckte und wir nicht die ganze Nacht unterwegs sein wollten. Nachdem er ein Tor aufgeschlossen hatte, tuckerten wir langsam durch einen Waldstreifen, bis wir auf offenes Gelände kamen, wo Colin abrupt anhielt, weil uns von einem nahen Hang ein Damhirsch beobachtete. Nach all den Jahren, die Colin den Hirschen nachstellte, war es das erste Damwild, das er je im Wald gesehen hatte.

»Vielleicht ein gutes Omen«, sagte ich, und wir fuhren weiter.

Wir folgten einem steilen sandigen Weg bis zu einem hohen Kamm, von dem wir einen Rundumblick hatten, sodass ich einen Eindruck von dieser Baumlandschaft bekam. Die Luft war schwer vom harzigen Duft der Kiefern, ganz anders als die Kräutersalatluft des Kreidelands. Unter uns zogen sich dunkle Reihen spitz zulaufender Bäume in die Ferne, und als wir sie absuchten, erspähte Colin ein weiteres Wildtier, wie er es eigentlich erwartet hätte: ein Reh. Doch obwohl er auf dessen Position zwischen den Bäumen deutete und mir erklärte, in welche Richtung es lief, sah ich es erst, als es auf einer hundertfünfzig Meter entfernten Lichtung erschien. Ich hatte eigentlich gedacht, gute Augen zu haben, aber selbst mit dem Fernglas hatte ich das Tier zwischen den Zweigen nicht entdeckt. Colin erläuterte mir, dass er in den dreißig Jahren, seitdem er Hirschen nachstellte, gelernt hatte, am sich ändernden Muster von Licht und Schatten zu erkennen, wo sich die Tiere befanden, ganz gleich wie dicht das Unterholz war; für mich sei es sicher ähnlich, wenn ich unter der Wasseroberfläche einen Fisch vorbeischwimmen sah, den ein ungeübtes Auge nicht entdeckt hätte.

Wir stiegen wieder in den Wagen und fuhren über die

gewundenen, mal matschigen, mal staubigen Pfade, bis wir zu einem südwärts gelegenen Hang aus Heide und Farn gelangten, auf dem nur vereinzelte Rotföhren standen. Obwohl Colins Hauptaufgabe im Hüten der Hirsche besteht, ist er zugleich Aufseher und Beschützer all der anderen Tiere, von der Heckenbraunelle über den Siebenschläfer bis hin zum Sperber und Hirschkäfer, und zu seinen Verantwortlichkeiten gehört auch die Pflege des Habitats. Vor einigen Jahren entfernte er von mehreren Morgen Hügelland die Schösslinge der Kiefern und Birken, um Lebensraum für die Reptilien zu schaffen, da das zusätzliche Sonnenlicht für besseren Bodenbewuchs sorgen würde. Als die Heide hoch genug stand, legte Colin wahllos Wellblechplatten von einem Quadratmeter Größe aus, und schon nach wenigen Wochen waren diverse Ottern und Schlingnattern in ihr neues Zuhause eingezogen – übrigens hatte ich selbst jahrelang einen ähnlichen Reptilienunterschlupf in meinem Garten, der zwar keinerlei Schlangen anlockte, in dem sich die heimischen Blindschleichen jedoch wohlfühlten wie in einem Luxushotel. Jetzt suchten wir im knietiefen Gestrüpp nach Colins verrosteten Metallteilen, die immer noch an Ort und Stelle lagen. Da die Sonne inzwischen fast untergegangen war und die Luft rasch kühler wurde, sagte Colin, ich solle mir lieber keine Hoffnungen machen. Unter dem nunmehr kalten Metalldach seien die Schlangen vermutlich schon tief zwischen die Wurzeln der Heide abgetaucht.

Es galt ein Dutzend Platten zu inspizieren, indes mussten wir ein weites Gebiet absuchen, bis wir endlich eine fanden; wir hoben sie sacht an – um das seltenste Reptil Großbritanniens zu erspähen. Colin war ebenso perplex wie ich, nicht nur weil wir gleich beim ersten Versuch ein Tier entdeckt hatten, sondern weil wir überhaupt eines fanden. Eine Sekunde standen wir einfach still da. Die eng eingerollte Schlange erschrak nicht noch zischte sie; sie hob einfach nur leicht den Kopf und betrachtete uns aus ihren dunklen Augen. Ein schönes Tier, stahlgrau mit dunklen Flecken auf dem Rücken, und an der Seite des kleinen Kopfes zog sich ein lebhaft schwarzer Streifen entlang. Die Schuppen waren so passgenau ineinander verzahnt, dass ich versucht war, die Schlange hochzuheben und zu fühlen, wie geschmeidig sie war, widerstand aber der Verlockung. Obwohl der Temperaturabfall sie sanftmütiger machte, wollte ich sie nicht stören, und nach einer langen Minute senkten wir wieder das Dach und ließen sie in Frieden.

Ich sagte zu Colin, diese eine Schlingnatter habe meinen Sommer gerettet. Es war auch die erste, die er in diesem Jahr sah, doch wollte er im Namen der Wissenschaft gern noch die anderen Schlangenunterschlupfe begutachten. Am Ende hatten wir alle zwölf aufgestöbert, ohne auch nur eine Schnecke gesehen zu haben.

Als wir wieder weiterfuhren, war es beinahe dunkel; diesmal ging es geradewegs durch eine aufsteigende Reihe von Tannen. Während der Schlangenjagd hatten wir einen Chor aus Vogelgesang gehört, darunter Arten, die ich von daheim nicht kannte, wie den Baumpieper oder die Heidelerche, doch als es dunkelte, wurden die Tageslieder nicht von Nachtliedern abgelöst. Nachdem wir in einen dichten Waldabschnitt gekommen waren, führte die Straße in einer scharfen Kurve um eine Lichtung herum, wo wir an einer großen Kiefer hielten, die sich zu uns herunterneigte. Als

Colin den Motor abstellte, dachte ich, die Lüftung würde noch surren, bis mir klar wurde, dass ich eine Nachtschwalbe hörte. Sowie wir aus dem Führerhaus kletterten, verstummte sie zwar, stieg aber aus dem Baumwipfel über uns auf und kreiste in etwa zehn Metern Höhe, wobei mir das Flappen ihrer spitzen Flügel wie eine Drohung vorkam. Doch dann erkannte ich den Balzruf des Nachtschwalben-Männchens – ein durchdringendes *tschi-kuu, tschi-kuu* –, und vor unseren Augen schoss ein Weibchen aus den Bäumen auf, um sich zu ihm zu gesellen. Die beiden sahen aus wie Miniatur-Habichte; und obwohl wir sie nur für Augenblicke im Dämmerlicht sahen, waren sie so nah, dass wir ihr geflecktes Gefieder und am Männchen die ausgeprägten weißen Blitze erkennen konnten. Ich meinte, Colin habe sicher gewusst, dass sie irgendwo in der Nähe nisteten, aber er lachte nur und erwiderte, er habe zwar gehofft, eine Nachtschwalbe zu hören, aber nicht erwartet, tatsächlich von ihr angeschnurrt zu werden.

Als die ersten Sterne erschienen, gaben noch mehr Nachtschwalben Laut, einige sehr nah, andere weiter entfernt, wobei sich ihr gespenstischer, an- und abschwellender monotoner Gesang allmählich in Klangschichten aufzutürmen begann, die weniger einem Vogelwald als einem Grillenfeld ähnelten oder einer Fabrik mit Sägemaschinen, in der die Nachtschwalben gleichsam emsig zu Werke gingen.

Sodann fuhren wir in eine dünn bewaldete Niederung, deren leichter Nebel auf Wasser hindeutete. Das Land der Waldschnepfe, sagte Colin, als wir uns wieder in die kühle Abendluft mit dem süßen Geruch der Sumpfmyrte begaben. Als würde die ganze Show nur meinetwegen inszeniert oder ich eine Rolle in einem vorhersehbaren Naturfilm spielen, ertönte wie aufs Stichwort der schrille Ruf einer Waldschnepfe. Als wir in die Richtung blickten, erspähten wir den Vogel, der entlang der Waldkante langsam durchs letzte Dämmerlicht flog. Dann rief er erneut, ein hoher zweifacher Pfiff, gefolgt von einem ulkigen froschartigen Quarren, bis wieder der doppelte Pfiff erklang. Wie den Ruf der Nachtschwalbe habe ich auch diesen noch nie in meiner jetzigen Umgebung gehört, aber er beförderte mich in eine Zeit zurück, als ich noch kein Ehemann und Vater war und mit meiner Zukünftigen ein Haus in einem wasserreichen Eichenwald bewohnte. Im Frühling und im Sommer rief oft spätabends eine Waldschnepfe, während sie an unserem offenen Fenster vorbeiflog, dass ich sie selbst im Schlaf noch hörte.

Nachdem wir uns erneut auf den Weg gemacht hatten, sagte Colin, er müsse nachts besonders vorsichtig fahren, da seine Scheinwerfer manchmal eine Nachtschwalbe erfassten, die mitten auf dem Weg saß und offenkundig ein Staubbad nahm. Er erzählte, die Augen des Vogels würden hellblau leuchten, wenn er seinen Dachscheinwerfer auf ihn richtete. Der drehbare Strahler konnte vom Fahrersitz aus bedient werden, und um mir zu demonstrieren, wie weit er reichte, schaltete Colin ihn an, nur um in der Ferne, weit vor den Frontscheinwerfern, zwei funkelnd blaue Augen aufleuchten zu lassen. Vor Erstaunen kippte uns die Kinnlade herunter. Colin bremste ab, während die Nachtschwalbe etwa hundert Meter vor uns einfach ruhig sitzen blieb, und nach kurzem Zögern setzte ich das Fernglas an. Im hellen Schein sah das Tier höchst ungewöhnlich aus, da die übernatürlich großen Augen seine Konturen zu überstrahlen schienen. Das Licht störte die Schwalbe offenbar nicht, doch als Colin es ausschaltete und langsam weiterfuhr, schoss sie davon. Einen Kilometer weiter züngelte eine weitere Nachtschwalbe vorüber, auf dem Weg indes saßen keine mehr, und Colin hatte in diesem Jahr auch erst einen anderen blauäugigen Vogel gesehen.

Ich fragte mich, ob das alles reiner Zufall war oder vielleicht der Beweis für Colins feinen Jagdspürsinn oder gar die Existenz eines gütigen Waldgotts? Während wir weitertuckerten, sprachen wir jedoch nicht über diesen magischen Moment und unser perfektes Timing, sondern über die Gefahren, denen Bodenbrüter wie die Nachtschwalbe oder die Waldschnepfe ausgesetzt sind. Ich fragte Colin, wie viele Füchse es hier gebe, worauf er meinte, er könne sich nicht einmal erinnern, wann er zuletzt einen gesehen habe; auch gebe es allgemein wenig Hinweise auf Füchse. Bei mir daheim sei es dasselbe, sagte ich – von allen Tieren war der Fuchs das unnahbarste, nur ein einziges Mal hatte ich ein winziges Junges gesehen, das in unseren Garten kam, als ich gerade mit den Kindern Kuchen aß. Den Kuchen lehnte es ab, stattdessen legte es sich einfach ins hohe Gras und schlief ein. Aber noch bevor ich zum Happy End der Geschichte kommen konnte, sagte Colin nervös: »Was ist das?«

Natürlich, direkt vor uns trottete ein kleiner Fuchswelpe den Weg entlang. Als wir ihn vorsichtig überholen wollten, preschte er in den Wald davon, aber wir waren uns einig, dass wir ihn uns nicht eingebildet hatten.

Alles, was wir gesehen und gehört hatten, war real; nur die Umstände waren phantastisch. Von unserer Glückssträhne beflügelt, weissagte ich, wir müssten uns nur eine

Begegnung mit zwei traumhaft schönen Frauen vorstellen, die sich im Wald verirrt hatten, und schon würden sie erscheinen, um sich von uns freundlicherweise nach Hause bringen zu lassen, wahrscheinlich in ein Märchenschloss. Wir hatten den ganzen Abend keine Menschenseele gesehen, doch nur fünf Minuten später blieb mein Herz stehen, als im Scheinwerferlicht das prophezeite Wunder erschien. Während wir uns näherten, stellten wir indes fest, dass es sich nicht ganz so verhielt, wie ich vorausgesagt hatte. Colin ist mein Zeuge: Dort liefen tatsächlich zwei hochgeschossene Blondinen durch die Nacht, die wir sehr apart fanden, als wir auf ihrer Höhe angelangt waren, doch da bemerkten wir, dass noch ein weiteres Wesen vor ihnen herging – weshalb wir ihnen lieber nicht anboten, sie mitzunehmen, da im Auto leider nicht genug Platz war für ihr Pferd.

17

LICHTKANTEN

Wenn ich vom Rand der Hügel nach Norden sehe, ist die halbe Mittsommernacht eine verkappte Dämmerung. Zur Wintersonnenwende blüht die Dämmerung bei klarem Himmel nur einmal kurz vor Sonnenaufgang in Gaslichtblau auf, aber im Juni scheint sie schon einzusetzen, wenn das abendliche Zwielicht zu einer schmalen Kuppe am nördlichen Horizont ausdünnt. Gestern Abend entging mir diese Phase des letzten Lichts, da ich zu dieser Zeit im tiefsten Wald steckte; zudem rang auch der Mond um meine Aufmerksamkeit, da er den Schimmer im Norden zwar überstrahlt, ihn jedoch nie vollständig zu verschleiern vermag. Doch als ich gegen drei Uhr den nördlichen Pfad hinaufstieg, war alles, was vor mir lag – Bäume, Zaunpfähle, Hecken, Hügelkuppen –, klar im Licht konturiert, obgleich es noch zwei Stunden bis Sonnenaufgang waren.

Der Weg war lang, länger noch, als wenn ich nach links auf einen Kamm abgebogen wäre, um direkt auf den nächsten Aussichtspunkt zuzusteuern. Doch aus einer Laune heraus beschloss ich plötzlich, scharf nach rechts zu biegen und dem Kamm anderthalb Kilometer nach Südosten zu folgen, um dann wieder entlang einer Waldkante nach Norden zu gehen. Während ich durch das kaninchengestutzte Gras schlenderte, glitt ich wie von selbst in jenen tranceartigen Zustand, in den jeder einsame Nachtwanderer verfallen kann, vor allem wenn sich der Körper allmählich über fehlenden Schlaf beklagt. Wegen der Richtung, die ich eingeschlagen hatte, war es über mir dunkel, zu meiner Rechten stand tief der mondbeschienene Himmel, zu meiner Linken lag ein Anschein von Morgendämmerung – parallele helle Streifen, die in meiner Vorstellung zu einem leuchtenden Meer auf der einen Seite und dem Schimmer einer fernen Stadt auf der anderen Seite wurden. Obwohl ich mich nicht erinnern kann, dass ich nach links in Richtung Wald geschwenkt war, schien mein Autopilot korrekt eingestellt, da mir langsam gewahr wurde, dass die Blätter der Bäume die wenigen letzten Sterne ausknipsten.

Natürlich war es nicht so, dass ich meine Umgebung gar nicht mehr wahrnahm, doch nachdem sich eine Stunde lang nichts mehr geregt hatte, waren meine Sinne wie betäubt, sodass ich mich auf dem bekannten geschmeidigen Pfad fast in den Schlaf laufen konnte, als mich jäh ein Flügelschlag – sacht, aber sehr nah – ins wache Leben zurückrief. Weite schwarze Flügel breiteten sich nur wenige Meter über meinem Kopf aus, wo sich eine riesige Eule von einem Ast abstieß. Für einen Moment dachte ich tatsächlich, es handele sich um einen Uhu; immerhin soll diese Spezies angelegentlich vom Festland herübergeflogen kommen. Aber mir hatte nur die Dunkelheit einen Streich gespielt. Bevor der Vogel zwischen den Sternen verschwand, sagten mir seine deutlichen Konturen, dass ich einen gewöhnlichen Bussard im Schlaf gestört hatte. Vielleicht war mir die Silhouette eulenhaft erschienen, da es sich um ein flaumiges, gerade flügge gewordenes Jungtier handelte; wobei es auch ein Alttier hätte sein können, ein Frühaufsteher, der mitnichten noch schlief, sondern die Ränder der Dämmerung nach nichtsahnenden Kaninchen absuchte. In jedem Fall aber weckte es in mir die Gewissheit, dass sich die Atmosphäre verändert hatte.

Während ich in den vogellosen Himmel starrte, spürte ich, dass der nachtlange langsame Strom der kühlen Nordluft vom feinsten Hauch einer Brise aus dem Süden abgelöst worden war. Nichts regte sich, und doch schien es, als wäre eine Flagge entfaltet worden, um das offizielle Ende der Nacht zu verkünden.

Während ich weiter den Waldsaum entlanglief, kam ich an einer großen Esche vorbei, die sich selbst ein Lied zu summen schien. Oder bildete ich es mir nur ein? Wieder blieb ich stehen und formte mit den Händen einen Trichter hinter den Ohren, um den Schall zu verstärken und den Baum zu hören, der vom schwach-schrillen Winseln Tausender Insekten erfüllt war. Ein Klang, den ich für gewöhnlich mit heißen Sommernachmittagen im Eichenwald verbinde, wenn die Wespen und Schwebfliegen um die honigbetauten Blätter schwirren, nur dass die Frequenz hier höher war. Leider konnte ich sie im Dunkeln nicht sehen, die Brut kleiner Fliegen, die die feuchte Stunde der Morgendämmerung feierte, in der so häufig neues Leben beginnt.

Nach weiteren hundert Metern bog der Pfad in das dichtere Dunkel des Waldes ein und dehnte sich wie ein Tun-

nel dem Schein einer kleinen Öffnung am anderen Ende
entgegen. Auf halbem Weg hielt ich wieder inne, diesmal,
weil ich im Unterholz den leisen Gang eines Hirsches vernommen hatte. Er kam unsichtbar näher, bis er schließlich auf den Pfad vor mir trat, eine unförmige schwarze Silhouette unter einem Bogen bläulichen Lichts. Es war ein
Damhirsch, er stand vollkommen still, der Körper im Profil,
der geweihtragende Kopf mir zugewandt. Obwohl ich vor
einem deutlich dunkleren Hintergrund stand, konnte mich
der Hirsch selbst im schwachen Licht offenbar sehen, wobei er eher neugierig als furchtsam wirkte; wie zuvor der
Dachs starrte er mich an, als wollte er herausfinden, ob ich
eine Bedrohung darstellte. Nach einer Weile warf er einen
Blick zurück auf den Weg, von dem er gekommen war, und
kurz darauf erschien eine Hirschkuh, die lautlos den Pfad
überquerte und sogleich wieder mit der Dunkelheit auf der
anderen Seite verschmolz. Der Hirsch blieb an seiner Stelle
und drehte sich wieder zu mir, um mich erneut mit unsichtbaren Augen anzustarren. Wir waren nur zwanzig Meter
voneinander entfernt, und als ich mich gerade fragte, wie
lange wir uns noch gegenseitig Gesellschaft leisten würden,
lenkte mich der unerwartete Gesang eines Vogels ab. Ohne
den Kopf zu bewegen, blickte ich in dessen Richtung, und als
ich wieder zurücksah, war dort nur noch ein leerer, schwach
beleuchteter Pfad.

18

DER FRÜHESTE VOGEL

Welcher Vogel sang da im stilldichten Dunkel des Waldes? Durch die weite Entfernung und die engstehenden Bäume klang seine Stimme seltsam hohl, sodass mögliche charakteristische Phrasierungen verwischt wurden und er kaum zu identifizieren war. Kurz fragte ich mich, ob es eine Nachtigall sei, obwohl ich zuletzt vor über zwanzig Jahren eine gehört hatte, und auch nie derart spät im Juni. Wenngleich ich den Gesang nur undeutlich hörte, war ich mir sicher, dass es keine Drossel war, für eine Amsel wiederum erschien er mir zu glockenhaft, und es fiel mir auch kein anderer Vogel ein, der einen ähnlichen Ton anschlug. Doch dann stieg in meiner Nähe wie ein klares Echo des ersten ein zweiter Gesang auf – es war tatsächlich eine Drossel. Binnen weniger Minuten sangen bereits vier, allesamt aus unterschiedlichen Richtungen, und natürlich hockten sie nicht unterhalb des Blätterdachs, wohin bisher noch kein Licht drang, sondern oben in den Wipfeln, wo die Dämmerung schon hellte. Ich stand an der Stelle, an der die Hirsche abgetaucht waren, und hätte noch gut und gern eine halbe Stunde stehen können, um den anderen Vögeln zu lauschen – Misteldrossel, Mönchsgrasmücke, Rotkehlchen, Zaunkönig –, die einer nach dem anderen in den Chor einfielen.

Im Gegensatz zu dem Gesang, der mich jetzt fast jeden Morgen aus dem Bett holt – allerdings erst, wenn er weckerhafte Stärke erreicht –, baut sich der Chor, den ich am Ende meiner Nachtwanderungen höre, erst allmählich auf und beginnt mit einer einzigen Stimme; dabei kann nach den Stunden der Stille selbst eine Grauammer auf einem leeren Feld bezaubernd klingen. In diesem Gesang liegt eine Freude wie im ersten Lied nach Ende des Winters, aber auch etwas neuartig Fragiles, als würde zum allerersten Mal auf der Welt ein Vogel singen. Und unabhängig von der Art bleibt mir dieser besondere Klang stets im Ohr, selbst wenn der Rest der Nacht mit anderen Nächten und Sonnenaufgängen verschmelzen mag.

Letztes Jahr gab ein Mauersegler den Auftakt – er kreiste unsichtbar in der Dämmerung –, aber meistens ist es eine Drossel, ein Rotkehlchen oder eine Ringeltaube. In den 1990er Jahren war der erste Vogel drei Jahre in Folge ein Kuckuck – dieses Jahr dagegen habe ich in der gesamten Umgebung keinen einzigen gehört –, während meine allererste Nachtwanderung vor fast einem halben Jahrhundert unter dem hochtönenden Lied einer Lerche endete.

Früher konnte ich die Lerchen über den Feldern rund um mein Haus hören, aber wie die Nachtigallen sind sie hier nur noch eine ferne Erinnerung; oben auf den abgelegeneren Hängen indes, die noch nicht von den Schafen abgefressen sind, gibt es ein paar Überlebende; und als ich schließlich am Ende des Pfades wieder ins Licht trat, hörte ich die einst wohlbekannte fließende Musik, die aus einem fernen Punkt im Himmel fiel.

Während ich der fest umrissenen, kuppelartigen Dämmerung entgegenging, die nach dem dusteren Wald fast zu glänzen schien, sah ich über mir verschwommen die letzten Sterne, doch als ich mich umwandte, hatte der Mond seinen silbernen Schein verloren. Es musste jetzt kurz nach vier Uhr sein; noch fast eine Stunde – die vortrefflichste Stunde des Tages –, bis die Sonne aufgehen würde, und ich verspürte keinerlei Müdigkeit. Seitdem mich der Bussard aus meinem Halbschlafgang geschreckt hatte, schärfte die kleinste Begebenheit meine Sinne und steigerte noch meine Wertschätzung des Augenblicks. Als ich schließlich die Lerche hörte, stapfte ich nicht langsam meines Weges wie ein gewöhnlicher Dreiundsechzigjähriger, der die ganze Nacht nicht geschlafen hat, sondern schritt leichtfüßig dahin wie ein Zehnjähriger, der gerade in die Sommerferien geht. Doch zugegeben, die reine Freude war das Gehen auch wieder nicht. Der Tau im hohen Gras war so schwer, dass ich mehr watete als wanderte. Und obwohl sich meine neuen Wanderschuhe als sehr bequem erwiesen – hätten sie gedrückt, wäre die Wanderung um Mitternacht zu Ende gewesen –, hatte ich leider den Hinweis des Herstellers zum Feuchtigkeitsschutz übersehen. Die Nässe war schon in die Schuhe gezogen, und meine Socken fühlten sich wie schlaffe Spüllappen an. Doch waren die klammen Füße sofort wieder vergessen, als ich eine Eule erspähte, die im Tiefflug über das Weizenfeld zu meiner Linken zog. Anfangs sah ich nur eine ferne Silhouette, die aus dem dunkelblauen Himmel auf mich zukam. Sollte das etwa eine Schleiereule sein?, fragte ich mich ungläubig, da ich diesen Vogel seit Jahren nicht mehr in der Gegend gesehen hatte. Als sie keine dreißig Meter mehr entfernt war, drehte sie scharf ein, sodass das Licht auf ihre Unterseite fiel und das wunderschöne perlweiße Gefieder aufschien. Dann vollführte sie flatternd einen Halbkreis und wurde wieder zur Silhouette, die über dem Bogen des Feldes davonflog.

19

DIE JAGD

Ich lehnte mich für einige Minuten gegen einen Zaunpfahl und hoffte, die Schleiereule würde zurückkehren. Zwar kam sie nicht, doch während ich zusah, wie der letzte Stern im Azur verblasste, schwebte ein heller Nachtfalter an mir vorüber und landete im hohen Gras. Es war vermutlich ein Weißer Tigerbär, ein wunderschönes Insekt, das manchmal abends gegen mein Fenster irrlichterte, doch als ich niederkniete, fand ich ihn nicht. Hätte ich nie zuvor einen gesehen, wäre ich vermutlich vorsichtig über den taubenetzten Boden gerobbt, um ihn zu suchen, wie in früheren Zeiten, als ich ständig nasse oder matschige Knie hatte und alles noch unbekannt war.

Als kleines Kind ergriff mich bei jedem neuentdeckten Wesen gleich welcher Art eine tiefe Ehrfurcht, und meine Reaktion auf einen Tausendfüßler musste ähnlich gewesen sein, als hätte ein Astronaut dasselbe Tier auf dem Mars entdeckt. Dabei war das Aufsehenerregende an meinen Funden nicht nur ihre Erstmaligkeit, sondern auch die Vorstellung, dass ich in einer Welt mit solchen Wunderwesen wie Ameisen, Fröschen, Stichlingen und Libellen lebte.

Und als ich dreißig Jahre später Vater wurde, konnte ich bei meinen eigenen Sprösslingen dieselbe Begeisterung und dieselben Offenbarungen erleben, was mich daran erinnerte, dass sie wie alle Kinder eine Art höherer Intelligenz besaßen, die nicht auf Studien oder persönlicher Erfahrung beruht, sondern auf unmittelbarer sinnlicher Betrachtung. Wann immer sie ein neues Erdenwesen entdeckten, sahen sie es, ohne es benennen oder klassifizieren zu können, immer gleich im rechten Licht. Sie erkannten die Anmut einer Schnecke, die zwischen den Grashalmen hindurchglitt, wussten die emsige Spinne und ihre mörderische Effizienz zu würdigen, bestaunten die Zartheit einer Mücke und lachten über die Freiheit der Vögel.

Jetzt, im Nachsinnen über die Ereignisse der letzten Nacht, denke ich, dass Tiere im Dunkeln auch deshalb präsenter erscheinen, weil ihre erahnte Gestalt einen Reiz hat, wie ihn die gesamte Natur für mich als Kind besaß; obwohl sie farblos und nur zweidimensional sind, wohnt ihnen eine Kraft inne, die mein unschuldiges Auge damals überall sah. Jeder Hase, der auf einem sonnenbeschienenen Feld seinen eigenen Schatten überholt, ist faszinierend, aber unter einem Feld aus Sternen wirkt er, als käme er geradewegs aus einem Traum oder einer Kinderfantasie.

Von der Dunkelheit zu seinem eigenen Symbol geläutert, kann das Bild eines wilden Tieres auch eine fernere, ererbte Erinnerung wachrufen aus Zeiten, da es in Höhlen an die Wand gemalt wurde. Übrigens gestehe ich, angesichts meiner Vorliebe für nächtliche Erscheinungen manchmal zu vergessen, dass die seltsame Silhouette dort auf dem Hügel tatsächlich ein lebendes, atmendes Tier ist, aber mir gefällt dieses Gefühl der Unwirklichkeit.

Wenn ich fischen gehe, denke ich immer an eine bestimmte Art, die ich fangen will, und selbst wenn ich leer ausgehe, bleibt mir das Bild dieses Fisches den ganzen Tag über erhalten, ob Barsch, Schleie oder Karpfen. Bei einer Nachtwanderung ist das anders, weil ich nur selten feste Vorsätze fasse, die Wanderung vielen Zufällen unterliegt und es ohnehin eine Frage von Glück ist, wilde Tiere zu erspähen. Aber in einer bewölkten, mondlosen Nacht, in der wenig zu erkennen ist, hoffe ich trotzdem immer, etwas zu sehen. Die Hoffnung, die Erwartung gibt mir das Gefühl, nichts vollkommen Sinnloses zu tun, und nach ein paar Kilometern entsteht in mir allmählich ein Bild ähnlich dem imaginären Fisch, nur dunkler, ursprünglicher. Meine Sinne werden schärfer, meine Schritte weicher, und ich muss stehen bleiben, um den leisesten Klang und die kleinste Bewegung zu entziffern. Auf diese Weise wird jede Wanderung zur Jagd, so wie für das Kind jeder Gang ins Freie eine Jagd war.

Vermutlich würden mich meine nächtlichen Streifzüge weniger begeistern, wenn mir auf dem Weg nie wilde Tiere begegneten, doch wie fern und ungreifbar die Fauna auch sein mag, gibt es immer noch die Sterne zu bewundern – des Himmels ewige Leuchtfeuer –, sowie den Mond in seinen verschiedenen Phasen, dazu Spektralnebel und Wolkenformationen, wie es sie unter der Sonne niemals zu sehen gäbe. Manchmal wage ich mich der Dramatik halber in den heftigsten Sturm, wenn dort draußen nichts ist als tosender Wind, dröhnender Donner und schneidender Regen. Unter solchen Bedingungen schaffe ich meist nur wenige Kilometer, aber es ist immer beglückend, von einem derart grässlichen Wetter hinweggefegt zu werden, gerade weil meine Nachtwanderungen meist in völliger Stille stattfinden.

Wenn ich meinen Tagfreunden davon erzähle – nicht von den Stürmen, sondern wie sich der gewöhnlichste Landstrich unterm Sternenlicht in die anmutigste Naturschönheit verwandeln kann –, sind sie meistens skeptisch. Sie sagen, niemand gehe ohne Taschenlampe im Dunkeln nach draußen, die Dunkelheit könne grässlich sein, und wer unbedingt den Mond betrachten wolle, könne das ja wohl auch vom Schlafzimmerfenster aus tun. Wenn ich dann in liebevollen Einzelheiten das nächtliche Leben der wilden Tiere unserer Umgebung beschreibe, lächeln sie oft nachsichtig, wie meine drögen Freunde, denen ich wieder zu viel vom Fischen geschwärmt habe.

»Und warum«, hieß es einmal argwöhnisch, »gehst du fast immer allein?«

Weil erstens ein Nachtwanderer gerade in einer ruhigen Nacht nur halb so störend ist wie zwei; und weil ich zweitens gern die Freiheit habe, abzuschweifen oder zurückzugehen oder zu schlendern oder stehen zu bleiben oder zu grübeln oder gar zu schlafen, und den Luxus dieses Eigensinns habe ich nur, wenn ich allein bin. An helllichtem Tag mit schönem Wind ist es mir stets ein Vergnügen, mit meiner Familie oder Freunden über die Hügel zu wandern, aber in der Nacht ziehe ich die Einsamkeit vor. Ich habe mehr Zeit, wenn ich sie nicht teilen muss, mehr Zeit, mich auf die Dinge um mich herum zu konzentrieren, was jedes Kind und jeder Jäger verstünde.

20

ZWEI ARTEN, DEN SONNENAUFGANG ZU BETRACHTEN

Am letzten Hang vor dem obersten Kamm führte mein Pfad um ein tiefes Kar herum, in dem feiner Dunst lag. Die kühle, gesättigte Luft, die sich im Laufe der Nacht in den unteren Schichten angesammelt hatte, wurde nun von der Verschiebung im Süden fortgedrängt, bis sie schließlich nach oben über die Nordkante des Talkessels abziehen musste. Eine dünne Wolke schob sich langsam quer über den Pfad vor mir, der dadurch wie verschleiert wirkte, und als ich durch sie hindurchging, spürte ich die Feuchtigkeit wie einen erfrischenden Balsam im Gesicht. Sie roch nach Brunnenkresse.

Je weiter ich mich vom Wald entfernte, desto leiser wurde der Vogelgesang, doch mit jedem Schritt vernahm ich deutlicher einen neuen Klang, da oben auf dem Kamm eine lange Reihe verkrüppelter Buchen die einsetzende Brise einfing. Nur einige Meter weiter unten zitterte kein Grashalm oder Weizenstängel, obwohl der Dunst sich heranschob, aber die

Bäume am Horizont wiegten sich sichtbar und klangen wie ein fern säuselnder Ozean. Die Bewegung der Luft spürte ich jedoch erst, als ich vor ihnen stand. Ein steter, überraschend warmer Luftzug kam von Süden herauf und brachte den Geruch eines regennassen Gartens.

Die Bäume wurden Anfang des letzten Jahrhunderts als Windschutz für die Felder gepflanzt, die zu beiden Seiten des Kamms abfallen, Hunderte Morgen einstmals unberührter Hügel, die jetzt der Getreideproduktion dienen. Glücklicherweise gibt es in diesen Höhen des Kreidelands aufgrund der steilen Böschungen und engen Täler fast ebenso viele Morgen, die kein Pflug furchen könnte, sodass noch genug wildes Gras bleibt nicht nur für die Schafe, sondern auch für die Hirsche, genug Platz nicht nur für die Fasane und Rebhühner, sondern auch für die Hasen, wenngleich vielleicht nicht genug wilde Blumen für alle Insekten und nicht genug unkultiviertes Gebüsch für die Singvögel.

Ich sah zurück über die schattenstille Landschaft und versuchte die gewundene Strecke nachzuverfolgen, die ich in dieser Nacht gegangen war. Es gab bestimmte Landmarken – Baumgruppen, einen wunderschön aufschwingenden Hügel –, die leicht zu erkennen waren; andere dagegen gaben mir Rätsel auf, über die ich allerdings nicht lange nachsinnen konnte, da die Zeit drängte. Seitdem gestern Abend die ersten Sterne erschienen waren, hatte es keine wirkliche Zeit mehr für mich gegeben. Mehrere Ewigkeiten schienen inzwischen vergangen zu sein, doch nun musste ich mich wieder mit der Uhr anfreunden, wenn ich nicht das mögliche große Finale verpassen wollte. Durch die Allee preschend, erreichte ich bald das hohe, nach Norden weisende

Ende der Downs, das Ziel fast schon vor Augen. Zu meiner Rechten lag ein grasbewachsener Vorsprung, der wie der Bug eines Schiffes über die flachen Felder in der Tiefe ragte. Da der nordöstliche Horizont schon farbig erblühte, musste ich mich beeilen, um zum anderen Ende des Grates zu gelangen. Ich schätzte, dass es etwa Viertel vor fünf war, die offizielle Zeit des Sonnenaufgangs in Greenwich für diesen Tag. Aber ich befand mich über hundertfünfzig Kilometer westlich von Greenwich, sodass mir noch ein paar Minuten blieben, um die passende Stelle zu finden und mich auf den aufsteigenden Glanz vorzubereiten.

Als einstiger Nachtfischer habe ich sommers sicher tausend Sonnenaufgänge (und ihr Spiegelbild) gesehen, trotzdem finde ich sie immer noch fesselnd und bezaubernd, und solange das Licht nicht allzu sehr blendet, gibt es zwei Arten, den Sonnenaufgang zu betrachten. Darüber hinaus ist jede Morgendämmerung anders; einmal sieht die Sonne wie ein geisterhafter Pfirsich aus, wenn sie hinter Dunststreifen aufsteigt, dann wieder ist sie glutweiß, wenn das Barometer fällt. Manchmal sind die Veränderungen subtiler, fast unmerklich, und doch bestimmen sie oft die Stimmung des gesamten Tages.

Ich marschierte schnell über die Flanke des Hügels und sprang über einen Zaun, der am Rand eines steilen, nach Nordosten zeigenden Hangs entlangführt. Hier, beschloss ich, war mein Ziel. Ich zog die Jacke aus und breitete sie auf dem feuchten Gras aus, setzte mich und lehnte mich gegen einen Zaunpfahl. Die rosafarbene Röte des Horizonts war noch ziemlich gedämpft, sodass ein wenig Zeit blieb, bis mir das Finale den Atem rauben und die Landschaft mit Licht überschwemmen würde. Unter mir lag ein hundertzwanzig Meter tiefes U-förmiges Tal. Am Fuße des Hangs war kein Dunst, aber dahinter, über dem Eingang des Tals, hingen blasse horizontale Schichten in der Luft und erstreckten sich bis zu einer Reihe niedriger, baumloser Hügel in mittlerer Entfernung. Jenseits der Hügel sah ich einen weiteren Kamm, der sich vor Kiefernwäldern sträubte, und dann noch einen, und noch einen – alles in allem sieben Hügelreihen, die scheinbar schwerelos in unterschiedlich dichtem Dunst schwebten.

Die Brise, die die Buchen auf dem hohen Kamm hinter mir bewegt hatte, war auf der leewärtigen Seite nicht zu erkennen und das Rascheln der Blätter von meiner Position aus fast nicht zu hören. In der Ferne riefen Vögel, aber die offenen Hänge rundum waren zumeist still. Am Hang unter und links von mir stand eine reglose Herde Kühe, die alle den Hügel hinabsahen, als würden sie wie ich auf etwas warten.

Am Horizont erglühte ein durchsichtiger Streifen Himmel, der sich in dem kurzen Moment, bevor die Sonne in Sicht spitzelte, von Bernsteingelb in Gold verwandelte. Zuerst war da nur ein purpurner Zipfel, doch dann schob sich langsam, Minute für Minute, eine alles andere als grelle Scheibe in die Höhe, bis sie schließlich vollständig zu sehen war. Wenn ich mich konzentrierte und mir die Grundlagen der Astronomie ins Gedächtnis rief, konnte ich mir vorstellen, dass ich hier tatsächlich einer Täuschung unterlag – wie so oft beim Auf- oder Untergang der Sonne. Und während der Horizont *unter* die Sonne sank, nahm ich kurz auch die unermessliche Tatsache der fortwährenden Eigendrehung der Erde wahr. Natürlich geht die Sonne bei Tagesanbruch nicht auf; die Erde sinkt ab, und wann immer ich mir dies bewusst ins Gedächtnis rufe, meine ich wirklich zu spüren, wie sich der Horizont vorwärts bewegt, wodurch wiederum meine gesamte Umgebung nahbarer und intimer wirkt. Allerdings schaffe ich es immer nur für kurze Zeit, diese Perspektive einzunehmen.

Sowie sich aber zwischen Horizont und Sonne eine Lücke auftat, verlor ich jegliches Gefühl dafür, dass der Planet wie ein Schiff abkippte, und kehrte wieder zu der Vorstellung zurück, dass die Sonne in den Himmel aufstieg – mit uns als unbewegtem Zentrum.

21

DAS HÖCHSTE LIED
DES HIMMELS

Ich erhob meine grüne Plastikflasche zur aufgegangenen Sonne und stürzte das erfrischende Wasser mit einem tiefen Schluck hinunter. Die Nacht über hatte ich mir immer nur gestattet, daran zu nippen, da ich wusste, dass dieses Wasser mit einem Zweig Apfelminze bei Sonnenaufgang gar köstlich schmeckt. Sodann stand ein Haferkeks auf meinem Menü, doch just als ich in ihn hineinbeißen wollte, stieg vor mir eine Lerche auf.

Seitdem ich mich vor etwa einer Viertelstunde auf dem Hügel niedergelassen hatte, vernahm ich die Gesänge von Dorngrasmücke und Grünfink, aber sonst war rundum nichts zu hören, nicht einmal eine ferne Lerche. Und nun das, ein Lerchen-Männchen, das nur ein paar Schritte unterhalb von mir am Hang gesessen haben musste, derart perfekt positioniert, dass es geradewegs durch die Sonne flog, als es spiralförmig in die Höhe stieg. Sowie es abhob, begann sein fließender Gesang, der nicht abbrach, während es sich weiter und weiter nach oben schraubte. Ich schnappte mir das Fernglas, bevor die Lerche außer Sicht geriet, und hatte es gerade scharf gestellt, als sie einen tollen Schwenk vollführte. Die erste Hälfte ihres Aufstiegs führte durch fast reglose Luft, den Blick zur Sonne, doch dann musste sie hinter sich die hoch im Süden wehende Brise gespürt haben, sodass sie sich ohne einen Flügelschlag auszusetzen in den Wind drehte, um leichter an Höhe zu gewinnen.

Selbst durchs Fernglas war der Vogel bald nur noch ein flackernder Punkt am Himmel. Als er in Gleitflug überging, legte ich langsam das Fernglas beiseite; allerdings musste ich mich eine Minute gedulden, bis ich ihn wieder mit bloßem Auge erkennen konnte. Hätte ich allein sein Lied gehört, so hätte ich ihn ohne weitere Hilfe niemals gefunden, doch obwohl er schon hoch in der Luft war, erklang sein Gesang noch immer überraschend klar und hell. Dieser Hügel, verkündete er, und dieser Himmel gehören *mir*.

Wie hoch ein kleiner Vogel, der sich weit hinaufgeschwungen hat, tatsächlich fliegt, ist manchmal schwer einzuschätzen, selbst wenn er im Gleitflug dahinsegelt, aber diese Lerche war meiner Meinung nach ungewöhnlich hoch, sicher hundertfünfzig Meter über dem Hügelkamm. Und da der Hügel selbst zweihundertvierzig Meter über dem Meeresspiegel liegt, war es gut möglich, dass ich dem höchsten Lied von ganz Südengland lauschte. Trotz seiner singulären Schönheit war es aber eine Schande, dass es nicht einfach eine Stimme im großen Lerchenchor war, der noch eine Generation zuvor über diesen Hügeln jubilierte.

Vielleicht wirkte der Nachklang des Minzwassers noch, jedenfalls begann ich mir, auf dem Rücken liegend in die

Höhe lauschend, Vogellieder als Geschmack vorzustellen, so wie manche Menschen – Synästheten – Klänge als Farben wahrnehmen. Ich entschied, dass der Gesang der Lerche wie eine Aprikose schmeckt, während der der Drossel säuerlicher ist, wie frisch gepflückte Stachelbeeren. Der sanfte Ruf des Dompfaffs schmeckt nach Pfirsich, das Lied des Zaunkönigs intensiv wie eine Clementine, die Stimme der Amsel aber ist fein wie eine Blaubeere und besitzt zugleich die samtene Tiefe einer Weintraube.

Als meine Konzentration nachließ, nicht aus Schlafmangel, sondern weil der wellenartige Gesang der Lerche so mesmerisch war, verschmolz der Vogelfleck mit dem Himmel und verschwand, bis er zwei oder drei Minuten später vollständig verstummt war. Da stierte ich noch intensiver in den Himmel, und nach einer Weile erschien er wieder und fiel auf Fallschirmflügeln rasch in die Tiefe, um zu seinem Ausgangspunkt zurückzukehren, wo womöglich in ihrem Nest im büscheligen Gras sein Weibchen mit den Jungen wartete.

22

MONTAGMORGEN

Die Sonne war aufgegangen, aber die Welt unter mir wollte nicht fassbarer werden; im Gegenteil, sie wirkte sogar noch weniger stofflich als im Dunkeln – eher in der beleuchteten Luft schwebend denn verwurzelt. Und obwohl die Hänge rundum frei von Dunst waren, schimmerten selbst sie in einem seltsamen Licht. Auf einem Hang enthüllte das Sonnenlicht tausend kleine, akkurate Spinnennetze, die mir zuvor nicht aufgefallen waren. Die Netze spannten waagerecht zwischen Grashalmen und waren alle genau gleich groß, keine Handspanne breit. Jeder Zentimeter Seide war mit Tautropfen behangen, sodass es bei näherem Hinsehen schien, als wäre jedes Netz eine fein gewobene Kette aus winzigen in der Sonne glitzernden Perlen. Das gesammelte Licht war fast winterlich, als läge Raureif auf dem Gras.

Da fiel mir mein Haferkeks wieder ein, den ich stillvergnügt aß, nur als ich mir noch mehr zu essen nehmen wollte, stellte ich enttäuscht fest, dass ich eine Banane zerquetscht und eine Chipstüte zermalmt hatte, die in einer der Taschen gewesen waren. Ich hätte beides zu einem klebrig-salzigen Müsli verrühren können, doch genügte zum Glück schon der Gedanke daran, um meinen Hunger zu lindern.

Nach dem Stand der Sonne war es jetzt kurz nach fünf. Ein Montagmorgen, ein herrlicher noch dazu, aber für die Vögel auf dem Hügel war er kaum anders als jeder andere Morgen mit klarem Sommerhimmel. Zwar klangen ihre Lieder wie eine Hymne an den Sonnenaufgang, in Wahrheit aber markierten die Vögel nur ihr Territorium oder riefen nach einem Gefährten, und auch morgen werden sie, selbst bei Regen, wieder genauso schön singen. Außer ihren meist fernen Stimmen und dem schwachen Blätterrascheln auf dem Kamm hörte ich keinen Laut. Nicht einmal die hochsensiblen Ohren einer Fledermaus oder Eule hätten das emsige Treiben der Spinnen im Gras gehört, das bislang das einzige Geschehen darstellte. Käme der Luftzug aus Norden und nicht aus Süden, hätte ich womöglich das Brummen einer kilometerweit entfernten Landstraße oder das Rumpeln einer noch ferneren Eisenbahn gehört, wobei sich vermutlich auch in dieser anderen Welt noch nicht viel regte. Selbst für die Bauern auf ihren Treckern war es zu früh, und nachdem die Schafe gelammt hatten, würde in den nächsten Stunden noch kein Hirte auf seinem Quad zu sehen sein. Somit konnte ich die Morgendämmerung weiter ungestört genießen, ohne dass meine Sinne von der Müdigkeit ermattet wären, im Gegenteil, nach den nächtlichen Begegnungen mit den hiesigen Tieren waren sie scharf und konzentriert.

Besonders beglückend finde ich an langen Nachtwanderungen, dass sich in meinem Kopf all die alltäglichen Sorgen und Ängste auflösen, als würde ich mir einen leichten

Kopfschmerz oder Kater wegspazieren. Da mich niemand erreichen kann und keiner weiß, wo ich bin – ein Mobiltelefon zu besitzen käme für mich niemals in Frage –, und da ich wiederum weiß, dass ich abgesehen von den Tieren und höchstens einmal einem Wilderer vollkommen allein bleiben werde, kann ich meine gesamte Aufmerksamkeit auf den gegenwärtigen Moment richten. Normalerweise ist die Gegenwart nur ein Übergangspunkt, eine Unschärfe zwischen der einen und der nächsten Begebenheit, doch in der ungestörten und wenig mitteilsamen Dunkelheit schwindet die Bedeutung von Vergangenheit und Zukunft, sodass ich mich in einem Raum der Unmittelbarkeit wiederfinde, den jedes wilde Tier kennt, in einem Raum der Zeitlosigkeit.

An jenem anderen Montagmorgen warteten die Uhren schon darauf, erneut das Kommando zu übernehmen. Die Nacht über hatten sie müßig ihre Zeiger gedreht, bald aber würden sie wieder bestimmen. Unterdessen stand ich auf meinem Hügel noch einmal im Fokus eines Tieres, das mich unverwandt ansah. Vielleicht hundert Meter unterhalb von mir lugte ein weibliches Reh mit dem Kopf aus dem abfallenden Hang. Erst sah ich nur ein Paar Ohren, die ich für in der Brise wehende Ampferblätter hielt. Dann aber tauchten langsam sein Kopf und sein langer Hals auf, und ich hob ebenso langsam das Fernglas, um sein schönes Gesicht mit den großen Augen zu bewundern. Mein Geruch hatte es vermutlich neugierig gemacht, weshalb es auf Erkundung gegangen war; doch während ich Derartiges oft mit wissbegierigen Böcken erlebt habe, ist mir bei einem Weibchen ein solches Verhalten noch nie untergekommen.

Im Gegenlicht der tiefstehenden Sonne gab das Reh im

Fernglas ein ebenso mysteriöses Bild ab wie eine nächtliche Silhouette, nur dass ich es nun in allen Einzelheiten studieren konnte. Während es Schritt für Schritt auf mich zukam, sah ich, dass seine Augen nicht fest auf mich gerichtet waren, wie ich zunächst gedacht hatte. Der Kopf wies zwar stur nach vorn, sein Blick hingegen schweifte die ganze Zeit hin und her, als könnte es nicht glauben, was es da gerade tat. Seine Nüstern zuckten unentwegt. Das war kein verhätscheltes Reh aus dem Gehege, sondern ein wildes Tier, das sich der Gefahr durch den Menschen bewusst war. Bei normalem Tageslicht wäre es mit Sicherheit sofort geflohen, als es mich erblickte.

Wie nah würde es mir kommen? Es hatte etwas Komisches, wie es sich im Schneckentempo an mich heranschlich, damit ich es nicht bemerkte, und mindestens fünf Minuten lang beobachtete ich seine zeitlupenhafte Annäherung, bis sein Bild verschwamm und ich das Fernglas sinken ließ. Jetzt stand es direkt neben mir, und ich lachte überrascht auf; das war natürlich zu viel für das gute Tier, das schnell wieder den Hügel hinabsprang.

Ach, wäre ich doch ruhig geblieben; vielleicht wollte es mir nur etwas ins Ohr flüstern.

23

DER SONORE RABE

Erst als die Sonne schon weit über den Horizont geklettert war, spürte ich ihre Wärme auf meinem Gesicht, sodass ich versucht war, mir den Hut in die Stirn zu ziehen, mich hinzulegen und ins unerlässliche Vergessen hinabzugleiten. Es schien schon Ewigkeiten her, seitdem ich beim Anblick des kalten Mondes eine ähnliche Versuchung verspürt hatte, doch obwohl ich inzwischen das Gewicht der zurückgelegten Kilometer spürte und alles um mich herum Schläfrigkeit ausstrahlte – der Himmel von schlaftrunkenem Blau, die schlafsüßen Lieder der Vögel –, widerstand ich dem Verlangen. So müde konnte ich wohl noch nicht sein, dachte ich.

Meine ganznächtliche Wanderung an einem Sonntag zu beginnen hat den Vorteil, dass sich bis zum Nachmittag kein Familienmitglied regt. Das garantiert mir eine ausgiebige Nachtruhe von nahezu zwölf Stunden, was wichtig ist, wenn ich bis in den Montagmorgen hinein wandern will. Auch hätte ich mich, obwohl es sicher herrlich gewesen wäre, hier auf diesem Hügel zu träumen, gleichsam schuldig gefühlt, wenn ich meine Augen an einem solch strahlenden Vormittag geschlossen hätte, und sei es nur für ein paar Minuten; nicht auszudenken, was ich hätte verpassen können.

Ein Tasse Tee indes hätte mir neuen Schwung gebracht. In den letzten Jahren bin ich vor meinen Wanderungen gelegentlich einen der Wege abgefahren, um irgendwo am Ende der geplanten Strecke ein komplettes Teekoch-Set in einem Baum zu verstecken. Doch so unvergesslich der Genuss dieses Gebräus zur Morgendämmerung auch sein mag, widerstand ich heute dieser Vorbereitung; nicht nur, weil sie zu viel Zeit und Aufwand erfordert, sondern auch, weil sie mich gezwungen hätte, einen zuvor bestimmten Punkt anzusteuern. Gerade nachts mag ich es aber besonders gern, frei in unvorhersehbare Richtungen zu schweifen.

Heute hatte ich nicht einmal Lust, mir ein Sandwich zu machen, doch letztlich geht es ja bei meinen Wanderungen nicht ums Essen, sondern um den Weg. Wie lange ich auch gehe, reichen mir bis zu meiner Heimkehr meist ein Apfel, eine Kleinigkeit aus der Keksdose und eine Flasche Wasser. Mein Tee-Set könnte ich unmöglich auf einer Wanderung tragen, weil ich den nächtlichen Spaziergang still und leichtfüßig vollbringen muss – ich möchte mich beim Aufstieg auf den Hang so schwerelos fühlen wie ein Blatt Papier und nicht mit schwappendem, klapperndem Teezeug behangen sein. Früher habe ich übrigens manchmal eine kleine Flasche Tee dabeigehabt, was mir aber heute wie eine Beleidigung dieses edlen Getränks vorkommt. Zugleich nahm die aufgehende Sonne, während ich auf dem Hügel saß, unbestreitbar die Form einer Teekanne an. Ein weiterer Grund, nicht zu schlummern, sondern schleunigst heimzukehren.

Als ich gerade aufstehen wollte, hörte ich in meinem Rücken eine Stimme in der Luft. »Krek« sagte sie leise, und dann »pruk pruk«. Ich drehte mich langsam um und sah über mir zwei Raben kreisen, besser gesagt, sie schwenkten in der leichten Brise über dem Kamm hin und her. Mehrere Minuten schwebten sie dort oben und unterhielten sich, bis sie sich kopfüber neigten und von der Hügelkuppe in die Tiefe stießen. Ich richtete das Fernglas auf sie, um ihren schwindenden Konturen nachzusehen, die langen Flügel – so lang wie bei einem Bussard – ausgestreckt, die schwarzen Federn von der Sonne beschienen, während sie über die nebligen Felder segelten. Es wäre sicher interessant gewesen, worüber sie sich unterhielten.

Regelmäßig konnte ich den Stimmen der Raben erst seit ein paar Jahren lauschen, und mir gefiel ihre Unterschiedlichkeit, weshalb es mir – ohne je etwas darüber gelesen zu haben – offensichtlich schien, dass sie eine eigene, durchaus komplexe Sprache besitzen. Als ich in diese Gegend zog, sah oder hörte ich sie nur selten, doch im Laufe der Jahre stieg ihre Zahl vermutlich dank ihres Schutzstatus kontinuierlich, bis ich sie seit kurzem fast jeden Tag sah. Wenn ich sie krächzen oder murren höre, manchmal zu zweit oder in Gruppen, sind sie meist in der Luft, aber ab und zu gelingt es mir, ein geschwätziges Paar mit ein paar Brocken Essen an den Waldrand zu locken. Wenn ich geduldig bin und mich gut verstecke – Raben haben den scharfen Blick eines Greifvogels –, kann ich ihrem kehligen, dabei aber oft zärtlich klingenden Gespräch lauschen.

In seinem Buch *The Crows* von 1978 nennt der Ornithologe Franklin Coombs zahlreiche Beispiele aus dem Wort-

schatz der Raben und Krähen, darunter Rufe zur Gefieder-
pflege und Verteidigung, aggressive und unterwürfige Rufe
sowie verschiedene Formen gesanglicher Kommunikation
zwischen Vogelpaaren oder Eltern und Jungem. Um einige
dieser »Wörter« zu flankieren oder zu unterstreichen, besitzen die Vögel ein breites Repertoire an Gesten und Haltun-
gen wie Ohrenbauschen, Kopfflattern, Schwanzhängenlas-
sen und Verbeugen.

Schafhirte und Wildhüter können sich über Raben maßlos
aufregen, weil die Vögel gelegentlich schwache oder kranke
Lämmer töten, wobei dieses Verhalten nicht frevelhafter ist,
als wenn sich ein Bussard auf ein krankes oder verletztes Kaninchen stürzt oder ein Wanderfalke die langsamste Taube
aus der Schar pickt. Ich persönlich halte Raben für die cha-
raktervollsten und interessantesten aller Vögel; mit Sicherheit sind sie die intelligentesten und vielleicht auch die lang-
lebigsten, wobei das alte schottische Gedicht, das Coombs
zitiert, den Bogen vielleicht doch überspannt:

Dreimal das Leben eines Hundes, das Leben eines Pferds.
Dreimal das Leben eines Pferds, das Leben eines Mannes.
Dreimal das Leben eines Mannes, das Leben eines Hirschs.
Dreimal das Leben eines Hirschs, das Leben eines Raben.

Sollte es mir nach meinem Tod vergönnt sein, in anderer
Gestalt auf die Erde zurückzukehren, so wäre ich gern ein
Vogel, um zu erleben, wie es ist zu fliegen; und wäre ich noch
dazu ein Rabe, so würde ich den schönen sonoren Ruf anstimmen können, den er offenbar nur dann macht, wenn
ihn der Auftrieb der warmen Luft in solche Höhen gebracht

hat, dass er kaum mehr zu erahnen ist. Der Ruf ist ein fernes, abfallendes »pruuul«, das in meinen Ohren die reine Freude ausdrückt – die Freude darüber, die absolute Freiheit des Himmels zu besitzen.

24

GESTALTWANDLER

Ich ging über den Hang zurück zu der Baumreihe, deren Blätterrascheln immer weiter zunahm. Obwohl es erstaunlich laut war, als ich zwischen den Ästen stand, wehte die Brise nicht stärker als zuvor, doch nach einer Stunde völliger Stille kam es mir angesichts dieser Erregung so vor, als wäre ich aus dem ruhigen Warteraum auf den Bahnsteig getreten. Mochte sich das Blätterrascheln auch seit dem ersten Licht nicht verändert haben, so hatte es sich seit dem Sprießen der ersten Blätter vor sieben Wochen ganz gewiss verändert. Mir plötzlich des Unterschieds gewahr werdend, blieb ich einen Moment unter den Bäumen stehen.

Zusammen mit der Musik der Vögel ist mein Lieblingsgeräusch im Frühling das Säuseln der frisch entfalteten Buchenblätter in der Brise. Nach den dünnen Stimmen der Winterbäume ist der vollere Atem ebenso charakteristisch für den Frühling wie der Duft der Maiblüte oder die Ankunft des ersten Mauerseglers. Dabei verlieren die einzelnen Blätter binnen weniger Tage ihren seidig durchscheinenden

Glanz, werden dichter und scharfkantiger; und nun, zur Sommersonnenwende, ist ihr Rascheln mehr ein Zischen als ein Flüstern, sodass ein ganzer im Wind stehender Baum wie die anbrandende Flut klingt, bis das Zischen zum Herbst hin schließlich trockener und rauer wird.

Hinter den Bäumen hatte sich die Landschaft nach Süden hin – die Gegend meiner nächtlichen Wanderung – durch das Sonnenlicht völlig verändert. Die vormals schattenhaften Hänge erstrahlten hell, und die Schichten aus Grün und Blau setzten sich deutlich vom Grau und Weiß der nebligen Täler ab. Ich konnte gerade noch die ungefähre Richtung meines Heimwegs erkennen und sah in der Ferne die klaren Konturen der Buchenwäldchen, die dessen Ende markierten. Also machte ich mich auf, um durch das noch immer taugetränkte Gras – die Brise wehte so hoch, dass sie nur den obersten Teil des Kamms getrocknet hatte – gen Süden zu gehen, indem ich erneut den Grat entlanglief, von dem ich unter mir auf einer natürlichen Terrasse vier Hasen sah, ein Weibchen mit seinen drei halbwüchsigen Jungen. Ich hielt inne, und obwohl meine Silhouette deutlich hervortrat und ich kaum sechzig Schritt entfernt war, blieben sie ruhig in der Sonne sitzen. Ich ging langsam in die Hocke, ließ das Fernglas aus der Tasche gleiten und stellte es scharf.

Die Mutter schlief tief und fest. Ich betrachtete ihr rechtes Profil: Ihr großes Auge war geschlossen, die Ohren lagen flach am Rücken an und die Beine waren dicht am Körper eingefaltet, sodass sie eine kompakte Form bildete. Sie sah aus, als hätte sie eine anstrengende Nacht mit mütterlichen Pflichten hinter sich und genieße nun ihre wohlverdiente Ruhe. Die Jungen dagegen waren wach und knabberten still am Gras, und obwohl sie mich womöglich gesehen hatten, wussten sie meine Gestalt noch nicht mit Gefahr in Verbindung zu bringen, sowenig ich persönlich ihnen auch ein Leid antun wollte. Es war ein Bild familiärer Glückseligkeit, und als ich gerade das Fernglas senken und davonkriechen wollte, öffnete die Mutter langsam das Auge.

Für einen Moment blickte sie einfach in die Gegend, und wenn sie auf dem grasbewachsenen Kamm über sich meinen Hut und mein Fernglas bemerkte – das Einzige, was von mir zu sehen war –, so schien es ihr gleichgültig zu sein. Unbekümmert grasten die Jungen weiter, während die Mutter allmählich ihre langen Ohren mit den schwarzen Spitzen hisste. Sehr langsam, fast steif begann sie sich zu strecken, wobei es nicht aussah wie sonst, wenn sich Hasen nach einem Schläfchen strecken. Ich stellte mir vor, dass ihre alten Knochen knackten, während sie sich zitternd auf ihren langen, kräftigen Beinen dehnte, bis sie weit größer als ein Hase schien und einem langen, dünnen Menschen wie mir glich, der auf allen vieren steht. Nachdem sie einige Zeit in dieser wunderlichen Position geblieben war, klappte sie elegant in ihre normale Sitzposition.

Inzwischen waren ihre Sprösslinge ein Stück über den Hang gegangen, sie nahm jedoch keine Notiz von ihnen und begann sich zu putzen. Wie eine Katze rieb sie sich mit den Vorderpfoten sorgsam die Augen, wischte sich über beide Nasenflügel und kratzte sich in den Ohren. Und während sie noch mit ihrer Morgentoilette beschäftigt war, zog ich mich gesenkten Kopfes höflich zurück, bis ich außer Sichtweite war.

25

SOMMER-ALCHEMIE

Schwarzdorn, Weißdorn und Holunder wachsen gut auf kreidehaltigem Boden, und jeder Strauch hat seinen eigenen Blütemonat. Ob vereinzelt oder als dichtes Gebüsch, sind sie ein ebenso wichtiges Glied in der ökologischen Kette wie eine ausgewachsene Eiche oder eine Wildblumenwiese, denn sie geben den Insekten Nektar, den Singvögeln Neststandorte und Beeren und den kleineren Säugetieren und Reptilien Zuflucht. Ihre Blüten zeigen den Übergang vom Frühling zum Sommer an; mehr noch, die Sommersonnenwende duftet nicht nur nach Holunderblüte, sie schmeckt auch nach ihr.

Wie ich zurück durch den Wald ging, in dem ich das Damwild gesehen hatte, bemerkte ich einen leichten, bekannten Geruch, und ich begann zu schnüffeln, bis ich in einem Haselgestrüpp einen spindeldürren Holunderbaum sah, der nur einen einzigen weißen Blütenschirm trug. Ende Juni sind die meisten Holunderblüten schon in der Brise davongeschneit, aber an Nordhängen, schattigen Waldkanten oder wie hier auf einer überwachsenen Lichtung kommt es oft noch zur verspäteten Blüte. Der schwache Duft erinnerte mich an den schwer behangenen Busch, den ich in der Nacht gesehen hatte; er befand sich zwar nicht auf meinem Heimweg, die späte Ernte würde den Umweg jedoch lohnen.

Der Vogelgesang hallte immer noch durch den Wald, hatte aber den jubilierenden Schneid des ersten Lichts verloren. Würde ich in vierzehn Tagen zurückkehren, so wäre fast aller Gesang für dieses Jahr verklungen mit Ausnahme der Ringeltauben, die bis in den Herbst hinein gurren. Der schattendunkle Pfad führte hinaus ins Licht, doch als ich wieder ins Freie trat, musste ich aufpassen, wohin ich auf dem Grasweg meinen Fuß setzte. Nach dem kühlen, knochentrockenen Wetter der letzten Wochen hatte die feuchtwarme Morgenluft die Schnecken hervorgelockt. Ich sah eine große Auswahl verschieden gefärbter und gemusterter Exemplare, darunter richtig große, die in einer Geschwindigkeit zwischen den Grashalmen hindurchglitten, dass ich beinahe neidisch wurde. Wäre die Menschheit doch auch nur so unfähig, schneller als im Bummelschritt zu gehen, dann hätte sie genügend Muße, um in Ruhe nachzudenken, hätte entsprechend langsamere Uhren und deutlich weniger Verkehrsunfälle. Geduld wäre keine Tugend mehr, sondern ein Naturzustand, der unweigerlich zur allgemeinen Zufriedenheit führte. Und indem die Gesellschaft ihre Wesensverwandtschaft mit den Weichtieren anerkennte, würde sie aufhören, diese herabzuwürdigen, wobei sie den Singdrosseln, Kröten, Blindschleichen, Glühwürmchen und wenn's sein musste auch den Franzosen den Verzehr vielleicht weiterhin gestatten könnte.

Die Sonne stand noch nicht hoch genug, um die Bauch-
füßler vom Pfad zu vertreiben, verursachte aber nahebei
mit ihren Strahlen eine Massenevakuierung. Am Hang vor
mir stand ein Buchenwald, dessen hohe Stämme auf der
einen Seite silbern glänzten und auf der anderen von einem
Streifen Schatten überzogen waren. Mein Umweg zur Holunderblüte führte durch diesen Wald, und als ich zwischen
die Bäume trat, sah ich unzählige Schnecken mit goldener
Schale, die in fortlaufender Bahn die Schattenlinie hinab-
krochen. Sie waren die ganze Nacht dort oben gewesen, um
Flechten und Pilze zu fressen, doch nun zwang sie die Bedrohung durch dörrende Sonne und mordende Vögel zum
geordneten Rückzug aus ihrer Speisekammer.

Ich sah ihnen eine Weile zu, auch um zu erfahren, ob
manche schneller nach unten troffen als andere, aber es geriet keine von ihnen in Panik oder versuchte zu überholen,
stattdessen sank die gesamte Schneckenpopulation in ein
und demselben Tempo von den Bäumen, in etwa so schnell,
wie kalter Sirup einen Glasrand hinabrinnt.

Hinter dem Buchenwald lag ein schmales Tal, noch halb
im Schatten, das ich durchqueren musste, bevor ich meine
Blüten sammeln konnte. Als ich den Grashang hinunter-
ging, rief wütend eine Krähe aus dem Wald auf der anderen
Seite, und mehrere Tauben polterten aus den Wipfeln. Eine
derartige Erregung ist oft ein Zeichen dafür, dass ein Greif-
vogel angegriffen hat – vielleicht ein Wanderfalke oder ein
Habicht –, weshalb ich noch einen Moment wartete, nachdem die Tauben aufgeflogen waren, aber es rührte sich kein
weiterer Vogel. Vielleicht war jemand unter den Bäumen
vorbeigegangen; ich spähte zum Horizont, ob dort eine Ge-

stalt auftauchte. Als niemand kam und sich alles beruhigt zu haben schien, stieg ich den Hang hinauf und fand schließlich den Baum, den ich suchte.

Als ich in der Nacht an dem Holunder vorbeigegangen war, hatte ich nur die hellen, im Mondlicht schwebenden Blütenköpfe gesehen, doch nun bei Tageslicht war es ein wohlgeformter kleiner Baum, etwa dreieinhalb Meter hoch, der spät blühte, da er teils von deutlich größeren Eichen überschattet war. Trotz des wenigen Sonnenlichts war er offenbar gesund und ertragreich, sodass es mir nicht allzu verwerflich schien, sieben Köpfe von den schweren Ästen zu pflücken. Sie sahen perfekt aus, die einzelnen Blüten noch nicht trocken und pulvrig, sondern cremefarben und voll. Ich steckte sie behutsam in die Tasche; daheim wollte ich die Blüten von den Stängeln trennen, um ein Lebenselixier daraus zu brauen.

Vor Hunderten von Jahren träumten die Alchemisten davon, ein solches Gebräu zu mischen, und hätten sie die Eigenschaften der Holunderblüte einmal eingehender untersucht, hätte ihr Traum durchaus Wirklichkeit werden können. Man muss die Blüten, die voller gesundheitsfördernder Mineralien sind, nur in einem Gemisch aus Wasser, Honig, Zitrone und Weißweinessig verrühren, und heraus kommt das himmlischste Gesöff auf Erden – Holunderblütenchampagner. Ich fülle jedes Jahr an die dreißig Liter davon ab, wobei meine Familie und meine Freunde ihn immer gleich mit mir trinken wollen, was mir aber nicht unrecht ist, weil er, da er alkoholfrei ist, ohnehin binnen einer Woche aufgebraucht werden muss. Meine Kinder lieben das Getränk seit klein auf. Camilla und Alex, die zwei ältesten, sind jetzt Mitte

zwanzig und wohnen weit weg von daheim, aber so viel-
beschäftigt sie auch sein mögen, machen sie zur Sommersonnenwende immer ihre Pilgerreise zur Holunderblüte. Ich
werde sie für nächstes Wochenende einladen, um mit ihnen
den letzten Blütensekt des Jahres zu kosten.

26

EINE NEUE GESTALT
AM HIMMEL

Die Krähe krächzte noch einmal, und über das Gras hinter mir schweifte ein Schatten. Ein großer Vogel, zu groß für eine Krähe, kreiste über den Bäumen; obwohl ich ihn durch das Blattwerk nur erahnen konnte, vermutete ich einen Bussard, bis der Vogel in den freien Himmel schwenkte und seine langen Flügel und der charakteristisch gegabelte Schwanz seine Identität verrieten. Es war ein Roter Milan, der anmutig über die Niederung schweifte, als sich plötzlich drei Saatkrähen auf ihn stürzten und ihn vertrieben.

Der Milan ist eine neue Gestalt an diesem Himmel, meine erste gefeierte Sichtung liegt erst ein paar Jahre zurück. Heute sehe ich Milane ebenso wie Raben ziemlich regelmäßig, obwohl es nicht gerade viele sind und sich in meiner Gegend offenbar nur ein einziges Paar niedergelassen hat. Nachdem sich die Bussarde anfangs noch feindselig zeigten, scheinen sie sich inzwischen mit ihnen zu vertragen, während die Raben wie auch die anderen Mitglieder der Familie Corvidae ihre krankhafte Abneigung gegen Greifvögel nicht ablegen können und die Milane in Angst und Schrecken versetzen.

Wie sich ein Vogel gegenüber einer anderen Spezies verhält, sagt viel über seinen Charakter aus. Der Milan ist ein großer, kräftig wirkender Greif, aber er zittert wie ein Mäuschen, wenn eine Saatkrähe oder Dohle auch nur mit dem Schnabel auf ihn zeigt. Ich hatte immer gedacht, Bussarde seien ähnlich hasenfüßig, wenn sie von Raben oder Krähen gehasst werden, doch letztes Jahr wurde ich von meinem Garten aus Zeuge eines wunderbaren Beispiels für die Ritterlichkeit des Bussards. Ein Männchen und ein Weibchen segelten im Aufwind, als sie von einem Geschwader zorniger Saatkrähen auseinandergerissen wurden, die anschließend dem Weibchen bis in eine Eiche auf dem gegenüberliegenden Hügel nachjagten. Das Männchen kreiste einen Moment lang hoch über mir, dann schoss es senkrecht in die Tiefe und zerstreute durch seine schiere Schnelligkeit und Angriffslust den Feind in alle Winde. Die Krähen kamen nicht wieder zusammen, sondern flatterten nahe am Boden bleibend davon; sie wirkten ernsthaft geschockt. Ich war beeindruckt, allerdings noch beeindruckter, als ich etwas später am selben Tag das Männchen bei einem Bad in einer Schafstränke beobachtete. Es lag eine Zeitlang auf dem Rücken, die Flügel auf die Seiten der Tränke gestützt wie ein Mann, der in der Badewanne liegt. Dann putzte es sich minutenlang, bevor es in die Eiche aufflog, um sich mit dem Weibchen zu paaren. Wäre mein Freund Hugh mit seiner Kamera da gewesen, hätte er eine herrliche Filmszene drehen können.

Die Krähe schien offenbar ein Nest zu beschützen, da sie ein drittes Mal krächzte, als ich aus dem Schatten des Waldes trat. Ich bog über einen Hügel zurück auf den Heimweg und gelangte zu einer Niederung, in der ich in der Nacht eine Mauerschwalbe gehört zu haben meinte. Fortwährend beäugte ich den Himmel in der Hoffnung, eine Mauerschwalbe zu sehen, bis ich in der blauen Ferne tatsächlich eine erspähte, die sich von Nahem jedoch als Mauersegler entpuppte.

Am letzten Hügel angelangt, erleichterte ich mir den Aufstieg, indem ich in einer langen Diagonale ging, die mich durch mein Lieblingsgebüsch aus Weißdorn führte. Vorigen Monat sahen die Büsche in ihrer dichtweißen Blüte wie eine Gruppe Ballerinas auf Zehenspitzen aus; die verschiedensten Vogelarten umflatterten sie, darunter auch ein Paar Dompfaffen – ein seltener Anblick heutzutage. Jeden Frühling heben die Blüten des Weißdorns mein Gemüt, jeden Herbst beschweren die Beeren die Vögel, und jeden Winter habe ich Angst, dass das traurige Verlangen der bewirtschafteten Landschaft nach Ordnung ihren Untergang besiegeln könnte.

Im Gegensatz zu den windigen Höhen standen die hohen Buchenwäldchen auf dem Schafsfeld ein paar Kilometer nördlich noch ebenso still, wie ich sie am vorigen Abend verlassen hatte. Kein Blatt oder Zweig regte sich, und in der unmittelbaren Umgebung lag noch kein Montag in der Luft. Es schien eine Ewigkeit her zu sein, seitdem die Sonne aufgegangen war, doch an ihrer Höhe sah ich, dass es vermutlich gerade einmal Frühstückszeit war. Ich ging den letzten Hang hinab, dessen Bäume schon mein Haus überragen, durchquerte die kleine Wildnis meines Gartens und trat leise, da man oben noch schlief, ins Haus.

EIN LETZTES WORT

Schon 1971 habe ich eine erste Skizze für ein Buch über die Nacht angefertigt, zu dem ich in den folgenden vierzig Jahren mehrere Anläufe unternahm, ehe ich mich schließlich für die jetzige Form entschied – die Beschreibung einer weitschweifenden Wanderung, die am Abend beginnt und mit dem Sonnenaufgang endet. Die Reaktionen einiger Freunde, die ein paar Seiten meiner ersten Entwürfe lasen, waren überraschend ermutigend, und ich bin ihnen sehr dankbar, dass sie mich dazu anhielten, das Buch bis zu seiner jetzigen Fassung weiterzuverfolgen.

Zu besonderem Dank für die scharfsinnige Lektüre des halbfertigen Textes bin ich meinem alten Freund Ian A. H. Carstairs verpflichtet, den ich an der Kunstakademie kennengelernt habe. Vor allem da er die Welt der Natur besser kennt als ich – und es sich zur Lebensaufgabe gemacht hat, sie zu schützen –, weiß ich seine redaktionellen Anmerkungen und allgemeine Begeisterung sehr zu schätzen. Dank auch an Carol und Roy Sims für ihre sensible Lektüre des ersten und letzten Kapitels sowie für viele hilfreiche Vorschläge.

Für ihre konstruktive Kritik und ihre positiven Reaktionen gilt mein ewiger Dank Juliette Mitchell, Clare Shepherd, Kevin Parr, Belinda Barrie, Hugh Miles, Clare Hatcher und Sandy Armishawe; besondere Erwähnung verdient Colin Elford, der einen Baum voll Ziegenmelker herbeizauberte, als ich ihn gerade dringend brauchte.

Nicht zuletzt wäre dieses Buch ohne die zufällige Begegnung eines Agenten namens Benham mit einem Verleger namens Myles Archibald vermutlich für immer als unvollendeter Essay in der Schublade verschwunden. Ihnen beiden herzlichen Dank.